凤凰文库
PHOENIX LIBRARY

凤凰出版传媒集团
PHOENIX PUBLISHING & MEDIA GROUP

凤凰文库·艺术理论研究系列

范景中 主编

沈语冰 执行主编

江苏凤凰美术出版社

[美] 简·罗伯森 [美] 克雷格·迈克丹尼尔 著 匡骁 译

当代艺术的主题

1980年以后的视觉艺术

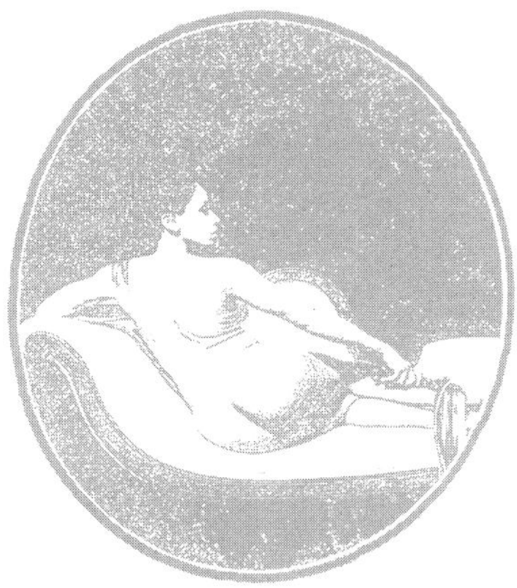

Jean Robertson / Craig McDaniel

Themes of Contemporary Art

Visual Art after 1980

图书在版编目(CIP)数据

当代艺术的主题 ：1980年以后的视觉艺术/(美)罗伯森，(美)迈克丹尼尔著；匡骁译. —南京：江苏凤凰美术出版社，2012.11(2023.9重印)
(凤凰文库. 艺术理论研究系列/范景中主编)
ISBN 978-7-5344-5181-2

Ⅰ. ①当… Ⅱ. ①罗…②迈…③匡… Ⅲ. ①视觉艺术—艺术评论—文集 Ⅳ. ①J06-53

中国版本图书馆CIP数据核字(2012)第267424号

责任编辑 陆鸿雁
责任设计编辑 龚 婷
特约审校 郑 晓 肖 璐 孙小路
装帧设计 周伟伟
责任校对 吕猛进
责任监印 生 媛

书 名 当代艺术的主题 ：1980年以后的视觉艺术
著 者 [美]罗伯森 [美]迈克丹尼尔
译 者 匡 骁
出版发行 江苏凤凰美术出版社(南京市湖南路1号 邮编：210009)
制 版 江苏凤凰制版有限公司
印 刷 江苏凤凰通达印刷有限公司
开 本 652毫米×960毫米 1/16
印 张 29.5 彩插4
字 数 399 840字 插图23幅
版 次 2012年11月第1版 2023年9月第12次印刷
标准书号 ISBN 978-7-5344-5181-2
定 价 78.00元

营销部电话 025-68155675 营销部地址 南京市湖南路1号
江苏凤凰美术出版社图书凡印装错误可向承印厂调换

出版说明

要支撑起一个强大的现代化国家，除了经济、政治、社会、制度等力量之外，还需要先进的、强有力的文化力量。凤凰文库的出版宗旨是：忠实记载当代国内外尤其是中国改革开放以来的学术、思想和理论成果，促进中外文化的交流，为推动我国先进文化建设和中国特色社会主义建设，提供丰富的实践总结、珍贵的价值理念、有益的学术参考和创新的思想理论资源。

凤凰文库将致力于人类文化的高端和前沿，放眼世界，具有全球胸怀和国际视野。经济全球化的背后是不同文化的冲撞与交融，是不同思想的激荡与扬弃，是不同文明的竞争和共存。从历史进化的角度来看，交融、扬弃、共存是大趋势，一个民族、一个国家总是在坚持自我特质的同时，向其他民族、其他国家汲取异质文化的养分，从而与时俱进，发展壮大。文库将积极采撷当今世界优秀文化成果，成为中外文化交流的桥梁。

凤凰文库将致力于中国特色社会主义和现代化的建设，面向全国，具有时代精神和中国气派。中国工业化、城市化、市场化、国际化的背后是国民素质的现代化，是现代文明的培育，是先进文化的发展。在建设中国特色社会主义的伟大进程中，中华民族必将展示新的实践，产生新的经验，形成新的学术、思想和理论成果。文库将展现中国现代化的新实践和新总结，成为中国学术界、思想界和理论界的创新平台。

凤凰文库的基本特征是：围绕建设中国特色社会主义，实现社会主义现代化这个中心，立足传播新知识，介绍新思潮，树立新观念，建设新学科，着力出版当代国内外社会科学、人文学科的最新成果，同时也注重推出以新的形式、新的观念呈现我国传统思想文化和历史的优秀作品，从而把引进吸收和自主创新结合起来，并促进优秀传统文化的现代转型。

凤凰文库努力实现知识学术传播和思想理论创新的融合，以若干主题系列的形式呈现，并且是一个开放式的结构。它将围绕马克思主义研究及其中国化、政治学、哲学、宗教、人文与社会、海外中国研究、当代思想前沿、教育理论、艺术理论等领域设计规划主题系列，并不断在内容上加以充实；同时，文库还将围绕社会科学、人文学科、科学文化领域的新问题、新动向，分批设计规划出新的主题系列，增强文库思想的活力和学术的丰富性。

从中国由农业文明向工业文明转型、由传统社会走向现代社会这样一个大视角出发，从中国现代化在世界现代化浪潮中的独特性出发，中国已经并将更加鲜明地表现自己特有的实践、经验和路径，形成独特的学术和创新的思想、理论，这是我们出版凤凰文库的信心之所在。因此，我们相信，在全国学术界、思想界、理论界的支持和参与下，在广大读者的帮助和关心下，凤凰文库一定会成为深为社会各界欢迎的大型丛书，在中国经济建设、政治建设、文化建设、社会建设中，实现凤凰出版人的历史责任和使命。

目　录

序　言

当代艺术是一个融合了形形色色的风格、技巧、选材、主题、形式、目的和审美传统的广阔舞台。今天的和过去几年的艺术观赏者们发现：他们面对的物件和图像从轻松愉快到发人深省，从浩瀚不朽到转瞬即逝，从耳熟能详到古怪迥异，形形色色，不一而足。为了给那些打算欣赏这种艺术而又缺乏高级知识和经验的人提供一个具有内聚力的途径，我们选择的方法是：聚焦过去 30 年间在艺术实践领域里一直广为流传的 7 个主题——身份、身体、时间、场所、语言、科学和精神性——进行探讨。第一章的综述之后，接下来的 7 章内容分别探讨这 7 个主题。

之所以选了 7 个主题，而不是 15 个或 20 个，是因为我们想对每一主题进行充分的分析，这样才能或多或少地显出每个领域的思想深度和创作强度。在篇幅压缩的出版物中涉及更多的主题就意味着缩减对每一个主题的处理。正如所有章节的内容所示，我们选择的都是当代艺术家、评论家、策展人和艺术史学家给予大量关注的主题。另外，处于我们审视之下的每一主题都既享有悠久的艺术史传统，又在日常生活中具有受到广泛认可的重要性。因此，我们坚信，尽管我们选择的专题无法涵盖所有重要主题，但这些专题行之有效且至关重要，并经得起时间的考验。

然而，为什么要以主题作为本书的结构？关于新近艺术的介绍性内容本可以围绕着创作媒介的种类(绘画、雕塑等)展开;然而,在我们看来,这么处理会使讨论过于倾向艺术的选材、技术和形式。诚然,创作媒介的划分仍十分重要,尤其是在学术界,多数实践艺术课堂仍在教学大纲的课程和专业范围中强调与媒介相关的知识。但我们相信,在以主题为侧重点的结构内,通过探讨几乎所有主要艺术媒介(以及一些独特的媒介)的典型例子,人们能够客观而全面地了解艺术家应用材料和技术的各种方法。每一章展示的不同媒介的作品都发掘了有待分析的主题
xii 的方方面面。此外,通过聚焦主题内容,本书采用一种跨学科方法设计结构,此方法反映了当今艺术家和策展人在运作中日益明显的一种趋势。

对理论的侧重也可以为一本当代艺术教材提供框架结构。艺术家和评论家撰写的理论著作已为数不少(一位理论兴趣浓厚的教师可能会选择一本理论著作,将其和本书共同作为指定书目),然而,若以介绍当代艺术为出发点,只选用一本教材的话,按照理论将内容分成若干章节不如以主题为结构的做法那么有效。并非所有艺术家都受到理论的直接推动。我们依旧承认理论在这个时代的艺术中发挥的作用,因此本书每章都对每一主题的某些理论基础进行了简评,第一章还对 1980 年以后理论对艺术的影响作了简要概述。

在我们看来,这种以主题为结构的方法在杂乱无章的思维和细致的观察之间找到了一个恰如其分的平衡点。本书通过强调艺术品的主题分析,将认知性阐释同全身心投入的感性认识作为优先考虑的对象。我们从不认为我们提供的阐释是唯一的。恰恰相反,本书的一个基本指导原则是,任何一件艺术品的意义都是灵活多变的:同一作品的展示可以体现出另类的阐释立场。阐释折射了总体文化,是由艺术家、社会和观众调动起来的各种盘根错节的因素建构起来的。

在对 7 个主题的分析中,我们介绍了运用各种媒介进行创作的艺术家。这些媒介有的古已有之(绘画、雕塑),有的是现代主义时期意识超前的艺术家的核心媒介(摄影),还有些在过去几十年间广受关注(装置、

表演和录像视频），另外一些则依赖最新科学技术的发展（数码艺术）。

本书的主体背景是西方的当代艺术。书中渗透着我们这样的理解，即目前西方艺术得益于并根植于全球多元文化传统，许多有影响力的欧美艺术家是移民。本书的介绍性内容让我们看到来自各种文化和地理背景下的艺术家们对当代艺术的积极介入，包括那些来自西方世界以外的艺术家，他们参展、出版著作或筹划艺术盛事，已经拥有一批国际观众。

《当代艺术的主题：1980 年以后的视觉艺术》（以下简称《当代艺术的主题》）并不像传统意义上的概览那样按时间顺序来梳理 1980 年以后的艺术史。我们认为现在将最近的艺术分成“运动”和“风格”两类还为时过早，而且几乎没有可能。当前，许多潮流才刚刚起步或正在发展中，我们尚无法窥其全貌或预测它们未来的走向和意义。一场运动如何影响并进而步入下一艺术运动阶段的旧式线性叙述是否仍然适用，目前还不确定。在我们看来，把当代艺术的各种方向划分为按时间顺序排列的结构会让读者感到十分混乱，并造成毫无必要的繁复晦涩。本书对目前普遍流行的主题进行了广泛的考察（在考察主题的过程中，我们为审视当前至关重要的各类问题和实践提供了一个背景）。我们还集中研究了一 *xiii* 大批知名艺术家，由此学生可以获得一些关于当代艺术不断演变态势的洞见和批判性分析视角。本书能让读者对今天的艺术家和评论家的思想及创作活动有一个初步了解。

本书的结构

导言部分向读者介绍了本书的主要重点：从主题入手来探讨当代艺术。我们先给出主题（*theme*）这个词的定义，随后即用其作为一种框架来分析两件艺术作品——理查德·米斯拉奇（Richard Misrach）的照片和洛克希·潘恩（Roxy Paine）的雕塑。

第一章“拓展中的艺术世界”以粗线条（概念、问题和条件）对当代艺术的核心层面进行了概述,并介绍了1980—2008年间美国和世界的简明历史。这一章阐明了过去30年间艺术实践的五大特征:传统媒介仍很活跃,而新媒介也引起了轰动;在个别社会内部和国际范围内涌现出五花八门的艺术声音;日益增长的全球化冲击着艺术实践和经济体系;理论写作产生了强烈影响;艺术通过各种形式同当代流行文化相遇(并不时发生融合)。另外,这五个发展趋势仍继续成为当下艺术的主要特征。

第二章到第八章构成了本学术计划的核心:透过关键性主题来勾画当代艺术实践。每章内容都遵循相似的程式,包括主题介绍、历史惯例和影响的简要回顾,以及对当代艺术家如何在具体作品中回应和具体表达主题的各个层面的详细分析。每章还在结尾全面介绍了两位艺术家的情况,我们认为,这些艺术家都围绕着所讨论的相关主题付出了大量努力。

20世纪八九十年代成熟起来的艺术家倾向于以观念为创作导向。许多当代艺术家十分重视创造与艺术圈之外的世界有着密切联系且富有意义的作品,包括来自各种话语的思想论争,本书的读者会对其背后的方式和原因有更深入的了解。对主题意义的强调并不以牺牲形式的重要性为代价。实际上,阅读这几章中对具体艺术作品的分析就会发现,形式一直是内容的主要承载者。通过这样一个结构分明的方法,学生/读者将学会如何了解新艺术,包括那些书中未讨论到的作品。

本书还将考察当前艺术话语中比较普遍的一系列问题和影响力,包括社会议题的冲击和新媒体的崛起。以探索相关主题的艺术品为背景来审视这些话题,可以让读者洞悉目前围绕着创作、展览展开的对话以及有关新艺术作品的讨论。理论概念——包括女性主义、后现代主义、后结构主义、多元文化主义和后殖民主义——作为强有力的分析工具会在适当的情况下介绍。涉及我们与艺术之间潜在的审美联系的问题也会呈现出来。在对几种主题的讨论和艺术家的介绍中,艺术家所扮演的

角色——包括作为幻想家的艺术家和作为社会活动者的艺术家——让学生有机会思考艺术创造的方式、时间和原因。 xiv

本书的受众

《当代艺术的主题》是一本关于当代艺术近期历史的入门级核心教材。它可用作以 20 世纪 80 年代艺术为开端的介绍性课程的教材，或许还可辅之以一本当代艺术的理论著作或指导教师选定的一整套阅读材料。我们希望本书在思想上具有一定的趣味性，而又不会让不同学生群体望而却步。

《当代艺术的主题》还可作为大学阶段艺术欣赏课程教学的补充材料（提供了将对艺术鉴赏概念的讨论扩展到我们自己时代的艺术上来的方法）。实际上，许多艺术鉴赏教材包括有关历史上的艺术主题的详尽讨论，然而对当下艺术的考察却是走马观花。本书的体系则对教学生如何了解过去的艺术和引导其熟悉当前的艺术两种做法一视同仁。

此外，本书还为初级、中级和高级的大学本科工作室艺术（studio art）课堂提供了教学法资源，因为对主题内容的探讨可用来作为几乎任何媒介的工作室艺术项目的起点。工作室艺术教学面临着越来越多的挑战，不得不提出一种将内容概念化的系统性方法，目的是让学生注意支撑着职业艺术家的工作室创作实践的基本思想的种类和性质。本书可作为技巧、工具、选材和形式等方面的课堂指导的补充性教材。

我们撰写此书的目标还包括，使那些没有进入大学课堂的普通读者能获得一个颇有助益、细致全面而又令人深思的向导，去探索新奇古怪、常常充满挑战的当代艺术景观。

多种阅读路径

我们可以按照出现的先后顺序来阅读各个章节，也可按任何次序单独处理每一章。一些教师可能倾向于让学生先读后七章关于主题的所有或部分内容,然后再读第一章。第一章对过去30年的主要发展进行了高度概括性分析,并探讨了理论承担的角色,学生可以在探讨了部分(或全部)主题章节后再处理第一章内容。工作室艺术的指导教师或许希望所选择的章节——按任何顺序——会同某一学期所探索的工作室艺术项目内容相吻合。教授艺术鉴赏的教师可能会依照整个课程中所研究主题的顺序来布置章节的阅读任务。

致　谢

本书的完成离不开各方支持。我们的成果得益于多位不吝与我们分享其鼓励和专业知识的慷慨之士,许多机构也为我们提供了各种资源。

来自英国和美国的专业同仁在此书准备过程的不同阶段对两版的手稿文本进行了审核。各位的具有深刻洞见的批评夯实了我们的思考和写作,对此我们深表谢意:伊莉莎·亚瑟(Elissa Auther),科罗拉多温泉市的科罗拉多大学;特里·巴雷特(Terry Barrett),俄亥俄州立大学;凯瑟琳·凯撒(Catherine Caesar),达拉斯大学;克劳德·赛努奇(Claude
xv Cernuschi),波士顿学院;康斯坦斯·科特兹(Constance Cortez),德克萨斯理工大学;凯西·丹巴(Kathy Dambach),佛罗里达国际大学;凯瑟琳·戴斯蒙德(Kathleen Desmond),中央密苏里州立大学;塞西莉亚·道奇(Cecilia Dorger),圣瑟夫山学院;特雷西·费瑟斯通(Tracy Featherstone),迈阿密大学;帕梅拉·弗莱彻(Pamela Fletcher),鲍登学院;玛丽·弗朗赛(Mary Francey),犹他大学;基拉尔·爱迪泽(Gerar Edizel),阿尔弗莱德大学纽约州立陶瓷分院;保罗·艾维(Paul E. Ivey),亚利桑那大学;伊丽莎白·李(Elizabeth Lee),迪金森学院;德纳·雷布森(Dana Leibsohn),史密斯学院;让·米勒(Jean Miller),马歇尔大学;罗伯特·瑙曼(Robert Nauman),科罗拉多大学博尔德分校;芭芭拉·奈辛(Barbara Nesin),斯贝尔曼学院;乔·奥泰尔(Jo Ortel),比洛特学院;克斯汀·瑞高伯格(Kirstin Ringelberg),伊隆大学;克里斯汀·斯泰尔斯(Kristine Stiles),杜克大学;泰米亚·坦伊(Timea Tihanyi),华盛顿大学;蒂姆·凡·拉尔(Tim van Laar),伊利诺伊大学。我们受惠于牛津大学出版社的优秀团队给予我们的专业帮助,并在此感谢以下两位的贡献:助理编辑科里·施奈德(Cory Schneider)和制作编辑玛丽安·保罗(Marianne Paul)。

我们还要感谢印第安纳波利斯的印第安纳大学-普度大学的海伦设计与艺术学院的同事们。特别感谢海伦学院的院长瓦莱丽·艾克梅尔(Valerie Eickmeier),感谢她对教工研究项目的一贯鼓励,包括她支持简·罗伯森(Jean Robertson)休假以完成本书的初步筹划和调研。印第安纳大学的艺术和人文创新总统奖(President's Arts and Humanities Initiative Award)和佛蒙特艺术中心(Vermont Studio Center)的克洛斯研究基金(Clowes Fellowship)分别为简和克雷格在此项目的相关工作提供了富有价值的支持,由莉莉基金会(Lilly Endowement)资助的印第安纳大学艺术和人文新境界(New Frontiers in the Arts and Humanities)奖也为本书第二版的研究工作提供了额外的援助。我们也感谢学生通过课堂讨论帮助我们把本书中呈现的许多观点进行了打磨和加工。

艺术家及其交易商提供的所有插图资料和使用许可都构成了本书极其重要的一部分。感谢印第安纳大学出版社允许我们以不同的形式将简·罗伯森早前发表过的一篇文章的部分内容编入本书的第三章。感谢印第安纳大学布鲁明顿分校的美术学院允许我们以新的形式将简·罗伯森早前发表过的一篇文章的部分内容编入本书的第七章。我们还对詹姆斯·罗伯森博士(James D. Robertson)和艾伦·琼斯(Alan Jones)教授的贡献深表谢意,他们对第七章"科学"的部分内容进行了审核,并在澄清科学的定义方面给予我们极有助益的建议。

最后,我们想特别感谢对本书撰写计划的筹备和完成工作作出了不可替代的贡献的三位人士。首先,我们感谢牛津大学出版社的执行编辑珍妮特 · 贝蒂(Janet Beatty)女士,她从本项目撰写之初至本书第二版的完成期间给予我们敏锐而智慧的指导。在撰写过程中时常发生方法和概念的重大变化,珍妮特女士的指导给我们的写作带来更多的清晰感,并引导我们对全书的整体结构进行了更为有效的组织和编排。其次要感谢的是我们多年的朋友玛莎 · 摩尔斯(Martha Morss),她在编辑方面具有十分专业的知识。我们希望制作出一本发人深思,而又不至于太晦涩难解、充满冗余术语的书,而玛莎在这方面给予了我们很大帮助。最后,我们还要对柯林 · 图莱奇(Colleen Tulledge)深表谢意,他在本书第二版计划中担当了关键性角色:助理研究员、插图和许可证调查员、大事记研究员,以及向出版社提交本书项目准备工作的总助理。

没有艺术的世界无法想象。

简 · 罗伯森和克雷格 · 迈克丹尼尔

导　言

撰写《当代艺术的主题》时，我们怀揣着远大的目标：以通俗易懂、引人入胜而又涉猎广泛的方式向您，也就是我们的读者，介绍近期艺术世界的情况。在本书的篇幅内，我们探索了几百位当代艺术家的作品，我们认为：这些艺术家已经成功地将他们创造性的想象变成令人难忘的实物。接下来的几章里要阐释和讨论艺术作品发挥的多种功能——激发好奇心，让感官获得愉悦，唤起情感，引发各种问题和讨论。在以后的篇幅中，你会发现自己的一些艺术观念——艺术的定义、目的和表现形式——发生了新的转向，可能有时会完全颠倒过来。不付出努力就无法获得这种知识。我们需要你积极参与到对新知的追求中来。

本书探索了一段历史——关于过去 30 年视觉艺术所取得的重大成就的历史。本书避开了历史研究中通常遵循的一个路径：按照年代顺序推进。我们没有严格地依照线性方式来展开对一个时期的讨论，而是倾向于将重点放在过去几十年间艺术中反复出现的 7 个主题上：身份、身体、时间、场所、语言、科学和精神性。每章都从某一主题的视角出发对贯穿整个时期的艺术作品进行了思考。

我们所说的艺术作品中的主题指的是什么呢？一个主题是围绕着一个特定论题的观念集合。在探讨一个主题时，我们关注的是作品整体达的首要观念。在审视主题时,我们集中考察作为一个整体的意义,包括材料、技术、形式和题材对内容的影响。主题方法在杂乱无章的思维和细致的观察之间找到了一个恰如其分的平衡点。通过强调艺术作品的主题分析,本教材将阐释过程作为优先考虑的内容。在对所展示的艺术作品进行阐释时,我们承认任何作品的意义都是多元复杂的,而且所有阐释都可以进一步协商。

我们相信对主题观念的探讨能让读者做好准备,带着对知识的激情
4 去面对熟悉或不熟悉的艺术作品。实际上,我们的目标是扩大读者/观众的思维视野。未来,我们将会遇到许多陌生的事物。学习对新艺术进行思考给我们提供了适应五花八门的未来事件的工具,而这种学习本身也不失为一件乐事。

当代艺术的主题:何为、为何以及如何

假设你是一位评论家,你的任务是对形形色色的艺术作品中的意义进行比较,你将如何着手完成这项任务呢?一个方法就是首先考察每位艺术家在创作某一物件、图像、视频或事件时所选的物料。比如,决定用青铜铸成一具雕塑必然会影响到作品的意义。如果以黄金、塑料或巧克力为材料,即便作品的其他所有方面都保持不变,作品本身也会大不相同。接下来,你可能会去仔细观察每件艺术作品中的材料是如何变为形状、颜色、质地和线条的排列组合。这些元素进而组成各种各样的图案和结构。你在阐释时还会就形式的鲜明特征如何构成了艺术成品的总体意义进行评论。

然而,讨论选材、技巧和形式并不能详尽无遗地覆盖大多数艺术作品的意义。多数阐释还包括对作品所引发的观念和情感的讨论。例如,理查德·米斯拉奇(Richard Misrach)的一张彩色照片描绘了美国西部风景,其精心设计的构图突出了画面的深度空间感,而这些只构成了作品意义的一部分。作品意义还蕴含于照片的主要内容里,即在一片不毛

之地上错落有致地排列着桌椅。但是这一切到底代表什么？摄影师为何通过镜头设计了这样的画面，照片对作为观众的你产生了什么影响？

通过观察同一艺术家的其他照片以及阅读其作品的相关文献，你会发现这张照片是被米斯拉奇称为《沙漠诗篇》（*Desert Cantos*）的系列作品中的一幅。与系列中的其他作品一样，它聚焦于美国西部的一个户外场所。这张题为《户外就餐，犹他州邦纳维尔盐滩》（*Outdoor Dining, Bonneville Salt Flats, Utah*）（1992）的照片记录了除桌椅空无一人的景象中蕴含的奇异之美。这一系列摄影作品展示了西部地貌在人类行为的影响下发生了怎样的改变，包括核试验基地爆炸后留下的弹坑。《沙漠诗篇》系列中的每件作品似乎都源于一个基本观念：人类迫使自然服从于我们的需要和意愿并继续一意孤行，自然以及人类的健康因此处于危险之中。对这一主题的各种变体的探索贯穿米斯拉奇的整个《沙漠诗篇》系列。

本教材从流行于 1980 年后的几个主题出发来观察这段时期的艺术。在很多艺术作品中，艺术家通过赋予对象以情感意义或暗示某种道德价值来表达一个主题。在一些作品中，主题是经由一整套象征符号而表达的（如玫瑰象征浪漫的爱情，荆棘代表痛苦）。在对艺术史的研究中，一套相互关联且约定俗成的象征符号被称为图像志（*iconography*）。在使用主题方法时，我们建构起一个思维框架，用以理解艺术作品表达的思想以及这些思想在特定材料、形式和意象中的具体体现。

值得注意的是：一件艺术作品的创作题材（subject matter）构成了整体认知内容，但题材通常并不等同于主题。比如，艺术家洛克希·潘恩 5
（Roxy Paine）的《庄稼》（*Crop*）（1998）以雕塑的形式表现了种植在花园土壤中的一片长 1.8 米、宽 2.4 米的农作物。潘恩的精雕细琢惟妙惟肖地再现了从土中生长出来的罂粟。除了其字面意义上的内容——一块罂粟地之外，作品《庄稼》承载的意义还源于我们公认的事实，即罂粟最终可转变成出售的鸦片或海洛因。我们可以把作品阐释为一个对充斥着危险、冲突、诱惑和诅咒的世界的隐喻，其主题和地球健康密切相关。

（对于那些认为全球大部分海洛因供应来自阿富汗罂粟种植场的观众来说，这件作品可能还具有更多的意义。）

在对本书的章节进行探索时，应记住我们所选的 7 个主题并不能涵盖当代艺术的广泛内容[1]。另外，这些主题范畴并不一定能反映出那些创作了作品的艺术家可能会提出的范畴。就内容而言，艺术家的创作意
6 图是复杂的，折射了各种有意识和无意识的观念，作品涉及的主题往往不止一个。而且，虽然当代艺术家忙于思考其创作作品的内容，并非所有艺术家都会以明确界定的方式去考虑主题问题。

我们通过这 7 个主题范畴介绍了一些典型的艺术作品，从作品范例中你能掌握一些涵盖当代大部分艺术的富有影响力的概念。每个主题都承担着阐释透镜的功能，是挖掘艺术作品所表达的不同层面意义的分析性工具。归根结底，所有作品几乎都可透过多个主题的视角来加以审视。正如你所观察到的，刚刚提到的两件作品——米斯拉奇拍摄的犹他州盐滩照片和潘恩制作的罂粟地雕塑——之间相互关联，因为两者都涉及我们（人类）和土地之间关系的某些层面。两件作品都很符合第五章的主题——场所。但也可以从其他主题的角度来分析作品。从第八章的主题——精神性出发，将作品视为对人类生命的灾难性结局和丧失重获精神性新生的能力的隐喻，也不失为一种探索方式。从多种阐释语境来把握一件艺术品并不会减少任何一个语境的重要性和价值。7 个主题范围广泛，包含多个层次，并在多个方面相互交叉。

7 本书导读

第一章概括性地介绍了艺术界的重要进展以及 1980—2008 年间影响艺术的观念和事件。这章还介绍了适用于后几章讨论到的所有主题的一些概念。第二章到第八章的每章分别深入探讨一个主题，顺序如下：身份、身体、时间、场所、语言、科学和精神性。

第二章到第八章遵循相似的格式。介绍性内容将主题置于一个更

宏大的社会和文化母体之中，简要的历史回顾探讨了一个主题的早期艺术方法和相关概念，从核心理论和艺术生产策略的角度出发，评价了新近艺术家对主题的处理，通过在当代艺术展和艺术出版物中受到评论界关注的子范畴对主题进行考察。在深入探讨主题之后，每章还简要介绍了两位艺术家，对花费大量创造性劳动来探索主题方方面面的艺术家的思想和方法进行了简要考察。

从本文所选的 7 个主题的视角出发来研究当代艺术景观，我们相信读者会从两方面受益。首先，这些艺术主题与当代生活的关注点有明显的重合。每位读者都已经掌握了思考场所、时间和身体等主题的相关知识、观念和术语，从这个程度上来说，每章都以读者熟悉的领域为出发点，这对每位读者来说具有根本的意义。其次，这些主题证明了当代艺术家的艺术成就是有历史语境的。读者可以看出，我们这一时代的艺术同过去艺术的丰富传统息息相关，并从中汲取了养分。我们期望所有读者都至少稍微掌握一些传统艺术知识（如他们能识别出一幅风景画或肖像画），以此为基础，我们才能将新知识建立在原有知识的基石之上。

9 # 第一章　拓展中的艺术世界

近年来，当我们穿梭于各大当代艺术展之中并观赏展品时，遇到了很多不同寻常、充满挑战性的艺术作品。这里试举几例。

- 《不合时宜：舞台一》(*Inopportune: Stage One*)(2004，插图 1-1)的作者是蔡国强。这个装置作品将 9 辆一模一样的白色轿车悬挂并定位于半空，同时发出彩光的长长的玻璃管从车窗中向四面八方迸射出来，这样营造出汽车爆炸时车身在空中翻滚的各个阶段的视觉效果(参见 2008 年在纽约古根海姆博物馆举行的大型个人回顾展)。
- 《第八天》(*The Eighth Day*)(2001)，一件由爱德瓦尔多·卡茨(Eduardo Kac)创作的“转基因”作品。它将经过基因工程改造过的、在黑暗中发光的活体老鼠、植物、鱼以及一个生化机器人(“biobot”)一起安置在由直径为 1.2 米的树脂玻璃圆顶罩住的环境中(参见坦普亚利桑那州立大学艺术研究学院)[1]。
- 李天元(2001)根据卫星图像绘制的巨幅三联画以渐进的特写展示了艺术家和其幼子在中国长城上的肖像(参展于北京中国国家博物馆举办的以艺术和科学的碰撞为主题的国际艺术展)。
- 一个罹患唐氏综合征的女人坐在一间空荡荡的展厅里，凝视着一

> 些简单陈列在她面前的象征性物品：这件由纽约错误画廊(Wrong Gallery)筹划的作品，将意大利艺术家吉诺·德·多米尼克(Gino de Dominicis)1972年展出的饱受争议之作《永生的第二个办法：宇宙是静止的》(*Second Solution of Immortality: The Universe is Immobile*)进行了改造[参见2006年伦敦弗里兹(Fieze)艺术博览会，会上行为艺术作品的沉寂无声与其他展厅大量诉诸感官效果的作品的喧嚣狂热形成了鲜明的对比][2]。

从这些例子中不难看出，当代艺术世界丰富多样、神秘莫测。尽管油画、摄影、雕塑、素描、手工艺术等仍吸引着大批艺术实践者，这些人们耳熟能详的艺术形式却已不再统领艺术领域。如今，电影、视频、音频、装置、表演、文本、电脑等成为普通的艺术媒介，艺术家常常在几种媒介中游刃有余地变换着。他们将不同媒介自由地融合在一起，或以打破惯例的方式 11
运用一种具有悠久传统的媒介进行艺术实践，比如将画画得像经过像素化处理的电脑图像，或者用巧克力糖浆这样的非常规材料来作画。

当代艺术在不断变化。旧有的等级和分类正在断裂；新技术提供了诸多方式来定义、生产和展示视觉艺术；既定艺术形式被重新审视并加以修正；世界各地多样的文化遗产的意识促进了文化间的相互交织和渗透；日常文化不但为艺术带来灵感，也催生了颇具竞争潜力的视觉刺激。对于那些打算理解当代艺术并积极参与讨论当下艺术现象的人来说，这种变动之多样、转化之迅猛固然引人入胜，值得玩味，然而也是颇为令人生畏的话题。

随着当代艺术动态特性而来的重要问题就是艺术的内容。回顾现代艺术史，"为艺术而艺术"的理念是否真的统领着现代主义理论家和艺术家的思想仍有待商榷。但是可以肯定，20世纪尤其是二战后某些时期的评论家[最著名的是美国艺评家克莱门特·格林伯格(Clement Greenberg)，于1994年逝世]和其他有影响的先锋艺术家，在创造和阐释艺术品时提倡*形式主义*(*formalism*)，即强调形式重于内容。一直以来，投身于形式主义的人主要关注考察特定艺术媒介和技术的内在属

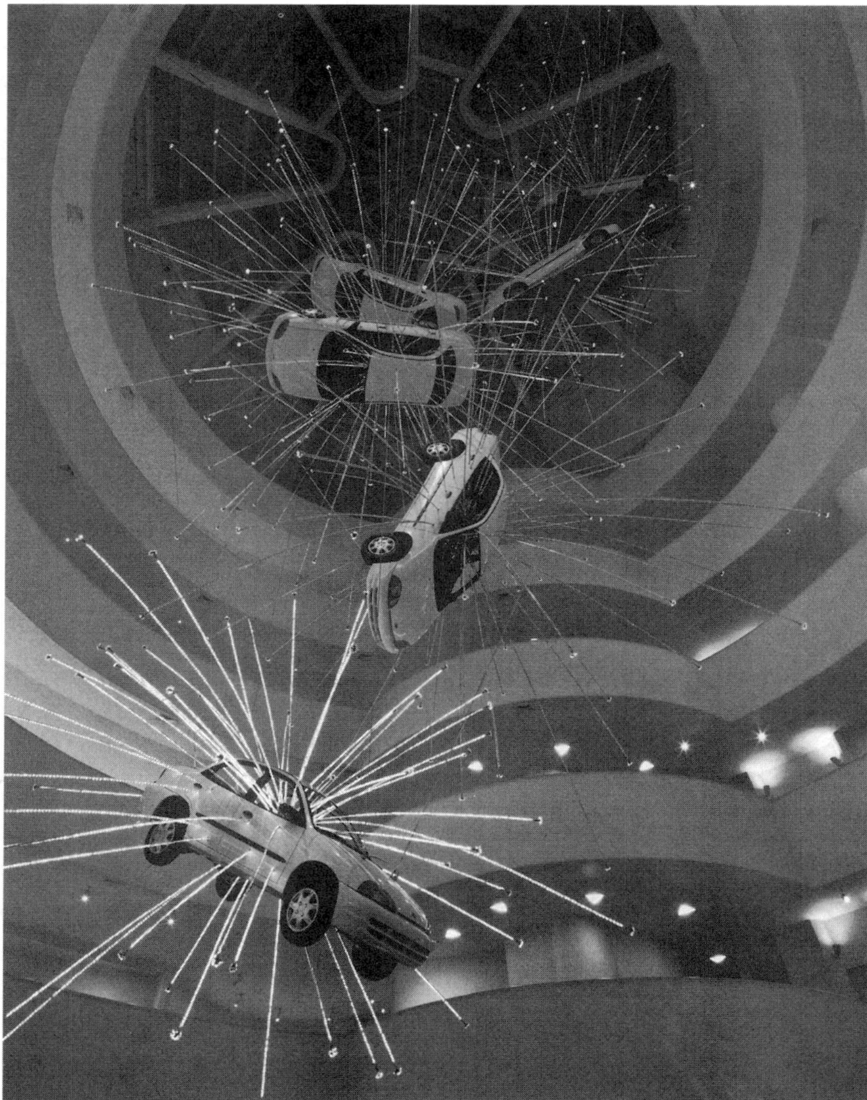

插图 1-1　蔡国强　|　不合时宜:舞台一,2004 年
9 辆汽车和按次序排列的多路灯管,尺寸不定。西雅图艺术馆,Robert M. Arnold 纪念西雅图艺术馆建馆 75 周年的礼物,2006 年。展品的复制品安装于所罗门·R. 古根海姆博物馆,纽约,2008 年。
David Heald 拍摄
照片版权属所罗门·R. 古根海姆基金会

性，以及美学理论的通用语言（例如色彩和构图的作用）。然而在阐释表现艺术家内心想象的艺术，或解读那些指涉了艺术界以外的世界的艺术时，形式主义则有些力不从心。20世纪60年代涉及卡通、消费产品及共享文化的其他元素的波普艺术出现时，形式主义的局限性越发明显，接着包括后现代主义、后结构主义、女性主义和后殖民主义在内的一系列更广泛的理论浮出水面，本章稍后将要讨论这些理论。

我们要讨论的这段时期中——1980年至今——艺术家们全力以赴地创造有意义的艺术内容。1980年以来较活跃的艺术家们受到形形色色的目标和理念的驱动与鼓励，这些目标和理念已超越了表达个人情感和想象的愿望或展示对艺术媒介和技巧之纯熟运用的欲求。政治事件、社会问题和社会关系、科学、技术、大众传媒、流行文化、文学、建筑环境、资金流通、思潮涌动以及其他各种力量和进步推动着艺术家的同时，还为其艺术作品提供了创作内容。

世界史和艺术史概述：1980—2008年

从人类活动的几乎所有领域包括政治、医学、科学、技术、文化和艺术来看，过去30年是充满变故和大事件的时代。20世纪80年代，传真机和影碟机得到广泛应用，最早的笔记本电脑和无绳电话也相继问世。同样是在80年代的美国，女性第一次被任命为最高法院法官，第一次进行太空旅行，第一次成为美国主要政党竞选副总统的候选人。1989年柏林墙倒塌和德国统一预示着共产主义在东欧的土崩瓦解。进入90年代后，有关全球变暖带来的威胁以及动植物基因工程的众多纷争此起彼伏；1997年，一只绵羊被成功克隆。同样，在90年代，一场残酷的战争将南斯拉夫分裂成几个独立共和国，种族屠杀摧毁了非洲国家卢旺达。在 12
苏联的格鲁吉亚和阿塞拜疆新成立州的境内爆发了民族冲突。90年代初，南非的种族隔离制度正式结束。到90年代中期，因特网将数百万的用户连接起来。1995年美国俄克拉何马州的联邦政府大楼被恐怖分子炸毁。2000年以来,暴力事件一直在变本加厉。2001年9月,伊斯兰恐怖分子摧毁了纽约世贸中心大楼并袭击了华盛顿五角大楼。同年秋季,由美国领导的入侵阿富汗计划正式开始。2003年,美国又出兵伊拉克并推翻了萨达姆·侯赛因政权。数年后,阿富汗和伊拉克的战事仍未停歇。内乱及公开的武装斗争席卷了包括苏丹的达尔富尔地区、中东的犹太人和巴勒斯坦人定居点以及俄罗斯边境的车臣等地区。食物短缺和饥荒、像禽流感这样的新型传染病、飙升的油价、与日俱增的气候变化的证据等问题,让我们无法乐观面对全世界人类,尤其是极度贫困国家人民的黯淡未来。与此同时,包括中国和印度这些新崛起的经济龙头正对全球经济施加影响。技术变革也持续产生社会效应,这些变革包括医学和科技新发现、手机短信和博客之类的即时通信的新形式,以及计算机技术日益增长的能力和影响。

1980年以来世界各地的人口分布经历了巨变。仅在美国,"20世纪80年代超过700万的来自拉丁美洲、加勒比地区和亚洲的移民涌入美国境内,使美国在人口分布上经历了深刻的转变。到1990年,25%的美国人为非洲、亚洲、西班牙或北美印第安后裔"(美国总人口为2.47亿)[3]。每年,全球的战争、饥荒、种族暴力以及经济压力和工作机遇导致大批人口迁移。国界划定和权力分配频频发生变更也变得司空见惯。

在本书所覆盖的这段时期内,艺术界自身也经历了重大变化。由于艺术活动已趋于更加分散,主要艺术中心的优势地位有所丧失。变动的艺术界景观促使世界不同地区间进行富有意义的思想交流和融合。在当代艺术界版图上,纽约仍保持了其艺术重镇的地位,而其他艺术中心城市——伦敦、洛杉矶、东京、上海、迪拜、孟买、伊斯坦布尔、柏林、圣保罗和约翰内斯堡——则加大了支持和展示新艺术的力度,以至于任何期望对这些地方的当前艺术活动了如指掌的人研究起来都会倍感压力增大。

1980年以后,艺术界的能量随着艺术家、交易商、收藏家、出版物和展览空间的显著增长而大举爆发。新机构的建成,以及给现有机构配备新设备或经过改造的设备,增加了展出场地的数量、体积,并提升了其品质，便于更多的包括想从艺术中寻求消遣娱乐的游客在内的公众能够欣赏到最新的视觉艺术作品。这些改造工程中有几个特别有名，不仅仅因为它们展出艺术品的方式引人入胜，还因其建筑结构本身就称得上艺术佳作。在名气上位居榜首的便是新建于西班牙毕尔巴鄂的古根海姆博物馆分馆（1997），由建筑师弗兰克·盖里（Frank Gehry）设计，以及伦敦泰晤士河沿岸的泰特现代美术馆（2000）[4]，它是由一座大型发电站改造而成的杰作。其他新兴艺展场馆还有马萨诸塞当代艺术馆（MASS MoCA）（1999）和位于哥伦布市俄亥俄州立大学校园内的维克斯纳艺术中心（Wexner Center）（1989）。前者改建自北亚当斯市一座 19 世纪的 13
工厂大楼，能提供 9290.3 平方米的展览空间；后者则出自建筑师彼得·艾森曼（Peter Eisenman）之手，其构架经过更为精细的测算，但设计风格醒目大胆。

在很大程度上，当代艺术家的起起落落发生在展示新艺术的商业画廊这个领域内。艺术家声誉的建立依靠著名艺廊交易商和艺评人、策展人和收藏家的认可，后几种人通常密切监督引起人们高度关注的画展作品的品质并对其作出审慎的评判。在 1980 年至今的这段时期内，艺术活动较集中的区域经历了频繁变动[例如纽约苏荷区（SoHo）艺廊数量的减少以及 20 世纪 90 年代中期大量艺廊在伦敦切尔西区（Chelsea）出现，这里历史上曾是肉制品包装业的集中区域]，无数艺廊的开业和倒闭也反映了国民经济的种种波动。比如，80 年代初新表现主义的崛起和美国股市的繁荣密切相关，而此后 10 年中的经济衰退一定程度上又导致艺术项目开支紧缩，小型艺术品受到更多关注。21 世纪的前 10 年中，艺术市场的再次复兴使宏大的艺术项目重又大行其道。当然，所有这一切并非无先例可循。主要的社会推动力，包括政治、人口分布和经济力量一直都在影响着艺术史。

公共艺术体制借助当代艺术机构推出包括展览、表演、电影和视频放映的多种活动。除了这些活动外，当代艺术时期还经历了公共艺术（*public art*）的勃兴——公共艺术指的是在城市街道、广场、公园和商业机构等公共场所进行的视觉艺术活动。这类活动很多是由政府的公共资金赞助,这一事实在某种意义上是一把双刃剑。政府出钱资助当代艺术是增加艺术家和艺术机构可支配资金量的关键途径;在美国和柏林,此类资助通常占政府资助公共建设项目预算金额的几个百分比。

公共资金的使用提高了人们对当代公共艺术的关注(纳税人有兴趣知道他们的钱如何被花掉),但是当一些社会团体的核心发言人高调表达对某艺术品的愤怒情绪时,对公共艺术的日益关注就会导致争议的升级。公共艺术方案激发公众赞成或反对舆论的典型例子包括:林璎(Maya Lin)的坐落于华盛顿国家广场上的《越战纪念碑》(*Vietnam Veterans Memorial*)(1981—1984);理查德·塞拉(Richard Serra)的《倾斜的弧》(*Tilted Arc*)(1981),被安置在曼哈顿一座政府办公大楼附近的公共广场上;马克·奎因(Mark Quinn)的纪念碑式的石雕作品《怀孕的艾莉森·拉帕》(*Alison Lapper Pregnant*)(2005),这件在伦敦特拉法尔加广场(Trafalgar Square)的第四基座上展出的大理石雕像刻画了英国身怀六甲的残障艺术家拉帕(Alison Lapper)(出生时就没有上肢,双腿短小)赤裸的、大腹便便的身体。《越战纪念碑》最终获得其最初的反对者的接受。而对于《倾斜的弧》来说,一种更保守的观点占了上风:漫长的法律纠纷之后,塞拉的这件作品于1989年被拆除。奎因的雕塑一直以暂时性为目的(第四基座用于陈列当代雕塑艺术的最新系列作品),只在第四基座展出了18个月。

在美国,女权主义者和同性恋创作的艺术以及被认为缺乏爱国心或亵渎神灵的艺术家们成为公众抗议的众矢之的,对所谓的文化战争起到了推波助澜的作用。文化战争是爆发于20世纪80年代末90年代初、围绕着公共资助和言论自由等问题展开的论战。罗伯特·梅普尔索普(Robert Mapplethorpe)在90年代初的摄影作品巡回展中展出了一些反
14 映同性恋活动的照片,随之而来的便是广受瞩目的各种争议;在安德里斯·塞拉诺(Andres Serrano)摄影展的一幅题为《尿溺中的耶稣》(*Piss*

Christ)(1987)的照片中，塑料耶稣受难像被浸泡在尿液里，一些宗教发言人认为这是亵渎神明；1990 年女性主义艺术家朱迪·芝加哥(Judy Chicago)提出将自己和别人协作创作的大型作品《节日晚宴》(*The Dinner Party*)(1979)捐赠给哥伦比亚特区大学，然而这个计划遭到了一些保守国会议员的阻挠，因为他们把作品的意象阐释为女性生殖器的象征，并称《节日晚宴》为淫秽作品。1999 年，一场展示英国青年艺术家作品的名为“感官”(Sensation)的艺展在布鲁克林博物馆开幕，引发了舆论轰动和媒体的狂热报道，大部分目光集中在克里斯·奥菲利(Chris Ofili)的画《圣母玛利亚》(*The Holy Virgin Mary*)上。这幅画中的圣母皮肤黝黑，身上装饰着涂有树脂的大象粪块。另外，迫于来自国会的压力，1995 年，美国国家艺术基金会取消了对艺术家个人的资助基金。

受政治因素的影响，一些当代艺术家开始参与到对体制的批判中去。这类批判的目标有两个：一是艺术体制，即艺术家试图揭示博物馆、商业艺廊及其他组织如何控制着艺术生产、展示和销售的方式；二是更广泛的社会体制，例如女性主义者批判社会结构和社会等级约束了女性的潜能。具有政治动机的艺术项目在 20 世纪 80 年代末和 90 年代前 5 年尤为盛行。

行动主义艺术(activist art)关注艺术家耳闻目睹或亲身经历过的社会现实。艾滋病艺术就是个重要的例子。自 20 世纪 80 年代被首次发现并命名以来，艾滋病开始了其毁灭性的递增。80 年代的艾滋病治疗还没得到发展和改进，因此确诊患有艾滋病无异于宣判了死刑。作家史蒂芬·科赫(Stephen Koch)回忆道：“生命的丧钟时刻在耳边鸣响。”[5]那时，将艾滋病和男同性恋联系起来掀起一阵对同性恋的恐惧和仇视的风潮。为了回应这场艾滋病危机及其在艺术界内部造成的巨大损失，包括戴维·沃基纳罗维兹(David Wojnarowicz)、凯斯·哈林(Keith Harring)在内的无数艺术家和名为“复仇女神”(Gran Fury)的艺术团体将他们的艺术创作服务于艾滋病激进主义运动。为当代艺术提供了严肃政治内容的其他论争焦点还包括女性主义政治、种族问题、无家可归问题、公司资本主义、消费主义和军国主义。

近 10 年来,艺术领域的政治激进运动有所停滞。尽管当年文化战争的参与者和一些青年艺术家仍然会偶尔招致争议(有时出于意识形态原因,更多的是为引起一时之惊),更多的艺术家则希望吸引公众的关注,而不是去挑战社会、政治体制和惯例。那些体积宏大壮观、设计独具匠心、生产技术复杂的作品体现出创作大规模艺术品的明显趋势,这类作品的完成需要助理团队、专家顾问以及庞大的预算。例如,卡茨的作品《第八天》和蔡国强的《不合时宜:舞台一》(插图 1－1)就是在顾问和助理的协助下完成的。

当代艺术史并不完全是讲述充满崭新观念的青年艺术家如何崭露头角的历史。1980 年后当许多曾经默默无闻的艺术家开始涌现出来时,那些早已功成名就的艺术家的存在和影响力仍然不容忽视。比如,约瑟夫・博伊斯(Joseph Beuys)于 1986 年去世,安迪・沃霍尔(Andy Warhol)逝于 1987 年,而后路易斯・内维尔森(Louise Nevelson)、罗伊・利希滕斯坦(Roy Lichtenstein)、艾格尼斯・马丁(Agnes Martin)分别于 1988 年、1997 年、2004 年相继去世,艾伦・卡普洛(Allan Kaprow)和白南准(Nam June Paik)逝于 2006 年,罗伯特・劳森伯格(Robert Rauschenberg)于 2008 年去世。这些艺术家大都在去世前仍有重要作品陆续问世。因此,尽管我们通常将波普艺术和 20 世纪 60 年代联系起来,然而这样的艺术运动随着沃霍尔和利希滕斯坦的不辍创作而不断演
15 变发展。2008—2009 年间,路易斯・布尔乔亚(Louise Bourgeois)完成了其作品回顾展的世界巡回之旅,这位颇具影响力的艺术家已 96 岁高龄,仍然十分活跃。

我们并未像传统的概述那样对 1980 年以来的艺术史依照时间顺序做全面梳理。过去 30 年的艺术史丰富异常,汇聚了形形色色的故事、动机、影响力、观念和方法。试图根据各种运动或重要艺术家的作品,或依照时间顺序把新近的艺术规划为一个结构紧凑的体系可能为时过早,而且实际上这样做并不能如实反映当代艺术。如果说 1980 年之前的艺术

界由于年代久远我们能够对某些动态和潮流(事实上是多重交叉和互动的潮流)有所把握和理解,那么新近的艺术实践在性质上则更多元化和难以归类。我们讨论的许多艺术家正处于职业生涯的中途,仍在试图阐释和定义自己的艺术实践。不少当前的艺术潮流刚刚起步或正在发展中,我们还无法看清其发展轮廓或预测其未来的走向和意义。对一场运动如何影响并进而步入下一艺术运动阶段的旧式线性叙述已不再适用(一直以来,线性叙述模式是否真的具有历史精确性还值得商榷)。正如哈伊姆·施泰纳巴赫(Haim Steinbach)所言:“我把(这段时期)看作一片群岛,不同的岛屿上有各种事情发生。这些事情虽不总是朝同一方向发展,却是同时发生的。”[6](这句话是艺术家在回忆起20世纪80年代时说的,但也适用于整个当代艺术时期。)

传统媒介的繁荣和新兴媒介的轰动

即使无法将当代艺术整齐地划为一个个相互独立的部分或一系列艺术运动,我们还是可以对1980年后的艺术发展和潮流做一些宽泛的研究。

尽管20世纪70年代就有油画艺术将会消失的预测,然而当代艺术时期油画并没有消亡。实际上在80年代初期,美国油画艺术在新表现主义如日中天时经历了某种意义上的复兴,“新表现主义是一场由超大型画作、极富情感表现的姿态以及繁荣的商业市场所支配的国际性艺术运动”[7]。包括朱利安·施纳贝尔(Julian Schnabel)、大卫·萨利(David Salle)和埃里克·费舍尔(Eric Fischl)在内的美国青年艺术家绘制了大胆的、姿态性的油画作品,他们受人敬仰,赫赫有名,并被用来和一些涌现于70年代像德国新表现主义艺术家安塞姆·基弗(Anselm Kiefer)这样的颇具戏剧性的画家们相提并论。虽然广为流行,新表现主义也不乏刻薄的批评者,他们谴责这些艺术家是为了迎合市场而假冒情感的投机分子。到1990年为止,新表现主义的势头日渐衰微,然而之后油画艺术持续吸引着评论界的注意,尽管其影响此起彼落(尤其是从不同地区的角度来审视),且其实践者的关注也时有变化。1960 年生于东德莱比锡的尼奥·劳赫(Neo Rauch),作为一位继承了绘制巨幅历史画的重要传统的油画家而在 21 世纪获得显赫声誉。劳赫作品那含混的叙事、层次感丰富的意象和恰到好处的风格,使人联想到从超现实主义、苏维埃社会现实主义到充满冷嘲热讽的苏俄政治波普艺术运动"俄国短平快"(Russian Sots Art),再到劳赫前一代新表现主义艺术家的创作等一系列历史影响和参照。另外,像现今很多广受赞誉的画家的作品那样,劳赫的画作通过巧妙操控绘画的再现语言而批判了油画艺术。

像素描和雕塑等其他传统媒介一样,当代油画艺术实践扩展疆界,
16 焕发出新的生命力。什么是一幅油画作品的定义?当我们看见一幅作品时是否还能识别出它?每年数以千计的画作以我们熟悉的规格被创造出来:便于携带、长方形、绘于帆布上。然而,充满刺激的作品推动着油画艺术进入接受非传统材料,并时常与雕塑和装置艺术重合的新领域。比如弗雷德·托马塞利(Fred Tomaselli)的"画作"是植物、药丸(非处方药和处方药)、昆虫翅膀和从商品目录表上裁剪下来的图片等制成的拼贴画(彩图 7)。卡拉·沃克(Kara Walker)把剪影制成大型墙画。阿根廷艺术家古雷默·奎特卡(Guillermo Kuitca)和法宾安·马卡乔(Fabian Marcaccio)作为这种推动力的典范人物,将绘画这门稳坐艺术宝座的古老艺术领域向三维空间全面开放,赋予其全新的创作可能。奎特卡在实际大小的床垫上绘制地图,马卡乔则把画以奇怪的角度置于墙壁和地板之间的空间。巴西画家阿德里阿娜·瓦勒亚(Adriana Varejão)用瓷砖、油脂和聚氨酯泡沫塑料的聚合物制成墙体上的浮雕作品。

摄影技术变成了艺术实践的玩家。尽管当时粗糙的新表现主义绘画风头正劲,1980 年代也经历了照片艺术(photo-based art)兴起的热潮。早在 1839 年摄影术作为一项发明被正式公布时,艺术家们就已经将摄影技术作为艺术媒介加以利用。但是直到 20 世纪 80 年代,摄影术才真正摆脱其从属地位,"升至先锋艺术实践的中心……在规模、展示效果、市场增值和重要性等方面都堪与油画、雕塑匹敌"[8]。80 年代初照片

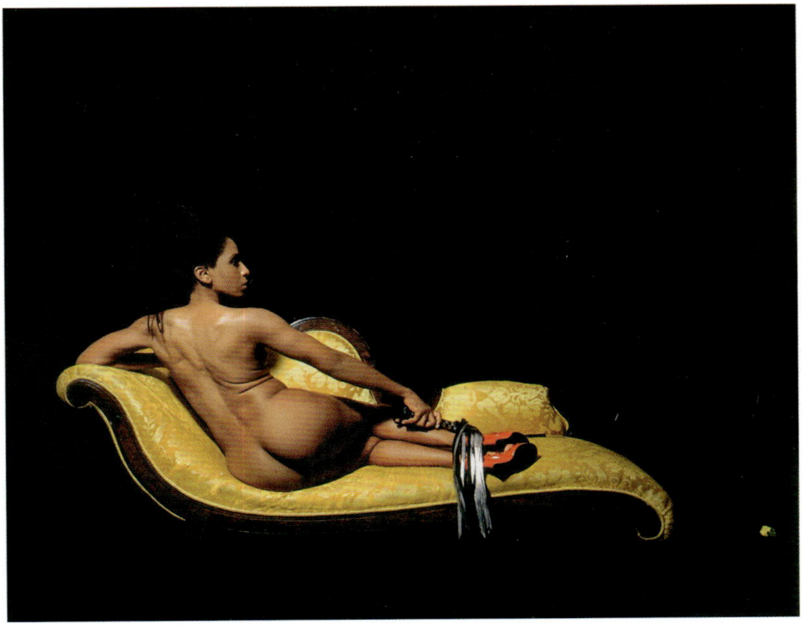

彩图 1　瑞妮·考克斯(Renée Cox)　|　婴儿后背(*Baby Back*),2001 年
安装在铝板上的归档数码彩色合剂冲印照片,292.1 厘米×365.8 厘米
艺术家本人提供

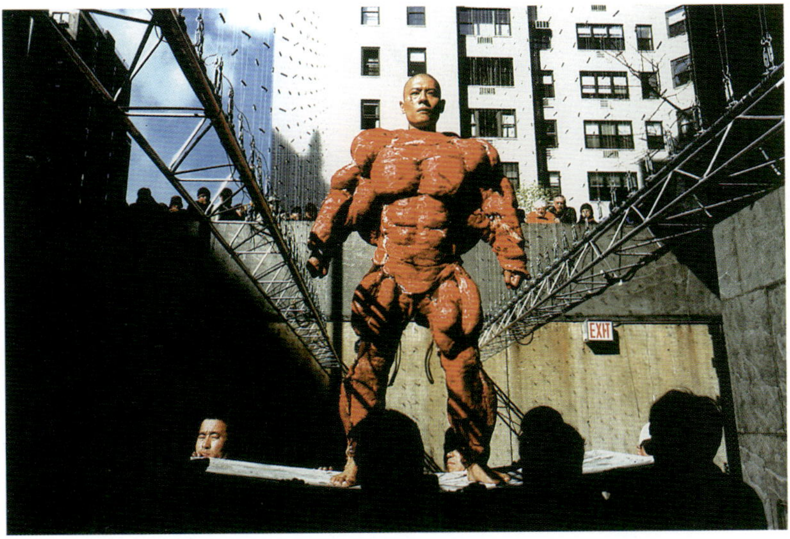

彩图 2　张洹　|　我的纽约(工人)(*My New York*)(*Worker*),2002 年
有色印刷,101.6 厘米×152.4 厘米
2 Aps 版本
照片由 PaceWildenstein,纽约提供
版权所属:张洹工作室

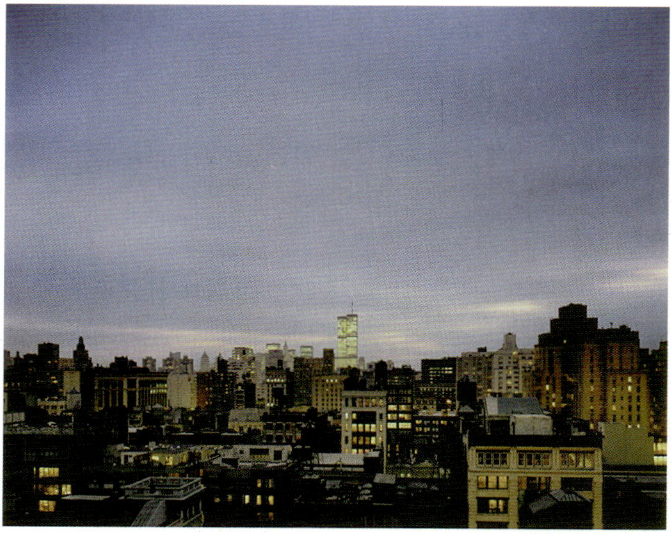

彩图 3　乔尔 · 迈耶罗维茨(Joel Meyerowitz)　|　蓝色时光(*The Blue Hour*),纽约,1982 年
选自“朝南望去:纽约城市风光,1981—2001(夜景)”系列
版权所属:Joel Meyerowitz, 2004 年,由纽约 Ariel Meyerowitz 画廊提供

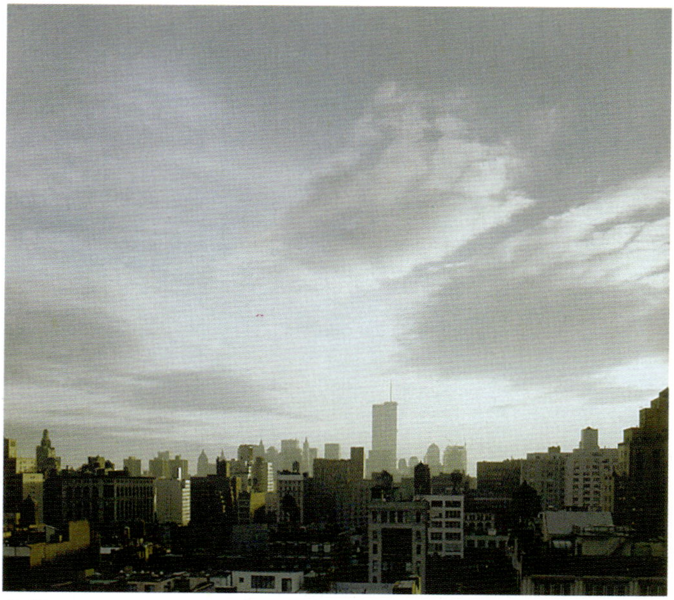

彩图 4　乔尔 · 迈耶罗维茨(Joel Meyerowitz)　|　纽约,1989 年
选自“朝南望去:纽约城市风光,1981—2001(日景)”系列
版权所属:Joel Meyerowitz, 2004 年,由纽约 Ariel Meyerowitz 画廊提供

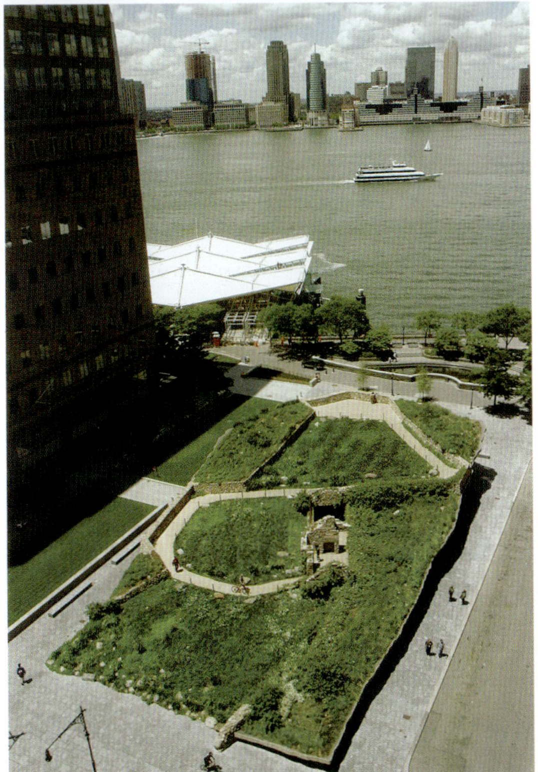

彩图 5　布莱恩·托利(Brian Tolle)　|　爱尔兰饥荒纪念碑,安装于炮台公园,纽约,2002 年

石块,景观美化,玻璃,照明,音频和混凝土,29.3 米×51.8 米
摄影:Nicoleta Coman
艺术家本人提供

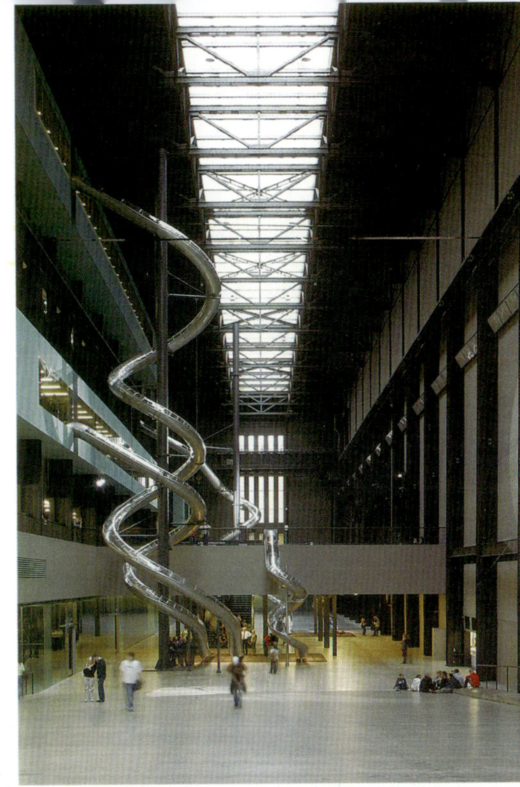

彩图 6　卡斯滕·霍勒　|　实验场(*CE Test Site*),2006 年

联合利华系列的装置一景:涡轮大厅,泰特现代艺术馆,伦敦 2006 年
照片版权:Attilio Maranzano 和 VG Bild Kunst,波恩
由艺术家本人提供;Esther Schipper,柏林;Casey Kaplan,纽约;泰特现代艺术馆,伦敦

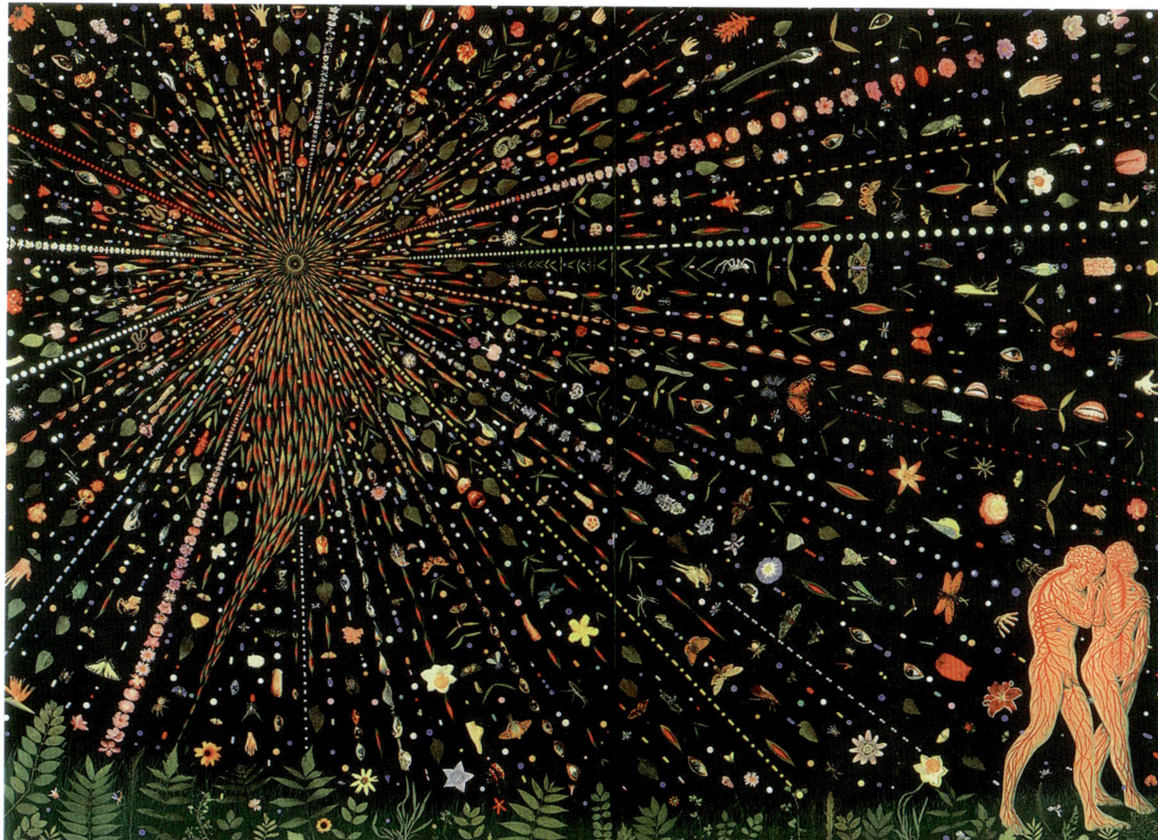

彩图 7　弗雷德 · 托马塞利　|　无题（驱逐）[*Untitled*（*Expulsion*）]，2006 年
树叶，药片，昆虫，丙烯酸，照片拼贴，木画板上的树脂，213.4 厘米×304.8 厘米
James Cohan 画廊提供

的大规模彩色打印第一次成为可能，大大激发了博物馆和收藏者的兴趣。摄影技术还对其他形式的艺术，尤其是某些绘画流派产生了不可忽 17
视的影响，这些流派有时似乎是对摄影术奋起直追，力争制造出一种原原本本地反映世界“真正”（即如摄影术的记录般逼真的）面貌的令人心悦诚服的错觉。

艺术家们天马行空地大胆试验，自由地应用计算机之类的各种新技术，并将摄影术和其他包括装置艺术和表演艺术的艺术形式进行杂交，摄影术也因此扩展了自身的边界。越来越多的艺术家转而创作结构复杂、设计精致的作品，他们搭建舞台场景然后将其拍摄下来，或在拍摄之后再将相机图像进行处理和修改。21 世纪向数码摄影大跃进，推动和加速了使用电脑软件如 Photoshop 来处理照片的步伐，这种技术取代了需要在暗房中手动修改模拟底片的冲洗程序。以摄影技术为工具令人信服地创造出虚幻世界中人物肖像的一个例子，就是由日本摄影师板垣由雄（Yoshio Itagaki）制作的十分有趣的混合作品《月球游客＃2》（*Tourists on the Moon #2*）（1998）（插图 1－2）。

雕塑作为一种艺术形式，大幅度扩展了其影响力及艺术内容和形式的范围。20 世纪 70 年代极简主义（minimalism）的兴盛时期，经过削减压缩的抽象雕塑大行其道。此类极简抽象派雕塑强调简约化的抽象体

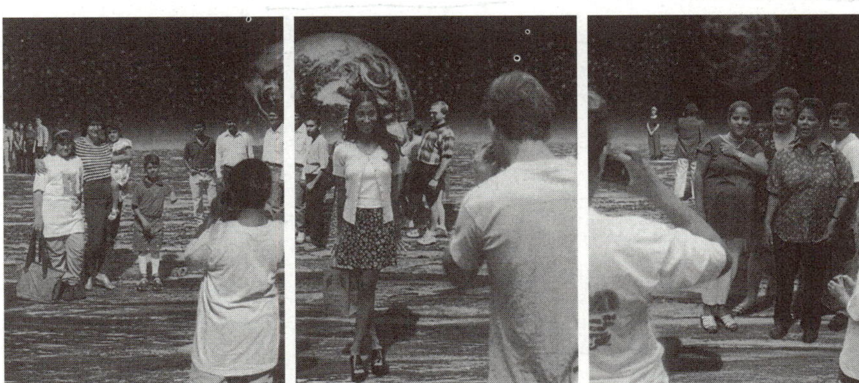

插图 1－2　板垣由雄　|　月球游客＃2，1998 年
三联照，彩照，101.6 厘米×228.6 厘米
艺术家本人和 Jack the Pelican Presents 提供，纽约

积[一些评论家称为“原形”(primary form)]。20 世纪 80 年代至今,雕塑艺术家们戏剧性地拓宽了其创作形式、技术和取材的范围。除了沿用传统材料如青铜、大理石和木材外,艺术家们还用各式各样的材料以及偶然拾得的物品(found object)来制作雕塑品。例如,80 年代家喻户晓的英国雕刻家托尼·克拉格(Tony Cragg),将一些现成的、相同颜色的塑料制品(如包装材料、用后被丢弃的盘子和塑料容器)排列成各种形状
18 的图案并固定在墙上,制成由多部分组成的雕塑作品。此外,当一些雕塑家仍在雕刻、铸模,并制造独立的、独一无二的物品时,另外一些艺术家则拓宽了艺术实践,把雕塑和其他艺术形式交叠在一起。艺术家如美国的罗伯特·戈贝尔(Robert Gober)和英国的迪诺斯·查普曼(Dinos Chapman)和杰克·查普曼(Jake Chapman)兄弟,他们的创作则是将多样的雕刻物融入其多媒体装置作品中。

现成物变成混合物。20 世纪初达达艺术家马歇尔·杜尚(Marcel Duchamp)展出了其举世闻名的、被其称为现成物(*ready-mades*)或偶拾雕塑(*found sculptures*)的作品,如未经任何处理的小便池和一把雪铲。自此之后,大批艺术家利用现成物品和图像进行实验性创作,包括其他达达派画家、超现实主义者、50 年代的所谓废料雕塑家、波普艺术家以及热衷于装置集合艺术技巧或对现成物观念内涵很感兴趣的各类艺术家。表演艺术家也同样将日常动作、声音、道具和各种行为与更传统的戏剧元素融合起来。

为了与后现代主义的最新理论保持一致,20 世纪 80 年代的视觉艺术家们采用挪用(*appropriation*)来作为使用现成物和图像的方法。挪用艺术家们在艺术史和民间文化中仔细搜寻现成的物品、风格、图像、主题和构图,并将四处挪用来的艺术作品局部重新组合成兼收并蓄的视觉大杂烩。廉价粗劣的挪用物被任意地和高雅艺术、建筑和设计中的作品局部混合起来[9]。

美国艺术家杰夫·昆斯(Jeff Koons)在其艺术创造中参考了批量生产的消费品那光滑、精致的包装。昆斯的闪闪发光的作品《兔子》

(*Rabbit*)(1986),是对一个造型新奇的聚酯纤维玩具气球的模仿,却是艺术家用表面磨光的不锈钢打造成的。他有意将商品的华丽炫目与精雕细琢的早期现代艺术形式以及波普雕塑艺术的日常主题交融并混为一体。昆斯在很多雕塑中挪用了现实中的消费品(俗气粗劣的塑像或玩具),并借助新媒介将它们改造为制作精巧且工艺高超的、供富人收藏的奢侈品。正如这些雕塑一样,作品《兔子》似乎热切地拥抱着消费社会的生活方式,然而同时也冷静地品评着一个缺乏深刻内涵的、浅薄苍白的文明社会。

21 世纪新术语开始涌现,以捕捉一些关于现成品的概念的、辐射范围更广的艺术实践和观念。采样(*sampling*)和混音(*remixing*)这两个来自嘻哈文化和音乐界的术语,有时被用来取代过去的挪用和拼贴(*collage*)这些词。使用这些术语意味着承认现成物艺术实践如今已涵盖了数码时代的新媒介和数字网络领域,这使艺术家们可以即时获取源源不断的图像、声音和数据,以及对其任意重新组合和配置的工具。这一切对未来的艺术创作和新旧媒介的价值意味着什么还有待讨论。

新媒介吸引着艺术家们。20 世纪 60 年代,录像技术一经问世就引起了艺术界勇于实验的艺术家们的兴趣,最著名的实验者就是白南准。90 年代录像发展为主要的艺术媒介,部分原因是它的实效性重新激发了人们对艺术叙事和探索叙事结构的兴趣。同样是在 90 年代,由于体积小巧、功能强大的电脑成为普通人消费得起的商品,而且软件程序也促进了复杂图像处理的发展,大批艺术家开始应用数码技术。艺术家不仅让数码工具服务于传统艺术媒介,例如在电脑上设计雕塑的结构,还将其本身当作一种全新的形式和概念领域而加以利用。随着 21 世纪初
DVD 录制技术的广泛应用,在艺术品交易中获利的艺术家和艺廊体系
掌握了一种向收藏者限量出售视频和电脑艺术品的重要方法。当然, 19
DVD 光碟极易复制,尽管有版权保护,艺术家原版作品的盗版仍可以在互联网上出售和下载,也可在像 YouTube 这样的视频网站上观看。

与此同时,数码视频的制作和剪辑、全息摄影技术、光艺术和交互式 20

电脑网站等方面的飞速发展,也为艺术探索开辟了新的战场。这些新媒介业已蔓延并渗透到其他媒介的艺术实践中,比如,新媒介经常被吸纳到装置和表演艺术实践中[10]。

新技术产生了新范式。如今数码技术具备了大幅度修改图像的能力。自然范式和认知、观念的结构正在转变。尤其是在本书所覆盖时期的下半叶,台式电脑的可用性以及电脑制图程序技术的日益先进和便捷带来了一场变革。"这场视觉性的变革可能比将中世纪图像和文艺复兴时期透视法分离开的那次断裂还要深刻,"艺术史学家乔纳森·克拉里(Jonathan Crary)如是说[11]。我们正在经历着一场从充满日常认知的模拟世界向由二进制编码呈现的数码世界的跨时代转变。

计算机储存了被数字化处理为二进制代码的海量详细信息,它能把任何对象的图像进行处理、复制、变形或传输,这在人类历史上是史无前例的。无论是真实的还是虚拟的对象,其数码影像看起来如此逼真,以至于几乎无法察觉现实和虚构间的区别。同时,和早期的照片观赏者不同,如今的观众始终明白图像是经过处理和加工的;他们允许自己放下怀疑,以便去享受现实的幻觉。身处一种欢迎并沉迷于新媒体的文化氛围中,我们几乎普遍心甘情愿地把对单一现实范式的怀疑搁置在一边。

虚拟现实使界限模糊难辨。作为一个研究领域,虚拟现实(*visual reality*)的发展集中体现为现实和虚构之间界限的模糊。虚拟性这个词指的是"看起来逼真实则并不存在的图像或空间。在我们的时代,它包括赛博空间、因特网、电话、电视和虚拟现实"[12]。虚拟现实本身一般指模拟的计算机生成环境。观赏者佩戴着特殊的眼镜和耳机,通过摆动头部或操纵控制装置和周围环境发生互动。整个 20 世纪 80 年代和 90 年代初,对虚拟现实之发展前景的美好展望超过了实际取得的成果,但自那以后,对观众和艺术家/设计者来说,软件和技术的进步使对虚拟现实的涉足更为令人欢欣雀跃。虚拟现实的实验虽然主要在电脑游戏领域进行,然而不久之后,由于当代艺术定义范围的扩展,互动电脑游戏的设计者/创建者就能创造出一种作品，使其能被当代艺术包含在内。

视觉文化被复制并在世界范围内共享。除了快速彻底地操控成像，计算机如今还能即时传播各种图像和信息。自 20 世纪 90 年代中期以来，因特网和万维网的发展使用户能在世界范围内的虚拟空间里即刻传输、接受图像和其他信息。信息的数字化作为一股强大的力量，加速了艺术家运用各种媒介生产出来的图像的共享，同时也推动了精通电脑的艺术家挪用来自其他文化领域的信息流。在作为观看者的角色中，我们的存在不再依赖于某个特定的地方。我们可以接通网络或进入任何我们能够访问的电脑存储器。作为对这种潮流的肯定，惠特尼博物馆在 2000 年的双年展上首次将因特网艺术列入其展览内容[13]。

大量图像和数据从所有能够想象到的渠道涌入——科学、艺术、广 21
告、新闻、娱乐、政府，并且越来越多地来自普通公民（使用个人数码相机、手机摄像头、扫描仪和网络摄像头）。无数电子数据库正在取代实体档案库（后者的范围从图书馆到家庭相册）。对作为以虚拟体系存在的电子数据库进行创造性探索和处理，如今成为越来越多的新媒体艺术家艺术实践的核心。这些艺术家的实践与虚拟建筑师的做法类似——对现有的建筑构架（数据库）进行重组，以突出或展现新的特性和观念。

除了信息和图像交流的加速之外，全球视觉文化的另一重要特质就是大众传媒散播影像的统一性。在此过程中，多人共享同一汇聚了各种中介体验的信息储藏室。这种记忆存储的高度统一性在因特网、电视、收音机、电影和摄影技术发明之前从未有过。伴随着每个技术的新突破，流行文化压制私人经验领域的能力也增强了。如今，大众传媒的信息文化被导入趋于将信息呈现同质化的统一格式中。然而，当代艺术家已开始寻找抵制这种现象的途径。克里斯汀·马克雷（Christian Marclay）将上百部电影片段组合起来创造了《影像四重奏》（*Video Quartet*）（2003），这部作品被同时投映在四张超大屏幕上。著名音乐人大卫·伯恩（David Byrne）则利用微软的 PowerPoint 软件制成富于想象力的插图和动画，这和大多数我们在商界和学术界所见的单调和千篇一律的 PowerPoint 演示相去甚远[14]。

尽管数字媒体语言仍处于萌芽期,然而随着 21 世纪的挺进,它们必然会对视觉艺术产生深刻影响。致力于这个领域的艺术家成为先驱者,他们帮助我们去面对一个问题,即生活在一个充满多渠道高速信息流的世界中意味着什么,并使我们意识到自己正目醉神迷于人工制造的虚拟世界。同时,21 世纪诸多最富趣味性的批判理论——自关于新媒体和视觉文化研究的新兴学科演变而来——选择不断扩张的艺术实践种类和场所作为主要研究领域。进步中的技术导致高度同质化的范式也遭遇到挑战:当美国只有三家主要电视台时,观看同一电视节目的人口比例大大增加。如今,随着电视台数量的巨幅增长和新媒体的兴起,我们每个人和邻居家收看同一电视节目的可能性也降低了。

各种声音的涌现

20 世纪 60 年代末和 80 年代初,美国妇女运动和民权运动的反抗与成就对艺术产生了冲击,让更多的声音登上舞台。这些重新进入人们视线的运动参与者给艺术界带来了新概念,以及关于如何表达这些概念的方式、媒介和技术的更多思想。自 1980 年以来,女同性恋、男同性恋、双性恋和跨性别(LGBT)艺术家的高调激进运动给原本喧哗的艺术界带来更多声音。尽管在收入、影响、声望和认可度等方面还没获得完全的平等,西方的女性艺术家和少数族裔艺术家已拥有一定权利并在何人创造
22 艺术、艺术关乎何物、如何欣赏和阐释艺术等方面有着重要的影响力。在八九十年代以及今天的关于当代艺术的讨论中,有色族裔艺术家、女性艺术家和 LGBT 艺术家一直居于中心。作为对多元性的回应,各种艺术可能性的集体想象被完全打开。

过去 30 年里,无论是在全球范围内还是艺术家中间,人们对多样性的意识日益增强。大约自 1980 年开始,美国艺术界普遍将目光转向西欧国家的艺术发展。随后,由于国界、政权以及政治、经济结构的变迁,

来自世界各地的艺术家开始在西欧和北美被广泛接受，这些艺术家往往是因为移居欧美而进入人们的视线。

西方世界以外的艺术家和观众同样关注着国境内外的发展。世界各地涌现了新的收藏者和艺术交易商，转移了对作为艺术重心的欧洲和美国的关注。1980 年以后，随着世界形势的日益复杂化，非洲、南美洲、亚洲和太平洋地区的艺术家在世界舞台上逐渐占据令人瞩目的位置。我们生活在一个国际化的世界中，具备不同文化知识的人们相遇、交往，并彼此交流各自的历史、对事物的规定以及界限。艺术家们利用视觉手段表达了有关文化划界和归属问题的种种立场和矛盾。

这里仅以一位当代艺术家所走过的复杂历程为例。蔡国强 1957 年生于中国广州，是"文化大革命"中成长起来的一代。在 1986 年移居日本之前，他在上海学习舞美设计。1995 年他移居纽约。蔡国强的艺术创作囊括大型素描、装置和表演艺术活动，并应用了火药、中草药、电脑和自动售货机等诸多选材和创作手段。蔡国强精心设计的装置作品《文化大混浴》(*Cultural Melting Bath*)于 1997 年在包括纽约皇后美术馆等在内的不同场地安置并展出。它象征着艺术家的一种愿望，即艺术应促进可以治愈创伤的文化融合。这件装置作品采用了假山花园、榕树根、注入中草药的西式热水浴缸，来自各种文化背景的博物馆参观者被邀请到浴缸中共浴。作为一位在中国多年饱受争议的艺术家，如今蔡国强频繁回国工作，并担任了 2008 年北京夏季奥运会开幕式和闭幕式的视觉、特效艺术总监。蔡国强大型个人回顾展在全世界进行了巡展，奥运会期间还曾展于中国美术馆，包括其颇具戏剧性的装置《不合时宜：舞台一》(插图 1-1)。

全球化

艺术国际化发展的意识使艺术界变得更有活力，且更加复杂。然而，国际化也并非一定有益无害，尤其是当艺术创作要面对来自支持当代艺术生产和展示的国际机构和公司施加的市场压力时。整个世界越来越多地被全球经济连接在一起,这一发展不可避免地影响了艺术的生产和接受。消费资本主义,尤其是以最为咄咄逼人之势发展起来的美国
24 消费资本主义模式在当代阔步前进,并将其触角伸至全球市场。苏联的解体和环太平洋地区国家,尤其是迈向更具资本主义特色的经济体系的中国经济的腾飞,敞开了曾经明显绝缘于资本主义商业活动的世界的大门。同时,多国公司和像世界银行和世界贸易组织这样的跨国经济机构,所从事的活动时而扶持国家利益,时而又与其发生冲突。强国体系现在已成为不以任何一个国家为中心的全球化网络(尽管美国仍保持着相当重要的强势地位)。

联合起来的全球社会(在技术和经济上的联合)的出现并未带来国际团结和世界范围内的平等;事实上,在全球范围内运作的机构是否有可能代表所有国家的不同个体的政治、文化和美学趣味,很值得怀疑。据斯图尔特 • 霍尔(Stuart Hall)所言:“你会发现在那些能被有效表现和那些无法以任何可行方式表现的人之间,存在着可及性、可见性的大量差异和巨大的鸿沟。”[15]

全球经济已经对娱乐和文化市场产生冲击。国际艺术博览会以及国际当代艺术双年展、三年展,已在全球所有大陆的众多城市举办(到 2005 年至少有 85 个展地),展览数量递增如此之快以至于要及时了解其信息几乎不太可能[16]。艺展场地的流动性已成为很关键的因素,享有资源的艺术家、画廊经纪人、评论家以及收藏者通过参加国际艺术盛事提高了自己的知名度和影响力。那些精心安排国际艺术活动并从中挑选艺术家的美术馆馆长和策展人则拥有显赫的地位和权力。

除了全球化市场之外,新的通信技术的出现,特别是电视继续在全球范围内使用,以及用于个人及商务活动的电脑和因特网的迅猛发展也大大推动了全球化的进程。与此同时,并不是所有地方的人都有机会接触电脑和因特网,因此新技术巩固了那些能和信息潮流保持联系的人的特权。

除了可及性和可见性这些问题外，另一个焦点就是文化同质化的潜在可能性。一个值得争议的观点是：全球化给世界上的所有人都带来了相同的消费品、图像和信息，因此彻底消除了差异，使人变得非人化。就艺术而言，批评家朱莉娅·芬顿（Julia A. Fenton）问道："世界各地艺术博览会的迅速膨胀以及不同文化背景的艺术家们的流动（通过高雅艺术市场或因特网）是否为迎合一般而抹杀了个别——在内容、形式和理论方面？当我们已消除文化边界并提出一种全新的普遍性时，对形式的关注是否又成为头等大事？"[17] 例如，批评家发现，昂贵但又重复性较高的视频和多媒体装置在国际概述展上随处可见，因为它们十分吸引眼球，方便携带又易于复制。

与此同时，艺术家们继续创造那些在选材、技术、对象和形式上看起来都和地方历史及本地身份息息相关的艺术品。这类对文化差异的表现是真实自然的，可以被当作一种通过破坏标准化来抵抗全球化的形式。然而，这种艺术有些并不真诚，仅仅是对文化差异的模仿，因其在市场上有销路而被国际资本主义大肆促销。弗雷德里克·詹明逊（Fredric Jameson），一位重要的马克思主义理论家，指出了全球化进程中的众多矛盾，如全球化经济动力是更倾向于推销文化同一性还是文化差异性这类争论。詹明逊还指出了具有讽刺意味的事情，即曾经被视为推动欧洲 25
殖民主义前进的民族主义，如今却被作为一种典型模式被昔日受殖民的人民所吸纳，以抵制全球化的暴力[18]。吉莲·塔瓦多斯（Gilane Tawadros）说道："无论是在艺术馆里还是在足球场上，民族的观念继续牢牢支配着我们的集体想象。民族性仍然是表达真实的或想象中的共同身份的重要手段。"[19]

理论大显身手

1980 年以后的众多艺术家和批评家一直大力投身于理论和批判性分析。概念艺术之后的艺术变得越来越理论化和受观念驱动，并开始萌生出一些艰深晦涩的理论分支。对理论的全盘接受似乎在这个阶段的中期达到顶点;到 20 世纪 90 年代初为止,欧美有影响的艺术研究院一直提倡学习理论知识和教授分析、阐释技能。在谈到美国艺术硕士学位课程时,作家兼策展人本内特・辛普森(Bennett Simpson)坚持认为:"诸如加州艺术学院(CalArts)、加州大学洛杉矶分校(UCLA)、美国艺术中心学院(Art Center)、耶鲁大学和惠特尼美术馆的独立研究项目之类的学院,通过雇用六七十年代从事概念艺术、后极简主义、录像和表演艺术创作的艺术家们,想要将学术和批评性研究置于更传统的如素描、人物画和雕塑这样的手工技艺训练之上来予以优待。'知识工作'('knowledge work')变得越来越脱离在它之前的技术劳动。"[20](尽管如今对很多最知名艺术家的创作来说,工艺技术和精湛的制作水准重新成为优先考虑的事,但他们的作品常由为艺术家或其赞助机构工作的助手来完成。)

源自各色理论视角的概念塑造了 1980 年以来的艺术创作和接受,最具影响力的几个理论视角包括后现代主义、符号学、后结构主义、女性主义和后殖民主义。这段时期的理论批判审视了众多视觉文化领域,包括:艺术史的结构和趋势;博物馆、艺廊和艺术节的政治策略和实践规范;艺术市场经济学的本质和运作以及声誉的建构方式;大众传媒通过何种视觉手段来影响观念和趣味;视觉媒介围绕着性别、种族、性、年龄、宗教和国籍等方面对各种身份认同的表征。在不同主题章节涉及这些理论时,我们将对其深入讨论。这里仅做一个概述。

后现代主义成了一个包罗万象的术语。后现代主义突现于 20 世纪 70 年代的艺术批评,在 80 年代才变得更为常用。涉足后现代主义研究的作家和思想家包括让・弗朗索瓦・利奥塔(Jean-François Lyotard)、让・鲍德里亚(Jean Baudrillard)、朱莉娅・克里斯蒂娃(Julia Kristeva)、查尔斯・詹克斯(Charles Jencks)和安伯托・艾柯(Umberto Eco)。这个所指含糊的开放性术语最初意指一种与现代主义信条的对立面,这些信条包括现代主义者对社会和技术进步的信心,笃信历史是朝理性的线性方向展开，相信个体自决力。后现代主义者则质疑进步，具有反精英(anti-elitist)倾向(例如像接受博物馆艺术那般毫不迟疑地接受媚俗艺术)；他们认为文化形式不是纯粹的，也绝非可以轻易被定义和控制，而是混杂不一、异质多样且兼收并蓄的；他们相信个人不可避免地受到文化的塑造[21]。后现代主义者相信我们在某种程度上都是同一性的囚犯，这种同一性是艺术和流行媒体为我们建构起来的。另外，当代世界变得 26
日益人工化，原因是经过电视、电影和其他媒体过滤的二手图像如今替代了直接经验并对我们如何认识和理解世界产生强有力的影响。越来越多媒介化的图像和经验都变成了大规模生产出来的、在可感可触的现实中无根基可寻的幻象——用鲍德里亚的术语说就是拟像(*simulacra*)。按照艺术史学家约翰·拉齐曼(John Rajchman)的说法，鲍德里亚"采用'仿真'(*simulation*)和'拟像'这两个词来描述'博布尔效应'(Beaubourg effect)——由于难以再将原型和复制品区分开，我们丧失了现实感，所剩的仅有'反讽'(irony)、超现实(hyperrealism)、媚俗(kitsch)、引用(quotation)和挪用"[22]。

后现代主义风格不存在单一性；相反，所有风格及视觉词汇都正当有效，多元主义统领一切。然而，挪用却成了后现代主义者频频采用的策略。大多数后现代挪用主义者颇为怀旧地在久远的及新近的历史中挖地三尺，寻找各种视觉表征，却常常对这些过去的视觉图像在其当时情境下原本意味着什么缺乏历史意识。除了引起复古怀旧情绪之外，后现代主义者还以反讽甚至是戏仿的态度从过去和民间文化中引经据典。

不少艺术家仅仅把挪用当作一个当代艺术时尚，对其不加批判地利用。而有些艺术家则更专注于现成艺术品蕴含的观念，他们以现成物品、拿来的风格和图像为手段提出有关艺术家是否可能保持原创或表达真实情感和信仰的哲学问题。这类艺术家包括德国的格哈德·里希特(Gerhard Richter)、俄罗斯艺术双人组科马尔(Komar)与梅拉米德(Melamid)和美国的辛迪·谢尔曼(Cindy Sherman)。政治动机最强的包括美国艺术家谢丽·莱文(Sherrie Levine)在内的挪用主义者们向现代主义者发出挑战，他们批评现代主义者对一小撮据说是最具创新精神的艺术家的认同和赞美是精英主义的。这些艺术家通过挪用来暗示原创性根本无关紧要。

尽管它在20世纪八九十年代影响不小，但今天的后现代主义已成为用于众多形形色色的潮流和思想的术语，其涵盖范围之广以及无所不包的程度使其丧失了细微性和功能性。而且，很多人拒绝接受后现代主义这个术语，称其是二元论的。尽管它存在反潮流，后现代主义却通过暗示和现代主义的辩证关系使西方美学居于中心位置。

艺术被理解为一种语言。受活跃于19世纪末的瑞士语言学家费迪南·德·索绪尔（Ferdinand de Saussure）和美国哲学家查尔斯·桑德斯·皮尔士（Charles Sanders Peirce）思想的影响，20世纪末的艺术家们将符号学（*semiotics*）（关于符号的科学）的复杂排列和置换应用于视觉艺术。当语言学家还在分析（口头）语言的结构时，符号学家通过对某领域内发挥机能的符号进行分析，将几乎所有人类的活动领域都呈现为潜在的研究对象。着装风格、礼仪规范、男女行为准则——所有这些以及其他不计其数的经验领域都可以从符号学角度加以分析。

正如学者（科学家）所推断的，所有艺术都是在约定俗成地使用符号的基础上运作的，因此符号学是分析艺术实践强有力的工具。表现风格、直线透视法则及不同艺术媒介的元语言（例如，绘画代表着一种视频所没有的“传统”）这类艺术话题具备了在符号学的放大镜下接受分析的成熟条件。比如卡尔·莲恩（Cal Lane）发明了一种工艺流程，通过用焊接喷灯切割工业金属，在汽车挡板、修剪花园的铁铲以及垃圾桶等其他现成物品上创造出花边图案。制作花边被理解为家用的、女性的编制活
28 动，而金属切割则代表了用于制造机械工具的传统男性技能。作为一位女性，莲恩通过将两者混合而创造出一种符号意义上的不和谐。

后结构主义（*poststructuralism*）的相关理论和后现代主义与符号学具有紧密的同一性。后结构主义对这些理论混合的新贡献形成了这样一种概念，即语言或任何符号系统的深层机构并非固定的和永恒不变

的[23]。虽然存在理论的个体差异，但这些后结构主义思想家认为任何符号系统或文化产品（一门语言、一部文学作品、一幅画或一个社会制度）——他们称为文本（*text*）——都被证明具有内在冲突或隐匿的意识形态。后结构主义者采用法国哲学家雅克·德里达（Jacques Derrida）发明的、被称为解构（*deconstruction*）的策略来分析视觉和声音文本。解构策略从产生了文本或系统的潜在世界观的角度来审视文本和符号系统，并通过揭露冲突和偏见来挑战世界观和文本的合法性。德里达还提出文本意义是不稳定的，因为不同读者（或就视觉文本来说是观看者）会将自己的世界观带到其阅读和观看的过程中，这样就使阐释发生偏斜。没有任何文本具有单一的、正确的阐释；意义随着读者、时间和情境而变[24]。

依据后现代主义者和后结构主义者的观点，真相和现实并非像它们看起来那样真实和逼真；实际上，存在着多种真相和现实。所有真相和现实都是相对的和偶然的，由文化构建并依赖于情境，而且可以协商，容易变动。在自然规律中没有任何事情是与生俱来的。另外，如今矛盾变得越发明显，因为文化景观充满代表相互矛盾的世界观的各种文本，由于来自多种渠道的高速信息流不断轰炸着我们，这些文本可以同时获得，并逐渐渗透进各自的领地。这些文本相互作用且相互竞争［创造了互文性（*intertextuality*）的条件，这是德里达和另一位很有影响的法国理论家罗兰·巴特（Roland Barthes）所偏爱的术语］。后结构主义者认为在我们这个媒体饱和的社会，信息的大肆进攻已使得任何一种单一的世界观都不可能独霸天下。相反，所有范畴之间的界限和划分都正在削弱。尤其是在西方思想和文化中司空见惯的二元性或二元对立作为极端对立项已不再那么有说服力。男性和女性、同性恋和异性恋、白人和黑人、公共的和私人的、绘画和雕塑、高级文化和低级文化——这些与其他范畴之间的区分在后现代世界中行将消解，其基本要素则合并为混合体。

女性主义和后殖民主义提出了更为大胆、更为宽广的理论视角。女性主义和后殖民主义的观点给当代视觉文化带来了深远影响。女性主义者和后殖民主义者向艺术家、艺术史学家、批评家和观众提出挑战，迫使其思考政治和社会问题。女性主义者从性别角度审视经验，并特别关注如何保障妇女拥有与男人同样的权利和机会。女性主义理论批判分析了导致男性统治的等级结构，这种结构被女性主义者称为父权制（*patriarchy*），也就是巩固和维持男性价值观和权利的各种文化信仰、规则和结构。视觉艺术中女性主义研究的核心领域是凝视（*gaze*），这一术语指在视觉表征中人的分类是如何被性别、种族、性和其他因素定型化的。

后殖民主义者对来自不同国家、宗教、地区和共同体的人之间的各
29 种（政治、经济、宗教、艺术、哲学、大众传媒等）文化互动比较感兴趣。他们考察人们的历史和身份如何表现出特定地区的殖民主义遗留下来的经济、政治、社会和心理传统，这种殖民主义的遗毒压迫着原住人民并导致了驳杂性（*hybridity*）和交融性（*syncretism*），或曰民族和文化的混合。后殖民主义者还研究各种人的移居和背井离乡［近称为离散（*diasporas*）和游牧（*nomadism*）］，并强调当代共同体中各种文化的共存和多样性。他们对非洲、亚洲、美洲以及太平洋地区视觉文化的关注促进了当代艺术界的国际化。

许多其他的各色理论也影响了女性主义和后殖民主义，因此思想和立场也不断发生变异[25]。这些观点通常涉及多种学科，它们从文学、历史、社会学、人类学和其他学科中汲取了养分。自 1980 年以来，批评家和艺术家采用解构策略来分析，或曰“解读”权力的运作如何限制了妇女和后殖民国家人民的成就和潜力。女性主义者和后殖民主义者还利用了包括马克思主义和心理分析在内的其他理论，并提出了自己的理论体系。后殖民主义者提倡的理论模型试图从各种文化自身的角度出发去理解其相应的视觉艺术，而不是在这些艺术和欧美艺术传统的比较中去把握它们[26]。

此处探讨的理论，以及其他诸如马克思主义和心理分析这些未做探讨的理论，已渗透到当代艺术的生产、接受和阐释中。但在过去 30 年

中，对理论毫不含糊地接受并不是一个普遍的和始终如一的现象，其发挥的影响也不是系统性的，而常常是分散的且未获承认。比如，反对女性主义的激烈文化抗议曾一度蔓延，结果青年女艺术家常常在其艺术和思想都倾向于女性主义信条时，也不愿称自己为女性主义者。

1990 年后艺术家似乎不那么关注理论了，过去 10 年围绕现代主义、后现代主义和后结构主义展开的论争也日渐平息。策展人托比·坎普斯(Toby Kamps)认为："一个意识形态模糊未定的历史时刻，(20 世纪)80 年代的艺术策略——挪用、商品化批判、解构——显得既空洞又工于心计。而艺术家开始对可及性、交流、幽默和游戏产生兴趣。那个曾提出风格上的折中主义、社会批评和反讽的历史终结论的、作为一种风格而流行一时的后现代主义似乎业已枯竭；然而作为一种态度，后现代主义是确定无疑的时代精神(zeitgeist)。90 年代以后艺术对复杂性、多样性和含混性的兴趣折射出一个不可预测的过渡时期。"[27]

虽然总的来看，过去 15 年中艺术家似乎不那么热衷于鲜明的政治立场，也不精通学术理论，然而这并不表示艺术缺乏富有意义的内容。恰恰相反，对深刻的道德和伦理问题及引起强烈反响的如政治机构、精神性、美、暴力、性、瞬间性、灭绝、记忆、治愈等主题的异常关注，已成为晚近艺术的强大主流。现实世界危险莫测，反复无常。对理查德·考克(Richard Cork)来说，约瑟夫·博伊斯(Joseph Beuys)在其著作《二十世纪的终结》(*The End of the Twentieth Century*)一书中提出的疑问仍在回响："(我们的时代)是将在核灾难中提前终结呢，还是被一个宣扬破坏性较小的价值体系的时代所取代呢?"[28] 或像霍米·巴巴(Homi K. Bhabha)所写："(20 世纪)80 年代我们开始了关于差异的美梦，而如今这个梦想却与恐惧和疑惑纠缠在一起：对全球恐怖网络'去疆界化流动'的憎恶；随着'国土'安全和国际监控体系的加强对全球政治策略的可行性 *30*
的疑虑；对'先发制人'国家安全战略的怀疑；对战争的担忧；对自己担负的对世界和我们自身的权利和责任的疑惑。我们的梦想究竟出了什么毛病?"[29]

我们将用一个额外的例子结束这部分内容,通过此例我们意在揭示现实中的艺术家如何在其创作实践中涉足理论的一些复杂情况。我们的例子讲述了当代艺术家有意以符号学的方式处理抽象艺术的语言。

西方艺术中的抽象主义与20世纪的盛期现代主义密切相关,常常是当代理论批评和贬低的对象。第二次世界大战后那一代“英雄式的”美国抽象主义画家[包括诸如杰克逊·波洛克(Jackson Pollock)在内的抽象表现主义艺术家],满腔热忱地相信艺术是一种自我表达,坚持认为艺术家应该尽可能凭直觉创作,并依赖潜意识来激发充满活力、无拘无束的姿态和线条。他们相信每个艺术家都有独一无二的、像一个人的笔迹那样可辨识的“本真的”笔触,这种笔触只有艺术家在完全自由的创作过程中才会出现。他们还认为接受能力强的欣赏者会对成形的画作做出本能的反应,因此也回应了艺术创造者的激情。相反的是,当今时代的许多人对真正的自我表达是否可能实现持怀疑态度,并争辩说我们“个人的”表达和反应实际上仅仅是文化调校(cultural conditioning)作用的反映。或许有时一位画家的确能够做出自发的流畅姿势,但是今天的艺术家们必须自觉地意识到,一种姿态性的风格一旦被认为是自由的标志,他们就无法再以完全自然、自发的方式来表明姿态了。

如今用符号学的方法处理抽象艺术的艺术家们能精准地使用抽象表现主义或极简主义的特征,因为他们明白这些手段已成为学识渊博的观众所能认出的惯例手法。一位艺术家可能做出明显带有人为痕迹的姿势以颠覆绘画是自发性表达的这一观念;另一位艺术家会选择网格或另一形式的几何抽象艺术来批判前一代人的社会乌托邦之梦,并通过对作品进行“编码”警告思想僵化的趋势。比如美国画家彼得·哈雷(Peter Halley)使用了令人联想起蒙德里安(Piet Mondrian)和其他几何抽象艺术家的矩形图案,这些图案暗指了可能是牢房或地下掩体中的通道网络的示意图。美国艺术家雷切尔·拉克威茨(Rachel Lachowitz)表面涂满唇膏的雕塑品是对极简主义雕塑的复制,它嘲弄了隐藏在那些冷漠、强硬结构中的假想的“男性”客观性和逻辑。从符号学角度来看,选择唇膏作为艺术材料代表了一种将女性主义理论应用于艺术世界的政治领域的意识。她的选择也透着幽默和讽刺意味，表明最终她也意识到自己的行为很可能十分微不足道。

抽象派艺术是一种陈旧不堪的过去的风格吗？即使面对怀疑，一些当代艺术家还是选择以诚恳的而不是冷嘲热讽的态度投入抽象艺术的创作中去。那些认为只有当艺术为感知和冥想提供了聚焦点时才有价值的人往往偏爱抽象艺术。抽象主义的精简和大众传媒图像的视觉超载形成鲜明对比。由于没有容易辨识的图像或叙事占据其思想，欣赏者不会从观看的即刻感觉经验中分神。今天那些对抽象艺术态度诚恳的艺术家并不一定要重新回到抽象表现主义者认为的抽象是自我表达的观念上去。如画家劳瑞・芬德里奇(Laurie Fendrich)所写的，抽象艺术“关乎观念——比如秩序和混乱之间错综复杂的斗争，抑或是有机世界的流动变迁如何缓和了几何图形的刻板僵硬”[30]。抽象绘画可以作为我 31
们高度媒体化社会的一剂解药。

当艺术遭遇当代文化

过去数百年来艺术反复出现的主题之一就是艺术领域和其他文化分类之间的区别日渐模糊。当代艺术与生活之间界限的消解正朝多个方向延续着。高级艺术和低级艺术间的交殖(cross-fertilization)继续存在。偶拾物和现成物的使用连同图像及风格的挪用和重新合成，以及频频从消费品和流行文化中借鉴取材的做法仍然占有举足轻重的地位。比如，对漫画、卡通图像和风格的另类使用已成为视觉文化整体中一个欣欣向荣的亚文化，并且影响了大批艺术家的艺术创作，尤其是雷蒙德・佩蒂伯恩(Raymond Pettibon)、莱拉哈・阿里(Laylah Ali)、格伦・巴克斯特(Glen Baxter)和克里斯蒂安・舒曼(Christian Schumann)等人。日本动漫(*anime*)(动漫电影)和连环漫画(*manga*)中那些通过扁平、连续的风格表现出来的，超级可爱、极端暴力和高度性感化的影像，对日本青年一代的视觉艺术家有着特别强烈的影响。例如,画家村上隆(Takashi Murakami)和奈良美智(Yoshitomo Nara)就因其“超扁平”(superflat)(村上自创的一个词)的独特创作风格而蜚声国际。

艺术和大规模视觉文化之间的区别逐渐淡化甚至消失。艺术家将非艺术经验带入艺术领域;他们还把艺术引进到大规模的视觉文化中去。艺术家们通过故意让其作品的展示机会不仅仅局限于艺术展场地而把作品与其他视觉文化产品混合在一起。在策展人本杰明·维尔(Benjamin Weil)看来,艺术家“一直在探索一种近似周边策略的方法,将重点放在如何见缝插针地将其创作计划置于过度媒体化的公共领域的无序状态中去。通常被用来宣传商品的广告牌被像已故的菲利克斯·冈萨雷斯-托雷斯(Felix Gonzalez-Torres)这样的艺术家们用来‘兜售’观念。废弃剧院的大帐篷的表面为放置不太引人注目的消息提供了理想场所;标签、海报和其他街头文化形式在艺术家手中都成了引人入胜的装置”[31]。

包括电视、电影、摇滚乐和视频游戏在内的流行文化对艺术家产生极大影响。与此同时,艺术家似乎越来越陷入与商业和娱乐业中那些大胆醒目的图片、充满诱惑力的物品以及生动逼真的故事之间的竞争之中。一些艺术家为适应竞争开始创作更接近娱乐业的艺术,并吸纳流行文化的展示和生产策略;他们还在展出场地安装多媒体景观,越界进军电影、音乐和时尚界,担任餐饮、杂志等商业公司的专业顾问或职业经理人。摄影家杰夫·沃尔(Jeff Wall)批评这一风气说:“我认为(20 世纪)70 年代以来出现了一种新艺术,这种类似娱乐消遣的艺术更易于鉴赏,更依附于媒体的意见和态度……它和娱乐业走得更近,它对制作水准和场面的依赖是严肃艺术从未有过的。”[32]

受到全世界青年人热情欢迎的新型信息和通信技术无处不在,极大地影响了从韩国到巴西各个国家的当代艺术生产。我们生活的新世界
32 不仅信息量激增,而且信息结构也发生了戏剧性变化。有着谷歌搜索引擎、YouTube 视频、维基百科(Wikipedia)、MySpace 聚友网和博客的分

散化的因特网世界，与那个实体图书馆、手写日记、纸质书籍、报纸和百科全书的世界大相径庭。因特网让我们更接近全球图书馆或集市这样一种观念，置身其中我们能搜到学术文章、新闻、食谱、昔日好友、地图、天气预报、医疗信息、色情制品、消费品等各类琐碎信息，亦可观看几乎关于任何主题的视频。这些视频格式不一，从电影、电视节目到现场画面的片段，都是取自普通人安装在其“私人”空间的网络摄像机。由于任何人都可往信息流中添加内容，知识的创造变成社会性的。比如创建于2001年的维基百科，如今已有超过75000个积极的信息捐助者。

块茎(*rhizome*)是法国哲学家吉尔·德勒兹(Gilles Deleuze)和费利克斯·瓜塔里(Félix Guattari)在其合著的《千高原：资本主义和精神分裂》(*A Thousand Plateaus: Capitalism and Schizophrenia*)中使用的概念性术语，用以描述允许多重进出点存在的非等级知识网络[33]。他们从植物学中的根状茎借用了这个术语，块茎类植物包括黄姜、某些鸢尾和蕨类，以及一些类似的从茎节处水平生长出茎和孢芽的植物。德勒兹和瓜塔里用这一术语描绘互相连接的研究和思想，它们不但无起点和终点，无贯穿系统内部的固定通路，还拒绝严密、僵化的组织形式和支配性概念，并且有能力将异质性元素链接在一起。由于在制图学中你可以从任何点，而不是沿着固定路线进入地图中，因此制图学(cartography)是最经得住时间考验的解释块茎体系的例子。块茎理论在文化话语中得以流行，是因为当今很多表征和阐释的知识体系是流动的，非等级、非线性而且是去中心化的。电脑信息技术，特别是万维网，是知识的块茎模型的最好范例。任何信息单位都存在于巨型网络中：人人都可在任何地点进入信息流，并通过链接在多重通路中移动，创造出潜在异类元素的综合体；任何人都能搜索、复制、操控、添加和传输信息。

英国艺术家基思·泰森(Keith Tyson)的大型作品《大面积列阵》(*Large Field Array*)[34](2006—2007年)(插图1-3)在结构和观念上都是块茎式的。这件雕塑作品由三个模块单元组成，大多数模块由聚苯乙烯做成并放入0.6米高的隐形立方体中；在安装时，这些立方体被排列

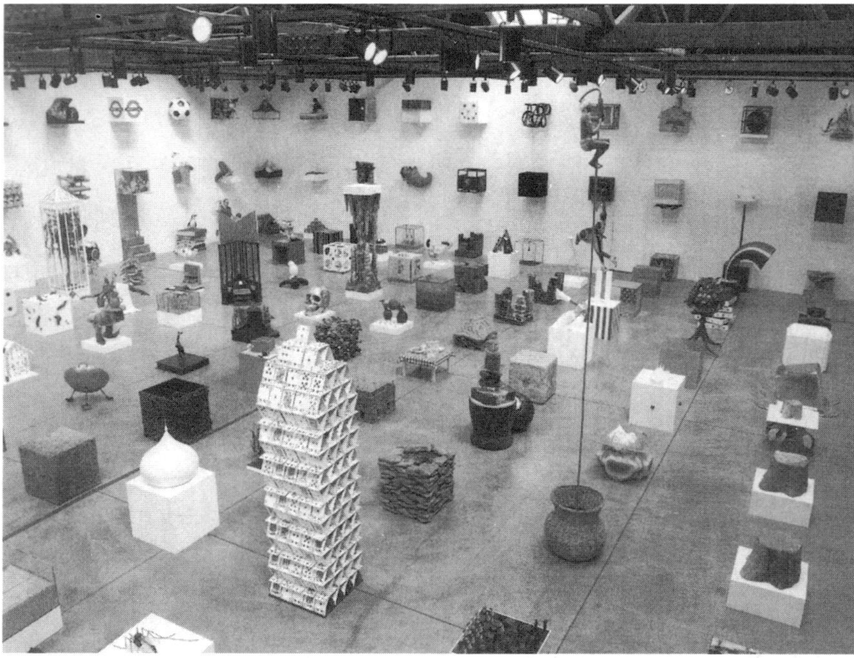

插图 1-3 基思·泰森 | Keith Tyson 的大面积列阵(*Large Field Array*)装置一景,佩斯·威尔斯滕(PaceWildenstein)画廊,纽约
9 月 7 日—10 月 20 日,2007 年
Ellen Labenski 拍摄
PaceWildenstein 画廊提供,纽约

成网格状,布满艺廊展厅的地板和墙面。每个制作极为精致的单元都独一无二,并指涉某种可在自然世界、科学、流行文化、消费品、艺术史或其他资源中辨识出的事物。单个雕塑包括空中的滑板运动员、蘑菇、堆放在一起的啤酒罐、一块方形玉米地、吃角子老虎机上的彩虹、用卡片精心制作的房子,以及一些挪用自其他艺术家如克莱斯·奥登堡(Claes Oldenburg)、查普曼兄弟和伊夫·克莱因(Yves Klein)作品的雕塑。参观者可以任意选择多个路径在地面上的立方体之间穿梭:前面、侧面或斜对角。尽管泰森选择将单个雕塑并置启发了某种联想,但每个观众置身不相干的各色雕塑中时,最终还是依靠想象来自行决定其视觉、心理及哲学上的联想和含义。作为一种对在线百科全书的三维模拟版,《大面积列阵》提出世间万物都可以在没有等级结构的约束性和单一性的情

况下被链接起来。泰森说《大面积列阵》赞美了从工业时代向信息时代
的转换。“(我们)欣然接受复杂性为一种积极的力量。我们可以相信块 33
茎自会成为现实……块茎体系也自会顺利发展。我认为我们与之前的
任何一代相比,更善于去相信这种动力。”[35]

像泰森的雕塑这样的块茎式新型艺术作品,强调出其不意的并置、链接、碎片化和多元性。它们需要新形式的视觉知识水平,要求观众跨越类别和主题之间的边界完成信仰的飞跃,坚信即便知识网如此庞大、复杂,难以把握,连接关系还是存在的。泰森的作品通过将 300 件雕塑组装成一件紧密凝聚为一体的装置,体现了从作品所表征的多样性视角(包括流行文化、科学、宗教、历史、政治和性)来考察现实。泰森的《大面积列阵》暗示着没有任何一个知识领域能提供所有信息答案或设计出最尖锐的问题。本着同样的信念,《当代艺术的主题》这本书的使命就是考察过去 30 年的艺术。结束时我们要重申本章最开始提出的前提:纵然意义是开放的,内容仍至关重要。正是以这个基本思想为宗旨,我们才能转入对当代艺术作品的考察,这些作品表达了 7 个共鸣的和相通的主题:身份、身体、时间、场所、语言、科学和精神性。

37 # 第二章　身份

艺术的初学者往往会满腔热忱地想要弄清作为独一无二的个体的自己到底是谁的问题，并想在其艺术创作中表达这种愿望。在教学中，我们发现不少学生十分崇拜“英雄般的”一代抽象表现主义画家的立场和姿态（不仅在艺术上），这批活跃于二战后的画家努力去表现个人情感和激进的个体意识。战后这代艺术家提出了哲学家自古以来就不断追问的问题：自我的本质是什么？人之为人的意义是什么？对一些包括杰克逊·波洛克（Jackson Pollock）、马克·罗斯科（Mark Rothko）在内的艺术家来说，真正的自我是自主、自由的个体。受荣格派心理学和存在主义哲学的影响，他们高举自我的理想旗帜，认为自我应该是完整稳定、独一无二的，并能独立行动，具有富有意义的意向和连贯统一的内心。在克莱尔·帕加茨诺斯卡（Clair Pajaczknowska）看来，对真正的内在自我的信仰是一种“自由人本主义”。在这种人本主义中，对人之为人的意义这个问题的回答是依照如“自识”“意识”和“思想”这类哲学概念得以表述的，这些概念强调的不是分裂的意义，而是自我的重要性[1]。

与此相反，意图表现自我身份的艺术家有时从自我的公共意义和个体意义两个层面来认识自己。詹姆斯·鲁纳（James Luna）的表演作品《人造物件》（*The Artifact Piece*）（1987）就是一个例子。1950年生于加利福尼亚的鲁纳，对自己卢伊塞诺人（Luiseño）的身份有着强烈的认同感，并在拉荷亚(La Jolla)印第安保留地居住了30多年。在《人造物件》中，鲁纳将自己变为陈列在人类博物馆的一件人体艺术品。他躺在圣地亚哥人类博物馆(San Diego Museum of Man)的展柜上，身上只盖了条围腰布，他所在的展区介绍的是曾一度居住在圣地亚哥郡的库米亚(Kumeyaay)印第安人。他身旁的标签为其身体上的伤疤(醉酒和打架所致)和心理伤疤(生活经历带来的)做了说明；他附近还陈列着一些私人物品，如最钟爱的书籍、音乐盒带和家庭照片。作家琳达·温特劳布(Linda Weintraub)说："其他地方的画廊也展示残品和标本，以纪念美洲原住民生活中受人尊敬的方方面面。但没有任何永久陈列涉及真正困扰着活着的典型印第安人的问题。更确切地说，博物馆将印第安人的生
活同恐龙骨架和植物化石归为一类。鲁纳通过把自己呈现为一件活生 38
生的艺术品，打破了人们认为印第安人已绝迹的印象。"[2]在随后的整个创作生涯中，鲁纳的作品继续将自传、本土文化历史及卢伊塞诺传统交织在一起，揭露了西方对美洲原住民的刻板化印象。

鲁纳作为艺术家在20世纪80年代中期步入成熟。在这段时期内， 39
被定义为社群归属(communal affiliation)的身份问题在艺术界日渐流行。批评家露西·利帕德(Lucy R. Lippard)在其1990年撰写的、颇有影响的作品《喜忧参半：多文化美国中的新艺术》(*Mixed Blessings: New Art in a Multicultural America*)中，让人们注意到一群朝气蓬勃的当代艺术家，他们从社群角度来表现自我身份。利帕德强烈支持这些艺术家要和自己本族文化紧密相连的愿望，声称"在与任何人和事都毫无关系的情况下建立起来的个体'身份'很难名副其实"[3]。她坚持认为身份是带有关系属性的，并取决于我们自身与他人之间的异同。利帕德主张接受一种集体性的自我，这种自我的表达是通过将自己命名为不同文化群体的一分子，以及从共享身份的角度在语言和视觉上表征自己的方式来实现的。利帕德所强调的这些艺术家在六七十年代的女权运动和民权运动时期成熟起来。他们以自己的文化根基和归属为骄傲，并欣然将自己命名为依据相同身份而构成的群体中的成员("女性艺术家"

"黑人艺术家""墨西哥美籍艺术家""亚裔美国艺术家"）。他们在创造了代表其社群身份的艺术品的同时，也往往推动了社会议程。

20 世纪 80 年代下半叶和 90 年代上半叶，目不暇接的各种艺术展让人们的目光聚焦于集体身份，尤其是从人种、种族、性别和性方面来界定身份问题；这些展览同时也激起了一场涉及艺术的价值、伦理和意义的讨论以及展览中所包含的身份认同问题的讨论。其中有两次备受瞩目的画展引起的争议特别大：巴黎蓬皮杜中心的"大地魔术师"（Magiciens de la Terre）（1989）和 1993 年惠特尼双年展（有时被戏称为"身份双年展"）[4]。前一次艺术展让来自非洲、大洋洲和其他曾为殖民地区的文化背景下的当代艺术家和西方艺术家平起平坐，试图同等对待所有艺术家。这次艺术展被批评为把西方以外文化背景下的艺术家浪漫化了，并且在将这些艺术家和所谓西方"主流"艺术家的对比中，把他们变成具有异域、外来意味的"他者"；有人还批评这次展览没意识到来自同一区域的艺术家的多样性。同样，1993 年惠特尼双年展也被指责为对身份的归类过于简单化，策展人对展品的选择被视为充满高度政治化的腔调和说教色彩，缺乏审美情趣。然而，这两次艺术展也不乏辩护者，他们认为展览所秉持的多文化世界观对来自不同民族、种族和性别群体的艺术家来说带来了一定的合法性、权利和力量，而这些艺术家在主流艺术世界中往往得不到充分表现[5]。

本章我们首先介绍作为一个艺术主题的身份的历史背景，然后审视过去 30 年中身份概念的演化，并探讨历经变迁和起伏的一些术语。尽管身份一直是艺术创作和阐释中的一个隐含要素，然而将身份作为高度理论化且常常是政治化的艺术主题而加以利用还是最近的事情。当代艺术家对于身份问题的自觉程度之高，在过去十分罕见。关于身份这个庞大话题的理论、思想、术语和定义不计其数，并在本书所涵盖的时期内频频发生变形，对身份的强调究竟有何意义也引发了大量争论。

其作品可以归于身份名下讨论的艺术家形形色色，人数众多。各种艺术媒介，各种类型的论坛、展出地点以及各种目的和观念都被牵涉到讨论中来。本章所展示的艺术品虽然丰富多样，但是对艺术家的艺术生产范围仅仅点到为止。很多图像展示了人体形象（因此关系到第三章的主题：身体）。诚然身体承载着很多身份的标记（毛发、肤色、姿态、姿势、服饰等），但是身份也通过包括语言、符号、物体和环境等在内的其他途 40
径得以表现。这些方式可以单独使用，也可与修辞性的意象一起使用。例如，佩彭·欧梭里欧（Pepón Osorio）的作品《自行车》（*La Bicicleta*）将一辆现成的自行车用塑料彩带和各种小摆设装饰一新。欧梭里欧的雕塑品是对其出生地波多黎各民间文化的致敬。在波多黎，各种日常物品常被华丽地装饰起来（尽管很少像欧梭里欧的自行车那样夸张），同时也探索了艺术家作为成年人迁居纽约后对自己文化身份的强烈意识。

艺术史中的身份

西方传统中有两种艺术体裁源远流长，并直接和当今对身份主题的艺术探索息息相关，这就是人物肖像画和自画像。伦勃朗（Rembrant）、毕加索（Pablo Picasso）和弗里达（Frida Kahlo）这些艺术家都曾投入大量精力来给自己画像。实际上，这种自我表现方式也催生了那个把艺术家浪漫化为特殊人群的广为流行的神话；想想凡·高（Vincent van Gogh）那些富有戏剧性的自画像便是如此。更接近我们时代的，包括英国画家弗朗西斯·培根（Francis Bacon）和美国波普大师安迪·沃霍尔（Andy Warhol）在内的二战后著名艺术家们，也创作了大量人物肖像和自画像系列。采用此类体裁的每位天才艺术家的独特创作方式都使传统重新焕发了生机。比如培根的作品显示了艺术家令人啧啧称奇的创作能力，一方面将具体人物画得惟妙惟肖，另一方面又能使其绘画展现一种富有表现力的扭曲。沃霍尔则通过原始地、几乎是机械地应用色 41
彩，创造了知名人物的大众传媒肖像。

在当代，不少艺术家仍遵循我们耳熟能详的肖像画和自画像传统继续创造图像和艺术物品。美国艺术家查克·克洛斯（Chuck Close）、亚历克斯·卡茨(Alex Katz)和苏珊娜·科菲(Susanna Coffey),英国艺术家卢西安·弗洛伊德(Lucian Freud),意大利艺术家弗朗切斯科·克莱门特(Francisco Clemente),以及中国艺术家张晓刚(Zhang Xiaogang),都向我们展示了透过艺术风格三棱镜的折射,人物肖像可以用何种方式呈现出来。

艺术和人类身份之间深刻的、隐含的联系始终贯穿艺术史。世界如何观看你,你如何审视自身,又如何看待他人——这些人类身份的基本维度,无论是在古希腊、撒哈拉沙漠以南的非洲地区,还是在中国的唐朝,都对艺术家的思想、感情和富于创意的表现手法产生影响。无论是在个人还是更广泛的文化层面上,一件艺术品的内容题材、形式属性以及选材都反映了艺术家及其目标观众的身份特点。

虽然历史上艺术和身份间的联系始终存在,然而人们理解自身、建构自身身份的方式却屡经变迁。在某些时期和某些社会(如埃及的王朝时期),这些变化看起来几乎如冰河位移般缓慢和微妙。而在另一些时期,这些激变的发生却宛如洪水般迅猛。比如深刻的社会、政治和科学变化曾是欧洲和北美启蒙运动的主要标志,这些变化改变了人们理解自身的方式。自 1776 年美国独立战争伊始,围绕着自决权的一系列斗争产生了新的民主秩序。在这个秩序下,个人开始被视为其自由意志的施行者,而不是稳固的社会结构的一部分。

我们这个时代,世界范围内诸多相互交缠的力量和事件已重新塑造了身份概念。这些力量和事件包括科技变化日新月异、苏联解体、女权和民权事业屡创佳绩、欧美以外社会的世界影响与日俱增、信息传输速度突飞猛进、经济体系日益全球化,以及女性主义、后现代和后殖民理论对一系列知识文化领域产生影响。当然,这些变化并非无处不在,分布也不均衡,然而过去 25 年里却发生在形形色色的社会中。环太平洋地区的经济增长,欧洲大部分统一于同一货币体系下,南非种族隔离制的土崩瓦解等,就是典型的例子。即便社会变革时伴随着紧缩或逆转,发生于整个社会结构内部的这些变革也会不可避免地影响到艺术家。一种全新的国际意识，一种对可能性的全新认知，产生了对为人意义的全新理解；接下来，这些理解在对人类身份的艺术刻画中得以体现，而这种刻画看起来和过去的艺术迥然不同。

目前，对多种身份的兴趣是对身份相关性的再发现和重新阐释。例如，通过贸易和殖民，19 世纪和 20 世纪初的欧洲人充分意识到世界其他地方文化的存在。当身份概念最近的不断变化折射了发生在其他时期那些戏剧性的、具有决定意义的相互作用时（例如，16 世纪西班牙殖民统治下墨西哥本土人的艺术和身份的深刻影响），当代艺术家对问题提出了新的阐释，这个问题就是：为人到底意味着什么？

身份是集体性的或关系性的 42

二战结束不久，身份就成为欧美艺术生产的核心主题。对于战后那代艺术家来说，身份意味着个体的身份。20 世纪晚期，对一种和谐统一、独一无二的内在自我的信任以及对个人有能力脱离社会独立行动的笃信都遭到严重质疑。这种挑战来自哲学家、社会活动家、艺术家、心理学家以及其他对终极真理的所有主张持怀疑态度的人。罗兰·巴特关于“作者之死”的阐述就是向个体自决和自我表达提出挑战的著名范例[6]。在巴特看来，任何文本都不存在单一的、一成不变的意义（“文本”涵盖了书面和口头交流，包括那些我们作为个人努力去表现个性和身份而进行的交流）。文本创始者并非文本意义的最终权威。每位读者（接受者）都基于语言对自身产生的影响而形成自己的阐释。出于种种原因，巴特和其他批判思想家对强调身份的单一性和唯一性感到怀疑，反而重点讨论人（除任何推动人类行为的无意识动机之外）如何受外在于自身的强大力量的影响。

与对独立个体身份的关注形成对比，当今天的西方艺术家和艺术理论家使用身份（*identity*）这个词时，通常指涉的是一种社会和文化身份。一位热衷于身份主题的当代艺术家不仅会问“作为个体的我到底是谁”，还要问“作为群体成员的我们又是谁”。一些艺术家以多层面集体身份为主题进行创作,卡丽·梅·维姆斯(Carrie Mae Weems)就是其中一例。她的摄影作品《餐桌系列》(*Kitchen Table Series*)由 20 幅无标题照片组成,这里展示的就是其中一幅。同一女主人公(维姆斯自己担任模特)出现在所有照片里,她有时独自一人,有时和其他不同的人在一起,所有照片上都是同一餐桌,摆放在女主角旁边的道具却各有不同。任何一张照片如果单独来看会被误以为是一幅简单的肖像摄影作品。然而综观整个系列,我们会意识到,女主角的身份是被她的性别、其作为劳动阶层的美国黑人的地位、与他人的关系以及她的社会历史等多个变量塑造起来的。最后一个变量是由图中挂在后墙上的民权运动领袖马尔科姆·艾克斯(Malcolm X)的照片所表征的。

尽管不难想象,集体身份可以建立在多种特质的基础之上,然而在 20 世纪八九十年代的西方艺术讨论中,最常被强调的特质还是落到性别、种族、民族和性取向这些范畴中。其他群体身份的范畴还包括阶级、宗教和年龄。但这些范畴在美国当代艺术生产中居于相对次要的地位。在阶级意识更为突出的欧洲,反映阶级价值观、阶级身份的艺术品则比较明显。1993 年,英国青年雕塑家雷切尔·怀特里德(Rachel Whiteread)引起人们的关注,她将伦敦东区一座计划拆除建筑的负空间(negative space)浇铸成一整块混凝土雕塑。通过把一座排屋(row house)的整个内部空间注满水泥,怀特里德的《房子》(*House*)象征了住在这个典型的狭小空间里的居民的工人阶级身份。怀特里德的《房子》还是一个说明身份和空间主题如何能交叉的例子。另外,通过注满负空间,怀特里德将焦点从建筑容器(建筑物的物质结构)转向内部空间——居住者曾经
43 占有的心理、社会和政治区域。这件艺术作品成为一个封存于生活方式之中的高深莫测的庞然大物。

我们在本章所阐释的大部分作品根植于种族、民族、性别和性等概念中,这反映了这些“身份艺术”的关注点在 20 世纪八九十年代的突出地位。在第三章对身体主题的探索中,我们将继续讨论性和性别问题,

而在第八章将讨论宗教身份问题。

身份政治学

当艺术家开始将自己命名为一个群体的成员时，他们首先会使用一些宽泛的词汇，如女性、非洲裔美国人和亚裔美国人。这就产生了政治意义：无论这种知识概念的框架多么过于简单化（实际上人们在实践中处于多种群体中），这种策略在功能上却比较灵活。来自艺术世界和其他领域的人们常因性别、种族身份或阶级这些可被察觉的因素而遭到歧视或被定型。歧视包括没有平等的机会来通过艺术赚钱，以及无论是在艺展、画展和拍卖会上，还是在艺术史教材和教学、艺术批评或任何有关艺术的讨论或分析中都很少或根本没有被表现、介绍或描述的机会。经济和体制上的歧视现象过去一度十分猖獗，但现在仍时有发生。这也是包括女权主义者在内的一些人对"白人男性父权制"如此深恶痛绝的原因。这些人观察到在艺术展和作品销售上取得成功的西方艺术家们大部分是白人男性。他们对这种现象提出质疑，认为在女性艺术家和有色人种的艺术家中也不乏优秀者[7]。 44

艺术家们用以回应艺术界排他政策的方式五花八门，包括抗议、示威、在公共论坛上发表演说，为所有艺术家争取加入艺术机构并参与到对艺术的公共阐释中去的平等机会。一些艺术家还创作带有政治动机的艺术，这种艺术有时被称为行动主义艺术（*activist art*）。比如"游击队女孩"（Guerrilla Girl）是一个以纽约为主要阵地、匿名运作的女性主义组织（始于1985年），这个组织代表女性和其他受忽视和压制的艺术家向艺术界的父权体制开战。作为社会变革的煽动者，"游击队女孩"目前仍十分活跃，任何成员都不以个人名义行动，然而毫无疑问的是，每位成员同时也在其他领域从事着妇女权益活动。"游击队女孩"的任何成员出现在公共场合时都戴着黑猩猩面具，并穿着掩盖部分身体的服装。这个团体最喜欢采用的战略之一就是用诸如汽车保险杠上的贴纸、海报、杂志广告之类的宣传形式来传播社会行动主义的视觉信息。一个著名例子就是她们在 1989 年的一则海报上直截了当地问道："女人是否一定要赤身裸体才有资格进入大都会美术馆?"当然，这幅海报的暗示在于：作为模特出现在男艺术家作品中的具有性意味的女性身体，在有历史记录的艺术展中无处不在，而女性艺术家却总是受到低估。

身份政治学（*identity politics*）这一术语用来指代那些以种族主义、性别主义和其他形式的偏见为攻击目标，并为争取社会权利和经济平等而工作的人的信念和活动。对文化差异的强调和承认也被称为**多元文化主义**（*multiculturalism*），这个词被广泛用于揭露在性别、种族和性取向等方面对人的歧视。多元文化主义的支持者主张文化差异是个好东西，不该受到打压。它不但并不令人生畏，而且还有可取之处。一个多元文化主义者可能会仰慕欧洲文化传统，但并不会把这一传统抬高到其他所有传统之上。

20 世纪八九十年代，艺术界的身份政治学曾是一个激烈的竞技场。以身份为主题的行动主义艺术如今依然拥有一些强势的当代实践者和辩护者。他们包括阿德里安・派珀（Adrian Piper）、芭芭拉・克鲁格（Barbara Kruger）、大卫・哈曼斯（David Hammons）、丹尼尔・约瑟夫・马丁内兹（Daniel Joseph Martinez）、威廉・波普・L.（William Pope L.）和众鸟・哈契维・埃德加（Hachivi Edgar Heap of Birds）。与此同时，艺术界和整个非艺术界的其他人对政治意图泛滥的艺术也坚持不懈地进行批判。早期时代受到认可的艺术目的在如今这个时代引起了热烈争论。然而不可否认的是：随着近期社会行动主义的进一步发展，女性艺术家、酷儿艺术家和有色人种艺术家作为艺术界举足轻重的声音持续不断地浮出水面。

45 对艺术中身份问题的聚焦反映了这类主题在全社会中的影响力。当然，这种关注不仅限于西方。香格纳画廊（ShanghART）是中国首批展示当代实验艺术的私人画廊之一，中国艺术家靳卫红于 1998 年在此展出其作品时，用下面这段话表达了她对自己身为一位中国当代青年女性的境况的看法：“我总是被问到这类问题：‘作为一个女人，你怎么处理这件事？’……但是我们从未听到过男人被问到这种问题。”[8]靳卫红设想存在这样一个世界，这个世界里每个人都拥有所有的性别特征，或者用她的话说，我们是“性别模糊的人类”。她细腻优美的毛笔画在艺术媒介的选择上体现了中式传统，同时还充满诗意地展示了一个充满幻象的未来世界的种种可能。

本质主义(essentialism)

20世纪七八十年代，对某一群体产生认同感的艺术家为了建立庞大、有凝聚力的联盟而倾向于淡化群体成员间的差别。同群体保持认同感和归属感的艺术家在创作时有时将注意力集中在群体成员共享的普遍特征和体验上。于是，包括朱迪·芝加哥、卡洛琳·史尼曼(Carolee Schneemann)和莫妮卡·斯珠(Monica Sjoo)在内的老一代女性主义艺术家的艺术创作围绕着怀孕、生产、月经或者大都由女性承担的家务活，如打扫房屋这些内容。雷切尔·罗森塔尔(Rachel Rosenthal)、玛丽·贝斯·埃德尔森(Mary Beth Edelson)和其他艺术家则回望历史，以搜寻能让她们产生认同和共鸣感的女英雄，并将其作为表现对象融入创作，这些女英雄或是确有其人，或是神话人物。非裔美国艺术家如雷蒙德·桑德斯(Raymond Saunders)和雅各布·劳伦斯(Jacob Lawrence)通过研究美国历史和时事，将目光投向遥远的非洲海洋，在调查了自己非洲家系的方方面面后，也同样找到了用于创作的英雄人物和角色模型。还有些艺术家的作品突出了奴隶制和当今种族主义意识之间的共有历史。

现居芝加哥的画家凯里·詹姆斯·马歇尔(Kerry James Marshall)将非裔美国人的当今文化和活动作为其主要创作内容。他的画叙事复杂，具有象征意义，画中几乎所有人物都有着墨黑的皮肤。通过对这种强烈色调的重复使用，马歇尔似乎承认黑色(作为一种颜色，也作为一种概念)是回答作为非裔美国人意味着什么这个问题的基本前提。马歇尔对皮肤色调程式化的夸张处理法发挥着含混的功能:至少,对黑色的表现同时成为对流行文化中“黑色”表征的回应,对黑色独特的形式美的赞颂,以及对美国“黑人”这一社会概念的意义的突出。马歇尔的艺术似乎具体化了(因此也批判了)用黑人(*black*)来指代任何肤色的非裔美国人的这种实践。

尽管这种概括性的表述可能颇为有力,并具有统一的优点,然而如果处理不当,这种对群体身份大而化之的阐释很容易遭到挑战。主张群体认同的艺术家所遭遇的两个问题是,你所认同的群体范围有多大?谁又能代表你的群体在视觉和口头上发出宣言,发出声音?到 20 世纪 80 年代晚期,人们开始拒绝接受那些听起来过于草率的断言,认为某些特质或观点是“女人”或“黑人”天生拥有的这种看法似乎太简单化了。本质主义(*essentialism*)一词开始被启用,以指代某些主张和影像,这些主
46 张和影像传达了过于概括化或模式化的身份概念。本质主义常常受到指责,尤其是当它主张群体身份是建立在自然的、生物性的共有性质这一观念的基础上时。如果事物秩序是“自然的”,那么若处于现有秩序中的较低层次,你就不得不去克服那些不可逾越的障碍。对本质主义一词的使用通常含有负面意义,常用来抵制声称有资格代表你的人作出的关于你的断言。比如,任何认为女性“天生”适合扮演养儿育女的角色,因此应当承担起抚养孩子和照顾伤病的社会责任的主张,都会被今天的大多数女性主义者当作本质主义思维而加以抵制。

多样化

到 20 世纪 90 年代为止,贝尔·胡克斯(Bell Hooks)、爱德华·萨义德(Edward Said)、霍米·巴巴、盖亚特里·查克拉巴蒂·斯皮瓦克(Gyatri Chakravorty Spivak)等作家用越来越复杂的术语来讨论身份问题。他们从理论上阐明了身份并非围绕着某一如种族那样的核心变量而形成的,也不受这一变量的支配。相反,身份形成于一个由多个变量组成的矩阵(matrix)内部,这些变量包括性别、性、民族、阶级、宗教、共同

体和国家。此外，一个群体的成员并非处处相似；在他们的共性中存在着多样性(*diversity*)。如今的新观念之一就是对多样性有兴趣的人会在其共性的情境中识别出内部差异。

多样化意识和本质主义形成强烈对比。多元主义者不是去寻找统一性，而是着眼于多重归属关系和多种特性。群体虽然还存在，但是范围缩小了，一个个体可以在不同情境下和不同群体发生认同。正如华特·特鲁·安德森(Walter Truett Anderson)写道："后现代的人是属于多社群(*multi-community*)的人，其作为社会人的生活是建立在这样的基础上，即不断适应多变的环境，并忠实地面对各种背道而驰的——有时是相互矛盾的——承诺和义务。"[9]

美国艺术家莱尔·阿什顿·哈里斯(Lyle Ashton Harris)在过去 20 年中使用自拍摄影来考察因种族、性取向和性别问题而愈加复杂的身份观念。作为一位黑人男同性恋者，哈里斯用戏服、化妆、动作和姿势对各种简单化的二元标准进行解构和嘲笑：男性和女性、同性恋和异性恋、白人和黑人。在一些自拍照片中，他采用了包括芭蕾舞演员和超级名模在内的各种女性身份，然而又通过展示自己的男性躯体来否认那些姿势中的女性气质。哈里斯的《哈德良回忆录第 26 号》(*Memoirs of Hadrian #26*)(2002)是 12 张长 50.8 厘米、宽 60.9 厘米的宝丽莱系列照片中的一张。这个题目取自玛格丽特·尤瑟纳尔(Marguerite Yourcenar)于 1951 年以书信形式创作的同名小说，信是年迈的罗马皇帝马可·奥里利乌斯(Marcus Aurelius)在其继任者哈德良(Hadrian)的情人安提诺乌斯(Antinous)溺死之后写给哈德良的。在其中 8 张照片中，哈里斯戴着 Everlast 牌拳击手套，身穿 Duke 牌下体护身绷带，摆出一个赤裸上身的职业拳击手的姿势。哈里斯这个孤立无援、鲜血淋漓、伤痕累累、饱受折磨的拳手的自我形象引人深思，它似乎既让人想起了哈里斯的私人情感，又暗示了他维护其多重公共身份的需要。这一系列还涉及拳击在非裔美国人身份的构建中所起的历史作用。尽管只是个人运动，拳击却参与了非裔美国人男性形象的文化建构。为了满足人群的窥视欲，他们大展运动天赋甚至到了不惜受伤的地步。

文化理论家贝尔・胡克斯很推崇多样化概念，认为对于被本质主义思维定了型的人们来说，多样化具有解放的意义，并在政治上有利于他们。谈起非裔美国人，她评论说，“这种（对本质主义的）批判让我们赞同各种黑人身份以及他们形形色色的体验。它还挑战了处理黑人身份的帝国主义模式，即对黑人肤色的单维度表现巩固和维持了白人至上的思
48 想”。尽管很重视多元性并反对简单化概括，但胡克斯认为探讨群体黑人身份仍有意义，因为这种身份是文化性的，而且是通过和其他非裔美国人分享历史主流形成的。她主张人们应该去关注“非裔美国人的特定历史和经验，以及产生于这种经验的独特情感和文化”[10]。

驳杂性(hybridity)

一个流行于 20 世纪 90 年代中期的关于身份的概念就是驳杂性（*hybridity*），它同多元文化主义和多样性等概念相关。［交融性（*syncretism*）这个词差不多和驳杂性作同义词使用。］[11]罗希尼・马利克（Rohini Malik）和加文・詹蒂尔斯（Gavin Jantjes）给出的关于驳杂性的一个惯用定义是，“通过将观念、语言和实践模式进行创新性融合和借用而达到的状态”[12]。驳杂性研究主要集中于彼此联系的不同文化之间的混杂与合成。这种文化混杂，或曰文化交融可以是自发自愿、天衣无缝的，也可能是痛苦的文化冲撞的产物，比如像殖民化发生时一国居民进驻并统治另一国居民的领土，以及强行将一种文化加于另一种之上那样。强制化殖民曾发生于美洲、非洲、澳大利亚和世界其他地区，其时欧洲人迫使这些地方的原住民背井离乡，或将其征服。当然，即使殖民政权解体后，相异文化间的融合仍在进行。

除殖民以外，全世界大量的驳杂现象大多也是移民的结果。实际上，几乎所有居住在美国的人，要么祖先是自愿或非自愿移民，要么自己本身就是移民。过去几个世纪以来，人们几乎从世界所有地区迁往美国。驳杂性作为各种文化影响的混杂或融合，对每个美国公民都是特有

的经历。

驳杂现象在全世界各种文化中随处可见；没有任何一个文化能免疫于来自移民、迁移以及接触其他文化带来的持续不断的交流和同化。即使是像穴居于遥远的、现为新墨西哥州一带的阿纳萨齐人（Anasazi）这样孤立无援的远古人，也并未完全与世隔绝地生活。由于信息和思想借助国际媒体和商业力量得以快速传播，驳杂现象如今已经愈演愈烈。驳杂性或曰交融性这个观念限制了群体身份的概念，它表明无论现在还是过去自我和他人之间本无绝对的差异。正如南非艺术家加文·詹蒂尔斯所言："根本就不存在未受其他文化侵染的、充满真正他者的边缘区域。"[13]

大批艺术家在其作品中表现了驳杂性的观念。艺术家刘虹就是其中一例，她于 1984 年，也就是 36 岁时从中国移民到美国。刘虹的油画《帕里斯的评判》（*Judgment of Paris*）的构图以根据历史图片绘制的中国和欧洲女性为中心。画上的两位中国女性人物身着粉色服装，分别立于两侧，其形象取自一些旧"照片，拍的是两位年轻的中国妓女，她们在有着典型维多利亚时期风格的精致西式布景前摆好姿势"。这些影像大约摄于 1900 年，"是中国摄影师为向其国人推销这些女人的服务而拍摄的"[14]。两位中国女性站在一块画板的两侧，画板上是刘虹绘制的一件晚清时期的瓷花瓶。花瓶上的装饰画是欧式神话的场面，画中有两位袒 49
胸露乳的女神，其中一位以古典的斜倚姿势躺在那里，全身赤裸。这类花瓶制于 19 世纪的中国，它们迎合了西方男性品位，并出口到欧洲销售。刘虹在一件表达女性主义观点的作品里涉及了 18 世纪、19 世纪和 20 世纪的文化冲突和文化合成。同时，艺术家也在表现自身内部的某些驳杂性。通过将中国世界观和美国世界观相融合，刘虹身上至少有两种文化并存。

摄影师威尔·威尔逊（Will Wilson）生于 1969 年，其母为纳瓦霍（Navajo）印第安人，其父是白人。威尔逊的创作将民族主题、技术和内容与他从西方现代主义和后现代主义艺术中学到的观念和形式上的策略结合起来。他的多媒体装置作品《自动免疫反应》(*Auto Immune Response*)(2005)由一个与实物大小相同、金属架结构的泥盖木屋(纳瓦霍人的传统房屋)和 7 张经过数字化处理的大型照片组成。这件装置作品揭示了艺术家本人是艺术影响和文化影响的混合体;比如一张照片展示了由传统顶梁改成的实际木屋的内部,而屋里的艺术家则置身摄像机和电脑的包围之中,这暗示了他在艺术创作中对新媒体手段的接受。

威尔逊对表现殖民给原住民身份带来的持续影响深感兴趣。他说他对"灾难、种族灭绝,以及追溯到在印第安人保留地读寄宿学校时限
50 制区的那些建筑等"[15]加之于本土身份的影响很感兴趣。《自动免疫反应》颠覆了为迎合游客而被浪漫化和本质化了的美国原住民形象。这种形象展示了身穿异域风情的服饰、在自然风光中装腔作势的原住民,仿佛自然和"原始人"紧密相依,都丝毫未受时间和历史的影响。威尔逊将自己刻画成身穿西式白色衬衫、面涂泥土、头发按纳瓦霍人发式束起的人物,他透过防毒面具呼吸,身后是一片洪水泛滥、满目疮痍的景象,表面上看来就像一幅末日后图景(威尔逊作为种族灭绝后的最后一个印第安人站在那儿)。《自动免疫反应》影射了一个真实的灾难事件——1979 年新墨西哥州的 Church Rock 大坝爆炸,采铀时释放出的放射性液体涌入了威尔逊居住过的印第安保留地。这对当地居民和环境的毒害效应持续至今。艺术史学家詹妮弗·维吉尔(Jennifer Vigil)分析说,《自动免疫反应》是对"有意识地或无意识地向美洲原住民发起细菌战这段历史"的讽刺式评注,比如白人定居者曾向原住民分发携带天花病毒的毯子[16]。

驳杂现象在新移民的艺术中尤其富有戏剧性。这些移民沿边界居住,或定居在具有浓郁民族特色的多个民族聚居地并存的地区。古尔勒莫·高姆兹-派纳(Guillermo Gómez-Peña)用边界艺术(*border art*)一词来描述自己和其他艺术家那些将临近文化中的思想融合起来的艺术品。古尔勒莫·高姆兹-派纳 1955 年生于墨西哥,自 20 世纪 80 年代

起，他开始穿梭于墨西哥和美国之间，常在加利福尼亚的圣地亚哥工作。在其装置和表演艺术中，即使在刻画殖民主义产生的背井离乡、流离失所时，他仍然坚决维护其引以为豪的混杂性身份。在其离经叛道的作品中，高姆兹-派纳流露出一种美学敏感性和被称为“*Rasquachismo*”的勇气，它指的是和奇卡诺（Chicano）以及墨西哥工人阶层相关联的视觉和语言风格。“*Rasquachismo*”是一种具有反叛精神、反讽意识和极度夸张的美学观，这种美学观维护墨西哥人的身份，拒绝被美国主流文化同化[17]。尽管颇具咄咄逼人的对抗性，高姆兹-派纳的艺术却反映了一种核心的乐观主义——坚信文化和意识形态的冲突促进了文化创造性地融合，而这种融合最终对很多人是有益的。

被建构的身份

身份是被建构起来的，是使当代身份艺术与众不同的一个重要概念。此概念从最初的形成到最终被当代艺术界广泛接受可追溯到 20 世 51
纪六七十年代的知识分子和学者的著作中。其中最有影响的就是包括雅克·德里达（Jacques Derrida）和米歇尔·福柯（Michel Foucault）在内的一批法国哲学家、符号学家和结构主义人类学家。他们的著作为后现代主义理论的知识框架提供了最核心部分。

这些理论家提出一种观点，即身份源自相互依存的力量形成的一个网络，这些力量为一个共同体内的所有成员规定社会角色，为其地位提供奖励，规范其行为并安排各种权力关系。他们认为各种不同身份是通过社会互动和共同的历史形成的；也就是说，这些身份是在特定文化和政治环境下习得的，而不是生来就固定的。科学、宗教和其他领域的人仍相信（并为此争辩说）身份的核心在本源上是生物性的或精神性的，然而这些观点被认为与对最受好评的当代艺术的“解读”毫不相关。对那些相信身份是被建构的这一观念的人来说，没有人生而具有一个统一的、必然的身份；相反，一个人的身份是人类文化的产物，并和人类文化相互呼应。文化如鱼缸里五颜六色的水,而我们则都是水中畅游的鱼。

他者性和表征(otherness and representation)

在哲学中,他者(*other*)是指因与众不同而被单独对待的人。围绕着身份建构问题发展而来的批评体系描述了多元文化意识何种程度上受到二元思维的侵染,这种二元思维通过将假定相互排斥的两个词进行简
52 单对比来建构起一个所谓他者的身份:男/女、黑/白、异性恋/同性恋、西方/非西方等。二元思维维持着欧美中心主义:他者身份被无计可逃地定义为西方化主流身份被定型的对照物,因此从等级上巩固了后者作为规范以及作为更重要、更受欢迎的身份的地位。哲学家还用相异性(*alterity*)来指这种通过消极对比来建构文化他者身份的实践。

性别认同和性身份给我们提供了通过简单化的、等级森严的二元对立项建构他者性的例证,二元对立项试图在身份范畴内消除多元性。在主流西方文化中,"男"和"女"被理解为鲜明的对立项,异性恋是对立于同性恋的正常行为。但无论是在人们的现实生活中,还是在艺术和理论研究领域里,性别和性身份则更为复杂多样,更容易处于变化和论争之中。哲学家朱迪斯·巴特勒(Judith Butler)1990 年出版的颇有影响力的著作《性别麻烦》(*Gender Trouble*)[18],连同 20 世纪 90 年代初"酷儿"理论(queer theory)的出现,使人们意识到先前的艺术史和艺术实践中的异性恋偏见,并使女同性恋、男同性恋、双性恋和跨性艺术家(LGBT)的作品广为人知。

艺术家通过从各自的视角去表现自身的多样性身份,通过寻觅一种声音以及操控自己的艺术表现来反抗二元思维。以性身份为例,艺术家们越来越多地去描绘我们中间多种多样的性身份,表现那些跨越年龄、种族、阶级、身体障碍、国籍和民族等旧有界限的各种欲望。哈里斯的《哈德良回忆录第 26 号》(*Memoirs of Hadrian #26*)就是这样一例。另外一例是凯瑟琳·奥比(Catherine Opie)的照片《小妞儿》(*Chicken*)

(1991),这张照片是她在《存在与拥有》(*Being and Having*)(1990—1991)系列中为男扮女装的同性恋者拍摄的肖像作品中的一幅。

解构差异(deconstructing difference) 53

除了从自身视角出发来把握和掌控对身份的表现以外,艺术家还通过证明所有身份,甚至那些所谓的"正常"主流身份都是被建构起来的来反抗他者化(othering);没有任何身份是自然的和本质的。美国青年画家可海恩德·维里(Kehinde Wiley)挪用了不同时期和文化中用于建构男性气概的文化规范的图像,将过去和当下的元素重新混合。《萨沃伊-卡里尼亚诺王朝的托马索·弗朗西斯科王子》(*Prince Tommaso Francesco of Savoy-Carignano*)(2006)这幅作品以 17 世纪的一位意大利王子在马背上的肖像为原型。这个原型选自题材广泛的大型油画系列,维里将当代非裔美国男性重塑成欧洲早期绘画大师肖像画中的人物。画中的青年男子身穿太空夹克和宽松式牛仔裤,脚踏时髦的运动鞋,手上戴着华丽的戒指和手链,端坐于疾驰的骏马之上,摆出一切尽在掌握的自信姿势,而这个姿势在欧洲的宏伟传统(grand tradition)中代表着白人权威人物的权力和支配力。平铺于表面的装饰性百合花形皇室纹章(fleurs-de-lis)以扁平、单调的图案衬托了人物和马匹栩栩如生的表现,强化了带有人工痕迹的作品风格的整体印象。

维里在贵族肖像绘画中植入黑人男性形象的做法揭露了欧洲中心主义和阶级特权,这两者共同书写了白人、富人和权势阶层的视觉史,这样的历史将有色人种排除在外[这种创作策略也被其他艺术家采用,如瑞妮·考克斯(Renée Cox)(彩图 1)]。然而除此之外,维里似乎还热衷于揭示男性气概一般是如何被穿戴时髦、摆姿势等老套的视觉手法建构起来的现象。意大利巴洛克式的特权阶层文化和城市嘻哈文化这两个世界彼此发生碰撞,但同时也显露出一种惊人的相似:两种文化下的男性似乎都热衷于借助搔首弄姿以及尽情享受他们时代的过度消费狂潮来表现自己异乎寻常的男子气概。

艺术家们解构了依据种族和国籍将性别和性身份定型化的手段。他们的批判反击了一种在西方性表征历史中十分普遍的欧洲中心主义视角。比如,白种女性被树立为社会认可的欲望对象,而有色人种的女性(在高雅艺术中很少被描绘)则被刻画为种族和性方面的他者。尽管被当成性禁忌的对象(对于假定的白种男性观看者来说),有色人种女性时常受偏见的影响而被视为荒淫放荡并流露出颇具异域风情的性魅力的主体。因此,她们不但像白人女性一样被对象化,而且要忍受因发现自己沦为极度物化和色情窥淫欲的对象而带来的额外的痛苦和耻辱。诸如拉希德·阿瑞安(Rasheed Araeen)、贝尔·胡克斯(Bell Hooks)、全敏合(Trin T. Minh-ha)、詹美斯·格雷罗(M. A. Jaimes Guerrero)、艾拉·哈比巴·肖哈特(Ella Habiba Shohat)、科比纳·莫塞(Kobena Mercer)等这样的后殖民主义理论家,将以上这些倾向的根源追溯到殖民主义时期的权力动态关系上。当时欧洲殖民者为证明奴隶制、强暴行径以及其他形式的压迫和暴力的合法性,将被征服的殖民地人民定型为野蛮好色、缺乏主体性的人,因此必须以极端手段对他们实施控制。这种偷窥式的父权制倾向弥漫于西方医药、人类学和人种学研究领域。19世纪时,殖民地人民被当作标本,以供研究、测量和拍摄,以及在公共场合展出,以满足西方观众的幻想[19]。

即便是善意的西方女权主义者也常对世界其他地区的性行为和性
54 政治投以欧洲中心主义的凝视。艾拉·哈比巴·肖哈特曾写道,“西方女性主义者对解救遭阴蒂切除和戴面纱女性的帝国主义幻想”[20],暗示这种将西方白人价值观视为普适观念的倾向并不仅限于男性。例如,谢琳·奈沙特(Shirin Neshat)(见艺术家档案)的摄影和电影作品向我们展示了从头到脚包裹在被称为伊斯兰罩袍(chador)的黑衣里的伊朗妇女,西方观众通常想当然地认为奈沙特作品毫不含糊地批判了伊斯兰国家的遮面习俗。奈沙特本人的观点则承认了背景的重要性;比如艺术家意识到,遮面甚至可以起到抗议西方霸权影响的作用。无须隐藏包括女性特征在内的身体,被视为当代西方文化的重要内容。然而,这一定就是不容置疑的、具有正面意义的社会价值吗？

对身份是一种文化建构的笃信既可能令人振奋，也会让人生畏。一些人欣然接受身份建构这一观点，只因这种情况提供了变化的可能性。实际上，有能力从头开始、重新打造自我是成为真正美国人这一神话的重要部分，它吸引着日益受美国大众媒体熏染的各种文化背景下的青年人。而对其他人来说，放弃自我是稳固不变的这一观念，则有些令人惴惴不安。也许是作为对稳定身份的一种保护，反讽手段有时成为表现后现代建构性身份的艺术的特征。例如，保罗·麦卡锡（Paul MacCarthy）的表演视频《圣诞老人》（*Santa Claus*）可被阐释为对身份主题的反讽式即兴重复。在表演中，麦卡锡所扮演的圣诞老人以疯癫的方式对这个深受爱戴的西方文化偶像进行了戏仿，将这位制作圣诞玩具的仁慈老者变为一个怒气冲冲、失魂落魄的漫画式滑稽人物。除了麦卡锡表演作品常涉及的几个主题之外（流行文化、宗教和童话），《圣诞老人》似乎还对作为一个白人，尤其是一个白人男性进行了反省和思考。麦卡锡作品中那时而凄惨无助，时而又暴虐狂躁的人物角色，以嘲弄的方式模仿了白人男性的权威形象。这种权威人物似乎由于丧失了昔日对其地位、人生角色和身份的信心而濒于崩溃和错乱的边缘。

身份的流动性（the fluidity of identity）

与建构性身份的观念密切相关的就是身份并非固定不变或始终如一的这一概念。当群体间交融混合时，个体之间则进行频繁的相互交流和相互适应。影响身份建构的力量是不稳定的，因此身份本身总是处于流变中。身份随情境改变而具有流动性和转化性。

流动的身份这一观念可能比较难以理解。但只要想一想你为何在不同情境下会有不同的表现：在教室里时，在家里和家人在一起时，在参加求职面试时，或者身处一个与你不同年龄、种族、国籍或宗教的人在数量上大大超过你的环境里时。在这些环境中，你是始终如一，还是在每个情境下都以略微不同的公众形象示人呢？当代理论家或许会说你在

"表演"各种被建构起来的身份类型,每一类型都在不同的情境中运作;这些类型没有一个是真正的自我,因为一种身份在其他情境下或被转换,或被放弃。

当前很多艺术家的作品里都贯穿着身份发生变异和转换的这类主题。性别失稳是人们尤其感兴趣的一个研究领域。性别差异是靠视觉符号来体现的;我们通过观察诸如发型、衣着、姿势和动作等一些定型的视觉线索来学会识别一个人的性别和性取向。意在颠覆有关男性气
55 概和女性气质的社会定型的艺术家会采用道具、化妆和服饰来表现性别模糊的人体。正如奥比在《小妞儿》(*Chicken*)中所做的那样,这是对观看者进行性别划分的抵制。观看奥比作品的人会因为不确定照片里的人物是男是女而感到困惑不安。从一个基本层面上来看,这样的僭越不仅挑战了性别定式,还破坏了稳定统一的性别身份这一整体观念。

包括马修·巴尼(Matthew Barney)和罗伯特·梅普尔索普(Robert Mapplethorpe)在内的当代艺术家将性别身份作为一个充满各种相互协商的可能性的灵活连续体来加以探索。在其电影《提睾肌 3》(*Cremaster 3*)(2002)一个令人难忘的场面中,高中时曾是橄榄球四分卫明星的巴尼,爬上了纽约古根海姆博物馆室内螺旋坡道的墙壁。这种耗费体力的体能技巧展示象征了他在当代文化领域内面对为男性气概下定义的挑战的姿态。对巴尼作品的阐释和其电影中的影像种类一样形形色色,但是有些人将巴尼的体操技巧视为对一种新平衡的象征性追寻——第三种性别。

在对建构性的不确定身份感兴趣的艺术家中间,摄影、表演艺术和视频等艺术实践特别流行。辛迪·谢尔曼(Cindy Sherman)从 20 世纪 80 年代开始因在探索女性身份的各阶段摄影作品中以自己为模特而声名鹊起,她的系列作品解构了时尚界、广告界、电影、色情作品以及其他大众媒体资源中所呈现的刻板化形象。在其拍摄的照片中,谢尔曼表现的从来都不是一成不变且无法变更的自我;在每幅照片中,她都扮演一个不同的身份,以巩固身份是人为建构并可以转换这一观念。在其系列

作品《历史肖像》(*Historical Portraits*)(1989)中,谢尔曼身穿女性和男性服装摆出造型,并利用化妆和人造肢体来戏仿历史画中的人物。这组系列作品展示了照片和其他图像一样如何为身份建构提供了强制性的角色模型,然而这些模型并不适用于所有时间和场所。身份总是具有可变性的。

日本摄影师和录像艺术家森村泰昌(Yasumasa Morimura)的作品描绘了使二元性别界限模糊不清的异装癖(transvestism)和其他行为。森村泰昌也像谢尔曼那样出现在自己所有的作品里。他既扮演自己,同时又扮作许多艺术界的历史名人。从泰昌的一组视频片段的定格画面(插图 2-1)中,我们看到艺术家本人坐在电子乐器的键盘前为自己伴奏,同时他又装扮成墨西哥艺术家弗里达(Frida Kahlo)在记录了她多重身份的自画像中的样子,在画面上反复地时隐时现。

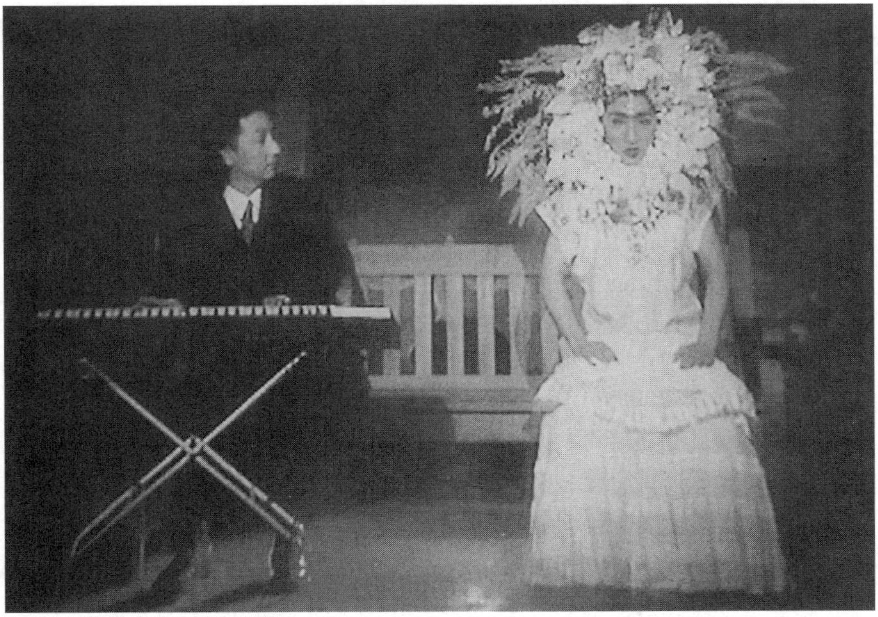

插图 2-1 森村泰昌 | 定格画面,选自"与我自己的对话"(邂逅)[*Still from Dialogue with Myself (Encounter)*],2001 年
DVD 投映,一小时循环放映
艺术家本人和纽约 Luhring Augustine 画廊提供

除了围绕着人种、性别、族裔和性来阐述身份的流动性之外，人、动物和机器之间以各种组合形式发生的融合和变异成为艺术（还有更广泛的文化）中愈来愈吸引人的主题。较早在这一领域进行实验性创作的艺术家就是南希·柏森（Nancy Burson），她自 20 世纪 80 年代初开始就通过把数幅摄影肖像作品扫描到电脑中，然后通过组合将一张面孔合成虚拟影像，包括人和其他动物的混成图像。这类合成生物的类型归属和道德立场都是尚不明确的问题。在巴尼的电影《提睾肌 3》中出现的豹女是一个完全具有感知力的生物，其外表设计和内心刻画都产生了摄人心魄、令人过目难忘的效果。派翠西亚·佩契妮妮（Patricia Piccinini）那些类人生物的雕塑看起来像是基因工程的产物，这些作品提出了有关新兴科学研究中道德含义的许多问题，我们将在第七章"科学"中讨论这个话题。

57 后身份

有迹象表明，主流艺术界对围绕人种、族裔、性别和性而规定的身份的兴趣日渐衰微。尽管社会地位和经济地位的平等对普天下众生来说仍是遥不可及的梦想，然而在已取得一些实质性社会进步的地方，自觉宣扬身份问题的艺术的政治需求可能显得不那么急迫。此外，纵然政治激进运动是必要的，但身份的日益多样化和断裂化在为当今我们所欣赏的丰富多样的艺术添砖加瓦的同时，也使围绕共同利益和共同需要而结成联盟变得愈发困难。

艺术界的风尚和理论都发生了变化；*多元文化主义*和*身份*这两个词听起来也有些过时，甚至会产生误导[21]。许多怀有不同动机的人开始视多元文化主义为政治正确性（political correctness）的一种形式。即使是身份政治学的拥护者也越来越相信，文化多元主义已演变为一种在某些参照范围内将多样化人群同化的体制化策略，这些参照范围表面上假装很重视人种、种族以及其他身份标记，而实则将有价值的差异同质化，并掩饰了无处不在的种族主义、性别歧视和同性恋恐惧症（homophobia）。

与此同时，20 世纪 60—80 年代政治斗争之后出生的年轻一代艺术家们则希望超越身份标签，创作主题多样的艺术。他们中的很多人已经对为人种、族裔和性别身份大声疾呼这类事情兴趣索然，他们更愿意把精力集中在个别创作计划上。当策展人西尔玛·戈登(Thelma Golden)用一个颇能引起共鸣的词*后黑人*(*post-black*)，来描述参加她 2001 年举办的自由风尚展(Freestyle)的艺术家的艺术创作和观念时，她严肃的口吻中略带一丝幽默。这些在 90 年代末涌现的艺术家“坚持不给自己贴上‘黑人’艺术家的标签，尽管他们的作品实际上深深沉迷于和热衷于重新定义黑人性(blackness)的复杂观念”。戈登解释说，受过去 10 年中多元文化论争和身份政治学的鼓励，后黑人艺术家们“以强势的姿态崭露头角”；因此，他们有信心朝那些富有个性的独特方向发展。但他们的发展方向并非前多元文化时代艺术家所信奉的独立自主的个人主义。这些艺术家欣然接纳多元历史和多重影响，并正在为 21 世纪重塑全新的身份[22]。

类似的讨论也围绕着另一些艺术家展开，这些艺术家本可能会被前一代按照性别、人种或族裔而划分归类。*后女性主义*(*post-feminist*)这个词用来形容女性艺术家创作的一系列作品，这些女艺术家感到从早期女性主义斗争中获得了力量，然而出于各种原因，她们又希望远离被冠以女性主义艺术家称号的境地。同样，2006 年艺展“无论如何：当今的亚裔美国艺术”(One Way or Another: Asian American Art Now)的三位策展人之一苏泽特·敏(Susette S. Min)为其展览的图录文章取了这样一个题目——“全世界最后一次亚裔美国人的艺术展”，以此暗讽亚裔美国人的后身份世界。(敏于此文中提出：在以市场为导向的艺术经济体系中，对身份政治学的需求尚未终止，尽管需要重新审视某些策略。)[23]在同一图录中，策展人马戈·町田(Margo Machida)提到，尽管后身份艺术家无可非议地处处保持警惕，唯恐受制于种族化和意识形态紧身衣的限制和束缚，然而他们还是依赖于“如今围绕着身份建构、‘他者化’以及再现政治学而建立起来的、高度完备成熟的复杂批评体系”[24]。

当我们继续迈向 21 世纪时，哪些新理论、政治观念、技术发展和历

58 史事件会影响艺术对身份的定义和表现呢？很多发展都具有可能性。人们对创造虚拟身份的兴趣愈发浓厚，全新数码技术给这一发展方向提供了支持。在通过电脑进行的日常交流中，很多人创造了用于赛博空间互动活动的人造身份。在美术领域中，艺术家们利用数码媒介创造了经过复杂处理的人像。

将会继续影响身份这一艺术主题的另一因素是全球化。实际上，人们已经察觉到全球资本主义对身份的操控，当今一些在意识形态上对多元文化主义的抵制正是对这种操控的回应。从这种观点来看，全球市场力量促使艺术家创造具有民族特色的作品，目的是从全世界各个角落搜罗充满异国情调的商品以供销售。艺术家并没有按自己的方式表达自我的真正自由，因而再次沦为他者。

对于那些成长于一种文化环境下后在异地生活并工作的艺术家来说，身份一直是个尖锐的问题。对常活跃于国际舞台上，尤其是在多个地域生活并工作的艺术家而言，区域性共同体和民族共同体界限的瓦解使统一身份的确立变得愈加复杂。即使是深深扎根于一个地方的艺术家，也难以逃脱和其他地域在人口、思想、影像和产品上进行交流所带来的形塑作用。

韩国艺术家徐道获(Do Ho Suh)就是在国际舞台上处于游牧生存状态的艺术家之一。他 1963 年生于首尔，在韩国和美国学习艺术，现在穿梭于纽约和韩国。从身份和地域的密切相关程度来说(对任何和某一特定区域或地貌在文化和感情上有着强烈关联感的人来说)，徐道获每次经历地域转换时所带来的心理位移妨碍了其稳定身份感的形成。徐的一部分地面雕塑作品由数以千计的塑料微缩人体模型构成，这些人模被紧凑地排列在一起，彼此之间没有个体空间。批评家就徐道获是在表达对集体的肯定观念还是否定观念争论不休。究竟艺术家是在赞美为了共同目标而同心协力的劳动者们，还是在揭示个体如何迷失于乌合之众中？在策展人苏珊·索林斯(Susan Sollins)看来，“无论是在讨论个体空间和公共空间之间的对抗动力，还是在探索数量优势和同质性优势之间的细微差别，徐道获的雕塑将继续以当今日益跨国化、全球化社会中的个体身份问题为研究对象”[25]。

在徐的雕塑作品《宿命》(*Karma*)(2003)中，两条穿着西裤和黑皮鞋的巨腿将两大群蜂拥而至的微缩人物模型踩在脚下；巨人看起来马上要将脚下的人群压扁，人们四处逃窜，队形被打乱。《宿命》可被阐释为象征着某种压榨普通民众的巨大特权势力，或是借助将世界各种文化同质化来破坏个体身份的全球资本主义势力，或是压迫公民的极权政府。另外，如果我们仔细观察会发现艺术家塑造的微型人物不尽相同，通过穿着和其他细节可分化为不同性别和“类型”的群体；当我们对人群投以匆匆一瞥时，很容易错过这些细微区别。徐道获似乎在暗示，即便身处全球化时代，我们仍有责任继续去发现各种身份间的差异。

艺术家档案：南希·柏森(Nancy Burson) 60

当各种体表特征超越性别、人种或物种界限而混合在一起时，我们会做何反应？在20世纪80年代制作的一系列电脑生成的合成人像中，摄影师南希·柏森设想了一种混合体，这种混合体提请我们去思考身份变形带来的哲学、伦理和情感效应。在制作《雌雄同体(六男六女)》(*Androgyny*, *6 Men and 6 Women*)(1982)时，柏森将现实中数位男性和女性的照片进行图层化处理(六男六女，调试成统一尺寸)后创造出一张合成面孔的影像，我们正是因为无法确定这张合成面孔的性别而感到困惑。在作品《人类(东方人、高加索人和黑人，所占比重由现行人口统计数字决定)》(*Mankind*, *Oriental*, *Caucasian and Black*, *weighted according to current population statistics*)(1983—1985)(插图2-2)中，柏森按照80年代初统计出来的每个“人种”在世界人口中所占的百分比，将三位男性容貌特征进行合成；结果是这位“代表性的”新人类看起来更像一个中国人。在《进化Ⅱ，(猿和人)》(*Evolution Ⅱ*, *Chimpanzee and Man*)(1984)中，柏森设想，如果进化沿着一条迥然不同的路径前

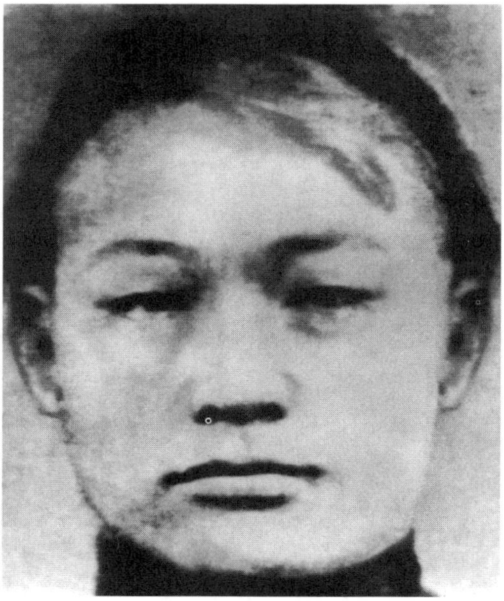

插图 2-2　南希・柏森　|　人类[东方人,高加索人和黑人,所占比重由现行人口统计数字决定(*Mankind*)](*Oriental*, *Caucasian and Black*, *weighted according to current population statistics*),1983—1985 年
黑白照(明胶银版法印像)
版权所属:Nancy Burson,克莱普艺术画廊(ClampArt Gallery)提供

进,并产生了按均等比例融合了灵长类动物和人类祖先特征的单一物种的话,那么这个物种的容貌该是什么样子;她的合成物种有着类似猴子的头盖骨和毛茸茸的面孔,而眼睛里却投射出人类那充满自我意识的凝视目光。

尽管今日图像形变(morphing)和数字合成照片技术已十分常见,柏森在使用电脑修改照片这方面却堪称先驱。早在 1976 年,她联手计算机科学家和工程师共同开发了数码变形技术,并利用此技术制作出合成面孔图像[26]。她那关于虚拟合成图像的观念与当时刚刚涌现的"他者性"、差异、文化定型、仿像和虚拟现实等哲学概念具有一致性,也预示了后来艺术对 DNA 重组和基因工程等主题的关注。

柏森的首次成功是和其合作者开发出的面孔"老化"软件,这种软件能制作出人的相貌老化之后的样子,比如在成年人的面孔上添加皱纹和

松垮的肌肉，或拉长儿童的面孔并在图像上叠加其父母的容貌特征，这
样使上年纪后的自我形象在年少者看来更为真实可信。1981 年柏森为
软件申请了专利，除了具有艺术创新性之外，这种软件实际上还被美国
联邦调查局（FBI）用来协助寻找失踪的儿童和成年人。接下来柏森和计
算机科学家大卫·克拉姆里克（David Kramlich）合作改进了“老化”软件
系统，并制作出《人物》（*People*）杂志上刊登的名人照片的老化版本，这
使柏森备受关注。柏森和克拉姆里克夫妇还发明了一种互动式“老化机
器”（aging machine），任何人都可以坐在这个装置作品的隔间里，将面孔
扫描并输入电脑，然后观看自己老化后的容貌。两人通过继续合作将另
外一些合成作品的设想变成现实，包括“美丽”合成图像，也就是把 20 世
纪 50 年代电影明星的面孔合并，并将其和 80 年代影星的容貌合成图像
进行对比。又如将拥有核装备的国家领袖的面孔综合起来，按照每位掌
控的核武器数量的比例来决定相貌特征的分配比重，还包括将人类面孔
和玩偶及人体模型的容貌进行合成，或将人类面孔和艺术家对太空外星
人的描绘相结合。另一些观念则类似老化机器的互动装置作品，比如有 61
的机器邀请观众把自己的相貌和名人的合二为一，有的情侣装置可容纳
两人进行面孔融合。

柏森合成影像的一般表现方式和静态照片大同小异。每张裁剪整
齐的图片都以黑色或不带色彩的中性色为背景，背景上是一张没有身体
的头部的正面特写镜头。尽管这些合成图片经过数字化处理，但柏森常 62
把完成的图像转换成由电脑屏幕拍摄的模拟照片，开始是黑白成像，后
来变成大尺寸拍立得彩色照片。这种照片看起来天衣无缝，并且保留了
一种纪实风格，即便我们清楚这些图片是经过电脑处理的。它们会产生
令人不安的视觉效果，因为我们会把图像中的新面孔当作对有生命力
的、实际存在的杂交生物的再现。策展人克莉丝·布鲁斯（Chris Bruce）
在谈到柏森的合成作品时引用了哲学家让·鲍德里亚（Jean
Baudrillard）的理论，即当代社会中仿真（simulation）正在取代现实。在
鲍德里亚看来，我们生活在图像无处不在的世界里，图像比现实更为令

人信服。此外,图像日益变成拟像(simulacra),拟像貌似真实,而实则是一种在现实中找不到可感知对应物的建构。根据这一观念,布鲁斯认为南希·伯森(Nancy Burson)的合成作品"可能——作为一条信息,作为被发射到太空的照片——比任何一张真人的图像——都更能代表我们的世界。合成图像产生的魔力建立在对'真实'这一概念的广泛质疑上,这个词现在似乎注定要永远待在引号里"[27]。柏森的合成图像尽管让人心悦诚服,但和我们通常在纪实性人像摄影中所期待的那种清晰明快不同,这些合成图像有种模糊含混的特质。在布鲁斯看来,这种模糊性正构成了柏森合成作品的无穷魅力,并且概括了 20 世纪 80 年代从纪实性摄影到建构性摄影、从模拟技术到电脑技术的观念性过渡。"我最喜欢柏森作品中那转瞬即逝、难以捉摸的微光和含糊未定的状态,这和最近那些充斥着让人产生幻觉的无懈可击的电脑生成图像迥然不同。《三个主要人种》(*Three Major Races*)似乎存在于虚拟现实和传统图像之间,是在两种形式、两种技术状况之间进行的对话中的一次尴尬停顿。"[28]正如第二章中所讨论的,人像艺术的悠久传统同对身份的探索和表现紧密相关。我们学会在人类面孔的形态结构中解读身份——形状、结构、肤色以及头部和面部的其他外在体表特征——我们以自己的感知为基础来判定性别、年龄、人种、社会阶层、美貌及其他特质。这类判断很大程度上是社会决定性的(比如某些发型代表"女性"而非"男性")。外表并不能让我们了解人潜在的基本生理功能(例如人脑的运作和鼻子的大小毫无关系)。然而我们却执意根据外表来划分和判断个人。柏森的电脑合成作品审视了以外在形态为基础将人分门别类的做法,揭示了我们将有关身份的信息强加给人类面孔的局限性。《进化Ⅱ》(*Evolution Ⅱ*)被解读为对颅象学的辛辣讽刺,这个曾试图在人的外表和智力之间建立起联系的研究领域,如今已被证明是荒谬和缺乏科学依据的。

20 世纪 90 年代,柏森重返传统的(未经处理的)真人肖像摄影。她的创作兴趣仍包括身份主题以及人类差异和文化定型等问题。柏森的一个大型系列作品以患有早衰症(未老先衰)或因疾病或基因先天异常

而导致面部畸形的个人为拍摄对象。作品中那浪漫的布光和柔和的聚 63
焦意在让观众和这些“他者”产生共鸣，并重新思考用以判定什么是正常身体状态的那些标准。

柏森的《他/她》(*He/She*)系列(1996—1997)中的模拟版照片是和她早期合成作品《雌雄同体》(*Androgyny*)相互补充的姊妹篇，插图 2-3
就选自这个系列。构成这组照片的正规彩色肖像作品对依据人类面孔 64
特征来认识性别的观念提出了挑战。每一幅照片的布光都带有浓重的戏剧色彩，肖像中实际人物的容貌游走于男性和女性之间。在迈克尔·

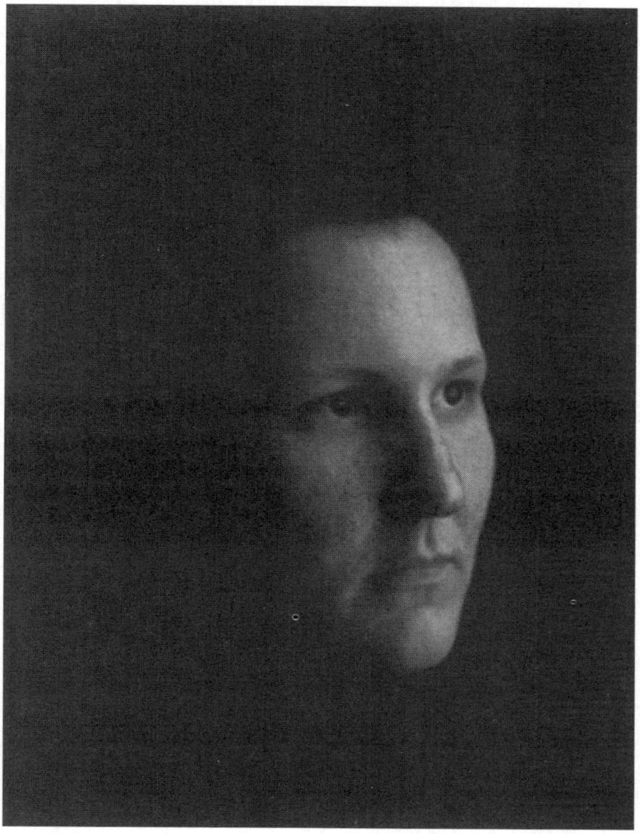

插图 2-3 南希·柏森 | “无题”选自他/她系列(“*Untitled*” *from the He/She series*)，1997 年
宝丽来一次成像
版权所属：Nancy Burson，ClampArt 画提供

森德(Michael Sand)看来:"《他/她》系列和柏森的大多数作品一样,提请观赏者驻足思考潜在于每个人身上那无常的易变性。"[29]

柏森的另一组作品《看起来像耶稣的男人们》(*Guys Who Look Like Jesus*)(2001—2002)呈现了包括一位黑人、一位西班牙裔和一位日裔美国人在内的8位男性的肖像,他们都模仿耶稣的面容蓄着长发和胡须。[柏森通过在《乡村之声》(*Voice Village*)杂志上刊登广告找到这几位男士。]除了个人肖像,柏森还对这些照片进行了数码合成,并且将欧洲艺术作品中的多幅基督画像合而为一,制作成另一张合成图像。和北欧白人文化中那肤色苍白、头发金黄的完美基督形象相比,前一张合成图像似乎更接近基督作为中东犹太人的身份。按莫里斯·伯格(Maurice Berger)的说法,"《看起来像耶稣的男人们》向根深蒂固的、将白色和一切纯洁、美好和神圣的事物联系起来的文化关联提出质疑"[30]。柏森是一位笃信共同人性的理想主义者。在其颇受欢迎的互动装置作品《人种机器》(*The Human Race Machine*)(1999年至今)中,观众被邀请到一个类似电话亭的隔间中,通过选择来观看自己变成不同人种(如高加索人、亚洲人和非洲裔美国人)时的样貌。柏森的远大目标就是要改变我们对人种和多样性的理解。这位女艺术家解释道:"《人种机器》是一个让我们超越差异、实现大同的契机。我们在他人身上获得越多的自我认同,我们就越有可能让人类种族彼此相通……我们有99.9%的基因是相同的。的确有构成各种不同特征的基因组,但是根本就不存在所谓的'人种'基因。人种的概念是政治性和社会性的。"[31]《人种机器》和柏森诸多引人入胜的艺术品一样,在一个关键的理论接合点上获得广泛支持,外貌和纪实性摄影(画面外"真正"存在的主体为创作对象)的目的与建构性的数字化图像(其创造视角揭露了位于所有艺术表征核心的政治运作)在这个接合点上相遇交汇。

南西·柏森1948年生于密苏里州的圣路易斯。她在科罗拉多女子学院(Colorado Women's College)学画2年。1968年,她迁居纽约,并在那儿工作、生活至今。

艺术家档案:谢琳·奈沙特(Shirin Neshat) 65

谢琳·奈沙特因电影、视频和摄影作品而广为人知,我们可以透过本书涉及的多数主题,尤其是时间、地点、身份、身体、语言和精神来考察她承担的多层面艺术项目。这里我们将从身份的角度来讨论奈沙特的作品。身份对这位艺术家来说是个含义特别丰富的主题,因为她探索了自己作为艺术家、女性、伊朗人(和波斯人)、移民和外国人等多重身份。

奈沙特生于1957年,1973年移居美国并在洛杉矶学习艺术。在其成长过程中,奈沙特的家乡处于伊朗国王的统治下,后者效仿西方,支持社会行为自由化和经济改革。然而1979年当奈沙特仍在美国时,伊朗国内经历了一次灾难性的变革:一场伊斯兰革命推翻国王的统治,之后围绕着宗教激进主义者阿亚图拉·霍梅尼(Ayatollah Khomeini)建立的新政权重新掌握了对公共和私人行为的控制权。在他的统治下,即便是穿衣打扮的细枝末节都要受宗教神学约束力的宰制。(20世纪下半叶,对宗教激进主义的回归同样发生在许多中东伊斯兰国家和北非。)

阔别故土12年后,奈沙特于1990年重访伊朗。故乡发生的巨变让她惊异不已,并使她陷入了文化身份的僵局:她虽然并未全盘接受西化的身份,却再也无法在本土文化中找到自己的定位。这种文化冲击促使奈沙特尝试通过艺术去理解和表达伊朗民族身份所经历的变化,尤其是当这种身份涉及女性时。她还借助其艺术创作,开始探索性别角色、传统和现代性之间的冲突,以及流离失所之人由于感觉自己永远是局外人而承受的心理压力这些问题。

奈沙特在伊朗所目睹的最显著变化之一,就是无论走到哪里,都能看见女人穿着把身体从头到脚裹得严严实实的黑色罩袍。罩袍包括宽松的长袍和面纱,是伊朗女性的传统服装,这一服装曾于1936年被废除。身穿罩袍的女性作为一个标志出现在奈沙特的艺术中。她第一批较成熟的作品是《安拉的女人》(*Women of Allah*)(1993—1997)。在这组引起巨大争议的系列照片中,奈沙特深刻挖掘了那些被卷入国内革命中的伊朗妇女的意识形态,这些妇女甚至心甘情愿地像殉道者那样献出自己的生命。奈沙特在每幅照片中都放置了法尔西语(现代波斯语)文字、枪和黑色面纱等意象,以挑战“西方刻板化地将东方穆斯林妇女定型为弱不禁风、逆来顺受的群体”[32]。文字作为装饰被书写在奉行宗教激进主义的伊斯兰国家允许曝光的特定女性身体部位上:眼睛、面部和手脚。奈沙特对多数西方读者难以辨认的文字的使用,象征着跨文化交流的失败。西方人欣赏这些文字书法的美感,却没意识到它们是诗歌,这些诗在伊朗被认为是颇为激进的作品,因为个别诗作对穿罩袍的价值问题提出了迥然不同的见解。文化外来者在观赏这些女性形象和枪的意象时,无论他们作出如何草率的判断,画面上的文字都在向我们暗示,真
66 正地理解需要深层次的学习。

当西方不少人对伊朗回归宗教激进主义统治表现出失望和不屑时(例如控诉宗教激进主义彻底奴役了女性),奈沙特对此做出的艺术回应却一直是十分微妙并饱含模棱两可的意味。对“东方”、伊斯兰世界、性
67 别角色、宗教狂热和暴力的新旧成见在奈沙特的作品中彼此交汇融合,没有任何缓和矛盾的办法。艺术家在历次访谈中承认,她本人也意识到自己对含义丰富的意象的使用存在着内在冲突。

奈沙特在国际上声名鹊起主要得益于其广受好评的电影三部曲:《狂暴》(*Turbulent*)(1998)、《狂喜》(*Rapture*)(1999)和《狂热》(*Fervor*)(2000)。这三部影片以戏剧性的拍摄手法,将伊朗构想为一个返璞归真、充满诗意的世界,并审视了这个虚幻世界中神话式的生存状态。伊朗人民(在早期电影中由摩洛哥演员扮演)和其他所有人一样,为实现个人自由而奋力抗争的同时,也试图在共享的价值观和传统中寻找意义。这些不同趋向之间的张力将奈沙特舞台上的生动画面转化为悲剧性传奇。

在影片《狂暴》中,一位男歌手演唱了一首关于失恋的传统歌曲。他

面对镜头，背对一小群身着黑裤、白衬衫的男性观众。他的表演结束后，一个女人也开始演唱，她可能是男歌手在歌曲中吟唱的对象。这里的对比令人震惊：女歌手的演唱是私人的和直觉的，近乎一种伴有音乐的情绪化嘶喊。而男人的表演却被牢牢地束缚在传统中——无论何其美妙，传统都抑制了他的表现力——女人的演唱则似乎无先例可循，无拘无束。两者的表演都吸引了我们的注意，男歌手从另一面墙来观看并聆听女人的歌声。我们知道在今天的伊朗，女人被禁止在公共场合唱歌，这让影片的意义尤为深刻。

在三部曲及其后的许多影像装置作品中，奈沙特将一组成对出现的叙事作品投射在对立的墙面上。通常这种对偶放映呈现了被分为不同阶层的男人和女人。这种放映样式使得奈沙特成功表现了各种二分法——男性和女性、文化和自然、传统和变革、公共与私人、控制和自由，等等。作为观众，我们占据了两组移动的图像流之间的空隙；由于无法同时将整个作品尽收眼底，我们必须在选择观看哪边的影像上作出取舍。观众无法全面观看事物是奈沙特作品中反复出现的主题。这样，她艺术中的多层次意涵总是带有一种犹抱琵琶半遮面的神秘感，我们只能对其管窥一斑，却永远无法洞其全貌。

在三部曲的第二部《狂喜》中，两段长约 12 分半的录像被同时放映。其中一个影片中出现了 100 多个男人，他们仍身着统一的黑裤白衫，浩浩荡荡地穿过小镇，最后行进至一个古老的堡垒。接着男人们在那里开始进行仪式性活动：他们爬上梯子，练习队列，洗净手掌，铺开地毯，开始摔跤。他们似乎在为向破旧的城堡发起进攻而做准备。然而这群男人看起来也很像囚禁于碉堡中的犯人，碉堡则象征着“人工的”、受传统宰制的社会。在对面墙上的影片中，同样数量的女人出现在一片贫瘠的沙漠上。每个女人都身穿覆盖全身的、隐藏了其个体身份的黑色罩袍，女人的身形在周围景色的映衬下显出雕塑般的气质。女人们朝对面的影
像望去，观察着男人，然后开始齐声发出一种哀号声。根据传统，这种声 68
音在中东地区或是起到发出警告信号的作用，或是表示庆祝。女人的动

作具有惊人的美感。她们仿佛是被风吹动着聚集在海岸,其中一半女人在其他人的协助下将一艘残破的木船推向大海,她们不顾危险,选择逃离海岸。对面墙上的投影则表现了男人在堡垒中向女人的方向行注目礼。

虽然看起来像是带有现实主义风格的纪录片,奈沙特的影片实际上是经过精心布置和设计的。奈沙特模拟了蒙面女性的行为,让我们意识到戴面纱行为的建构性和流动性意义,向我们展示了蒙面在不同情境下的不同含义。在她的作品中,罩袍服务于多重目的:它保护着身体,并使女性身体笼罩上一层神秘色彩,女性借助罩袍可以将多层次身份的某些方面隐藏起来,因而被赋予了一定的权力。总之,在奈沙特的艺术世界中,蒙着面纱并不等同于被束缚、蒙蔽和压制。奈沙特向我们展示的女性引航掌舵,敢于直视他人,并在歌声与呐喊中发泄情感。这些女人是强有力的行动者。同时,奈沙特还探讨了两性区隔的男男女女们所面临的挑战和付出的代价。她三部曲的最终篇《狂热》是一部以性欲为主题的电影,影片中男性和女性物理空间的分隔有时会在某个纪念碑式的鲜明图像中格外明显。

迄今为止,奈沙特作品的观众主要分布在欧美。因此,无论艺术家本人的创作意图为何,她作品中的蒙面女性总会引起西方殖民主义对那些头戴面纱、被色情化了的伊斯兰后宫女眷形象浮想联翩,这种殖民主义的幻想对象当然也暗含着性吸引力。西方历史上对与世隔绝的蒙面伊斯兰女性的幻想包含着这样一种观念,即受压制的女人隐忍屈从、听天由命,因此无力反抗压迫并急需西方的救助;这种将面纱视为压制社会的象征的观点为殖民主义提供了合法的辩护。

如今西方观众在观看伊斯兰社会中戴面纱的女性时,会想起西方女性所享受到的自由,并油然而生出一种优越感。而奈沙特的观点则恰恰相反。她认为:“在西方,人们可以就身体和性的话题大谈特谈,因此有些事变得过于直白外露,结果神秘感和界限全都无影无踪了。”[33]奈沙特将自己的身份描述为深陷于两个世界的夹缝中左右为难的局外人。“无论是在伊朗人还是西方人中间，我总是把自己看成一个流浪者。”她将自己作为一个背井离乡者的经历和其电影中的角色联系起来。“当回顾自己的作品时，我发现颇具讽刺意味的是：我所有的女性角色或出于性、文化因素，或由于政治因素也成了遭到社会领域驱逐的‘弃儿’。‘个人’和‘共同体’之间永远存在着张力，而它们彼此的融合常常是毫无希望的。”[34]谢琳·奈沙特 1957 年生于伊朗的加兹温（Qazvin）市，1973 年移居美国。她在加州大学伯克利分校获得艺术学士学位。奈沙特目前在纽约生活。

73 第三章　身体

我们该如何理解保罗·麦卡锡(Paul McCarthy)的《突变体》(*Mutant*)(1994)呢？这件作品表现了一个没有胳膊、咧嘴怪笑的形象，它双腿交叉，端坐于博物馆的展品基座之上，头大得出奇，与身体完全不成比例。这件雕塑品通过将橡胶的"印第安"面具和童装人体模型结合起来，向我们展示了一个取材于卡通、儿童游戏室、主题公园、科幻小说、超现实主义和科学实验室的混合身体。题目——《突变体》——巧妙地暗示了我们面前的这个创造物可以是以下任何东西：利用生物技术进行人为干涉而制造出来的服务于特定目的的产品，科学实验失败后走上歧途的恶果(像《弗兰肯斯坦》的情节那样怪异)，一场异乎寻常的突变后的产物(大自然的怪胎)。《突变体》在很大程度上是一个身体标本(无臂的裸体躯干引起了对其身体的高度意识)和文化中介(闪亮的黑皮鞋和羽毛头饰表明对文化符号的自觉选择，尽管这种符号代表什么仍不得而知)。这些身体和文化特性提请我们在诠释作品时保持警醒：这样的创造物到底是谁？它想从我们这里得到什么？

直到最近，当科学和生物工程方面的实验大大提高了将人体和其他生物体融合的转基因生物的创造概率时，我们所赖以生存的身体将人类和这个星球上的其他物种区别开来。经过100万年以上的漫长进化，我

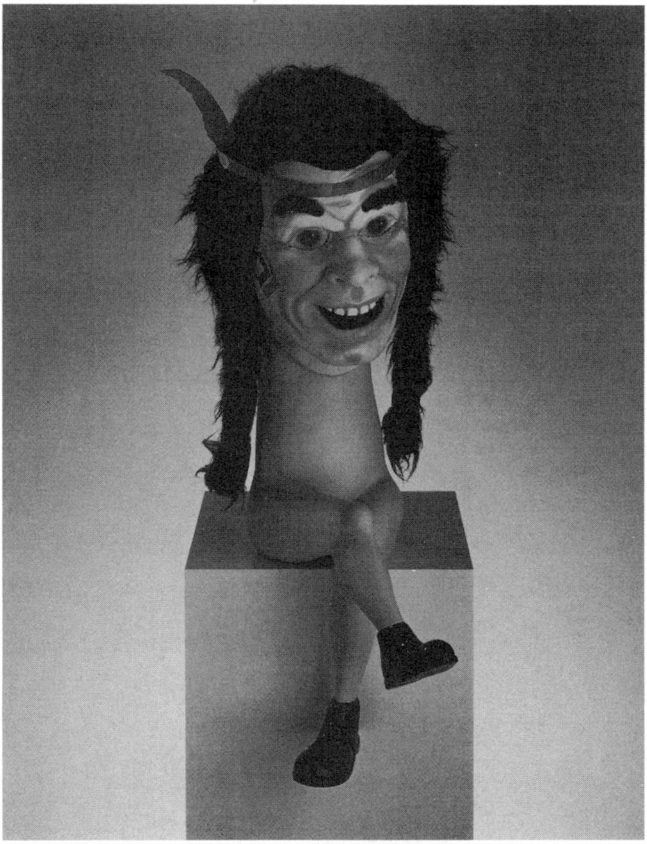

插图 3-1　保罗·麦卡锡　|　突变体(*Mutant*),1994 年
腈纶毛皮,金属,颜料,泡沫橡胶,纤维玻璃
温哥华美术馆收藏,温哥华/加拿大
(感谢艺术家本人及 Hauser & Wirth 捐赠)

们共有的血肉、骨骼和肌肉等人类生理特征(包括我们那独一无二的具有对生手指的手掌),感知系统的结构,以及大脑中神经突触的复杂连接网,都影响着人类身体的物质存在以及我们对自身人性的感受。身体的运作就像一个三棱镜,我们透过它来感知和认识世界。

在很多宗教(以及弥漫着这些宗教影响的社会的世界观)里,身体还是灵魂的现世家园。这种观念对过去的西方艺术产生了至关重要的影响。正如历史学家和批评家托马斯·麦克艾维利(Thomas McEvilley)指出的,"从斐迪亚斯(Pheidias)到米开朗琪罗(Michelangelo),再到罗丹

(Rodin)的西方传统人体雕塑,都尝试着去描绘身体中的灵魂——或者不如说是被赋予灵魂的身体……灵魂是人类本性的基本真理,而雕塑家
74 就致力于描绘——最后是赋形于——这一本质”[1]。

相比之下,后现代视野内根本不存在灵魂,只有身体。我们仅仅是身体。在麦克艾维利看来,后现代具象艺术通过将身体刻画成一个空洞的容器而探讨了这一状况。他认为,胡安·慕诺(Juan Muñoz)、麦克·凯利(Mike Kelly)、杰夫·昆斯(Jeff Koons)和詹姆斯·科罗克(James Croak)(插图 3-2)的象征性造型艺术作品都是特别值得一提的例子,这

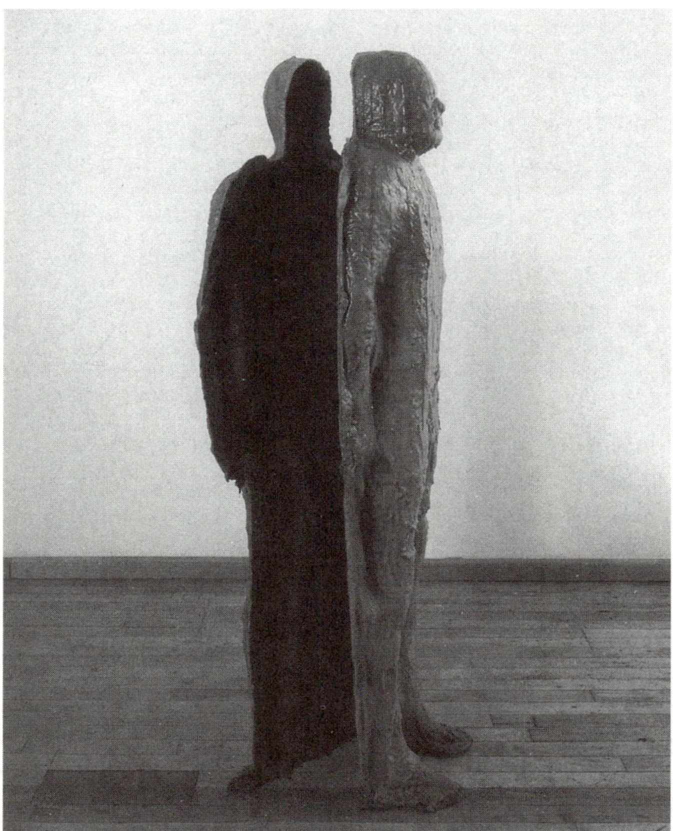

插图 3-2 詹姆斯·科罗克 | 去中心化的外皮(*Decentered Skin*),1995 年 混合媒介
James Croak 提供

些作品表现了“自身空无一物或内部被经验抽空、毁掉的人形”[2]。比如科罗克制作了一组表面像人体皮肤的乳胶铸模，这些中空的模型看起来似乎被抽空了实质或灵魂。麦卡锡那些诸如《突变体》之类的卡通合成 76
作品，也以其特有的方式暗示了脱离身体的人性的漂泊无依，以及人和所有非人类之间在身体界限上的混淆。

身体到底是一种生物有机体还是文化产物？身体经验错综复杂。诚然诸多身体特征本质上是物质性的。男女的生殖器官不同，无论其起因和后果为何，人的老化、残障和疾病等这些都是实实在在的身体状态。身体的其他方面受社会和文化因素影响，例如坐在轮椅上的人进入一栋大楼时是否有困难，抑或是白发苍苍或罹患艾滋病的人能否得到职场的悦纳。当代艺术家将人类形体呈现为一种物质的、有形的实体，由肌肉和体液构成的组织；他们还考察了身体如何像身份那样以诸多方式成为文化产物，进而反映了一个社会关于得体行为、社会和经济职能以及权力关系的观念。实际上，正如 20 世纪八九十年代乃至今天的艺术家所探索的那样，身体主题和身份主题时常彼此重叠。身体带有大量标记着我们自己和他人的关于年龄、性别、人种以及其他各种身份的视觉符号。因此那些希望揭示我们身份的丰富多样性，以及想重新商讨我们该如何珍视具有差异性的各种身份的艺术家，时常将注意力投向身体意象。

本章将聚焦于当代艺术所关注的身体及身体的意义。我们在审视此类艺术时要牢记，一件艺术品的主题（theme）和题材（subject）并不同义，尽管它们的确关系密切。两者常常互为重叠，但也并非总是如此；大部分以身体为主题的艺术品包含人体意象，反之却不尽然。许多表现人类形体（或部分形体）的艺术品基本上还兼顾其他主题，如时间、精神和空间。此外，一件艺术品无须直接描绘人体也可表现身体主题。举个例子，艺术家可以利用一件衣服或一张床之类的家具来作为身体的隐喻式替代物。莫林·康娜（Maureen Connor）的《比你瘦》（*Thinner Than You*）采用一件拉紧的连衣裙来比喻当今美国女性为极度瘦身所承受的压力。康娜这件中空的裙子也可被阐释为一个后现代“空虚的皮囊”

(empty vessel),一具耗尽了对灵魂的幻想的空洞身体。

历史上的具象艺术

与少数文化禁止在服务于宗教崇拜的艺术中使用人体图像不同,在多数文化中,人体一直是艺术最古老和最重要的母题之一(伊斯兰教和犹太教都在宗教艺术中限制使用人体意象)。直到 20 世纪艺术家们才开始对非具象艺术(nonobjective art)进行实验,此前的绝大多数西方雕塑作品是具象形式的。在欧洲学院派传统中,表现人类形体的画作被认为是比表现风景、静物或其他非实物母题的绘画更伟大的成就,渴望成名的艺术家常耗时数年来学习如何描绘人体。自 1839 年摄影术发明以来,人体也成为其重要主题。即便是在具象艺术业已丧失支配地位的 20 世纪现代艺术背景下,杰出的艺术大师们仍没放弃接受来自人体创作的
78 挑战。这些艺术家中知名的有毕加索(Pablo Picasso)、马蒂斯(Henry Matisse)、凯绥·柯勒惠支(Käthe Kollwitz)、亨利·摩尔(Henry Moore)、阿尔贝托·贾科梅蒂(Alberto Giacometti)、萨尔瓦多·达利(Salvador Dali)、迭戈·里维拉(Diego Rivera)、弗里达(Frida Kahlo)和罗马雷·毕尔登(Romare Bearden)。

古往今来,人体为艺术家们提供了形式和内容。作为一种富有挑战性、多元多变的形式,人类形体能摆出各种造型,并贡献给我们大量对比鲜明、错综复杂的形状和视觉关系。作为内容的人类形体有助于表达根基深厚的文化价值观,包括宗教、政治信仰及有关个人和社会身份的观念。在艺术史上,人体有时被用来表征一些将身体视为有形实体的观念,比如关于性和死亡的观念。

二战以来,西方具象艺术经历了一段轰轰烈烈的历史。20 世纪 50 年代最受好评的新艺术是非写实的抽象艺术[尽管一些抽象表现主义艺术家也创作人类形体作品,如威廉·德·库宁(Willem de Kooning)的《女性》系列绘画]。与此同时,人们开始日益关注艺术家的姿态和创作

过程；可以设想一下那些记录了波洛克（Jackson Pollack）进行滴画创作的举世闻名的照片。艺术家对自己身体行为和创作过程的自觉意识，为各种现场艺术（live art）形式铺平了道路——兴起于20世纪六七十年代的行为艺术，如偶发艺术（Happenings）、激浪派艺术（Fluxus）、行动艺术（Actions）、人体艺术（Body Art）。人体艺术作为行为艺术的一个分支，包括直接在身体上或借助身体进行的艺术创作——这里艺术家的身体差不多起到艺术媒介的作用——和身体主题有着明显的联系。在不同时代和地点都存在身体艺术，比如文身、人体穿刺（body piercing）和划痕（scarification）艺术。身体艺术作为一种当代艺术运动，其作品从自残到展示身体耐力的特技表演，再到以更温和的方式将艺术家的身体作为空间内的一种形式加以展示，可谓涉猎广泛，五花八门。

同时，20世纪60年代涌现的流行艺术重新将人类形体引入先锋派艺术。流行再现艺术充满明显挪用自流行娱乐文化和大众媒体广告的二手人工图像。同样在60年代，抽象、非写实艺术以极简主义的形式继续发展和演变。新表现主义始于70年代的欧洲并在80年代的美国崛起，它将人体绘画和雕塑推向舞台中心。收藏者对艺术的狂热兴趣推动了诸如约尔格·伊门多夫（Jörg Immendorff）、乔治·巴塞利茨（Georg Baselitz）、山德罗·基亚（Sandro Chia）、米莫·帕拉迪诺（Mimmo Paladino）和朱利安·施纳贝尔（Julian Schnabel）等德国、意大利和美国杰出的新表现主义艺术家们的发展，闪亮的艺术聚光灯重新投向人类形体，尤其是油画创作，后者的再次崛起绝非偶然。新表现艺术对创作过程的物质性和取材触感性的强调显示了其作为一种创作手段越来越受到广泛关注。然而，新表现主义的造型艺术并不涉及关于身体本身的问题，而是时常以历史、个人心理或神话和文学为主题。

身体问题的新面貌

直接聚焦于身体问题的艺术作为一个主题在20世纪六七十年代末

以高调的姿态和戏剧性的方式出现在一些女艺术家的创作中,这些女艺术家的艺术灵感来自女权政治运动中提倡的意识觉醒和激进主义[3]。女性主义艺术家中的先驱者们宣布以女人的经验、情感、梦想和目标作为艺术创作的合法题材。从一开始,女性性欲和其他诸如女性历史、女性的精神以及女性获得教育、工作和收入平等权的激进议题就是这些艺术
79 家所探讨的重要课题。早期的女性主义艺术家通过从绘画、雕塑到摄影、录像、装置和表演等一系列形形色色的媒介来探索性解放问题。

长久以来,由于女人的性方面问题一直受压抑和不被承认,艺术家起初借用一种休克疗法来提出作为艺术主题的女性性问题。女艺术家常借助耸人听闻的公开展览来打破迄今仍为私人领域的女性性欲的疆界。20 世纪六七十年代包括卡洛琳·史尼曼(Carolee Schneemann)和汉娜·威尔克(Hannah Wilke)在内的女艺术家们在情色表演中炫耀性地展示自己高度性化的身体,以赞美她们重新发现的性权利。这些作品被一些评论家描述为具有自恋狂和裸露癖倾向,但其创作方式在维护女性活跃的性原动力方面却颇为行之有效。

20 世纪 70 年代初一个广受瞩目的著名成果就是由朱迪·芝加哥(Judy Chicago)和米里亚姆·夏皮罗(Miriam Schapiro)组织的名为女人屋(Womanhouse)的展览,展出作品全部是这两位女艺术家和她们的参与加利福尼亚艺术研究所女性主义艺术项目(Feminist Art Program)的学生们创作的[4]。她们制作的装置作品于洛杉矶的一间房子里完成,这些作品夸张地展示了大量卫生棉条、内衣以及其他直指如月经、生产等女性身体特有的生理功能的物品。各个展区的展品和相应的表演作品提出了性暴力、传统女性角色的精神封闭以及衡量女性美的限制性社会标准等问题。

朱迪·芝加哥与人合作的装置品《晚宴》(*The Dinner Party*)(1974—1979)是另一里程碑。除了重新寻找曾被历史尘埃湮没的杰出女性之外,《晚宴》中的视觉意象,尤其是使用女性阴户图案作为盘子上的装饰,吹响了要将女性身体从西方男性刻板化印象中解救出来的号

角。实际上，20 世纪 70 年代以来“阴户意象”(cunt imagery)(用芝加哥的术语来说)一直是被反复使用的策略，用以抵制男性窥阴癖和维护以女性认知为中心的女性的性问题。

20 世纪 80 年代，女性主义者同许多少数族裔和酷儿艺术家一道，继续致力于探索和身体直接相关的政治化问题。这里仅举几例，辛迪・谢尔曼(Cindy Sherman)、芭芭拉・克鲁格(Barbara Kruger)、玛丽・凯莉(Mary Kelly)、海伦・查德维克(Hellen Chadwick)、阿德里安・派珀(Adrian Piper)和洛娜・辛普森(Lorna Simpson)等艺术家解构了过去和现在被对象化和定型化的身体表征的意识形态内涵。滥觞于后弗洛伊德心理学、马克思主义、后结构主义和后现代主义的理论话语的一些思想观念对致力于身体政治学的艺术家们产生了强大的影响，这些观念的阐释者包括埃莱娜・西苏(Hélène Cixous)、朱莉娅・克里斯蒂娃(Julia Kristeva)、露西・伊利格瑞(Luce Irigary)、格里塞尔达・波洛克(Griselda Pollock)、克雷格・欧文斯(Craig Owens)、丽莎・提克纳(Lisa Tickner)和凯特・林克(Kate Linker)等作家和理论家。

20 世纪 90 年代和 21 世纪初，艺术家们通过强调物质性和触知性而彻底改造了造型艺术，使其重新焕发生机。这种艺术以过去任何时候都没有的程度来表现形体，并且还涉及身体本身。艺术家们赋予曾被视为禁忌的有关性的内容以视觉形式；他们探讨了计算机技术、医药和生命科学领域的发展给身体带来的冲击；他们极力表达栖居在一个终有一死、不断形变而且脆弱得不堪一击的身体内的切身感受和意义。

在对身体主题的考察中，当代艺术家运用了一系列策略和主题。他们以异乎寻常的方式来处理身体——将身体复制、分裂，分离身体部位，用毛发和血之类的体液来代替身体，或展示身体内部的器官和其他部分。此外，不少艺术家无须在作品里表现人像或真人也能达到唤起对身体的联想的目的。衣物和床之类的家具陈设，由于和身体有着亲密接触 80
而成为身体的隐喻。雕塑品中的负空间(negative space)记录了身体留下的印记。装置作品仿佛空无一人的舞台布景，期待着将至的人迹。与此同时,当代艺术家在现场活动和表演艺术的录制中继续将身体作为一种艺术媒介加以利用[5]。

身体即战场

“你的身体就是一个战场。”芭芭拉·克鲁格在 1989 年的一部艺术作品中宣称。克鲁格这里具体指的是支持堕胎运动(pro-choice movement)和妇女争取生育权利的斗争。然而这个口号更广义地概括了一种观念,即身体,包括性对身体的表现,“是我们这个时代重要的政治竞技场之一”,托马斯·拉科尔(Thomas Laqueur)如是说[6]。围绕着身体问题进行的文化论战在大众媒体、街头巷尾、市政大厅乃至世界各个角落的卧室中打响。各种争议辩论涉及了如下以及更多的问题:决定就身体而言何种尺寸、形状、年龄和肤色最受社会青睐的常规习俗;反对特定形式的性表达的禁忌;对于什么构成身体和精神上的快乐的态度;影响着病患和死者的医疗决策的道德和法律后果;支配着我们如何对待囚犯、病人和其他体制化人群的规则。关于身体的论争总的来说可归结为一个问题:该由谁来掌控一切?谁来负责决定我们审视身体的方式、时间、动机,以及这种审视对我们意味着什么?

当代对身体问题的艺术探索折射了人们对处于整体文化中的身体所持的种种态度,然而这些态度很少是泾渭分明的和完全单方面的。比如美国的原教旨教会仍行使着相当大的权力,他们通过出钱刊登广告来传达有关戒除婚前性行为的道德需要的信息;这种信息和贯穿于大部分流行文化中那强有力的观点分庭抗衡,后者认为性欲和性欲的满足产生强烈的快感,是青春自然而健康的表达。这是一场围绕着对性表达的控制权而进行的论战。公民对外表和身体展示所持的各种态度之间的竞争同样也在全世界范围内的社会形态下进行着。比如我们可以回忆一下 20 世纪 90 年代中期阿富汗颁布的塔利班法令,严令所有妇女的身体和面孔都必须用罩袍(burka)遮住。

过去 20 年在美国上演的“文化战争”频频围绕着身体的控制权问题

展开，尤其是当艺术再现向主流商业再现发起挑战时。这段时期很多广受争论的艺术——如罗伯特・梅普尔索普（Robert Mapplethorpe）关于同性恋亚文化的照片，以及凯伦・芬利（Karen Finley）的行为艺术作品，让观众直面虽每天发生却常被遮蔽的那些生理进程和身体欲望——芬利有时会将全身涂抹上各种食物（巧克力、鸡蛋、芸豆），以这种隐喻的方式将自己呈现为一位饱受虐待的女人。文化战争的关注点包括对渲染色情的艺术的抗议、政治激进主义的抗议艺术以及被视为攻击了宗教的艺术。各种类型内容之间的区别模糊难辨。比如，表现露骨性内容的艺术，尤其当它涉及同性恋时，会招致攻击，因为正统宗教主义者常会站在宗教立场上将此类描绘视为伤风败俗的艺术。每当艺术家触犯禁忌、论战爆发时，艺术家所受的审查会递交至法庭和美国国会大厅，审查活动主要是通过给政客施压，削减他们向艺展提供的公共基金。

身体是一种符号 81

身体本身具有价值，它的价值常在和其他身体价值的关系中加以衡量。例如在当代西方社会，纤瘦的外形被认为是最具价值的女性身体特征，而尺寸和力量则是最受重视的男性身体特征。这些价值观念经由大众媒介占压倒性优势的讯息传达出来，这些讯息将纤细的女性身体和强壮的男性身体与其他受我们珍视的品质联系在一起。例如，密歇根大学的研究表明，电视节目中身材瘦削的女性角色比较胖的女性更容易卷入一段浪漫的关系中去[7]。这种价值的关联使观众把身体解读为一种符号；当一个身材苗条的女性出现在眼前时，我们会训练有素地将性潜力强加给纤细的胴体。身体是具有社会意义的语言符号。康娜的雕塑《比你瘦》（*Thinner Than You*）对纤瘦性的表现夸张到无以复加的地步，以至于其正面价值遭到了质疑。对瘦身的过度强调使它不再是代表性吸引力的符号，而是将矛头"直接指向目前瘦身和健美狂热症的极端后果——厌食症和贪食症"[8]，埃里森・费里斯（Alison Ferris）如是说。

通过性别判断一个人的身份是一个重要领域。在这一领域中，我们依靠身体标记将某人指认为“男性”和“女性”。我们曾在第二章讨论过当代理论家和艺术家所认识到的身份的流动性。在性别方面,这样的视角对我们的启发是,诸如阳刚性和阴柔性的性别身份认同是受文化影响的角色。因此,性别身份随时会面临挑战、协商和重新定义。性别和性身份的流动性是考利尔·肖尔(Collier Schorr)人像摄影作品中的一个主题,这些在德国拍摄的照片以摆好姿势的年轻模特为对象。在肖尔的照片《花园里(草地上的卡琳)》[*In the Garden*(*Karin in Grass*)](1994)中,模特的身体被呈现为一个充满色情意味的对象,而其性别却颇为含
82 混。模特斜躺的姿势属于西方男艺术家描绘女性的惯用手法。模特脸上化了妆,薄如轻纱的胸衣紧紧裹在胸前,然而其短发、体毛浓重的腿以及胯下被束成阴茎形状的内裤却显示出“男性”的符号。对肖尔照片的各种反应也反映了民族之间的差异性;比如德国观众就不会不由自主地将未剃过毛的大腿视为男性特征。

在视觉艺术中,象征性地运用身体符号这一做法由来已久。比如在古埃及的绘画和雕塑中,为了强调法老至高无上的地位,其形象总是比普通人更大些;此外,法老那笔直挺拔的站姿代表了他坚如磐石的尊贵气质和最高权威。艺术家采用了多种多样的符号创造策略。例如涉及身体主题的艺术可能会使用借喻(*metonym*),也就是部分象征整体。《比你瘦》中的女装造型就是一件象征整体的衣服,这里的整体指的是穿着衣服的女性身体。

当代艺术对局部身体和身体部位的运用是一种显而易见的反古典策略。虽然仍与《米洛的维纳斯》(*Venus de Milo*)(一件举世闻名的古希腊断臂塑像)之类的历史杰作有一定联系,但是当代艺术中那支离破碎的人像却是有意为之的产物,而非意外破损的结果[9]。比如英国艺术家马克·奎因(Marc Quinn)创作了真人大小的大理石人体雕塑,这些作品古朴的白色表面乍一看让人想起肢体残缺或仅以断片流传于世的古典雕塑,然而近观会发现他的雕塑是对现实中断肢的真人的刻画。奎因的雕塑作品“质疑并取代了对‘美’的古典典范和英雄的完美裸体人像的范

畴”。2001 年当他的作品被安置在伦敦维多利亚-艾伯特博物馆(Victoria and Albert Museum)的新古典雕塑展厅时,这一艺术效果更加得以凸显[10]。

像布鲁斯·瑙曼(Bruce Nauman)、奇奇·史密斯(Kiki Smith)和查普曼兄弟(Dinos and Jake Chapman)这些艺术家的雕塑都以描绘被分割的人体部位为特色(例如瑙曼制作的在类似旋转木马的精巧装置上不断旋转的人头)。罗娜·庞迪克(Rona Pondick)的雕塑中,拟人化的家具和衣物成为身体的替代品和性崇拜偶像的化身。庞迪克的《婴儿肥》(*Baby Fat*)(1991)表现了一个在人体结构上怪诞奇异的身体的下半部分,这个下半身蹬着一双女童鞋(性别和年龄的符号)。严重松垂的“婴儿肥”堆积在小女孩脚踝周围,暗示女孩缺乏对自己身体的控制力。庞迪克的这个造型表达了童年的无力感和心理压力。它也可以被解读为对儿童虐待问题的隐喻。通过这种方式,庞蒂克的艺术意在将一种常被遮蔽不见的身体和心理伤害曝光于公众视线之下。

埃莱纳·波斯纳(Helaine Posner)曾策划了题为“身体政治学”(Corporal Politics)的重要艺术展。这场展示残缺身体的展览于 1992 年在麻省理工李斯特视觉艺术中心(MIT List Visual Arts Center)举办。波斯纳认为,“20 世纪晚期的艺术中对身体的肢解并非偶然事件。这是生活在一个暴力、压迫、社会不公及身体和心理压力肆虐横行的世界中的必然结果。我们或许仍对前代人所信奉的关于美和整体性的牢固信念心向往之,然而经验告诉我们,这种世界观早已陈旧过时了”[11]。

表演身体

我们用身体来体验世界。身体的感官系统使我们获得关于世界的知识,追逐快乐,感受痛苦。人类是具有触觉、肉欲和本能的生物。艺术 83
家们全力以赴地集中表现这一事实,采用真实的身体或人体素材作为艺术创作的媒介。例如安妮·威尔逊(Anne Wilson)在其制作的系列艺术品中把人的毛发织进旧餐布的零碎布头里去,阿德里安·派珀(Adrian

Piper)在其不断更新的作品《我会变成什么样?》(*What Will Become of Me?*)中将自己自 1985 年以来保存至今的头发、指甲和皮肤放到蜜糖罐里展出。

84 杰妮·安东妮(Janine Antoni),这位生于巴哈马现居纽约的艺术家,因以自己的身体作为工具进行创作而闻名。安东妮对以下两点很感兴趣,即身体及其生理机能如何操控和标记物体,以及当不同的观看者在理解身体行为的遗留物时会推断出哪些不同的含义。在《啃食》(*Gnaw*)(1992)中,安东妮通过咬食巨大的黄油块和巧克力块并将牙印留在上面而雕刻出一组雕塑作品。在制作《尤里卡》(*Eureka*)(1993)时,她俯身进入装满黄油的浴缸里,然后将带有她离开后留下身体痕迹的浴缸展出。2003 年在纽约卢赫灵·奥古斯汀画廊(Luhring Augustine Gallery),安东妮表演了《划界线》(*To Draw a Line*)。为了这部作品,她用了很长的准备期来训练自己学会走钢丝,以及如何在跌下来时保证安全。表演中,安东妮在钢丝上行走,尽可能让身体在装置上保持平衡,这个装置由拴在两个重一吨的线轴之间的手工麻绳精心制成。最后,她从绳子上掉下来,落到柔软的原麻堆里。钢丝和线轴组成的装置,以及带有艺术家跌落时留下的痕迹的原麻堆作为她行走、跌落的见证,连续展出几周。安东妮走钢丝时不断调整身体姿势以保持平衡,似乎向我们暗示和谐平衡的片刻虽然存在却转瞬即逝(无论是生活还是艺术中),永久的静止不可能存在。表演过程中的跌落本身就是一个奇妙的、独一无二的事件,艺术家放弃对身体的自觉控制,因为她自信数月练习后获得的动觉记忆可以保证她安全着地。

为什么如此之多的当代艺术家聚焦于身体主题?在一些情况下,这种关注是对艺术生产所持的激进主义立场的结果。在这种立场下,个人经验变得具有政治性。在一篇分析美国女性主义艺术运动形成的文章中,艺术家苏珊·莱西(Suzanne Lacy)提出了一系列核心思想,正是这些思想观念推动了从 20 世纪 70 年代延续到 80 年代的女性主义艺术家所进行的艺术生产。她注意到在这些观念中,身体成为艺术品的一个主要场所。莱西解释道:“身体不光是一个场所,还是重要的信息来源。妇女社会地位在很大程度上被视为根植于身体中,因此诸如暴力、生育、性和美等问题成为常见题材。”[12] 另外一些以身体为题材的艺术家雄心勃勃地下定决心,要将艺术和生活之间的界限模糊化。琳达·蒙塔娜(Linda Montano)曾和艺术家谢德庆(Tehching Hsieh)在一年时间里(1983—1984)用一根绳子拴在一起。她在谈到这个行为艺术作品时解释了将他们的所有身体行为看作艺术形式的后果:“因为我坚信我们所做的一切都是艺术——吵架、吃饭、睡觉——然后一些消极因素甚至也被提升到了艺术的高度上。”[13]

身体之美

尽管人体是艺术永恒的主题,然而并非所有身体都被一视同仁地加以重视;在任何文化中都是一些图像享有崇高的地位,而另一些则饱受蔑视和谴责。西方有关人体的概念和图像受古希腊人的影响非常之大,后者笃信众神以人形出现,而身材完美无缺的人类映射了众神的理想美。希腊造型艺术通常表现完整、年轻和健康的人体,其身体构造符合希腊文化所公认的最完美比例——在希腊人看来,全人类都是无比神往的、尽善尽美的典范。文艺复兴以后,希腊对于身体美的理想典范在欧洲艺术中随处可见。即便在今天,包括雕塑家罗伯特·格雷厄姆 86
(Robert Graham)、摄影师乔克·斯特格斯(Jock Sturges)、画家梅尔·拉莫斯(Mel Ramos)、卡洛·玛丽亚·马里亚尼(Carlo Maria Mariani)在内的一些艺术家,仍在年轻优美的人体这样的古典意象的基础之上,继续创造出各种新的变体。

虽然希腊对按古典比例分布的年轻人体的特有理想曾一度产生不小影响,然而许多其他文化中也存在关于人体美的不同典范。尽管当代美国人盲目崇尚苗条纤细的女性胴体和结实健美的男性身体,然而 16 和 17 世纪的欧洲,作为一个人财富和权力证明的丰腴体态却最受欢迎。

文化理想支配着身体的艺术表征,虽然现实中和这种理想形象相近的人体凤毛麟角。无论一个文化的主导人体典范是什么,人们目之所及之处无不是备受青睐的体型的图像,以至于他们开始相信,这种体型普遍存在且自然而然地高高在上,而其他类型的身体则是不那么重要的瑕疵品。只要回顾一下历史就会发现,那种认为任何文化所推崇的美之典范享有天然优越性的幻觉就会被轻而易举地击碎。

每个文化都在建构着那些最富吸引力的形象。某些特定体型被表现为理想的欲望对象,并主宰着广告、电影和其他视觉文化领域,而另外一些体型则遭到轻视或被说成是不够理想的类型。比如当今西方文化中,对理想女性美的定义参数狭隘得令人难以置信——女人必须年轻苗条,体态匀称——无论这个理想多么不切实际,女人也要为之拼尽全力,因而承受了巨大的压力。正如内斯特拉·金(Ynestra King)在特别讨论残障女性时写道,"苗条还远远不够;女人还必须全身上下布满鲜明的肌肉线条,绝不能有任何松弛无力、轮廓模糊或线条不清晰的迹象。当然控制力也很重要。它指的是对老化、身体机能、体重、生育力、肌肉伸缩力、肤质和动作的控制力。而残障女性,无论多瘦,都无法完全控制自己的身体"[14]。

包括玛莎·威尔逊(Martha Wilson)、莫林·康娜(Maureen Connor)在内的多位艺术家探讨了伴随着饮食失调、过度整容、紧身服装,以及其他试图和社会典范保持一致的自虐式行为而来的各种心理压力。洛娜·辛普森和芭芭拉·克鲁格在内的一些艺术家力图"揭露美之典范背后的意识形态根基(包括性别歧视、年龄歧视和种族歧视)"[15]。

当今一个颇为流行的策略就是使用幽默、戏仿,或者过度来颠覆理想人体的刻板模式。作家和艺术家们借鉴了俄苏文学评论家米哈伊尔·巴赫金(Mikhail Bahktin)的著作和术语,并采用狂欢(*carnival*)和怪诞身体(*the grotesque body*)这些概念,来探讨那些"从狂欢传统以及允许进行颠覆破坏活动的传统中借用修辞手法的作品。在这一传统中,所有等级制度和禁忌限制都通过讲粗俗笑话,说污言秽语,以及穿戏服、戴面具等行为被暂时搁置一边"[16]。比如，南希·戴维森(Nancy Davidson)找来巨型天气探测充气球，将气球和一些特殊性癖道具如渔网丝袜、紧身束胸和丁字裤结合起来，做成性感艳丽、滑稽夸张的女性臀部和胸部。依戴维森所言："我对幽默、疯狂和高大的女人很感兴趣。这种兴趣来自长期作为女性主义者所具有的女性自觉意识和强大感。当感觉一切尽在掌握时，你就有能力去冒险。你可以随便扮成傻瓜或小丑。"[17]

在当代消费文化中——存在于电视和电影(尤其是所谓的动作片)之类的广告和大众媒体中——定义狭隘的理想人体美仍然占据主流地位。与此相反的是，艺术中的人体却呈现为多种多样的形态。艺术家们不但表现形形色色的人体，有些还揭露了最初确立人体美典范的狭隘性和虚假性。在 1998 年纽约古根海姆博物馆的行为作品《秀》(*Show*)中， 87
生于意大利的艺术家瓦内萨·比克罗夫特(Vanessa Beecroft)让时装模特(其中几位模特全裸，大多数则穿着比基尼内衣)按三角形队列摆好姿势。这个戏剧性场景展现的是活生生的女性，然而这些模特高挑修长的身材比例是如此相似，以至于她们的整体外表有种怪异的非人化特点，缺乏我们期望在人群中发现的个体性。虽然人们对这件表演作品以及比克罗夫特精心策划的其他类似作品到底意味着什么所持意见不一，然而《秀》可被解读为对矫揉造作的理想女性身体形象的彻底解构，而这种理想典范正是消费文化所大力推销的。

我们可在一些作品中看到艺术向美的规范观念发出的挑战，这些作品表现了所有大小不等、身材各异的形体，并就诸如整体性(*wholeness*)、美(*beauty*)和健康(*health*)这些词的含义，以及谁有权去给它们下定义这些问题发出了质疑之声。我们多次发现艺术家的作品批判了评判美和性吸引力的狭隘刻板的标准。一些艺术家，包括汉娜·威尔克(Hannah Wilke)、乔安娜·福如(Joanna Frueh)、约翰·科普兰斯(John Coplans)、劳拉·阿基拉(Laura Aguilar)、乔·斯宾塞(Jo Spence)、珍妮·萨维尔(Jenny Saville)和马修·巴尼(Matthew Barney)，都表现了衰老肥胖、身体残疾者,或虽伤痕累累但仍散发着性活力的人,以此挑战那种想当然的假定,即媒体图像所宣扬的"完美"身体才是唯一有魅力的人体。这些艺术家似乎在问:为什么衰老不能像青春那样被视为美丽的或性感的? 是谁决定了残疾、伤疤、手术切掉了胸部或肢体就是不正常的,因而必须加以掩饰? 诚然身体上的伤口或残疾会带来无法避免的艰辛,但是社会的假设和价值判断则增加了不必要的痛苦。

萨维尔在其作品中偏离了绘画的古典理想,以巨型比例展示了自己和他人的裸体。巴尼的电影《提睾肌 3》(*Cremaster 3*)的女主演艾梅·穆林斯(Aimee Mullins)虽有一条假肢,却流露出自信的性感。(这部系列电影的名字取自男性身体一块叫提睾肌的肌肉,它起到提拉和降低睾丸的作用。)这样的身体和时尚界、广告界那些纯净无瑕和仿佛凝固于时间中的形象形成了惊人的对照。

性身体

尽管在某些时期和某些地方性主题曾被否认或压制,但自古以来对性的表现一直存在于身体的艺术再现中。例如早期的印度具象艺术对感官享受的描绘常常到了色情的地步,而早期基督教艺术却将人体的感官欲望隐藏于呆板僵硬、程式化的外表之下。文艺复兴之前的基督教艺术中,即便人像被赋予带有性意味的姿势,其目的也是为了表现遭天谴的罪恶行径。(后来的基督教艺术,尤其是在巴洛克时期,变得越来越公开世俗化,对性也越发包容。)

西方当代艺术中的具象艺术有很多将身体性化处理的例子。有时表现性感身体的艺术仅仅是为了赞美肉体享受;有些时候性感身体则是一种手段,用以考察性别歧视、种族歧视、性别角色、性身份、同性恋恐惧症、生育权、性暴力以及色情和情色之间的界限。例如,20 世纪晚期和当今的女同性恋、男同性恋、双性恋和跨性别艺术家(LGBT),通过在艺术作品中公开表现同性欲望和同性关系,为争取他们同性恋身份的公开合法地位而斗争。

20 世纪八九十年代和 21 世纪初期的艺术中，性感身体对欲望和色情的表达稍显过度。罗伯特·科司考特(Robert Colescott)，一位出现于1970 年代中期的著名表现主义画家，就创作了许多这类的人体形象。他 88
的画作《了解过去是通往未来的钥匙(爱让世界转动)》[*Knowledge of the Past Is the Key to the Future* (*Love Makes the World Go Round*)](1985)在某种层面上看是关于如饥似渴的性诱惑力的夸张画像；它描绘了男女之间的强烈情欲。画中的黑人男子和白人女子使作品的接受变得错综复杂。据科司考特所知，种族研究领域中的性一直是美国历史上饱受争议的问题。露西·利帕德(Lucy R. Lippard)注意到这幅画中的裸体形象“都被捆绑在一起，他们既被激情所奴役，又受制于历史传统和历史禁忌”[18]。科司考特运用露骨的、无拘无束的夸张手法来迫使观者认识到美国民族融合的暴力史以及我们目前对色情和种族的矛盾态度。

当代视觉艺术中的惊人发展之一就是女艺术家对性快感和性欲的艺术表征空前增长。这些女艺术家所表现的女性，并没有以被动的色情 89
化对象出现，而是不加掩饰地表达自己的性需要和欲望。和其他有关性的主题一样，对性爱的表征随时间变迁而演化。起初，获得解放的女艺术家们表现的是传统形式的异性性爱；她们的突破在于肯定和维护女性性欲并大胆表现女人对男人的情欲。渐渐地，女艺术家信心大增，开始进军表现同性或跨种族情欲的禁区。

20 世纪 80 年代，艺术家和评论家的关注焦点从性的生物性表现方式，越来越转向性在社会和心理方面得以外显的方式。以自传体为基础的个人化、本土化的作品日渐发展为更观念化的作品。一些女艺术家拒绝去展示性饥渴的、自然状态下的丰满女性胴体，而是更倾向于考察影响和限制了女性性行为的社会、政治和心理系统。正如菲奥娜·卡尔森(Fiona Carson)所言：“80 年代初女性身体的物质性在其自身历史的重压下开始消失，并几乎成为图像生产者的禁忌主题，因为它会助长主流文化中对象化、定型化表征的压倒性势力。当女性身体的物质性再现越来越成问题时,女性身体却消解为大量漂浮不定的能指和无关紧要的参照……关键是解构女性身体的意识形态含义,即透过表面对其符号意义进行考察。"[19]

20 世纪 90 年代至今,艺术中对女性生殖力的物质性表现再度成为重点。年轻的女艺术家们在其指涉了窥阴癖、恋物癖和色情狂的作品中冲破清规戒律,离经叛道地赋予性快感和情欲那多元、复杂的方方面面以视觉形态。例如,安妮·斯普林科(Annie Sprinkle),过去曾是一名性产业工作者,因其在表演中邀请观众通过医学窥视镜来观察其子宫颈而于 90 年代声名远扬。格哈达·阿曼(Ghada Amer)在其始于 90 年代中期的系列作品中,利用粘在油画上的刺绣线将取自色情杂志的女性手淫图片进行了再创作,这种缝制技术是格哈达独一无二的创作标签。马琳·杜玛斯(Marlene Dumas)也借用色情图片作为其创作原材料。如今电影和其他形式的大众视觉文化对露骨性行为的惯例性俗套描绘,或许正在迫使女艺术家们不得不提升其作品带给观众的震惊度,因为她们试图让观众认识到关于性议题的女性视角。

艺术家和艺术理论家还审视了性爱反应和性的其他方面是如何被文化建构起来的。例如,劳拉·莱汀斯基(Laura Letinsky)拍摄下了真实的异性情侣、夫妇之间的亲密约会和接触的画面。通过照片中记录的日常细节和笨拙姿势,劳拉的摄影作品突出了现实中的性接触和我们受好莱坞影像影响而产生的对性的浪漫期待之间的鸿沟。

视觉艺术中的女性性爱表现引起了很大争议,这一点毫不奇怪。包括艺术家和作家玛丽·凯莉在内的一些女性主义者,对女性性爱的再现,尤其是性感的女性胴体的展现则显得尤为小心谨慎。她们的理由是,大众传媒对于女性身体的表现强化了将女性视为性对象的观念,这种表现是如此普遍,以至于它破坏甚至预先决定了观众在艺术情境中欣赏女性情色图像的方式。

很多当代女性主义者认识到,一位女艺术家如果想要充分表达栖居于女性身体的意义,她就不该压抑自己的性欲望。正如阿默在谈到色情对自己的吸引力时说的，“起初我欺骗自己，因为担心我家人的反应。我想我用缝纫技术进行创作是因为它是一种恭顺的行为，而女人在杂志上展示身体也是服从的行为，所以我的作品讲的是双重顺从。然而，作品 90
中也有女性快感的象征。我认为女人喜欢展示自己的身体，而男人则热衷于欣赏它。这里存在着对女性手淫、对性快感的暗指”[20]。

那些力图在性表达和性再现中拯救主体性的女艺术家追寻着两个常常相互矛盾的目标：如何推动性表达的自由，以及如何抵制男性观众那种窥淫式的、充满支配欲的审视。对付这个问题的策略之一就是含混。比如张怡（Patty Chang）制作的影像视频表达了关于性快感和性回应的含混信息。在《无题（鳗鱼）》[*Untitled* (*Eels*)]（2001）中，她坐在那儿，身穿学生制服，当某种东西在她白色衬衫下蜿蜒蠕动并留下一片片湿迹时，她的身体和面部似乎因痛苦而扭曲着；当她坐立不安时，我们能瞥见她黑色短裙下面的内裤。实际上，我们没看见的是几只巨大的活鳗鱼在艺术家的衬衫里面游动。这一幕既毛骨悚然又充满情色意味；艺术家的面部表情并未明确告诉我们她体验的是性快感还是性反感。

那些以既富诱惑力同时又有疏离感的、既撩人情欲又让人焦虑不已的方式表现女性性爱的艺术家有意去反映当代文化中的性困惑。在一个女性性问题被视为潘多拉盒子的社会背景下，这些艺术家的感受可能是左右为难，即无论开启盒子与否，他们都注定会遭受谴责。

凝视

用以思考艺术中性身体问题的一个很有帮助的概念就是凝视（*the gaze*），这个术语反映了社会中视觉控制和权力结构之间纠缠不清的关系。在西方，我们诠释世界时倾向于优先选择视觉。对视觉感知的依赖意味着，我们观看和被观看的方式影响着我们作为社会人的身份。社会中掌握最多权力的人，通过支配着无权者的视觉表征，在一定程度上行使着对其他人的控制。这种支配性视野（何人被观看和他们如何被观看）正是凝视的含义。权势阶层希望观看到赋予他们愉快享受并巩固其世界观的图像,而弱势群体则常会有这样的感觉,即必须要和普遍盛行的图像保持一致,否则就会有被边缘化或遭忽视的危险。

按照约翰·伯格(John Berger)、福柯和其他一些人所提出的凝视理论,观看从来就不是中立的。视觉表征针对的并非中立的全体观众,而是假设观看者总是某一性别、阶级、种族和年龄群体的观众。电影理论家劳拉·穆尔维(Laura Mulvey)赋予了凝视概念一种女性主义视角的阐释,她认为凝视被性别化了,并极力宣扬这样一种观点,即西方历史上大多数意象所针对的凝视一直都专属于异性恋的富有白人男性,这反映了基于性别、种族和阶级建立的父权制结构[21]。在穆尔维看来,西方对于女性的视觉表征通常假定一位男性观众在凝视着作为被动对象的女性。而且,这种凝视将女性视为提供快感的性对象,是带有窥视欲的凝视。

对女性性欲的表现始终贯穿西方艺术史,但是直到最近之前,这种表征几乎一直都由男艺术家来完成。将女性裸体作为艺术题材的做法由来已久,然而却仅限于男艺术家。男艺术家对性化女性(sexualized females)的典型描绘被客观化了,女人被表现为完全被动的、服务于男人
91 性满足的客体(以及行将被性兴奋的男人所吞噬的能量资源)。完全由男艺术家所表现的女性性欲则往往是受到贬低的,正如堕落女性形象所表现的那样,和深重的肉欲罪孽脱不了干系的女妖,将男人引入歧途,如夏娃和莎乐美(Salome)。

以凝视为分析对象的著作和艺术作品对诸多类型的观看者和图像进行了思考。比如,包括录像艺术家朱莉娅·谢尔(Julia Scher)在内的不少艺术家都考察了安装在商店和其他公共场所内用以监视人们的监控摄像机的凝视。从性的角度来看,关于凝视的话题,迄今为止被讨论得最多的一直是男人在观看将女性作为色情对象加以表现的图像时的窥淫式凝视。在欧洲或欧美视觉文化中,多数性身体表征都是全裸或半裸的、迎合男性异性恋想象的定型化女性形象。女人总是根据某种狭隘的、常常被高度色情化的理想典型被动而服从地给予表现,并具有性诱惑力。

大胆表现窥淫式男性凝视的艺术家近10年来比比皆是。在埃德和南希·雷丁·金霍尔兹夫妇(Ed and Nancy Reddin Kienholz)的雕塑作品《莱茵石女阴窥视秀》(*The Rhinestone Beaver Peep Show*)(1980)的戏剧性场面中,这两位艺术家提出了一个将权力和色欲联系起来的充满张力的情节设计。在这一情节中,付得起钱的人可以花钱窥视一位陌生女人赤裸的肉体。最近,约翰·柯林(John Currin)的油画将精湛的画技和冷峻的诙谐结合起来,其作品的画面包括高度性化的漫画式人物,如身穿紧身毛衣、胸部丰满的年轻女子。丽莎·尤斯卡维奇(Lisa Yuskavage)在其不少画作中都以游戏的手法来探讨男性凝视概念。她赋予女性形体以奇形怪状的胸部和臀部,对投向常常受到盲目迷恋的女性身体部位的凝视给予高度关注,同时又排斥和抵制这种凝视。(柯林和尤斯卡维奇到底是颠覆了还是迎合了男性凝视,这一点还有待商榷。)

凝视概念为持女性主义观点的女艺术家们提供了重要的研究领域。女性主义者宣称女性意识的存在并以女性自己的凝视与这种主张相呼应,以此来抵制男性凝视。而且自20世纪80年代以来,人们为揭露根植于观看过程中的男权主义价值观付出了巨大的努力,艺术家们也解构了艺术史和视觉文化中的定型化形象。

女性主义者们对隐匿在迎合男性凝视的历史图像之中的性别歧视进行了公然解构。在一次解构中,佐伊·莱昂纳德(Zoe Leonard)的装置艺术品《无题》(*Untitled*)将其拍摄的女性胯部的露骨照片与17世纪男人绘制的女性肖像并列置之,这件装置品于1992年在德国卡塞尔(Kassel)的新展览馆(Neue Galarie)展出。海伦·麦克唐纳(Helen McDonald)描述了其中一件并置作品:“一只手在给阴部手淫,而在相邻的画上,一位17世纪的淑女正轻轻抚弄秀发和面纱,以袒露出酥胸和香肩。照片的直白露骨揭穿了绘画史上色情挑逗的技巧。”[22]

来自黎巴嫩、现居伦敦的巴勒斯坦艺术家莫娜·哈图姆(Mona Hatoum),由内而外地展示了自己的身体。她采用专业的医学超声波回声诊断技术来记录其体内的各种声音,并借助内视镜和结肠镜制作了其身体外表面和内表面的可视扫描图。在其装置作品《异物》(*Corps étranger*)[意思是“外来物”(foreign body)]中,这种特写图像以大型连续视频画面呈现出来,并投射在白色围墙内部的地板上。伴随着事先录制下来的哈图姆的心跳声和呼吸声,观众追随着摄像机的镜头观看艺术家的身体,并最终透过各种器官孔口进入胃部、直肠和阴道的内部。《异
93 物》的含义和政治主张十分含混。从一个层面上来说,哈图姆似乎在审视临床医学凝视中与日俱增的权力和偷窥现象,这种凝视如今可以入侵身体的内部空间;同时艺术家通过呈现非色情的视角来反抗和颠覆惯例性的男性凝视。正如艾米莉亚·琼斯(Amelia Jones)写道:“这里裸露的女性身体仅仅是阴齿(*vagina dentata*),是洞穴(*hole*),没有任何用来掩饰男性凝视的阳物崇拜/恋物癖倾向。”[23]

多元文化主义者和后殖民理论家们运用凝视观念来分析欧洲人和欧美人如何控制被他们征服或奴役的人们,以及如何将这些人对象化。过去,当诸如法国画家高更(Paul Gauguin)之类的西方艺术家在表现有色人种时,常常将其对象刻画为野蛮原始,具有异域情调,并且淫乱放荡的人[24]。包括洛娜·辛普森(Lorna Simpson)、可可·福斯柯(Coco Fusco)、索尼娅·博伊斯(Sonia Boyce)、米歇尔·华莱士(Michele Wallace)和瑞妮·考克斯(Renée Cox)(见艺术家档案)等人在内的艺术家都努力去揭示影响到凝视政治策略的种族差异问题,并力图对自己的身体行使控制权,包括由何人以及如何来描绘身体。

结果是,当代西方文化已开始将男性身体对象化。大众传媒中男性那体态匀称、雕塑般棱角分明的硬朗身体,已成为强烈欲望和渴求的对象;在 21 世纪初的美国青少年流行用语中,一个男人可以和女人一样被赞为“身材热辣”(hot)。这种发展对凝视理论未来的不断修正将产生什么影响,将会是个很有趣的问题。

性和暴力

过去数十年的性政治学研究中,对包括强奸、乱伦、家庭虐待等性暴

力问题的分析日益增多。细查艺术史就会发现，女性的色情化形象常常在男性暴力的情境中得以呈现。普桑（Poussin）的《掠夺萨宾妇女》（*Rape of the Sabine Women*）（约 1636—1637）和彼得・保罗・鲁本斯（Peter Paul Rubens）的《强虏留西帕司的女儿》（*Rape of the Daughters of Leucippus*）（约 1616—1617）是这类作品中的著名代表作，都出自欧洲艺术中的巴洛克时期。这样的创作倾向在迄今为止的视觉艺术中仍屡见不鲜。包括电影、电视节目、音乐电视和视频游戏等在内的几乎所有形式的大众媒体中，暴力叙事对性挑逗意象的广泛使用，在过去 30 年里以不断递增之势冲击着全球各种文化。

与色情化图像这股激流形成对照的是，很多艺术家将暴力的性表现为痛苦的经验。他们创作的艺术作品揭示并审视了性和暴力之间的关系，同时描绘了女人和男人们在强奸、谋杀、性骚扰中经历的生理和心理创伤，有时还批判了那些忽视和掩盖性虐待的社会行为和态度。女性创作这类作品的历史至少可追溯至阿特米西亚・简提列斯基（Artemisia Gentileschi），一位活跃于 17 世纪意大利的女画家，但实际上历史上这类例子十分罕见。以对妇女实施暴力行为为主题的艺术作品借 20 世纪 60 年代的女性政治激进运动的东风经历了戏剧性的激增。比如，60 年代初期，小野洋子（Yoko Ono）在其行为艺术作品《切片》（*Cut Piece*）中邀请观众上台一片片剪掉她身上的衣服。这场表演透露出观众们十分乐意去观看甚至参与到对女性身体的仪式性侵犯中去。

当代艺术中对性和暴力崇拜的结伴共存现象的探索（义愤）仍在继续。苏・柯伊（Sue Coe）的画作《新贝特福德的强奸》（*New Bedford Rape*）（1983）取材于马萨诸塞州的真实强奸案。在这幅画中，我们看到一个女人被按在台球桌上，而男人们则排队轮流对女人施暴。自 20 世纪 80 年代初以来，芭芭拉・克鲁格（Barbra Kruger）的很多作品让我们注意到，语言通过何种方式强化了一些刻板印象，即强化了女性、LGBT（同性恋、双性恋和变性者）、黑人以及其他少数族裔所遭受的暴力。苏・威廉姆斯（Sue Williams）的画作《一件趣事》（*A Funny Thing* 94

Happened)(1992)借助卡通技巧表达了对性暴力的愤懑。妮科尔·艾森曼(Nicole Eisenman)在 20 世纪 90 年代的几幅画里通过描绘阉割男人的女人,对大多数性犯罪中的权力动态结构进行了惊人的颠倒。

对女性主义者来说,女人和女孩所遭受的暴力同社会和政治结构密切相关,这些结构将男人对女人的假设正常化,甚至自然化。父权社会中的女性常被习惯地视为男人的助手、追随者和仆人,这种不平等为各种剥削、虐待和伤害大开方便之门。女艺术家关于性暴力的作品向我们揭示了虐待行为的普遍性,并启发我们去思考其根源及解决办法,因而常常起到视觉上的意识觉醒作用。然而,由于大众传媒中暴力和诱惑力的离奇(能产生巨额利润的)融合,女艺术家在表现性暴力的严酷现实这方面仍任重而道远。西方流行文化沉迷于暴力,将暴力受害者刻画为年轻性感、极富诱惑力的对象。与此相反,女艺术家作品中的暴力受害者既不妖媚也不具色情风韵;她们形象各异,在痛苦和愤懑中不堪一击。

可朽的肉身

不少当代艺术家认为,要充分理解人类状况,就必须从完全自然原始的肉体,以及变化中的各种体态和状态这些方面来认识身体。特别是那些提醒我们人终将一死的各种身体状态——老化、残疾、疼痛、疾病和死亡——不该被遮遮掩掩。例如,约翰·科普兰斯(John Coplans)在一系列大型自拍像中展示了自己衰老的身体(首展于 1986 年,而后持续展出直至 2003 年艺术家去世),这些照片对皱纹和松垮的肌肉进行了特写。特别是 20 世纪 80 年代艾滋病出现以来,艺术日益倾向于将人体表现为脆弱多病、伤痕累累或苟延残喘。戴维·沃基纳罗维兹(David Wojnarowicz)、菲利克斯·冈萨雷斯-托雷斯(Felix Gonzalez-Torres)分别于 80 年代和 90 年代创作了以艾滋病为主题的作品并因此得名(这两位艺术家都因感染艾滋病毒而去世)。如今,戴蒙妲·格拉斯(Diamanda Galás)和罗恩·艾希(Ron Athey)都是一直在创作指涉艾滋病的艺术的艺术家。

安德里斯·塞拉诺(Andres Serrano)系列作品《停尸房》(*The Morgue*)(1992)中的大幅彩照展示了死于暴力的尸体的特写画面，死者的头部和手脚带有刺伤、外科手术切口、烧伤和刀割的痕迹，有的尸体的肌肉或因溺水而肿胀，或由于中毒而变色。露辛达·德芙林(Lucinda Devlin)虽然没有表现真实的人体，然而非正常死亡的阴郁气氛却弥漫于她不停更新的系列作品《临终套房》(*The Omega Suites*)中。十几年间，德芙林一直在拍摄全美各地监狱的死囚行刑室和行刑用具(绞刑架、毒气室、药物注射装置)。这些奇怪的房间都经过无菌消毒处理，透过这些地方超然冷漠的单调环境，我们似乎感受到了实施死刑时令人不寒而栗的生命终结时刻。

很多艺术家创作了有关疾病和死亡的艺术作品，包括以乳腺癌为题材的汉娜·威尔克(Hannah Wilke)、南希·弗莱德(Nancy Fried)和霍利斯·席格勒(Hollis Sigler)，以及以囊肿性纤维化为题材的鲍勃·弗拉纳根(Bob Flanagan)。当1993年威尔克因患淋巴瘤而奄奄一息时，她制作了一组以其裸体为对象的真人大小的彩照，其时她的身体因癌症治疗而浮肿。曾创作了一系列以其乳房切除手术为主题的雕塑作品的弗莱德说道："我很想知道，这个社会将来是否能打破理想化女性身体的陈规旧习并创立一个全新的标准，这种标准能以同样的自豪和宽容态度去欣赏每个女人的美，无论她有着什么样的身材？我们到底能否放弃那种 95
认为只有完美无瑕的身体才配得上公开展示、赞美和性表达的假设？"[25]

新近艺术中，以对肌体活动、肌肉张力、体重和身体可动性(mobility)等都失去控制力的人体为表现对象的身体意象和艺术形式十分盛行。身体松弛下垂、流血、渗出或滴出体液；它们在稀奇古怪的部位长出毛发；肢体被拧断；体表被剥开，露出皮肤下的血肉和内脏……这些离经叛道、混乱无章的各类身体是"怪诞"(grotesque)的另一种形式。它们公然反抗古典意象中亘古不变的完美无缺。评论家萨利·贝恩斯(Sally Banes)在其关于舞蹈和表演的文章中认为："古典的人体是光滑精巧且封闭完整的,而怪诞的人体恰恰相反,它粗糙不平,不合规则,未经润饰,开放自由,充满断裂。"[26]

怪诞人体以时间和生命事件为特征。尽管怪诞身体在一些人看来令人不快、使人难堪甚至冒犯无礼,然而它肯定了身体的物质存在和必死性。而且,通过违反关于可接受外表和行为的既定界限,怪诞身体颠覆并抵制了那些趋于压抑个体差异或限制言论自由的社会实践。再者,怪诞身体还能揭示现实生活中的人们所经历的痛苦、暴力和虐待。

许多艺术家的作品中包括僭越性身体的图像。乔-彼得·威特金(Joel-Peter Witkin)利用肢解的尸体,肢体残缺或性器官模糊难辨的真人模特建构并拍摄出了带有超现实风格的画面。奇奇·史密斯(Kiki Smith)雕塑作品中的人体丧失了对身体机能的控制力,渗出鲜血或在身后拖着长长的排泄物。迪诺斯·查普曼(Dinos Chapman)和杰克·查普曼(Jake Chapman)兄弟采用塑料和纤维玻璃的人体模型(有时将两者融合),共同创造出带有怪异的解剖学特点的雕塑作品。罗伯特·戈贝尔(Robert Gober)制作的蜡塑作品展示了荒诞离奇、支离破碎的身体结构,包括从画廊展墙上冒出来的毛茸茸的男人大腿、肌肉松垂的男性躯干,以及一具半男半女的人类躯体。

对终将一死、饱受磨难和伤痕累累的怪诞身体的再现在观众中引起反感,这种厌恶的反应可被描述为*卑污感*(*abject*),此概念由法国哲学家和精神分析家朱莉娅·克里斯蒂娃(Julia Kristeva)首次提出。卑污感指的是当人面对不再属于完整身体的一部分而存在的断肢残臂或鲜血、精液、毛发、呕吐物及体外排泄物时,所感受到的高度恐惧感和脆弱感。当我们痛苦地回想起自己的物质性时,我们的反应是厌恶[27]。同时,怪诞艺术品的价值在于:它使我们专注于自身的物质有形性,并注意到我们在这个纷繁多变的尘世中的脆弱存在。视觉文化理论家弗朗西斯卡·阿尔法诺·米格里艾提(Francesca Alfano Miglietti)写道:"这种身体的'不纯性'让人心生恐惧,惶惑不安,它几乎表现为一种威胁,证明了我们身体自身的不稳定性和不确定性。一个伤口迫使我们不得不面对某一时期内几乎原始的关系，在这一时期内我们常常宣称，图像已完全失效。”[28]

后现代身体

想象一下，在不久的未来你再也用不着手机了，因为靠近你耳边的，配备有无线技术的微型嵌入式装置，让你可以随时随地通过因特网交流。你拥有一颗移植自猪的崭新心脏。你的小狗是你昔日死去的宠物的克隆体。你正在期待着你孩子的降生，其体重、头发和皮肤的颜色、运动能力、性取向和智力都在你对现有胚胎进行甄别之后进行了预先选择。

即便是更为奇形怪状的身体变化也日益变得不无可能。实际上，21 97
世纪初我们亲眼看见了和身体相关的惊人发展：出于美容目的而进行的常规整容外科手术，人造器官和假肢，百忧解（Prozac）和利他林（Ritalin）这类能够改变患者行为的药品被广泛认可，成功克隆哺乳动物。诸如机械臂之类的先进工具能复制甚至超越人体功能。计算机被赋予超人类的能力，能完成复杂运算和执行其他心智功能，还可以实现全球范围内人的交流，甚至蹒跚学步的孩童亦能每天在电脑上操作。药物、矫正整形术、仿生学、控制论、跨物种器官移植、人工智能和基因工程使得控制和操纵人体及其机能成为可能，这种操控方式突破了身体作为生命有机体的意义界限。

后人类（*posthuman*）这个术语最初由杰弗里·戴奇（Jeffrey Deitch）采用，其主要含义是，人类正迈进一个全新的进化阶段，生物技术和计算机科学将赋予我们以人工方式改造和扩展人类身体的力量，这些人工方法让我们的步伐远远超出了生物进化的速度[29]。未来近在咫尺：2002 年全球新闻媒体曾报道，一位英国教授在科学实验中于体内植入了一种新技术，此技术“能将其神经系统和电脑相连……这实际上［使］他成为世界上第一个电子人(cyborg)——一半是人,一般是机器”[30]。

人体组织不再是完全有机的。我们如何确定人类、动物和机器之间的界限?我们又是否应该这么做?后人类世界不可避免会产生全新的社会行为和社会结构。有些人觉得这样的新世界充满巨大的诱惑力,有些人则感到不快,更多的人则对人体和技术的结合持模棱两可的态度。我们或许会感受到技术带来的疏离和异化感,或担心对它产生依赖,然而另一方面我们又时常沉迷于技术,总是对最新的技术进步梦寐以求。

这里我们介绍一下生物技术、机器人技术和计算机科学如何启发了以人体为主题的艺术。(在第七章里我们会进一步讨论一系列话题,这些话题是围绕着和当代艺术交叉的科学新发现展开的。)诚然,将人类和非人类元素相结合的身体概念并不是新鲜事。经过突变、转换和杂交而成的身体——人和动物、昆虫、矿物质或机器结合后的产物——远远早于新近的生物技术,并始终出现在艺术和文学的历史中。这样的例子不胜枚举,如半人半兽的森林之神萨梯(satyr)、人马怪(centaur)、狮头羊身蛇尾的怪物凯米拉(chimera)、狮身鹰首兽格里芬(griffin)、狮身人面的斯芬克斯(sphinx)、吸血鬼(vampire)、狼人(werewolves)、美人鱼(mermaid)和电子人(cyborg)等。追溯艺术编年史,我们会想起希罗尼穆斯·博斯(Hieronymous Bosch)的三联画《尘世乐园》(*The Garden of Earthly Delights*)(约1504)里那些奇怪的居民。距我们时代更近一点的例子包括20世纪初欧洲未来派艺术家那些将人类和机械合而为一的构想,以及在超现实主义艺术中人、昆虫和机器的混合体。

当工业革命使机械设备和机器制造产品成为日常生活中的寻常之物以后,机器人和自动控制机(automata)就越来越频繁地出现在西方艺术和流行文化中,自动控制机指的是能执行人体功能的机器。毕业于麻省理工学院的艾伦·拉斯(Alan Rath)拥有电子工程学位,他制作了将人类特征内嵌于机体中的机械雕塑品。在《资讯过量》(*Infoglut*)(1996)(插图3-3)中,一张一开一合的嘴和不断发出信号的手通过电视屏幕传递信息,而屏幕则安装在由工业零件制成的“脖子”和“手臂”上,

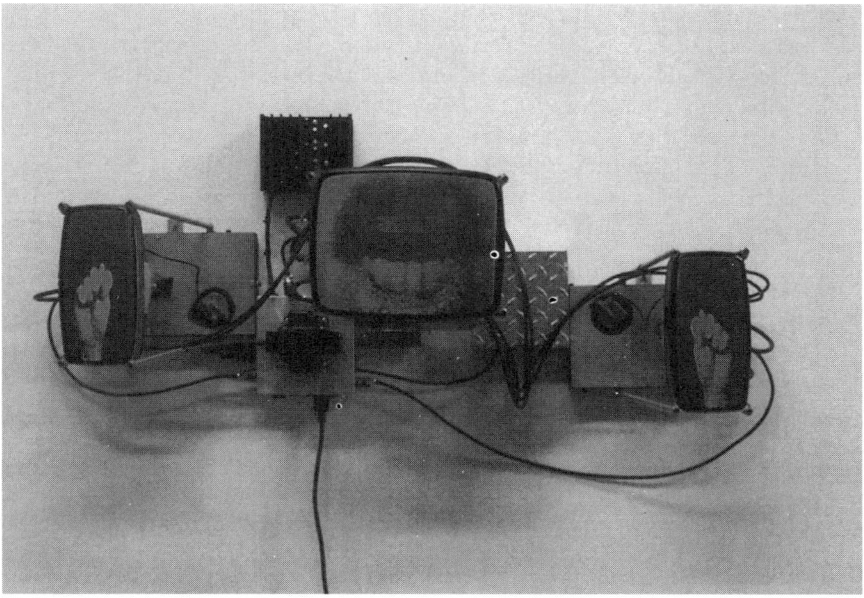

插图 3-3 艾伦·拉斯 | 资讯过量(*Infoglut*),1996 年
铝合金,电子设备,阴极射线管,55.9 厘米×116.8 厘米×38.1 厘米
版权所属:Alan Rath,由艺术家本人提供

暗示了人际交流对技术的依赖。在一些艺术家的作品中,机器甚至取代了艺术家的位置。瑞贝卡·霍恩(Rebecca Horn)的《喷漆机》(*Painting* 98
Machine)(1988)和罗克希·潘恩(Roxy Paine)的《自动雕塑创作机》(*SCUMAK*)(1998)就是这方面的两个例子,后者是一件由计算机驱动的机器,它能按照艺术家事先设定的程序每天生产出一件抽象雕塑作品。

比利时艺术家威姆·德尔沃伊(Wim Delvoye)的作品《泄殖腔》(*Cloaca*)启动于 2000 年,它用滑稽的方式模仿了以机器复制人体功能的做法,也是对消费至上主义观念的嘲仿。整个项目包括一系列在生物学家、化学家和工程师的协助下制作而成的大型装置,这些装置机械地复制了人类消化系统。首先,真正的食物被送入一个玻璃和金属制成的结构的一端;然后,食物穿过管道被机器器官吞咽、碾碎和消化;最后,食物以有机物的形式在另一端被排泄出来,这种有机物和实际的人类粪便别无二致。整个创作项目包括绘图、模型、照片和视频,甚至还有一个网站,你可以在上面订购经过真空密封处理的排泄物和形形色色的泄殖腔产品[31]。

如今,借助外科整形、矫正术、药物和生物工程而实现的身体改造这个全新空间,强有力地刺激了艺术家们的想象力。一个饱受争议的例子就是法国艺术家奥兰(Orlan)。她在 1990 年至 1993 年之间历经 9 次整形手术,对自己的外形进行了逐步改造,她称这些手术为艺术表演,并将其录制下来在全球的画展上现场直播。每次整形都针对一个特定面部特征,并依照由奥兰从艺术史中筛选出的某一样板进行改造。这些样板包括莱奥纳多·达·芬奇(Leonardo da Vinci)创作的《蒙娜·丽莎》(*Mona Lisa*)的额头、桑德罗·波提切利(Sandro Botticelli)画笔下的维纳斯的下巴。奥兰整形手术中那些血淋淋的残酷画面,以及她改造后的容貌引发了一些论争,比如她的表演到底算不算是艺术创作,雕塑和外科整形术之间的关系,以及身份、外表、身体改造和美之间的关联。

99 艺术家关注的不仅仅是经过基因、外科手术和机械改造的身体的外观,还有它们的意义。在玛吉·吉尔林克斯(Margi Geerlinks)的照片中,她刻画了用数码技术消除了皱纹的老年女性,以看似漫不经心的态度探讨了追求永葆青春所带来的视觉奇景和观念混乱。她的图像将人们对于年龄的错误观念具体化,这些错误观念以美容整形手术的方式出现在现实中,肉毒素(Botox)注射日益成为掩饰衰老过程的常用手段。安东尼·阿齐兹(Anthony Aziz)和塞米·库彻尔(Sammy Cucher)组成合作团队,他们创作的雕塑和摄影作品审视了因有机物和人工物之间传统界限的模糊不清而带来的焦虑。在他们的系列摄影作品《反乌托邦》(*Dystopia*)(1994—1995)中,经数码处理的照片构想了一些病变的人,这些人怪异的皮肤生长物封住了他们的眼睛和嘴巴,阻碍了交流进程。《凯米拉》(*Chimeras*)(1998)系列由神秘离奇的生物技术形态的图像组成,这些生命形态看似不属于任何身体的变异器官。

电子人(cyborg),一种半有机体、半机械的杂交生物,推动了澳大利亚艺术家斯迪拉克(Stelarc)的创作。他的实验内容是将由尖端精密技术支持的假体和移植物附着在自己的身体上。斯迪拉克已尝试着把机器人的手臂作为第三附肢安装在自己的身体上;这只手臂能独立行动,靠艺术家腹部和腿部肌肉发出的信号来激活。斯迪拉克还开发出一种电脑程序,此程序可从显示在触摸屏界面上的人体姿态影像库来激活第三只手;同时,附着在艺术家肢体上的电极会引发反向运动(插图 3-4)。斯迪拉克在半机械电子人改造方面的其他探索还包括在全身布下金属线以追求某种音效,将按照自己耳朵形状培育而成的细胞体移植入左前臂的皮肤下,并利用微型纳米技术来研究自己身体的内部结构。

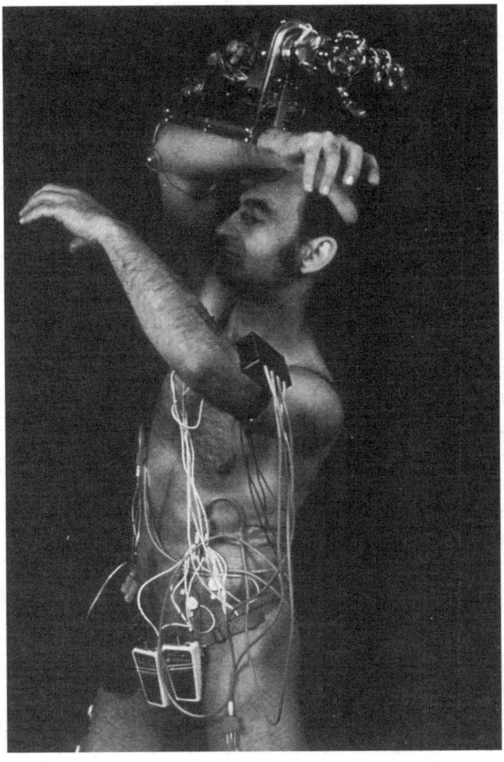

插图 3-4 斯迪拉克 | 第三只手(*The Third Hand*),1980 年
东京,横滨,名古屋
Simon Hunter 拍摄
由艺术家本人提供

斯迪拉克痴迷于研究人体机能的潜在性衰退。他提出,我们可采用合成皮肤、更大的脑容量、更少的器官以及能增强听觉、视觉和其他感知力的微型电路来打造更强壮的、不那么不堪一击的身体。斯迪拉克坚持认为对人体进行技术上的重新设计并非只是一次激动人心的试验,还是人类生存所必需的。米格里艾提写道:“在斯迪拉克看来,人体已经无法再应对以不可遏制的速度不断进化的现实:20世纪的经济策略所利用和实现的技术及其在社会组织系统中的应用彻底改变了我们的环境,使其对人体产生危害,让栖息地不利于人类居住,驱使我们不得不利用人工‘疗法’来保护人类个体。斯迪拉克相信,当人们开始构想一种能和各种新技术抗衡,并能吸收和重建高度信息化的现实世界的身体时,人类的‘救赎’或许会成为可能。”[32]

今天,无论是对艺术家还是非艺术家来说,对身体和技术之间的关联的兴趣已延伸至数码领域。以斯迪拉克为例,他利用网络创造了人体的虚拟替代物。在网络上,我们可以通过虚拟现实和无法亲自见面的人发生联系。我们可以给自己创立全新的身份;我们甚至能以“化身”(avatar)的形式栖于全新的肉身中,“化身”指的是穿梭于赛博空间中的存在物,它可以作为坐在屏幕前的真人的可见替身。所有这一切对我们如何思考并评价作为有机生物体存在的人类意味着什么?数码技术能让我们超越人体自身的局限吗?有朝一日我们是否会宁可与虚拟化身做伴,而不愿与活生生的真人为伍?

101 破解后人类世界的模式并对其产生影响是当代艺术家面临的最大挑战之一。我们的物种似乎在朝一个方向不断加速行进,在这段征程中,科技进步将我们从被烙上遗传印记的生物体中解放出来。我们在赛博空间里的虚拟自我已被嵌入后身体性的全新建构中。我们在创造着不存在实体的现实。沿着这条轨迹,我们似乎正在发现神秘主义者早年所觉察到的路径:因为我们获得了延伸、改变和放大身体的能力,这种看起来几乎是超自然的能力使得我们存在于星体投射(astrallike projections)中。这种后身体的人性的状态也许会彻底颠倒艺术与生活

的关系;未来的生活可能会成为艺术的一部分,而非恰恰相反。 102

艺术家档案:瑞妮·考克斯(Renée Cox)

长久以来,西方社会的凝视一直都纠缠于将黑人女性身体当作偷窥癖的对象[33]。一个臭名昭著的例子就是萨尔蒂耶·巴特曼(Saartje Baartman),一位南非科伊桑(Khoisan)族妇女,早在19世纪,她曾作为马戏团的暖场节目被带到伦敦和巴黎展出5年。展览打出的广告标语是"霍屯都的维纳斯"(Hottentot Venus)("霍屯都"是对科伊族人的贬损称呼),巴特曼巨大的臀部和细长的外生殖器吸引了大批人蜂拥而至来付费观看她的裸体。观众额外付费还可以触摸她的臀部。巴特曼于1815年约25岁时去世(死于天花或肺炎),死后其遗体以科学研究的名义被解剖,其骨骼和经过保存处理的生殖器及大脑在巴黎人类博物馆(Musée de l'Homme in Paris)展出。近200年之后,由前南非总统纳尔逊·曼德拉(Nelson Mandela)发起的长达8年的法律诉讼,终于使得巴特曼的遗骸于2002年被归还并安葬于她的故土。作为惨遭殖民剥削的有色人种女性的典型代表,巴特曼成为许多虚构作品、视觉艺术、电影以及学术研究的灵感源泉。她遭受的野蛮对待引发了关于权力、殖民主义、种族主义、理想美和性禁忌等众多议题[34]。

多媒体艺术家瑞妮·考克斯在其黑白摄影作品《霍-屯-都》(*Hott-En-Tot*)(1994)中将自己重新塑造为巴特曼的形象[35]。艺术家把超大号假胸和假臀安在自己的裸体上,以此突出强调在黑人女性的视觉表征中那些被反复物化的身体结构和部位。那颇具卡通风格的人工假体对伪科学策略进行了嘲讽,这一策略曾被用来支撑基于体征差别而将黑人定位于社会低下阶层的论调;考克斯批判了昔日的展示如何将我们的凝视引向诸如丰满臀部这样的身体结构特征,而这些特征与西方古典裸体肖像中的理想化标准背道而驰[36]。另外,考克斯侧身面对镜头的站姿和袒胸露乳的女性正面肖像一样,都是19世纪客观展示人种"类型"的标准演示方式。与这些姿势相关联的是一种伪人类学,它试图将受欢迎和不受欢迎的社会特性同体貌特征联系起来。考克斯对种族主义式的视觉的陈腔滥调进行了明目张胆的嘲仿,意在揭露其内在的伪装和谬误。照片中考克斯那精心打理的麦穗式长发和妆容、精修细剪的指甲,以及在黑色背景中面对镜头的凝视,无不彰显了她对拥有黑人女性身体的自豪感。

巴特曼所遭遇的羞辱性展览以及随之而来的对其身体特质的嘲弄,是欧洲殖民者在表征包括黑人女性在内的原住民时的典型方式,原住民被视为低人一等的性偏常者(sexually deviant)[37]。艺术、文化和科学语境中对非洲黑人的表征通过建立黑人相对于欧洲白人的他者性,旨在维护种族界限。黑人的身体属性被定型化和夸大化,然后被阐释为证明欧洲白人在道德观和人类文明史上都具有至高无上的优越性的证据。

古希腊以来的高雅艺术一直致力于巩固一些美的标准并使其永存不朽,与这些标准相关联的是理想化的欧洲人体,即皮肤白皙和有限类
103 型的身材比例以及其他一些身体特征;由于黑人妇女的身体不符合这些标准,她们便被看作反常和低下的人。与此同时,裸体艺术中的黑人妇女又被视为唾手可得的淫乱的色情对象,这种性幻想由于裸体和罪恶之间的关联而被进一步强化;因此,黑人女性的裸体形象又矛盾地刺激着那些迫切渴望异域风情的欧洲观赏者的欲望。正如丽莎·法林顿(Lisa E. Farrington)所言:"投射在黑人女性身上的白种男性属性就是无法遏制的性欲。尽管在有色人种的妇女和白种男人的互动中,男人是毋庸置疑的性侵犯者,然而女人却被归为举止轻浮、淫乱无度的荡妇。"[38]

自 20 世纪 90 年代初以来,考克斯就开始以自己性感妖娆的裸体为拍摄对象,其作品的布景画面常涉及的问题包括历史上的刻板定型、西方艺术中黑人形象的贫乏不足、母性和家庭角色以及女性性快感。她利用自己的身体,力图逆转黑人女性被对象化的局面,并通过随心所欲、无拘无束地以任何姿势展示自己的身体,来宣布女人对自我授权的主体性

的权利。

历史上来看，西方艺术家的创作对黑人女性的表现一直比较少见。为数不多的黑人女性也都是以仆人、奴隶、妓女或异域野蛮人的定型化角色出现在作品中。（摄影术发明之后，黑人妇女的表征越来越多，但仍然带有贬低人格、有损尊严的意味。）考克斯以揭露西方高雅艺术中黑人主体严重缺失这个问题为目标，制作了巨幅彩照。照片中，她将自己、家
人和朋友的形象移植到艺术名作中。在其中几幅作品里，她采用了西方 *104*
艺术中对理想化、色情化白种女性的根本表现方式——斜倚的裸体(reclining nude)——将原作中的白人模特替换为自己的形象，并增加了新的配饰。比如，在《婴儿后背》(*Baby Back*)(2001)中，考克斯仿照安格尔(Ingres)名画《大宫女》(*Grande Odalisque*)(1814)中的裸女摆出姿势，她脚蹬红色高跟鞋，手中的长鞭取代了原画中那带有生殖崇拜象征的羽毛扇[彩图 1]。在《奥林匹亚的男孩》(*Olympia's Boys*)(2001)中，考克斯模仿马奈(Manet)的名画《奥林匹亚》(*Olympia*)(1863)中的人物姿势，她的两个未成年的儿子取代原画中的黑人女佣站在考克斯身后。在这些令人震惊的大胆图像中，艺术家目光坚定地凝视着摄影机，向将白皮肤假定为理想美的断言发出挑战。

考克斯还在她的部分照片中设计了第二自我(alter ego)式的人物。拉杰(Rajé)是一位身穿红色、金色、绿色和白色套装的超级英雄，这几种颜色是牙买加和拉斯特法里教(Rastafarian)旗帜上的颜色。在一系列经过数码处理的有些矫揉造作的照片中，拉杰同种族偏见开战。比如，他把更为年轻、性感的詹米玛大婶(Aunt Jemima)和本大叔(Uncle Ben)从其行李标签上解救出来，或让无视非裔美国人的出租车停下来。另外一个角色优·麻麻(Yo Mama)是一位性感、坚强的母亲，这同流行于内战前(antebellum)美国南方神话中的无性(asexual)黑人保姆形象相去甚远。

考克斯的作品在批评界一直饱受争议，批评家曾用各种字眼如暴露狂、自恋狂甚至淫秽下流来评价她的创作。在 2001 年的一次采访中，考

克斯回应道:“大都会美术馆(The Met)里到处都是希腊裸体雕像,却没人对此感到不安。”[39]一些饱含色情意味的照片引发的争议特别大,因为在这些照片中考克斯身穿黑色皮制紧身胸、蕾丝吊袜腰带衣和毛皮丁字裤等反映特殊性癖好的服装,摆出各种挑逗姿势,画面上看不到她身体的其他部位,只有她的躯干和胯部的特写镜头。另外一些照片中,考克斯将色情的全身自拍像和她母亲、其他家人的旧照,以及自己还是小女孩时身穿天主教会学校制服所拍摄的旧照片并列放在一起。考克斯的色情照片表达了以女性为中心的幻想,并向有关妻子和母亲的得体举止的禁忌发出挑战。

梅耶斯(B. E. Meyers)认为,尽管考克斯的影像产生强大的力量,她本人也怀抱一定的政治抱负,然而和其他有色人种的女艺术家一样,克服观众的惯性思维对她们来讲是一件令人生畏的艰巨任务。梅耶斯声称,“观看黑人女性的观众无法将她们视作完整的人,部分原因是她们的黑色胴体已经是被过分定型的(over-determined)。身体本身象征着十分重大的意义,因为它承载着沉重的历史,观众透过科学味道十足的分析性词语,或透过欲望那无言的、神经质的驱动力,开始逐渐理解这些历史记忆”[40]。考克斯意在对展示自己身体的方式进行自如的掌控,以此来塑造一个自强自立的女性形象。然而,问题依然摆在面前,对黑人女性裸体的表现——在某些观众的眼中——究竟能否超越种族或性欲?

瑞妮·考克斯1960年生于牙买加,在纽约长大。她先是做了10多年的时装摄影师,而后重返校园,在纽约的视觉艺术学院获得艺术硕士学位。

105 艺术家档案:张洹(Zhang Huan)

在本书所涉及的这段时间里,中国经历了快速的经济和社会转型,成为全球经济的主要玩家,并对外来文化影响和国内要求实行现代化的社会压力采取更为接受的态度。张洹作为一名艺术家在动荡的20世纪

90 年代崭露头角，他不顾 1989 年之后的政治环境，成为敢于向传统势力发出挑战的反叛艺术家中的一员。1991 年，张洹从河南迁至北京。1993 年，他和一小撮先锋艺术家在首都市郊一个贫困落后、垃圾横流的地方建起了“北京东村”(Beijing East Village)。这几位艺术家是中国 90 年代仍在搞行为艺术的屈指可数的几个人，其时这类艺术实践大部分被迫转入地下以避开官方审查。

张洹最初因以自己的身体为创作材料的作品而获得认可，尤其是那些涉及裸露(在中国是禁忌)、表现忍耐力和受虐倾向的特技表演的创作项目。比如，在《12 平方米》(*12 Square Meters*)(1994)中，他身体笔直，一动不动地坐在一个肮脏的、苍蝇飞舞的公厕里长达一小时(作品题目表明了公厕面积的大小)，他赤裸的全身涂满鱼油和蜂蜜，头发修成朋克发型。在《65 公斤》(*65 Kilograms*)(1994)中，艺术家赤身裸体地用锁链把自己吊在他肮脏寒酸的工作室的天花板上，鲜血从他脖颈上的裂口流出，滴在地面上一个用电热炉加热的托盘中。而在《25 毫米螺纹钢》(*25mm Threading Steel*)(1995)中，张洹横躺在一座摩天大楼建筑工地里的一群正在打磨钢管的工人旁边，任凭飞舞的火花溅落在裸体上。这些只为小众私下表演的行为艺术品，通过摄影文件记录下来，为张洹带来了国际声誉。

评论家将张洹的这类表演同西方 20 世纪 60 年代末和 70 年代的身体行为艺术相比较——由克里斯·伯登(Chris Burden)、斯图尔特·布里斯利(Stuart Brisley)、吉娜·佩恩(Gina Paine)等其他艺术家创作——后者同样以表现痛苦的图像将艺术家描绘为在苦行、磨难和屈辱中保持自制力的鲜活化身。如西方身体艺术一样，张洹的表演似乎是以忍受痛苦的身体，作为对在面对来自社会整合和政治从众的压力时个人的特立独行和抵制力的隐喻。但是对张洹行为艺术的另类阐释也反映了他个人的人生经历以及特定的中国式语境。在艺术史学家高名潞(Gao Minglu)看来，“张洹关注的是透过他个人经验而折射出来的普通人的一般生存状态”[41]。比如《12 平方米》中那脏兮兮的农村公厕就是艺术家在北京东村和当地农民共用的;他的表演既代表了中国穷苦人民的恶劣生存条件,也象征了他自己作为一位边缘化艺术家的窘困境遇。

在 1999 年的一次访谈中,张洹提到自己的忍耐力作品中有一种潜在的佛家思想,尤其是身心融合密不可分的佛教观念。他解释说:“只有在此条件下我才能体验到身体和精神间的关系。在表演时,我尝试着让
106 心灵脱离身体并忘记周围的环境。那一刻我感觉不到痛苦。然而心灵无法真正脱离身体,不断地重返身体。当心重返于身时,对身体存在的现实感会有更强烈的体味……但这种痛并非肉身的生理疼痛,而是精神上的不安。身心间的不断转换是我更愿意去体会的经验。”[42]

20 世纪 90 年代末来到美国后,张洹的创作重点转移到了公共领域,他常在博物馆和室外公共场所布置表演。《朝圣——纽约的风水》(*Pilgrimage—Wind and Water in New York*)(1998)是在 P. S. 1 当代艺术中心(P. S. 1 Contemporary Art Center)的庭院中完成的。表演中,张洹躺在一张中国明式风格的床上,床上铺着冰块制成的床垫,床架旁还拴着 7 条狗;极度的冰寒迫使张 10 分钟后起身。艺评家埃莉诺·哈特妮(Eleanor Heartney)写道:“这件作品是艺术家在面对新的家园时无法给自己定位的最佳注脚:张洹没能用自己的体热将冰块融化,反而几近冻僵,这就引发了一些问题,即一位移民可能期待对其新环境带来什么样的影响。狗本来是用来指代新的家园里种族(物种)间的共存,然而它们也隐隐让人感到不安,狗作为捕猎者和宠物的双重身份之间的界限在这里变得模糊不清了。”[43]

中国艺术家所体悟的对西方世界的陌生感为张的其他作品提供了素材。《我的纽约(工人)》[*My New York* (*Worker*)](2002)(彩图 2)是张针对美国不同地点而进行的系列行为事件作品之一。在这次表演中,张洹身着由数片生牛肉缝合而成的厚重服装,在纽约大街上行走,有时还边走边从笼中放出白鸽(和平的象征),这件衣服使他看起来活像一位健美运动员。在一次陈述中,艺术家将美国作为超级强国的地位比作他

在纽约注意到的那些忙于过度健美训练的人。“有的东西貌似强大，但我还是会怀疑它是否真的那么坚不可摧。有时强悍的事物可能会极为脆弱，就像那些长期超负荷训练并服药的健美运动员，最后他们的心脏已无法承受如此巨大的压力。”[44]在后 9/11 世界里那令人忧心忡忡的政治气候下，这种把瘦弱艺术家包裹在强大肉身躯壳里的图像，可以被解读成这样一种象征意义，即便是地球上最强大的国家也有其脆弱的一面。

张洹在纽约的 8 年经历强化了他的自觉意识，使他越来越意识到自己永恒不变的中国人身份，以及对中国历史和文化的兴趣。他的创作重心逐渐发生演变，除了行为表演外，他开始雄心勃勃地在绘画、雕塑和版画等方面进行探索。这类作品在坚持以身体为重点的同时，还吸纳了文化身份和精神性等更为广泛的主题，这些主题是张洹 2006 年返回中国后仍继续探究的。自 2003 年以来，张洹艺术创作中对佛教思想的借鉴越来越多，其中一些空心铜制雕塑描绘了被放大的身体部位断片——手指、手脚和腿——取材于中国“文化大革命”时期被毁掉的佛像。张洹还在融合了佛教图像的雕塑中采用自己身体的形象。在几件作品中，他把自己身体的青铜铸模和以西藏庙钟为蓝本铸造的大钟结合起来；在其他 107
作品中，他以自己的肖像为参照制作了巨大的头像，这些头像带有佛像的面部特征，如长长的耳垂，头像表面覆盖着寺庙焚香残留的香灰。

21 世纪的张洹通过举办世界展览已成为全球艺术交流网络的稳定成员，他身兼艺术家和监制两职，在上海郊区组建了工厂车间式的个人工作室，在那里他监督着需要数名技术工匠耗费几小时人力才能完成的宏大艺术品的生产过程。张洹最近的作品包括巨型人像雕塑，如《巨人 3 号》(*Giant No. 3*)(2008)(插图 3－5)，这件雕塑描绘了一位高 4.6 米怀有身孕的乞丐，肩上还背着一个孩子；人体模型被包裹在褴褛的衣衫里，这件衣服是将大量的牛皮钉在一起拼接而成，牛皮上的凸起和牛尾还留在上面。艺术家似乎想告诉我们，变大并不一定能免于灾祸，身体永远是脆弱的。

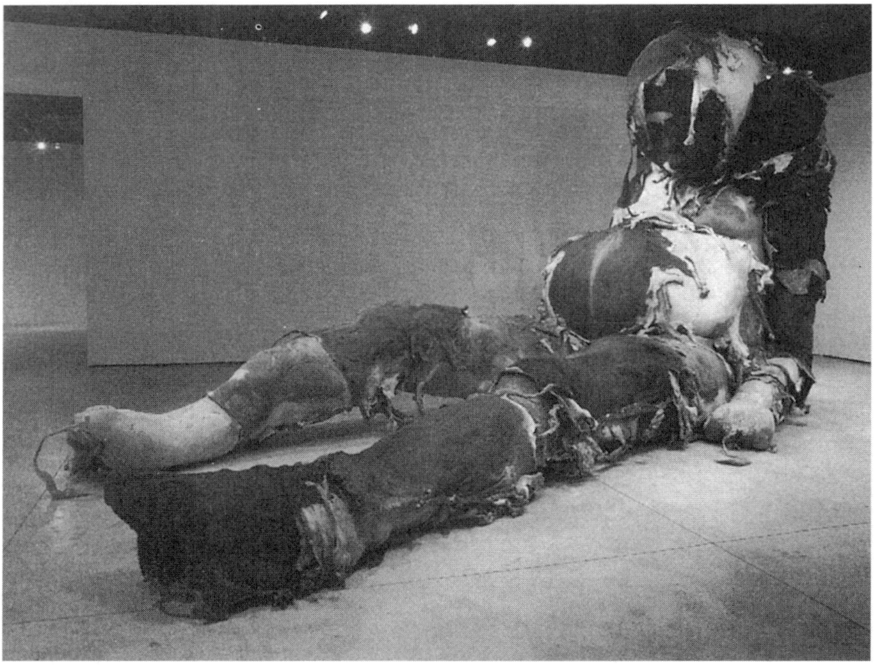

插图 3-5　张洹　|　巨人 3 号(*Giant No. 3*),2008 年
牛皮,钢,木头,聚苯乙烯泡沫塑料
460 厘米×1000 厘米×420 厘米
Gorden R. Christmas 拍摄
版权所属:张洹工作室,由 PaceWildestein 提供,纽约

张洹 1965 年生于中国河南安阳,曾作为研究生在北京中央美术学院学习传统油画。1998 年他移居纽约,8 年后即 2006 年回国并定居上海。

第四章　时间

时间是当代艺术的重要主题，涉及各类媒介、方法和概念的形形色色的作品都探讨了时间问题。本章里我们将审视1980年后的艺术中十分盛行的时间主题，以及一些定义、历史语境、艺术策略和次主题（subtheme）。这些次主题将勾勒出这个意义深远的时间主题的方方面面。

在我们开始探讨艺术家们对时间问题所做的那些错综复杂、多种多样的思考之前，先来看两个艺术作品：一部由瑞士艺术家组合彼得·费茨利（Peter Fischli）和大卫·维斯（David Weiss）搭档拍摄的电影，以及美国艺术家海德·法斯纳科特（Heide Fasnacht）的雕塑。费茨利和维斯制作了一部长约30分钟的娱乐性短片《万物必经之途》（*Der Lauf der Dinge*）（1985—1987），影片中摄影机沿着一间仓库的地板摇拍，沿途临时放置了一堆简易道具，有水桶、橡皮轮胎、塑料杯、绳子和气球。通过火、重力、化学反应和火药等的作用，所有物品都依次溢出、跌落、旋转、起火或爆炸。每个物体运动的终止都会触发排在其后的物体的运动。这种连锁反应以其荒诞的运动学具体而细微地表达了时间：在30分钟内连续发生的一连串实时事件中，一个运动被巧妙设计成下一运动的诱发者。（然而实际上，费茨利和维斯不得不先分别拍摄各个微观事件，然后把每个电影片段连接起来，这样才能达到看起来天衣无缝的连锁反应的效果。）费利茨和维斯在本片中并未将时间组织成一个叙事体：这里不存在有开头、中间和结尾的情节，连锁反应没有终极目标或最后的结局。相反，他们对时间的处理更倾向于没有叙事的排序。在策展人艾米・卡佩拉佐（Amy Cappellazzo）看来，“为取得多米诺效应，所有物件的设计都依赖于时间而不是故事情节来支配下一运动，因此我们可把整个作品看成一个计时器或钟表”[1]。

除了差不多再现了对时间的真实体验之外，《万物必经之途》还可能具有道德上的深层意涵。费利茨和维斯忙前忙后，耗费数月以实现他们那似空中楼阁般不切实际的计划。这里的意涵在于，有些东西的暂时性存在仅仅是为了体验目睹某个想法变成现实而带来的乐趣，而花时间去制作这类基本无任何用途的东西也是有价值的。这种花时间致力于创
112 新性玩乐的观念和工业社会中的日常时间观基本相悖。

海德・法斯纳科特的雕塑《爆破》（*Demo*）（2000）中所表达的时间感与费利茨和维斯电影中表现的时间因果链相比，显得更为短暂、转瞬即逝，然而又自相矛盾地具有更永恒的意味。《爆破》中采用的极不寻常的方法使得雕塑在一刹那间凝结，一栋建筑的爆炸瞬间被悬置在半空中（类似拍摄下的定格画面）。为了制作《爆破》，法斯纳科特借助黑白照片来拍下一栋真实楼房爆炸时的情境。雕塑的规模比一个站立的成年人稍大，法斯纳科特采用了非传统材料（泡沫聚苯乙烯和氯丁橡胶），将一栋楼在爆炸时飞射向四周空间的无数碎片定格下来。本来通常会在一眨眼之间发生的画面在我们面前凝固不动，使我们能在闲暇之时对其细细欣赏，这同费利茨和维斯电影中不断变化的微型事件完全不同。两者的主要区别在于：费利茨和维斯的电影赋予时间以具体化形式（*embody*），而法斯纳科特的作品则再现（*represent*）了建筑物爆炸时被定格的那一刻。

《爆破》是法斯纳科特早在 1997 年就开始创作的定格雕塑系列中的一件，这一年她首次将人的喷嚏作为对象引入其创作中。自那以后，艺

术家用大量素描和雕塑来再现各类稀奇古怪的事件——包括打喷嚏、间歇喷泉（geyser）、大火和军事爆破——在南希·普森索（Nancy Princenthal）看来，“这些情形都是在即将为我们所见的关头就下落、消失不见，都属于那种虽然可以被略微察觉，但几乎无法以任何稳定、传统的方式使其形象化、可视化的事物”[2]。

有意思的是，《爆破》从多层面上处理了时间的维度。首先是真实爆炸过程中的（快速运动的）时间；其次是作品所描绘的（静止的）时间；再次是观众在作品四周徘徊并欣赏它时所体验的（虽比较缓慢但仍是运动
着的）时间。此作品的主体还给我们提供了第四层隐喻性意涵。模仿爆 113
炸的雕塑带有一种暂停动画的不真实感，这种模仿表明任何认为我们有能力控制时间的信念都是徒劳无益的。另外，这件制作于2000年的雕塑品还具有预言性的意义。2001年9月11日恐怖分子袭击了世贸中心大楼以后，法斯科特纳的美国同胞们也可以把它视为对令人心痛的恐怖袭击的隐喻，也是提醒我们未来可能发生灾难的警醒性象征。

时间和艺术史

时间的概念因文化而异，从印度教、佛教中所传授的关于时间的轮回哲学以及许多其他的传统亚洲哲学，到西方犹太-基督教（Judeo-Christian）传统所传达的线性时间观，再到现代科学和现代文化借助新科技所提出并推动的相对性和同时性时间观念这些差异可见一斑。因此，不同的艺术作品所表现的时间感会大相径庭。

视觉艺术家们表现时间的手段也不尽相同。历史上来看，视觉艺术品多采取最司空见惯的静态形式——绘画、雕刻、织锦和制陶等——制作此类物品的本意也不是要移动或改变它们。（有些为表演或仪式之用而设计的艺术品则是例外；这些艺术品的形式通常不会发生变化，但艺术家可以将它们挪来挪去。）欲以静态作品表达时间观念的艺术家只能通过象征和暗示来描绘时间。例如，一位笃信轮回时间观的印度艺术家

114 可能会在其艺术中加入轮子的形象,以象征生、死和转世投胎的轮回。一位持有线性时间观的基督教艺术家可能会画出圣经故事里三个不同的场景,以暗示时间不断向前推移的过程。

换一种方法,时间在视觉艺术中也可通过实际的运动来得以展现,因为我们对时间的体验常依赖于我们在空间中的运动。动态(*kinetic*)雕塑借助其某些部分的运动来表现时间。行为艺术、电影和录像这些现代视觉媒介同样也以运动为主要元素。变化(和运动密切相关)也是展现时间的一个条件。当我们观察一件发生细微变化的艺术品时,我们会意识到时光的流逝。当然,变化的进程会影响所有艺术品,即便是我们不希望发生的那些变化。比如我们在一幅古代名画的裂纹和发黑的漆面中读到了时间和老化,尽管衰减的过程如此缓慢,以致我们无法在某个时刻目睹其发生。有意在作品中吸纳时间元素的艺术家可能会通过使用如插花、雪或融化的蜡等易碎的和易挥发的艺术材料,把物理变化添加到作品中。

在接下来的两部分里,我们将考察静态形式的艺术表现时间的方式,然后思考运动和变化的形式如何赋予时间以具体形式。正如我们所介绍的那样,有些艺术作品是既表现时间又使时间具体化的混合体。比如,想象一个把绘有钟表的画和实际的时钟并置在一起的装置作品。

表现时间(*representing time*)

当我们说一件艺术作品表现了时间时,那意味着什么呢?表现是一个象征过程,通过此过程,艺术品指涉了超越自身以外的一个主体。例如,一幅在构图上含有沙漏形象的油画或素描就是通过一个显著的象征表现了时间。同样,对夕阳西下的描绘代表了长日将尽。我们还可通过描述停止的运动或按时间次序表现一连串动作来暗指时光的流逝。想要表现时间的艺术家必须处理一个内在矛盾:多数视觉艺术作品都是静止的(图画和雕塑通常不会移动),而时间的测量和显现却是通过变化来实现的。

我们可以梳理艺术史发展的脉络来追溯许多有关时间以及表现时间的艺术策略的思想。我们永远无法确定画在洞穴墙壁上的史前动物图像的确切意义，也无从知晓远古时制作的代表丰产人像的具体目的，如维伦多夫的维纳斯（Venus of Willendorf）就是个著名的例子。但是，人种学家还是基于现有知识进行了理论推测，这些视觉象征物可能表现了某些举行仪式的时刻，或代表人们试图去掌控未来。或许，岩画是一种确保在狩猎中大获全胜的方式，而维纳斯像则是为了保证受孕成功。

综观历史，一些艺术家之所以在作品中涉及时间主题，主要原因之一是他们想要去记录和叙述事件。这类事件或许发生在艺术家有生之年，而更多时候是取自神话、宗教、传奇和文学作品。在一些情况下，我们无须直接描述就能证明一个事件的存在，如刻有日期和碑文的纪念碑。纪念碑本身通常是一个具象的或抽象的雕塑品，它能以譬喻的（*allegorical*）方式解释事件。在其他情况下，艺术家以叙事的（*narrative*）形式来描述事件；就是说，他们通过表现事件进程中某一或某些重要时刻来形象化地构想故事的来龙去脉。如今热衷于叙事的艺术家可选择用运动的形式，尤其是电影或录像来进行创作。但仍采用绘 115
画或雕刻这类静止媒介的艺术家则需要不同于实际运动的其他手段来反映故事中的时间推移。

多幕（*multi-episodic*）模式是用在叙事性视觉艺术中的古老方法。多幕叙事表现同一故事中的两个或多个场面。比如，在古埃及的浮雕和壁画中，一系列故事场景以连续插图的形式展现在布满墙壁的装饰性边框里。将皇家仪仗式情景绘制在手卷画册上的中国古代宫廷画师，同样应用了某种多幕模式。随着画卷的展开，一幅幅连续画面呈现了马背上或游船中帝王的行进过程。（这些场景的设计并非彼此独立分离，而是自然地前后承接。）基督教艺术中的多幕模式，从两面式双联画和三折式三联画到宗教祭坛装饰画下面陈列的带有多幅独立嵌板的艺术品等，形式不一。

如今，最为多见的多幕形式是漫画书和连环画，连环漫画采用单一的、按一定次序设计和排列的静态画面来表征叙事。事件的排序并不一定严格按照时间顺序;倒叙手法也很常见,主线情节可分成多个陪衬情节(subplot)。受卡通画的影响,艺术界中多幕意象的使用也日渐兴盛起来。20 世纪 80 年代,美国画家艾达·艾波布鲁格(Ida Applebroog)开始制作多幅画布构成的大型作品,这类常包含一系列卡通式人物形象的作品以强有力的女性主义笔触叙述了支离破碎的故事。最近崭露头角的美国艺术家莱拉哈·阿里(Laylah Ali)和库乔·格里芬(Kojo Griffin)也常引用漫画书的图形风格和多幕模式来暗指某些叙事,这些叙事就是当今人类行为的寓言,包括排外和仇恨罪(hate crime)这些令人不安的行为。

与多幕方法相反的是,自线性透视法在文艺复兴时期发展到登峰造极之后,大多数西方绘画是在一张构图中的统一图案空间内来表征叙事。通过让人物和物体融入发生在足以令人信以为真的虚幻空间内的看似连贯的各种动作中去,艺术家们能够含蓄地表现出一种叙事,“从而引导观众体察到一种叙述的先后次序,而实际上画面描绘的所有事件都是同时呈现的。此时此地的图景(因此也涵盖了)过去和未来”[3]。有时艺术家们在单个构图中将一个故事的不同情节结合在一起。这方面一个颇为著名的例子就是意大利文艺复兴之初的画匠马萨乔(Masaccio)所作的《献金》(*The Tribute Money*)(约 1427),这幅画将与圣彼得(Saint Peter)有关的事件的三个情节囊括在一幅构图中。

然而,艺术家更多时候是采用线性透视法来呈现某个故事中的单个重要场景,场景中的人物在某一戏剧性时刻凝固不动。以这种惯例性手法表现的画面暗含着发生在事件之前和之后的情节。(或者,艺术家也可依靠观赏者的原有知识将待描绘的事件置于过去和未来事件的背景下。)1980 年以后,许多艺术家仍继续致力于表现错觉式的空间,以增强时间中某一凝滞时刻的戏剧性效果[4]。

通过单个戏剧性场面来暗表叙事的做法是历史画(*history painting*)中颇受青睐的设计格式。这种用以说明古代历史、宗教或文学中重大事件的人物画所采用的宏大风格，被 17 世纪和 18 世纪的欧洲艺术学院大力宣扬并提升为艺术的最高形式。深受意大利文艺复兴时期 116
艺术的影响，学院派历史画常常颂扬诸神、英雄和领袖人物参与的戏剧性事件，并融合了梦幻式的图像风格和理想化主题。到了 19 世纪，艺术家除了重大事件外还会绘制历史风俗画（historic genre scene），从而引进了一种更为写实的创作手段；一些艺术家还另辟蹊径地描绘新近发生的时事。20 世纪叙事性艺术曾长期受评论界冷落，多年之后，人们对把时间表现为叙事的兴趣又在 80 年代初期和中期有所复苏，尤其体现在新表现主义艺术家的作品中，这些作品开创了历史画的当代版。另一些致力于探索叙事结构的艺术家则热衷于恢复女性、少数族裔和其他边缘群体被忽视或遭遗忘的历史。当代艺术中对历史的彻底修正，以及决定哪些历史事件是值得珍视的决策过程，这些问题将在后面做更详尽的探讨。

当然，叙事并非艺术家用来触及时间问题的唯一方式。在静态媒介中创作的艺术家可能希望含蓄地表现运动和变化，但对讲故事毫无兴趣。任何看似能在动态时刻让运动戛然而止的艺术作品都会营造出一种静止时间的印象。我们在所有时期的艺术中都能找到这种手法。这样的例子包括《掷铁饼者》（*Discobolus*）（约公元前 450 年），这件由米隆（Myron）创作的希腊雕塑表现了一位运动员在投出铁饼之前刚刚收回手臂、摆好姿势准备投掷的瞬间，以及埃德加·德加（Edgar Degas）于 19 世纪创作的雕塑品，这些雕塑刻画的芭蕾舞演员摆出金鸡独立的舞姿，还有哈罗德·埃杰顿（Harold Edgerton）于 20 世纪创作的高速摄影作品，这些照片展示了子弹和其他飞速运行的物体在飞行中瞬间“静止”的画面。（埃杰顿是一位工程师，不是艺术家，但他不同凡响的摄影作品如今常被艺术书籍收录进去。）

实际上，19 世纪中期以后，运动和速度日渐成为艺术中时间表征的重要方面。特纳（J. M. W. Turner）在《雨、蒸汽和速度》（*Rain, Steam and Speed*）（1844）中对一辆迎面驶来的蒸汽机车那充满动感的描绘，是将速度作为摩登时代象征而加以表现的较早的例子，这个时代曾将速度和进步联系起来。到了 19 世纪晚期,能够渲染瞬息万变的光线对色彩和形态的短暂影响,是印象派画家的核心成就。克劳德·莫奈(Claude Monet)的描绘干草堆和卢昂大教堂(Rouen Cathedral)正面的系列作品,在表现一天不同时间内光线条件不断变换这方面,堪称不同凡响的成果。

作为工业革命发明成果的摄影技术,具有运用运动和速度来表征时间的特殊能力。通过记载感光膜在特定时刻暴露于光线图像下的情况,照片在快门打开时透过相机镜头的视角记录下了被摄对象的真实原貌。随着摄影技术的发展,曝光时间日益缩短;19 世纪 70 年代,照相机的曝光时间不足一秒,如今已经可以以毫秒来计算了。一张照片能表现不断加快的现代生活节奏,以敏锐、静止的细节记录运动的细微片段,这些片段转瞬即逝,以致人类肉眼难以察觉。

摄影术和现代社会专注于通过运动来衡量时间的观念相一致,一个行动速度越快就越有价值。(如今人们哪怕电脑屏幕打开网页时多花了几秒钟,也会不耐烦地敲打手指,他们是从速度的角度出发去评价时间的。)使用静态摄影(still photography)来记录高速运动促成了电影摄影术(cinematography),或曰移动的影像(moving pictures)的发明,这堪称 20 世纪最杰出的与时间相关的媒介。起初,摄影师[(其中值得一提的有爱德沃德·迈布里奇(Eadweard Muybridge)和艾提安-朱尔斯·马莱(Etienne-Jules Marey)]开始用一系列连续的静止照片来研究空间中的
117 运动。后来,发明家找到了如何高速连续地投射一连串静止图像的方法,这样肉眼就会产生连续画面真的动起来的错觉。到了 20 世纪之交,电影吸引了大批艺术和流行文化的实践者。

连续静止摄影和电影方面的尝试性实验将对时间的理解和空间运动联系起来,这和 20 世纪初出现的关于时间的新观念并行不悖,后者见之于阿尔伯特·爱因斯坦(Albert Einstein)的物理学理论、西格蒙德·弗洛伊德(Sigmund Freud)的心理学研究、亨利·柏格森(Henri Bergson)的哲学思想以及詹姆斯·乔伊斯(James Joyce)和马塞尔·普

鲁斯特(Marcel Proust)的文学创作中。与此同时,立体主义(cubism)和未来主义(futurism)的艺术家们也力图以静态艺术形式,尤其是绘画来表现全新的、更复杂的时间概念。立体主义者们把一个对象在不同角度、时间被观察到的不同景象融入同一静态构图中,从而实现了时间的断裂。相比之下,未来派艺术家描绘的是遍布于单个构图上的一连串运动,他们运用彩色几何结构将运动的各个环节连接起来。未来派认为往昔对今人来讲不再有任何价值和意义,未来派的图像让我们联想到20世纪青年一代那加速度的城市生活节奏,这种节奏由于汽车和飞机之类的发明而得以实现。

和未来派正好相反,超现实主义者们却试图放慢时间。他们常常用静止钟表的意象来描绘凝固的时间,这种意象象征着梦境或营造出一种梦幻般的气氛。乔治·德·基里科(Giorgio de Chirico)的《占卜者的报偿》(*The Soothsayer's Recompense*)(1913)中,一个停止不动的时钟俯视着广场,而在萨尔瓦多·达利(Salvador Dali)的名作《记忆的永恒》(*The Persistence of Memory*)(1931)中,柔软的怀表松垮地悬挂在奇异怪诞的景观中,表的指针完全失灵,似乎暗示着文化的徒劳无益。对离奇时间的表征反复出现在超现实主义艺术中。在雷内·马格利特(René Magritte)的《光的帝国》(*Empire of Lights*)(1954)这幅画中,幽暗树林环绕中的房屋呈现出一幅黄昏美景,然而屋上飘浮的却是一个普通午后的明亮天空。这里白昼和黑夜的简单并置营造出一种难以名状的神秘感,而博识的观赏者则注意到,将各元素出乎意料地并列正是超现实主义的典型策略。

超现实主义表征时间的梦幻手法将过去和现在、神奇和平淡合并于一体,这在当代艺术中也屡见不鲜,可参见德国画家尼奥·劳赫(Neo Rauch)和泰国画家差猜·裴皮亚(Chatchai Puipia)的作品,这里仅举两例。另外,超现实主义者的魔法袋中对付时间问题的各种玄妙技法——加速或放慢时间,让其停止或倒退——也可见于一些表现时间的当代作品中,这些作品对以上技法进行了变更,对它们的运用也出于完全不同的美学考虑,例如比尔・维奥拉(Bill Viola)的录像作品(参见第八章"精神性"的档案部分)。

艺术家用来表现逝去时间的最后一个策略就是在其艺术中挪用现成材料并对其再循环利用。偶拾物品(*found objects*)、现成品(*ready-mades*)、挪用物(*appropriations*)、文物(*relics*)、收藏品(*collections*)和档案(*archives*)——这些相互关联的名词属于现当代艺术词汇和概念工具。朱利安・施纳贝尔(Julian Schnabel)于 20 世纪 80 年代以陶器碎片作为其史诗规模的油画的表面,在纽约艺术界轰动一时,这些作品唤起了强烈的情感(狂暴、愤怒),并象征着时光的流逝(腐朽)。施纳贝尔的创作很大程度上是以二手物品作为大型拼贴画的材料的。

偶拾材料并不一定非是古老的才能唤起对时间的联想。例如,即便是崭新的娃娃和玩具也能让观赏者忆起童年时光。20 世纪 90 年代,美国艺术家麦克・凯利(Mike Kelley)利用破旧的动物布偶制作了一系列
118 雕塑作品来表现童年。在凯利看来,这是一段痛苦失意的时光。当然,真正古老的再生材料和往昔发生的千丝万缕的联系往往更直接。它们作为一种纪念形式,是在过去被制造出来并用于特定目的的真实物件,因此这些材料同某一特定历史时代有着紧密的关联(其有形存在象征着那个时代)。纪念物具有一种力量,它能唤起回忆并引发人们对时间进行反思。例如美国艺术家维特菲尔德・洛弗尔(Whitfield Lovell)将炭笔肖像画(取材于 20 世纪初非裔美国人的老照片)和现成的历史物件结合起来。洛弗尔在类似老房子里的地板或墙板的破损木板上绘制肖像。艺术家"希望观众能联想到一种时间现象,即今朝时光逝去,转而成为既往岁月……他建议,我们既可把这些人看成庞大历史连续体中的无足轻重之辈,也可将其视为在优雅和尊严中实现了自我的个体"[5]。

洛弗尔的艺术代表了一个许多艺术作品共有的奇怪特点,用陈旧材料来表现时间的流逝。以表漆脱落的破损木头作为艺术家肖像画的基料使作品外观具有那些边缘磨损且褪色的陈年旧照的效果,然而过去人们在看到这些物品时,那些耗损的特征其实并不存在。曾几何时,木板

原本表面平滑，油漆光鲜，照片也曾崭新且完好无缺。我们今天所见的耗损之处象征着我们的时代与逝去的久远年代相隔的距离。一个旅行至今的时光穿梭者可能会说："看这些东西和照片多么陈旧。我几乎认不出来它们了。"

用破旧材料来表现时间是一种象征或符号性标志的实例，这种象征符号被具体称为指示符号（*index*）。要发挥指示符号的功能，一个象征符号和它所代表的事物之间的抽象或任意的关系是远远不够的。（比如，烟是火的指示符号；另一方面，英语单词"*fire*"就不是一团真实的熊熊烈火的指示符号。）对时间的这种指示性象征同以下部分所讨论的时间象征问题有关（重叠）。

时间的具体化（*embodying time*）

一种静态艺术形式可以通过对制造作品所需的漫长时间的有形展示来表征时间。例如经过缓慢的积累过程后创作而成的装置艺术，或用成千上万的细密针脚缝制而成的刺绣作品。其他艺术形式也可以使时间具体化；就是说，这类作品中时间本身已成为其不可或缺的组成部分。在这种情况下，艺术家像操控其他可塑材料（如木头、颜料或铜）那样操控时间，并赋予时间以形态（包括质地、颜色、体积和形状）。实际上，时间艺术（*time arts*）在今天是个常用术语，指代那些以时间性为核心的艺术形式，如行为艺术和录像艺术。当然，把时间作为组成要素来处理的艺术作品却不一定把时间当作一个主题来对待。譬如一段录像可以是关于身体、语言或其他任何主题的。我们这里特别关注的是这样一组作品，它们赋予时间具体形态，并表达和时间相关的主题思想。

尽管与静态视觉艺术品相比不那么常见，但综观历史，赋形于时间的视觉艺术品还是存在的。这里举两例：一是西北海岸的美国土著人制作的大型木制面具，面具上巧妙地安装了折页和拉绳，这样一张面具打开后可以露出另一张面具；二是美国西南部纳瓦霍人（Navajo）的沙画（sand painting），画作完成后在仪式上被销毁。然而在过去，100 年间，

由于人们对时间的理解发生了哲学和科学上的变化,也因为新技术的发
明(先是电影,然后是录像,后来是数码媒体),艺术家生产出在观众看来
119 能够移动的图像,对时间的具体化表现就变得日益重要。在这一部分,
我们要来看一下艺术家应用了哪些材料、技术和形式将时间作为一种要
120 素而加以具体表现。一般来说,赋予时间以具体形式有三种基本方法:
本身能移动的艺术品、采用能营造出运动错觉的媒介的作品,以及第三
种艺术品,即其创造过程远比最终成品更有意义。作品的生成过程中,
其创作材料和形式被有意地置于流变状态中。

本身可以移动的艺术形式包括动态艺术(*kinetic art*)和行为艺术(*performance art*),前者包含能移动的部件,而后者指的是涵盖戏剧和视觉艺术元素的现场艺术活动。很多文化中都有以某种形式存在的动态艺术和行为艺术的各类版本。西北海岸的土著人制作的面具既是动态艺术品,又是仪式表演中的用具。据记载,莱奥纳多·达·芬奇(Leonardo da Vinci)为给赞助人节庆活动中的客人助兴,曾设计并制作了精巧的机动装置。当今行为艺术的现代先驱包括 20 世纪初达达派和未来派的艺术活动,以及 60 年代激浪派(Fluxus)的偶发艺术事件。当代动态艺术的先导有诺姆·加博(Naum Gabo)、拉斯洛·莫霍里-纳吉(Laszlo Moholy-Nagy)的建构主义机械装置作品,亚历山大·卡尔德(Alexander Calder)的悬挂式活动雕塑(mobiles),乔治·里奇(George Rickey)和让·丁格利(Jean Tinguely)的动态雕塑,以及麻省理工学院高等视觉研究中心(CAVS)的艺术家和工程师携手合作的作品。自 1967 年乔治·凯布斯(Gyorgy Kepes)创办这个研究中心以来,类似的合作一直没间断过。

行为和动态艺术背后的一个根本概念就是,要亲自观赏作品的"现场"展示才能体验完整的艺术效果。在大力推崇实时性方面,这类艺术品同音乐或戏剧作品颇为类似。然而,"现场"的观念在今天也时常被更改;杂交而成的方法逐步发展,这些表现时间的方法将实时元素和其他元素相结合,例如舞台上的现场表演以视频投影为背景。另外,在今天,

行为和动态艺术作品通常会被拍摄下来，因此获得了超越实时性存在的另一种被记录下来的生命形式。

尽管如此，现场艺术仍层出不穷。在 2002 年的一场名为《海景房》(*The House with the Ocean View*)的表演中，塞尔维亚艺术家玛丽娜·阿布拉莫维奇(Marina Abramovic)在纽约肖恩·凯利画廊(Sean Kelly Gallery)里一个类似阳台式的建筑物里生活了 12 天，其间她不吃不语，也不进行任何读和写之类的精神活动；只有一个节拍器以秒为单位标记着时间的流逝。生活的真实时间和艺术时间在这里完全吻合。其他参与探讨生活实时性的艺术项目的当代艺术家还有谢德庆(Tehching Hsieh)、琳达·蒙塔娜(Linda Montano)，以及吉尔伯特和乔治艺术双人组(Gilbert and George)。[如今数量激增的电视“真人秀”(reality show)大行其道，这类节目据说直接展示了人们在现实状态下的行为，相比之下，艺术家在打破生活—艺术界限方面的尝试似乎也没那么稀奇了。]

当代动态艺术的实例还包括德国艺术家瑞贝卡·霍恩(Rebecca Horn)的雕塑品。在其作品《无序的音乐会》(*Concert for Anarchy*)(1990)中，一架巨大的钢琴被倒挂在空中，通过隐蔽的电子设备的作用，琴盖一开一合，其间伴随着与古典乐的和声相去甚远的噼里啪啦的刺耳噪音。美国艺术家洛克希·潘恩(Roxy Paine)的创造性发明包括电脑驱动的机械装置，如《浸渍画者》(*Painter Dipper*)(1997)和《自动雕塑制造机》(*Auto Sculpture Maker*)(1998)。这些装置能以流水生产线的方式自动制作出独一无二的作品。如今制作动态雕塑的其他画家还有乔纳森·博罗夫斯基(Jonathan Borofsky)、蒂姆·霍金森(Tim Hawkinson)、汤姆·萨奇(Tom Sachs)和亚瑟·甘森(Arthur Ganson)等人。

由于各种新技术的出现，尤其是机器人技术和电脑互动的突飞猛进(尽管有些艺术家仍抱住低端技术手段不放)，1980 年以后的动态和行为艺术项目已发展得更为错综复杂。例如，过去 30 年间，美国旧金山的马克·保林(Mark Pauline)和他的生存研究实验室(Survival Research 121

Laboratory)一直在制造远程遥控的自推式机器以及那些在嘈杂喧闹的行为表演场景中横冲直撞、互相砍杀的疯狂机器人,这些场景是对现代技术和军事演习的冷嘲热讽。1997 年以后,实验室又将信息技术纳入其工具箱中。在他们的表演活动中,操纵机器的设备装置被放在因特网上以供匿名的远程遥控者将其激活,实验室的表演还可借助无线视频流在网上实况转播。

艺术家设计的各种计时器也构成了明确表现时间主题的动态艺术品的一个分支。包括温德尔·卡索(Wendell Castle)和汤米·辛普森(Tommy Simpson)在内的美国当代木雕艺术家,对传统落地钟进行了变异处理,制作出设计精美、独具匠心且具有实用功能的艺术品。其他艺术家也创作了形态各异的钟表以作为对社会的一种隐喻。一个著名的例子就是生于古巴的艺术家菲利克斯·冈萨雷斯-托雷斯(Felix Gonzalez-Torres)的《无题(完美恋人)》(*Untitled*)(*Perfect Lovers*)(1987—1990),构成这件作品的两个时钟似乎完全同步计时。这对时钟组合还暗喻了同性间的浪漫爱情。观赏者只有仔细观察才会发现两个钟并非一模一样。

艺术品对时间的具体化表现也可通过制造运动的视觉错觉来实现。19 世纪末随着电影的发明,艺术家终于能够心悦诚服地让人们产生图像可以移动的错觉。[手翻动画书(flipbook)和幻灯片的诞生早于电影,但是在塑造运动这方面却有很大的局限性,远没电影那么令人信服。]在电影和其他展示动态图像的媒介中,时间的流淌似乎和观者在现实世界中体验的别无二致。正如艾琳·内塔(Irene Netta)所言:"移动图像中,各个瞬间在连续的叙事中消散,而固定图像中的叙事则在被描绘的独立瞬间中产生。"[6]

正如其先驱——静态摄影那样,电影是最流行的艺术形式之一。它既服务于大众娱乐,也用于视觉艺术实践,后者的观众则颇为有限。录像艺术也是如此;这种媒介不但为大众消费(尤其是为电视和因特网网站)供货,还为艺术博物馆和画廊界制造作品。1965 年,索尼公司开始销售第一台便携式录像机，录像技术成为人们负担得起的触手可及的东西。以韩国艺术家白南准(Nam June Paik)为代表的艺术家们利用这一工具，将视频录像发展为一门艺术形式。当今的艺术世界里，录像视频无处不在(主要依赖数字化装备，而非模拟装备)。

电影和电视在20世纪成了为广大观众创造视觉叙事的主流方式。尽管商业电影中的情节趋于程式化，讲故事的视觉手段却极其复杂，因为剪辑和蒙太奇技术大大发展，人们可以通过各个镜头精心塑造故事。我们还目睹了大量高度浓缩的视觉叙事形式。薇姬·戈德堡(Vicki Goldberg)将这种形式描述为"瞬间讲述的频闪式故事(stroboscopic story)"，在电影预告片、音乐录影带和电视广告中便可见此叙述形式[7]。如今YouTube和其他在线网站的视频叙事也加入了这一行列。

美术家们也采用电影和录像来创造叙事手法，尽管他们的故事超越了传统程式。艺术家们在创造叙事手法时有时选择最简单的技术，即一台摄影机仅以一个镜头来拍摄连续的事件过程；其他时候，他们则利用商业电影和广告中的剪辑与蒙太奇技术来营造叙述的复杂性。视觉艺术家还用电影和录像技术来制作非叙事性的关于时间的作品，比如费茨利(Fischli)和维斯(Weiss)拍摄的录像中无情节的永动连续镜头，之前我们也讨论过二人的作品。美国艺术家安德里亚·鲍尔斯(Andrea 122
Bowers)在她的录像作品《等待》(*Waiting*)(1999)中启用了一种全然不同的非叙事策略。录像里一位年轻的花样滑冰运动员双膝跪在冰面上一动不动，然后突然从冰面上抬起冰凉的手。这段45秒钟的视频连续循环地播放。观众在等待着一个从未开始的故事，而整个画面却几乎毫无变化，这段录像似乎更像一幅画，而不是动态的影像。 123

视觉艺术中第三种赋予时间以具象的途径包含于被我们不太严格地称为过程艺术(*process art*)的作品中。这一术语于20世纪60年代初被第一次用来指代取材于沥青、蜡、植物、毛毡、乳胶、冰和水等不稳定材料的艺术，作品的成形是经过重力、重量、弹性、膨胀、加热、冷却和压力等一系列过程或力量的结果。大批活跃于1980年以后的艺术家继续以暂时性材料和天然创作过程来探索各种创造性可能。这类艺术没有固定形式,而是随着时间以其他方式弯曲、流动、融化、腐蚀和变化。观察流变中的材料正是艺术体验的核心。实际上,如果创作材料真的会消亡,有朝一日艺术品也不复存在。作品的存在是暂时性的。例如,美国艺术家安·汉米尔顿(Ann Hamilton)选择多种易变(常是有机的)材料如树叶、昆虫、玉米壳、大豆、飞蛾幼虫和风干海藻等来制作装置作品,这些装置通过融入腐蚀的过程使时间的表现得以具体化。她的作品《领地》(*Dominion*)(1990)创作于俄亥俄州哥伦比亚维克斯纳艺术中心(Wexner Center),成千上万只飞蛾在一个封闭空间内度过了完整的生命周期。汉米尔顿于 1991 年匹兹堡卡内基国际展上展出的装置作品《祭品》(*Offerings*),包括一个装满中空蜡制头像的玻璃橱窗,蜡像从底部开始缓慢融化。德国画家西格玛·波尔克(Sigmar Polke)也对过程艺术的现行观念进行了尝试。他创作于 20 世纪 90 年代的一些画将合成涂料和矿物质混合起来,这种化合作用随着时间的推移,以不可预测的方式逐渐改变了图像。

124 以时间为主题的艺术作品也可以把表现时间与将时间具体化合二为一。南非艺术家威廉姆·肯特里奇(William Kentridge)的电影就是个很好的例子。肯特里奇自 1989 年就开始拍摄的系列短片记载了一个叫索欧·艾克斯坦(Soho Eckstein)的虚构人物的生平,影片中他运用定格动画的一种独特形式,将素描和电影结合起来。肯特里奇为每部片子创作了约 20 幅画,他先擦除画的几处部分,然后再重新画上,这样反复数次,每次的删改都被拍摄下来。这些照片成为一段连续动画的一帧帧画面,“两张画面在淡出淡入间消隐和出现,上一张图案消失时,其形状和构图留下的痕迹还残留在下一张图案的背景上,营造出一种梦幻般的图像效果……肯特里奇的这种创作技巧以隐喻的方式让人联想到南非后种族隔离状态下那些关于忘却和纪念的行为——一个抹除过去、重新勾勒和塑造自身的国家”[8]。

变化中的时间观

短暂、持久、变化、片刻、现在、后来、持续、停顿、分、时、年、过去、现在、未来、永恒(*transience*, *permanence*, *change*, *moment*, *now*, *then*, *duration*, *pause*, *minute*, *hour*, *year*, *past*, *present*, *future*, *eternity*),在日常会话中和时间相关的词语浩如烟海,以上不过是一小部分。这些词汇揭示出一些我们思考时间时所用到的概念。在语言的句法中,词语的时态是反映了人们对时间的一般性理解的另一概念。实际上,时间标记是所有已知语言的共有特征,它按过去、现在和未来将各种事件区分开来。尽管我们的一些时间观看似稳定,然而社会和技术变革,以及我们对所栖居的外在和内在心理世界的理解的变化,都在重新塑造着理解和构想时间的方式。此外,来自其他地方和过去年代的时间观也和我们自己的信仰形成鲜明对比。

在其最常见的文化表现形式中,时间被认为是线性循环或同步的,而且时间既是可以预知的,又是难以预测的。周而复始的四季变迁和其他自然周期(月亮的起落)产生了循环性时间的经验。相反,线性时间只朝一个方向流动。随着节拍器、钟表和手表等机械装置的发明,线性时间通过标准增量法被标记出来,变得更规范化。线性时间提出了发展的历史观,认为历史是在过去基础上的进步。(这种观点是现代艺术的典型特征,很多理论家和历史学家将艺术描述为不断前进的事物,一种风格从其前任风格演变而来并最终将其取代。)同步时间既是最古老的,也是最新的时间观念;同步性包含一切发生于不占时段(durationless)的当下的事情。这种观念包括原始神话中的时间[如澳洲土著的梦幻时光(*dreamtime*)故事]和因特网的时间,后者的信息流无处不在,同时又无处可寻。

当然,还存在其他时间概念。以关于自行车轮的暗喻为例:当自行车在时间和空间内行进时,车轮的旋转把循环(反复出现)时间和线性时间的情景结合起来。在这种时间观中，四季周而复始的模式与岁月的顺向前行同时发生。艺术家的想象世界中还有一些另类的时间观（常被称为第四维度），这些艺术家在科幻作品里构想出遥远的未来、平行宇宙、过去的最远端、神话时代以及时间的离奇转变。英国艺术家马修・里奇（Matthew Ritchie）正在进行中的创作计划是一组相互关联的画作和图
125 像，这些图像包括他自己构想出来的关于整个宇宙的复杂图表。画里绘制的一些事件发生在万物伊始之时，是里奇凭空想象出来的。另一些艺术家和艺术理论家提出时间并不存在于我们的历史世界之外。罗萨琳德・克劳斯（Rosalind Krauss）评论道："想象界是幻想的领域，被指定为非时间性的，因为它脱离了历史条件。"[9]

无论时间体现为何种形式——循环的、线性的、同步的或其他某种形式——时间在其结构内部行进的步伐似乎总是微妙地或戏剧性地动摇不定。一个热切期盼长假来临的孩子度日如年，觉得时间的脚步如蜗牛般缓慢，而假期却总是转瞬即逝。然而，不是我们所有的情感感受都与我们对时间的意识直接相关。比如，我们可能会由于沉浸在喜悦或狂怒中而对时间的流逝浑然不觉。矛盾的是，活在片刻中可能意味着对时间感的丧失。然而，每当我们把对一段时间的体验同我们的情感意识联系起来时，我们会觉得时间具有一种情感特质。当我们心神不宁时，情感活动会和一种对时间流逝的高度敏感捆绑在一起。（到底何时会发生？快了吗？）当我们产生怀旧或悔恨时，时间也会和情感发生联系，怀旧和悔恨把注意力集中在陈年往事或某些在我们看来已远离自己、一去不复返的品质上。当情感持续一段时间后，就会变成一种情绪（mood），意思是我们的感知力长期蒙上一层容易辨认的色彩（"他情绪低沉"）。

126 艺术品中对时间流逝的表征或具体化表现可能会涉及一个和实际展出对象完全不同的主题。例如在静物画中，对于变化的表征（腐烂的水果）可能象征了人类必然经历的脆弱和衰老。这种被称为死亡警告（*memento mori*）的绘画赋予了时间隐喻含义。我们之前讨论过的费茨

利(Fischli)和维斯(Weiss)录像作品中的那一连串看似漫无目的的变化,可被阐释为一种隐喻,暗指在某些旁观者看来似乎早已迷失方向的西方文明进程。美国人盖瑞·西蒙斯(Gary Simmons)在黑色表面上用粉笔画素描,然后将画擦去一半,使图案处于濒临消失的边缘。他的图像反映了这样一种观念,即在美国,非裔美国人的经历由于未以永久的形式被写进历史而面临被抹除遗忘的危险。我们还可以把这些素描作品阐释为对一般记忆那稍纵即逝、难以捉摸的本质的隐喻,这些记忆是那么轻而易举地就被遗失或改变了。

我们对于时间的概念不断变化。阿尔伯特·爱因斯坦在狭义相对论(*The Special Theory of Relativity*)(1905)中向西方物理科学长期存在的范式发出戏剧性的挑战,这些范式包括一些时间性的基本概念。在爱因斯坦的体系中,"人不能假定其对'现在'的主观感受适用于宇宙的所有部分。原因是,爱因斯坦指出,'每个参照体……都有其自身特定的时间;除非我们知道关于时间的陈述所指示的参照物,否则对一个事件的时间陈述就毫无意义'"。在其著名的"想象实验"(thought experiment)中,爱因斯坦验证了对普通(大为震惊的)读者来说看似违背常理的事情:"相对于静止不动的观察者来说,同步发生的闪电,相对于(正在行驶的)火车上的观察者来说就不是同步的。"[10]

爱因斯坦认为我们的宇宙是一个时空连续体,使时间与空间维度脱离是没有意义的,这种理论产生了广泛影响。今天,我们意识到时间流动不是个固定常量,由于时间的相对性,我们总是要作出以何为参照系的决定。在艺术家维克多·伯金(Victor Burgin)看来,"地理位置……按定义是固定不变的,但是位置所参照的实际空间频繁变化,因此不可能与时间脱离开来"[11]。

自1980年以来,能提供即时信息(手机、短信、有线电视新闻节目、万维网)的新兴网络对我们的时间观产生深远影响。我们可能正在丧失将事件置于任何时间或历史情境下的能力。策展人道格拉斯·弗格尔(Douglas Fogle)评论道:"迄今为止,宣称当代人没有任何记忆感几乎是老生常谈。我们的文化自诞生之日起就几乎受制于阴极射线传输的和历史无关的时间性,因此被贴上健忘文化的标签……事实上,甚至可以说我们已陷入记忆危机和健忘传染症中了。”[12]

探索时间结构

时间是有结构的,其结构要素包括长度、速度、节奏和方向。这部分我们将审视若干当代艺术家在作品中如何操控、修改、破坏或消解时间结构及其背后的原因。在利用各种媒体来触及这一主题的艺术家中,录像艺术家在当代阶段对时间的探索最为深入。

艺术家操纵时间的一个重要手段就是打破时间顺序。艺术家可以跳出时间次序来呈现各个时刻,而不是先明确区分过去、现在和未来的
127 事件,然后以线性或循环方式对其进行规划。这种方法超出了作为商业电影主要特征的闪回(flashback)和闪进(flash-forward)手段。当代视觉艺术家常描绘在冲突或混乱状态中共存的时间碎片。从概念上来看,这种方式与现代主要时间观的衰微息息相关,后者认为历史是前进的,并具有连贯可知的明确模式。此外,今天的艺术家用以展示冲突中的时间碎片的手段,隐喻了我们的高科技时代呈现信息和事件的方式。海量信息储存在电子数据库里,我们可以通过数字技术以各种指令随时快速访问信息,然而这种共时性和持续的信息超载,使得将关于因果的解释拼接起来几乎不太可能。时间断裂也是隐喻性地表达回忆和梦境过程的艺术工具,在此过程中,时间结构被不断瓦解,意义于刹那间闪现,旋即又转瞬即逝。

打破时间(*fracturing time*)

艺术家常在绘画、摄影和装置艺术中创造时间错位,他们将各种不同情境下的图像、物件和风格并列或叠加,但却不在它们中间建立任何逻辑承接或逻辑关联。德国艺术家西格玛·波尔克(Sigmar Polke)和美

国艺术家大卫·萨利(David Salle)是在 20 世纪 80 年代以这种策略与后现代主义产生密切联系的两位画家。墨西哥画家胡里奥·盖伦(Julio Galán)也采用打破时间结构的方法;以他的创作来看,其作品中的叠加法实现了"一种对回忆的迷幻式无意识行为的精准描绘……(盖伦)将没有答案的错综复杂的画谜组合起来,画谜的元素来自形形色色的渠道,如艺术家个人的过去(甚至是未来)、儿童书插图、天主教图标以及哥伦布发现新大陆之前的创世神话"[13]。

以录像视频为创作媒介的艺术家拥有一系列改变时间结构的工具供其支配和使用。他们以 19 世纪末 20 世纪初的摄影家和电影制作人率先采用的策略为基础——闪回、跳跃剪辑(jump cut)、淡入淡出和加速镜头——多数观众如今都能立即认出这些手法。早期电影以实时的方式拍摄,并在最终成品中也保留了这种实时性,而不久以后,剪辑的出现让重新调整叙事结构成为可能。

许多录像艺术家竭力避免以线性时间来表现传统叙事,部分原因是他们希望将自己的作品同好莱坞及主流电视节目划清界限。制作于 20 世纪六七十年代的多数作品以单通路录像为主,然而到了 80 年代,多通路录像受到青睐,部分是由于这类投影技术变得更为普及,成本也不高。结合多通路投影、高级尖端设备以及编辑软件,艺术家们开始应用声像同步之类的技术,他们可以放慢运动速度,回放、打破和增加连续镜头。例如,玛丽·露西尔(Mary Lucier)的《荒野》(*Wilderness*)系列自 80 年代中期开始,将三盘同步放映的录像带混合在一起,它们被彼此交织地投射在 7 台大型电视显示屏上。同露西尔的其他作品一样,《荒野》探讨的是历史时间如何与神话时间发生冲突。美国向前发展的进程和人们对奔放不羁的荒野的梦想之间充满了矛盾。这种矛盾含蓄地体现在那些同步放映的对比强烈的图像中。

现实时间(*real time*)

具有讽刺意味的是,艺术家处理时间经验的手段之一就是让作品中

的事件看似在现实时间里展开;观众在欣赏作品时感觉事件似乎发生在
128 此刻,未经任何剪辑和重新组合。费茨利(Peter Fischli)和维斯(David Weiss)的短片《万物必经之途》就具备实时连续事件的特点,尽管艺术家实际是通过颇具迷惑性的高超剪辑才取得如此天衣无缝的效果的。前面提到过的玛丽娜·阿布拉莫维奇(Marina Abramovic)为期 12 天的行为表演,就是将现实时间和艺术品的持续时间融为一体的尝试。很多艺术家在实践中将实时直播录像投射在显示屏或因特网上[即所谓的"视频流"(streaming video)],这一方法是白南准在其艺术生涯初期率先开创的。例如,西班牙伊尼戈·曼格拉诺-奥维列(Inigo Manglano-Ovalle)的《夜景》(*Nocturne*)(*tulipa obscura*)(2002)是一张得益于强大夜视功能的实时视频投影,这些投影是由一架正在拍摄阿富汗郁金香的摄影机传送的。美国艺术家朱莉娅·谢尔(Julia Scher)启用了标准安防行业设备来实时监视画廊的参观者;她的作品是对我们的公众生活日益受到安防摄像头监视这种现象的批判。

对现实时间的兴趣在一定程度上是对人造时间结构的反应,我们在观看了商业电影和电视节目后已对这种结构习以为常。在评论家艾米·卡佩拉佐(Amy Cappellazzo)看来,"电视和电影已将现代观众培养成训练有素的人,他们期待的是浓缩的叙事,紧张的动作场面,并伴之以与我们的情感产生呼应的声音背景"[14]。矛盾的是:以不久前如雨后春笋般涌现的"真人秀"节目来说,其吸引力要部分归功于真人秀在时间节奏和速度上与典型电视剧和戏剧相比,具有让人意想不到的特点。不同于电视或纪实节目中的虚构故事,对时间的日常生活体验更有可能被既无鲜明的戏剧性,又无确定结局的无效事件(nonevent)和闲散活动所占据。

当代艺术家以诸多出人意料的新奇方法来处理实时经验的记录和表现问题,其中一种方法就是利用绘画和静物摄影这些静态艺术形式。例如,日本概念艺术家河原温(On Kawara)在其不断进行的"日期"绘画中,每天都会在特定时间记录日期。每幅画都包括一个平面背景,上面写着记录创作这幅画的精确日期的文字(如1988年8月24日)。河原温严格坚持一套原则:每幅画都必须完全在画上标注日期的24小时内制作。为完成作品,艺术家还在画面中添加了当天的报纸剪报。

英国艺术家大卫·霍克尼(David Hockney)开创了一种摄影方法,他将多幅个人快照排列成一件作品,按艺术家本人的说法,这样表现对象更接近我们实际的观看方式。在霍克尼的《拼字游戏》(*The Scrabble Game*)(1983)中,数十张快照(有些照片对接,有些略微重叠)呈现了霍克尼拍摄的游戏者在某一时间片段中摆出的各种姿势。在分析自己的成就时,霍克尼回忆起他的拍摄对象之一曾宣布说《拼字游戏》"比一部电影好看多了"。霍克尼解释说,"电影不得不穿行于真实时间中,它只能朝前走。即使当它假装可以倒退的时候,胶卷也仍是向前移动的,这就迫使我们保持一种既定的、受控的步伐。如同在日常世界中一样,在电影中没有仔细观看的时间……我一直在努力寻找一些讲故事的方法,以这些方法观众能自己设定速度,按照自己的方向随意来来回回,进进出出"[15]。

不少以现实时间为题材的艺术家更强调时间的长度(一段时间)而不是叙事(故事的讲述和情节性)。就这点而言,他们追随的是美国作曲家约翰·凯奇(John Cage)在音乐作曲方面的大胆实验。自20世纪 129
50年代起,凯奇就坚持认为时间长度才是音乐最基本的结构性观念,这与和弦的观念截然相反,后者自巴赫(Bach)时代以来一直统治着西方的音乐作曲。另外一位引导当今艺术家探索时间长度的重要先驱者就是安迪·沃霍尔(Andy Warhol)。在摄制于60年代的几部电影中,沃霍尔以超长时间记录了静态(非叙事性的)图像。他的著名影片《帝国》(*Empire*)(1964)从远景一动不动地对着帝国大厦上的"风貌"拍了8小时5分钟。除了时亮时灭的灯光和变换色彩的天空外,镜头里几乎没有任何变化。这类电影的长度挑战着观众的忍耐力。美国人布鲁斯·瑙曼(Bruce Nauman)和英国人塔西塔·迪恩(Tacita Dean)是近年长时间拍摄实时场景的两位艺术家。他们视频作品的长度和缓慢让观众格外意识到时间的流逝,包括视频里表现的时间和观看视频需要的时间。

苏格兰艺术家道格拉斯·戈登(Douglas Gordon)以沃霍尔的作品为基础,录制下了《帝国》在画廊里放映时来来往往的人们的行动。这段长约 2 小时名为《盗版(帝国大厦)》(*Bootleg*)(*Empire*)(1997)的视频挪用了沃霍尔的影片,并巧妙地突出了这部影片的长度和静态内容产生的问题。由于我们已习惯于电视、流行音乐和动作片中的快节奏,因此一部没有把体验压缩到相似程度的影片必定会给我们的观赏耐力带来考验,甚至在观赏一幅画时也能强烈感受到这种焦虑感。由于没有指定的或强制性的最佳观赏时间,观众在观画时往往容易走马观花。

变动的节奏(*changing rhythm*)

艺术家在"时间艺术"中用以修改时间结构的另一方式是加速或延缓作品的节奏。英国艺术家萨姆·泰勒-伍德(Sam Tylor-Wood)采用分段摄影技术以高速度拍摄了《静物》(*Still Life*)(2001)。拍成的照片展示了盛在精美碗中的正在腐烂的水果,最后水果变成一摊完全腐蚀的碎渣,上面爬满了蛆虫。除了速度外,艺术家们还热衷于探索缓慢状态,缓慢可能是现代社会狂热步伐的鲜明对照。捷克小说家米兰·昆德拉(Milan Kundera)曾追问道:"为什么缓慢带来的乐趣烟消云散了呢?"在探寻我们的时间感自前代人开始已提速到何种程度时,哲学家瓦尔特·本雅明(Walter Benjamin)曾提到 19 世纪城市中商业街上的游荡者曾牵着乌龟闲庭信步[16]。节奏的完全放慢和观者的生物钟产生的冲突是容易感觉到的。通过更改时间的闹钟般精确的节奏,艺术家像作曲家研究音乐中的节拍那样去探索时间。

过去 15 年间,延迟慢速视频已经自成一派,取得了异常丰硕的美学成就。比较著名的实践者包括道格拉斯·戈登和美国的比尔·维奥拉(Bill Viola)。这些艺术家假定缓慢和延迟可用来强化经验。作为观众,我们的注意力高度集中,面部表情上的丝毫变动都似乎有着重要意义。

在观看事件以极端缓慢的速度发生时，我们完全沉浸于此时此刻中，忘记了任何整体的有机结构。在《24 小时惊魂记》(*24 Hour Psycho*)(1993)中，戈登将阿尔弗雷德·希区柯克(Alfred Hitchcock)1960 年的惊悚片进行回放，画面长度是原作的 13 倍。即便是惊心动魄的浴室谋杀场景也被大幅度放慢，剧情的神秘悬疑气氛被从画面中抽干，消失殆尽；一种新的神秘感——时间带来的可以感知到的神秘感——取而 130
代之。

戈登的《似曾相识》(*Déjà vu*)(2000)延续了他对更改和部分消解现有电影脚本的叙事结构的兴趣。在这部作品中，戈登同时放映了 1950 年由鲁道夫·马特(Rudolph Matee)导演的好莱坞黑色电影《死亡旋涡》(*D. O. A.*)的三个拷贝，从左至右，三个拷贝分别以每秒比常速快一帧、常速以及比常速慢一帧的速度放映。这样三段完全相同的叙事随时间逐渐彼此偏离。随着场景的重复和声道的叠加，观众开始失去方向感。

一位作家在讨论戈登的延迟录影时解释说，瞬间"被以夸张的方式无限延长"[17]。如果我们观看比尔·维奥拉的背投式彩色录像装置，也会发现类似观点。他的录影作品以极其缓慢的速度放映，以至于在博物馆里遭遇其作品的观众会毫不怀疑地立刻断定这个图像是静止不动的，类似某种形式的电子图画。《沉默五重奏》(*The Quintet of the Silent*)(2001)中，一个用时 1 分钟拍摄的动作以 15 分钟的长度被呈现出来。(和戈登不同的是，维奥拉不以挪用来的脚本为创作材料，而是采用自己设计和拍摄的画面。)此作品的部分魅力在于，当目睹时间不知不觉地缓慢展开时，我们逐渐领悟了其中的奥妙，进而会去全神贯注地观赏面部表情和手势的细微变化。

探索无穷(*exploring endlessness*) 131

最后，当代艺术家也时常探讨到这样一个概念，它乍看似乎涉及无限(the infinite)，然而实则大不相同：无穷。这一特质时而出现在反复重复同一动作的雕塑品中，如查尔斯·雷(Charles Ray)的《旋转的圆圈》

(*Rotating Circle*)(1988),也常见于那些描绘本身具有内在重复性的对象的画作,如古雷默·奎特卡(Guillermo Kuitca)的《终点》(*Terminal*)(2000),此画表现的是我们熟悉的现代空港行李认领处的旋转传送带。西班牙艺术家桑迪亚哥·塞拉(Santiago Sierra)筹划了多场行为表演(用黑白影像记录下来),表演中他付钱给雇来的人,让他们实施各种无意义的行为。例如2002年,他在摩洛哥付给一些临时工微薄的薪水,让他们用铲子在一片空地上挖洞;2000年他以1小时10美元的报酬,雇一个人在纽约P. S. 1当代艺术中心竖起的一道砖墙后面连续360小时保持与世隔绝。塞拉的这类作品将时间、劳动和羞辱性的社会控制联系起来。作品中涉及的无穷概念同精神醒悟者所思考的宇宙的超验无限毫无关系;这是一种没有尽头的极端无聊感,是当代(后精神)生活中的无意义琐碎细节的无休止的单调重复。这是关于繁重劳动或神经强迫症的无止境状态。

在考察无穷概念时,一些艺术家采用循环播放视频或胶片的策略,这样作品的片段能不停地重复。通常开头和结尾不留痕迹地融合为一体,因此既无开端,也无终止。罗德尼·格雷厄姆(Rodney Graham)的《恼人荒岛》(*Vexation Island*)(1997)通过没完没了的循环播放,表现了一个长约9分钟的场面,画面中的人物(艺术家本人身着海盗服)躺在棕榈树下一动不动。他醒来后去摇树,结果一个椰子掉在头上,把他又砸
132 回到昏迷不醒的状态中。具有讽刺意味的是,重复常是为了确定记忆中的某一事件,但是在此作品里,椰子的落下恰恰让这位可怜的海盗把刚过去的事情忘得一干二净,当他再次醒过来时,一切似乎又回到原初。我们还可在爱尔兰艺术家威利·多尔蒂(Willy Doherty)的《长日将尽》(*At the End of the Day*)(1994)中见到同样的循环播放动作的手段,这种策略足以挫败任何前进感。在这部录像中,当车沿着一条条道路行驶时,我们透过一个乘客的视角去观看;车子在每条路上都会被路障所阻挡。路障的重复出现让我们想起那些长久以来阻碍北爱尔兰摆脱困境的各种矛盾和冲突,因为在爱尔兰多灾多难的历史中,指责和复仇周而

复始，从未停歇。

重访过去

探索时间主题的艺术还包括同历史和记忆相关的艺术。对历史的视觉表征已发生了巨变，体现了在如何铭记和诠释过去方面的深刻转变。如今人们普遍认为，选择何地、何人的行为来加以关注还有待进一步商榷。比如，西方的历史并非所有人和所有地方的历史。同样，对行为的解读也不是全然中立的；一个社会颂扬的历史事件可能在别处会被认为是个悲剧。与此同时，历史事实的最简单陈述需要文献和实物证据的支撑。对任何致力于书写、讲述或通过视觉表现历史的人来说，竭力搜寻一个令人信服的“背后动机”似乎最为棘手，因为动机总是容易遭受质问和怀疑。

我们对于过去的观念在一定程度上发生了变化，因为我们对现在(*present*)的心理态度改变了，改变的方式也反映了整体文化中的态度转变。综观西方现代时期，忠于历史真相的观念一直是至高无上的。历史学家、政治家、公众和艺术家可能缺少证实历史真相的资料，但是他们都不约而同地承认，如果有足够的信息，关于历史的真相是可以建立起来的。如今，人们不再假定历史真相是单一的。

导致“宏大叙事”(grand narrative)观念土崩瓦解的因素为数众多。少数族裔认为他们的故事并没有被纳入主流历史中，当然他们产生的影响也促使人们认识到，历史学家亟须大力扩展他们的研究范围。自此以后，我们需要探索和表达的不是一个历史，而是多元历史。曾在 20 世纪七八十年代深刻影响过后现代思潮的法国历史学家米歇尔・福柯(Michel Foucault)就对多元历史条件形成一套理论。在福柯看来，与合法的“官方”历史并存的还有遭排斥的历史，这些历史的主体是那些没有足够权力来操控知识构成的人。人们还认识到作为一门学科的历史运用了符号，这些象征符号反映了更广泛的社会结构中的权力关系。

在本书所覆盖的这段时期内，回顾过去以追溯以往的历史或纪念性事件的艺术已经变得司空见惯。20世纪80年代，德国的安塞姆·基弗(Anselm Kiefer)和意大利的米莫·帕拉迪诺(Mimmo Paladino)这类新表现主义艺术家聚焦于他们各自的民族历史和文化渊源，在他们高度象征化的画作中涉及了历史、文学、神话、自然风光以及宗教。前艺术组合维塔利·科马尔(Vitaly Komar)和亚历山大·梅拉米德(Alexander Melamid)(从俄罗斯移民到美国)挪用了社会现实主义中过时的官方风
133 格，以讽刺对斯大林和苏维埃社会的美化。

其他回望过去的当代艺术家试图理解历史的本质——何人何事被铭记，以及如何和为何被铭记。他们对历史研究和历史纪念活动的内容和方法进行了细察。

恢复历史(*recovering history*)

当代艺术家希望讲述几世纪以来都被史书和视觉记载排斥在外的人的故事，尤其是那些本身属于弱势群体的人。福柯曾杜撰了反记忆(*counter memory*)这一术语来描述对佚史的重新发现。按策展人道格拉斯·弗格尔(Douglas Fogle)的说法，这个词描绘了“一种全新的历史学，在此史学研究方法中，边缘性和日常性优先于世界历史名人”[18]。朱迪·巴卡(Judy Baca)的壁画作品《洛杉矶长城》(*The Great Wall of Los Angeles*)(1976—1983)就是本着包容精神而进行的具有纪念意义的不朽创作。这件高4米有余、长近805米的作品，描绘了洛杉矶地区从史前到二战后的多民族历史。巴卡的创作主题包括妇女选举权、日本集中营以及阻特装暴动(Zoot Suit Riots)。为完成这幅作品，巴卡同其合作者们就洛杉矶历史采访了数百位居民和学者，有450位市区青年和社区艺术家参与了设计。巴卡解释说：“壁画体现了视觉叙事的某些特质。首先，公众舆论和个人意见之间存在着分歧。壁画是一个布道坛：你在讲坛上的所言与你跟密友的谈话内容大不相同。其次，你必须考虑作品的规模。规模和声音的放大息息相关，它能使作品代表被排斥于历史之

外的人民的呼声。”[19]

除了恢复遗失的历史之外，很多艺术家热衷于解构用以记录和塑造历史事件的那些原则和方法论。例如，巴西艺术家阿德里阿娜·瓦勒亚（Adriana Varejão）在其作品中屡次涉及17世纪巴洛克意象，而后者曾是那些征服南美地区（巴西曾被葡萄牙占领）的欧洲国家的主导艺术风格。向巴西历史发出挑战的（后殖民）意图是瓦勒亚的创作动机之一，这段历史表明，欧洲文化将巴西本土文化纳入其中并取而代之，最典型的例证就是巴西艺术和物质文化中普遍盛行的巴洛克风格的图案和主题。瓦勒亚相信巴西人有能力在不尽失本土历史和身份认同的前提下吸收和改造殖民文化。这一过程充满抗争和创伤，体现在瓦勒亚多数作品中那狂暴激烈的意象里。其中一个浮雕画系列描绘了多具血淋淋的躯体，这些血肉之躯从铺着*彩砖*（*azulejo*）的地面上破土而出，全身因痛苦而剧烈扭动，而画面上的彩砖是一种在葡萄牙民族艺术中和包括巴西在内的葡萄牙前殖民地上十分常用的陶制瓦片。瓦勒亚和不少其他巴西理论家及艺术家一样，以嗜食同类（cannibalism）为隐喻，时而在画中采用人类相互吞食的画面。按莱娜·卡瓦哈尔（Rina Carvajal）的观点，艺术家以食人为文化寓言“暗示了对外来影响的批判性吸收；还表明了对‘他者’话语的吸纳，以及在巴西文化条件下对其进行重塑”[20]。

历史记忆依赖于历史材料的表达方式：史书、历史小说、绘画、雕塑、摄影以及越来越流行的电影和录像视频。这些形态各异的媒介构成了历史内容和历史认知。对过去的虚构式处理塑造了大众对历史的一般性理解，不少艺术家对这种处理方式进行了解构。例如生于波兰的艺术家彼得·奥克兰斯基（Piotr Uklanski）制作了名为《纳粹》（*The Nazis*）（1998）的装置作品，它包括166幅从罗纳德·里根（Ronald Reagan）到拉尔夫·费因斯（Ralph Fiennes）的影星剧照，照片中的演员均身着纳粹军官军服。在展示来自流行文化的纳粹形象时，奥克兰斯基力图证明， 134
我们反复选用迷人的面孔来扮演纳粹角色，结果造成对纳粹的盲目迷恋化认识。美国艺术家卡拉·沃克（Kara Walker）很关注内战时的南方历史如何在诸如《乱世佳人》(*Gone With the Wind*)之类的大众流行作品中被浪漫化和美化。沃克早年曾受过绘画训练,她在黑色纸张上剪出人物侧影,剪影是一门曾和上流社会的绅士肖像以及伤感风俗画有着千丝万缕联系的手工技术。沃克的大型墙面剪影《坎普敦的女人们》(*Camptown Ladies*)(1998)是对历史传奇的戏仿,这种戏谑式模仿削弱了剪影技术所隐含的任何期待重返往昔的伤感怀旧情绪。在其充满戏剧性的画面中,黑人和白人同样上演着虐待(sadomasochistic)行为,人像彼此间相互转化。沃克的策略是夸大并颠倒那些刻板的定型形象,并把它们拆解成种族主义图像的粗劣的讽刺性模仿。沃克的作品在各种族的观众中极富争议,并引发了关于如何表现奴隶制和美国南方历史的论争。

重组历史(*reshuffling the past*)

为何近几十年来过去的一些时代风格开始重新流行,挪用过时元素成为热潮呢? 20世纪80年代随着后现代主义的兴起,人们对历史上的艺术风格和图像的兴趣与日俱增,这和流行文化中越来越多的快节奏变
135 化完全吻合,比如汽车和服装的样式每年都在更换。当然,风格日新月异的变化产生了异质成分构成的各种混合体,因为过去风格的典型模式并未被完全抹掉,而是继续存在于与新近变体的融合中。利用过去图像的戏拟式拼凑(pastiche)被公认为后现代艺术的显著标志。从80年代的大卫·萨利(David Salle)到最近的克里斯蒂安·舒曼(Christian Schumann),不计其数的艺术家都遵循"太阳底下无新鲜事"的信念,通过对历史进行循环再利用的特有方式打造了自己的个人风格。这些艺术家的创作方式有着动摇现在的倾向;对他们来说,现在被设想为对过去记忆的重组。

如果一位艺术家"引用"视觉艺术中的早期艺术作品或意象,能识别出这种引用的观众会在一定程度上将新作品阐释为对记忆或历史主题的探索。比如,英国艺术家迪诺斯·查普曼(Dinos Chapman)和杰克·查普曼(Jake Chapman)兄弟的雕塑作品《面对死亡的伟大壮举》(*Great*

Deeds Against the Dead)(1994)，从弗朗西斯科·戈雅(Francisco Goya)创作于19世纪的蚀刻画系列《战争灾难》(*Disasters of War*)中借用了那满是残缺尸体的血淋淋画面。博识的观赏者们发现，在查普曼兄弟描绘的可怕场面中的低俗趣味同戈雅亲眼看见拿破仑战争之真实恐怖时所感受到的货真价实的绝望情绪之间，自己会不由自主地将两者进行权衡和比较。美国漫画艺术家亚历克斯·罗斯(Alex Ross)在漫画迷中间拥有一批狂热的追随者，他在自己的一本作品中借用了著名漫画人物(超人，美国上尉)，并把他们想象成中年人。罗斯作品中观念的细微精妙之处要取决于其观众是否了解这些超级英雄过去年轻时的种种壮举和怪癖。

重塑现在(*reframing the present*)

卡拉·沃克(Kara Walker)和许多其他重访历史的当代艺术家决心要改变我们理解现在的方式，这种决心成为他们作品的支柱。时间在我们重访历史时坍塌；曾经的现在业已成往昔，如今再次历历在目地呈现于眼前。现在重现于一个新的情境下，透过过去我们有可能更批判性地审视现在。譬如，沃克希望观众会去思考，对历史的表征如何影响了今天的种族关系。印度当代画家阿杜·多迪亚(Atul Dodiya)在从实际商店拆卸下来的卷帘门的金属波纹表面上作画。这些金属表壳上的画作通过描绘甘地(Gandhi)和诺贝尔奖得主拉宾德拉纳特·泰戈尔(Rabindranath Tagore)这些历史人物，歌颂了印度的历史。卷帘门拉起后露出对事件更具超现实色彩的表现。评论家约翰·布鲁奈蒂(John Brunetti)评论说："这些隐藏的图像朴实无华地刻画了另一个印度，它和甘地的非暴力不合作运动所表现的那个印度迥然不同。"[21]多迪亚表现了对历史一味地歌功颂德如何妨碍了印度就当前问题和令人焦虑的事情认真反省。

众多当代艺术家创作了审视历史重现的作品，他们包括美国人艾莉森·史密斯(Allison Smith)和生于以色列、现居柏林的艺术家欧默·法斯特(Omer Fast)。史密斯的《集合》(*The Muster*)(2005)是一项公共项目,它将致力于重现内战场景的社团的美学语言融入独具一格的当代美学艺术表现中去。史密斯邀请了 50 人和合作团体在纽约总督岛(Governor's Island)的杰堡(Fort Jay)上建起了野营地,并制作了服装、标语、旗帜和各种装置作品,用来赞美人们为之奋斗的任何事业。法斯特的双频道录像投影作品《上帝之城》(*Godville*)(2005)展示了取自采访对话中的一些片段,这些采访是在艺术家和 18 世纪的角色诠释者(character interpreter)之间进行的,这些人生活、工作在殖民时代的威廉斯堡(Colonial Williamsburg),后者是弗吉尼亚州的一座天然历史博物
136 馆。诠释者用 18 世纪人物角色的声音和现在自己的声音说话。法斯特将访谈编辑和拼接成在时间上前后矛盾的叙事:真实的历史事件、天然历史博物馆的主题公园世界、个人的现世生活以令人不安的方式混合于一体。比如,其中一个曾在伊拉克服兵役的人又作为威廉斯堡诠释者刻画了一个民兵队员;他那絮絮叨叨、时而颇为激昂的谈话到底说的是哪场战争变得十分令人费解。

很多时候,艺术家所回顾的历史就是不远的过去,甚至是新近发生的事件——这是一段在直接目击者的记忆中仍然鲜活的历史。威利·杜赫提(Willie Doherty)十分关注北爱尔兰最近的政治事件。他深知电视在控制公众如何理解爱尔兰事件上的力量,便有意运用了新媒体工具:录像和语言。正如道格拉斯·弗格尔所评论的:"我们依靠新闻广播或报纸的真实来了解世界,杜赫提对此依赖性提出了质疑,同时他还强调中介性语言在构成我们集体性记忆时所发挥的力量。"[22]

重访历史的艺术家们还将其注意力转移到他们个人和家庭历史上。比如英国艺术家翠西·艾敏(Tracey Emin)的装置作品《1963 年至 1995 年间和我睡过的每一个人》(*Everyone I Have Ever Slept With 1963 -1995*)(1995)是一个帐篷,上面绣满了过去 30 年与艾敏同床共枕的所有人的名字[23]。有着日本血统的美国艺术家罗杰·下村(Roger Shimomura)受到其祖母日记和童年记忆的启发,创作了描绘二战期间爱达荷州的米尼

多卡县(Minidoka)日裔美国人集中营的生活的版画和油画。 137

自传和社会历史不是泾渭分明的领域,不该完全彼此分离。许多诸如下村画作那样的关于私人历史的作品还突出了文化的深刻影响。艺术家个人生活中的重要事件和更大的公共事件紧密相连,同时也和以历史为基础的社会观念相关,这些观念常常充满了情感因素。

纪念过去

自1980年以后,人们对建造纪念馆(*memorial*)和纪念碑(*monument*)的兴趣卷土重来,前者是对逝者致敬,后者是为了称颂往昔。这种兴趣源于很多因素:需要重新评价过去(比如可以参见献给美国民权运动以及欧洲大屠杀的纪念碑)、希望记录最近发生的悲剧事件(典型的例证就是越战阵亡将士纪念碑)、渴望政府权力和社会结构合法化并确保其在未来也能平稳运作(相反,全世界都将苏联和伊拉克独裁者塑像的倒塌视为其政权灭亡的戏剧性象征)。

过去时代的人们认为有必要以某种可感知的永久形式铭记历史事件和人物,然而我们今天这么做却可能是迫于一种特殊的压力,原因是信息时代,尤其是信息超载对记忆过程产生了影响。当代文化理论家安德里亚斯·胡伊森(Andreas Huyssen)评论道:"数据库和图像磁道里储存的记忆越多,我们的文化就越不愿也无法去铭记。"久而久之,我们将自己个人、集体的记忆能力弃之不用,转而去依赖由技术支持的中介性的人造记忆库。只要有台电脑和高速因特网接口,过去、现在和未来的每段编码知识对任何人来讲都几乎立刻唾手可得。结果会怎样?胡伊森将结果称为一种"存档的同步性",这种同步性消解了时间,让记忆迷乱。在分析胡伊森对帮助我们理解"我们时代历史和记忆的微妙地位"方面所作的贡献时,策展人尼尔·贝内兹拉(Neal Benezra)和奥尔加·维索(Olga Viso)解释说:"(胡伊森)认为当前社会对记忆的强调和维护是一场为历史而战的斗争,是一种和高科技的记忆缺失相对抗的'时间定位'形式。"[24]创作纪念馆和纪念碑的艺术家提出了放慢观众欣赏过程的方式，给予我们凝神沉思和抵制集体健忘症的时间。

毫无疑问，我们和过去的关系从来就无法摆脱情感包袱、政治和承载着价值的各种意识形态。当代艺术家在设计纪念馆和纪念碑时发现自己在（情愿或不情愿地）小心翼翼地穿越公众舆论的雷区。《越战阵亡将士纪念碑》（*Vietnam Veterans Memorial*）于 1982 年落成于华盛顿国家广场。当它的设计方案首次被公布时，争议之声四起。当时还是耶鲁大学大四学生的林瓔（Maya Lin），以其方案赢得了设计大赛。这个方案计划采用两面高雅的黑色大理石墙面，两面墙体深深陷入地面，以 125 度的角度交会，当参观者沿着斜坡而下时，墙体逐渐升高。林瓔建议在墙体表面刻上战争临近尾声时牺牲于战场上或在行动中失踪的约 55000 名美国士兵的名字。观看纪念碑的任何一段，参观者都会看到自己幽灵般的模糊影子反射在墙面上。反对者觉得纪念碑的设计应该按照传统更具有豪迈的英雄气概，像大多数英雄纪念碑那样塑造身着军服的人物肖像。

138 《越战阵亡将士纪念碑》如今是华盛顿参观人数最多的纪念碑。这件作品对时间的关注表现在几个显著的层面。整个雕塑将美国参战作为国家历史的一章来予以纪念。实际上，雕塑的形状看似一本翻开的书，因此暗示着更多的章节有待书写。行动中的死者和失踪者的名字按时间顺序排列。时间被标注在名字旁边[25]。时间也是参观者体验的核心。正如林瓔的解释："我从不把自己所有的作品看成静止的物体，而是严格地从个人经历或对作品的体验出发来思考作品。我对时间的依赖是这部作品的关键元素。"[26]年长的参观者会反思，20 世纪 60 年代这些名单上的士兵们作出"最伟大的牺牲"时，自己当时在做什么事情。当他们这么想时，实际就在观赏经验中融入了自己的时间观。凝视墙上的日期，我们忍不住思忖这些死亡发生后转眼又过了多少年。在分析纪念碑的形式和意义时，哲学家查尔斯 · 格里斯沃（Charles Griswold）称此作品"基本上是追问式的"：全体美国人必须自问，付出这些生命真的值得吗？[27]格里斯沃指出，越战纪念碑和任何其他战争纪念碑一样，“试图引导后代人去了解过去……人们要对究竟什么是值得恢复的作出决定，（纪念碑就是这个决定的产物）”[28]。

与用耐久性材料制成的纪念碑恰好相反，一些艺术家还可以用短暂或临时性的方式来纪念重要事件。比如克日什托夫·沃迪奇科（Krzysztof Wodiczko）的《广岛计划》（*Hiroshima Project*）（1999）只持续了两个晚上。这件作品包括一系列大型摄影图片，它们被投射在广岛的水岸上，图片上展现的是日本广岛事件的幸存者的手，同时这些幸存者的证词被录制下来并通过扩音器播放。他们的手势代表了痛苦和悲伤。这个事件的短暂和去实体化本质上是将幸存者转化为虚无缥缈的存在，仿佛原子弹爆炸后的鬼魂们回来诉说着他们的遭遇。

如今公共艺术的一个趋势就是制作*反纪念建筑*（*antimonuments*）。反纪念建筑指的是那些解构公共纪念碑的传统形式或纪念令人意外的事件和回忆的作品。比如，美国雕塑家克里斯·伯顿（Chris Burden）在创作《另类越南纪念碑》（*Other Vietnam Memorial*）（1991）时力求另一种充满挑战的全新视野，以象征性的方式给死于越战的300万越南人命名。德国艺术家托马斯·舒特（Thomas Schütte）通过将彼此比例完全不相称的形体组合起来，向纪念的传统形式提出了质疑。尼尔·贝内兹拉（Neal Benezra）和奥尔加·维索（Olga Viso）提道：“舒特探讨了后冷战世界公共纪念建筑的意义，他就传统纪念形式在这个时代是否有能力发挥记忆和意义承载者的作用表达了自己的怀疑。”[29]在2002年纽约惠特尼双年展上，美国艺术家基思·埃德默（Keith Edmier）在中央公园里展出了两件有实际四分之三大小的铜像，雕像中的男人身穿制服；这两件塑像表现的并非纪念雕塑艺术中常见的“伟人”，而是埃德默的祖父和外祖父，他们曾在二战中从事卑微之职。

一个艺术家在创作纪念物或纪念碑时要面对形形色色的复杂问题。由于作品将在公共环境中展示，因此艺术家不得不应付大批观众的各种情感和政治态度（或冒巨大风险而对此置之不理）。另外，未来的人们最后也会看到我们今天竖起的公共纪念碑;同一象征对他们而言可能承载不同的含义。世贸中心恐怖袭击的余波未平之时,最尖锐的论争之一聚焦于在原址上竖起什么样的纪念物来纪念2001年9月11日发生的重大恐怖事件。

139 随着时间的推移,艺术品可能会意外地在观者中间引起追悼过去、缅怀往昔的共鸣。比如乔尔·迈耶罗维茨(Joel Meyerowitz)自1981年起,在其工作室的窗口向外眺望,拍摄了一系列展示曼哈顿南面景色的照片。迈耶罗维茨的摄影作品效仿了克劳德·莫奈(Claude Monet)在不同天气条件下和一天的不同时段中描绘干草堆和鲁昂大教堂的做法,表现了天空的色彩和光线不断变化的图案以及大片的建筑楼群。每张照片中的关键焦点都是世贸中心的双塔,在背景深处隐约耸现。如今这些影像所唤起的时间感、悲剧感是艺术家当初创造作品时可能从未深思熟虑过的。

最后,尽管一直在以时间为主题讨论纪念馆和纪念碑,我们注意到这个话题也和场所(place),即我们下一章要涉及的主题相关联,尤其是当一个纪念馆或纪念碑所纪念的事件也让人联想到其事发地点时。沃迪奇科的《广岛计划》就是典型的例子。不同的主题之间常常相互交叉。

140 艺术家档案:布莱恩·托利(Brian Tolle)

过去不断浮现于现在——这是布莱恩·托利多数艺术作品中反复出现的主题。托利的《费城号》(*The Philadelphia*)(1995)正体现了这一观点。在这一雕塑装置里,艺术家将一艘18世纪炮艇的生锈外壳进行了变形,船身从海洋深处升起,一半仍浸在水里(画廊的彩色地板象征了水面)。托利的这件作品再现了一个真实事件:曾在独立革命时期与英军交战而沉入海底的美国炮艇"费城号",于1935年被打捞出水面。为完成这项抢救任务,船里的炮弹被首先运到地面上。托利参照了这一过程,在画廊地板上堆满了用聚苯乙烯泡沫塑料雕成的炮弹。在真实事件里,炮艇的总载重量减轻后,船体漂浮到了水面;按照托利的重新构想,回忆历史的过程从来就不完整;我们的集体回忆也是失之偏颇的。

在托利的艺术视角中,历史感是碎片化的,而且,过去的一些回声也不断以出人意料的方式浮现出来,穿插于现在,但它们最初的形态和意义已被时间扭曲了。比如,在《起草独立宣言的书桌:托马斯·杰斐逊》(*Declaration of Independence Desk: Thomas Jefferson*)(1994)中,托利将托马斯·杰斐逊的手提书桌复制成各种版本,形成一个系列。这张书桌的原物由杰斐逊的后嗣继承,它因国家建立文件在其上起草而闻名,享有国家遗产的重要地位。数十年间,人们以书桌原物为模本精心制作了大量仿制品以满足各种杰出人物[如亨利·福特(Henry Ford)和林登·约翰逊(Lyndon Johnson)总统]的需要,这些名人希望拥有一种和美国历史的独特联系。托利将这一过程又向前带进一步,他不但复制了书桌原物,还制作了早期仿制品的复制品,每件作品都以其非同寻常的细节彰显其拥有者的身份。托利对其他人制作的杰斐逊书桌的仿制品的复制,将我们置于一个距离杰斐逊原物两步之遥的奇特处境中。创作新的仿制品看似一个可以无限扩展的过程,这可能会让观者目眩神迷。托利的方案从对文化的无穷复制来看(文化仿佛具备了丰饶多产的条件),集中体现了让·鲍德里亚所说的超写实主义(*hyperrealism*):“对真实一丝不苟的复制,最好是通过另一种再生式的媒介……(复制)本身成为现实,成为对已消失的原物的拜物式迷恋。”[30]

托利最广为人知的艺术项目就是坐落于纽约炮台公园(Battery Park City)的《爱尔兰饥荒纪念碑》(*Irish Hunger Memorial*)(2002)(彩图5)。这件作品聚焦于1845年至1852年的爱尔兰大饥荒,当时爱尔兰人口从800万骤减到500万。几年间大面积马铃薯庄稼由于感染细菌而歉收,导致约100万人死亡,而历史学家们认为,这一惨况因对粮食危机的处理不当而雪上加霜。另外,150万人口为逃避饥荒而移居外国。其中很多人通过纽约港的埃利斯岛(Ellis Island)在美国入境,这一入境口从托利纪念碑的上半部分就可以看到。 141

为了象征逃往美国的爱尔兰人的痛苦和失落,托利在面积为半亩的场地上建造了一大块满目荒芜的爱尔兰乡间土地。这个场地位于曼哈顿下城区的高楼大厦的环抱之中。作品中采用的植物和灌木丛原产自爱尔兰的梅奥郡(County Mayo),甚至还有一间 19 世纪初爱尔兰农家居住的那种石屋。石屋没有屋顶,生动地提醒我们想起那个悲惨事实:为了"证明"自己一贫如洗地已经具备领取政府救助的资格,很多农民把屋顶掀掉了。这半亩地效仿的是有资格领取饥荒救济的农民可以拥有的最大面积土地。

整件作品被架高(最高点高出地面 7.6 米),悬臂式地面以石头和玻璃基底向外伸出。这些结构特点意在强调《爱尔兰饥荒纪念碑》是一件雕塑物品,而非天然静养所或主题公园。爬上那条穿过废弃屋舍和停耕的马铃薯地,参观者一面徜徉于过去,一面又积极地对托利作品当下的概念特质和实体触感作出回应。实际上,托利并不主张我们去过多关注爱尔兰人的过去,而是将重点放在当代参观者对作品本身的体验上。"我对存在引起共鸣的他者这种状况毫无兴趣。当你面对历史时,随口说说'那么这是关于他们的事情'太容易了。重要的是你此时此刻的体
142 验和感受。这和你息息相关。"[31] 草坡下面的基座上镶嵌着一行行文字,讲述的是大饥荒时期爱尔兰灾民的回忆,同时散布其上的是一段段重现全世界饥馑历史的引文。

作为纪念碑内部的纪念碑,石屋也是真材实料的房子——一间真正的农舍。托利的合作伙伴布莱恩·克莱因(Brian Clyne)的亲戚(仍住在爱尔兰)为这个艺术计划捐赠了这件农舍。房屋被海运过来,然后把一块块岩石重新搭建起来。在托利看来,在艺术品中运用住宅是恰如其分的:"这样就有了自身拥有历史的实际场所,而不必担心把事物同其历史归属拆开,因为房舍实际上是家庭之间、国家之间的礼物,有着自身的历史,也承载着我大家族的一部分历史。"[32]

托利的艺术改变了我们对历史和历史建筑的观念,并向我们对自认为十分了解的任何世界观的依赖性提出了质疑。在《尤里卡》(*Eureka*)(2000)中,托利对比利时根特市(Ghent)一栋面朝运河的 17 世纪住宅楼

的正立面进行了改造。为实现这个方案，托利同电脑专家合作，后者帮助他在楼体实际外层上用数码技术绘制了波纹图形的景象，还包括船只经过水面的划痕。模型部分是利用电脑控制的铣床制成的。最后的成品——由经过雕磨和绘制的塑料泡沫制成的假建筑立面——被安装在楼房原来的正立面上。这种结构本身看起来像是反射了建筑物在运河中的倒影；托利称作品为“液体建筑”。

在2000年纽约秀沙纳·韦恩画廊（Shoshana Wayne gallery）展出的《爱丽丝和约伯》（*Alice and Job*）中，托利安置了两个大型石头壁炉，这是20世纪初建于南加州的拉诺·德尔·里奥（Llano del Rio）社会主义群落所剩无几的遗产中的代表。每个壁炉上都有一个首字母——“A”和“J”：“A”代表爱丽丝·奥斯汀（Alice Austin），负责拉诺·德尔·里奥城市规划方案的建筑师；“J”代表约伯·哈里曼（Job Harriman），领导这个群落的高瞻远瞩的空想家。两个石壁炉是爱丽丝和约伯的代言物。

作为对那些梦想建立一个乌托邦社会的历史小人物的象征，壁炉承载着多层次的意义。从个体角度来看，壁炉可被视为用来纪念其上面铭刻的首字母所代表的两位人物（类似墓碑上的记号）。壁炉和放置壁炉的那原始古朴的房间一起构成用来铭记落空的乌托邦梦想的凭证。参观者初看时可能会认为壁炉是代表着某种早已一去不复返的生活方式，是真实可信的人工制品。但仔细审视会发现，很显然这是艺术家精心伪造的壁炉；它们被制作的初衷就是使其看起来像巧妙的伪造品。另外，当参观者意识到这两个大型仿冒的石头雕塑可在展厅四处缓缓移动时，就更增加了作品的神秘性。壁炉以每分钟约0.3米的速度移动，虽然它们的动作活像机器人，或者可以说颇有活力，栩栩如生，但仍然比今天的人类迟缓许多。在写到托利的展览时，评论家乔什·布莱克威尔（Josh Blackwell）评论说：“现代主义和21世纪为速度和效率的到来而大肆欢呼……时间成为只可节约不许浪费的珍贵商品……结果缓慢变成被妖魔化的概念，疑惑和沉思被转化为焦虑和精神涣散。”[33]对当代艺术的相 143
关理论工具有深入了解的观众，会将托利的艺术理解为一种策略的运用。通过这种策略,我们把过去作为一个文本,放置在今天我们自己的视角这一语境中加以解读。有理论倾向的参观者可能会将这些建筑形式——《费城号》中的泡沫塑料炮弹,托马斯·杰斐逊写字桌的仿造品,以及《爱丽丝和约伯》中那漫步的仿石头壁炉——“解读”为以寓言的方式象征着如何站在现在的角度去追溯过去。已故评论家和理论家克雷格·欧文斯(Crag Owens)在其1980年首次发表的颇具影响力的文章中,提出了寓言的重要特质何以“能从被历史遗忘的角落里解救出那些行将消失的东西”[34]的问题。以欧文斯的文章为依据来分析托利的艺术会是件非常有趣的工作,他的论文概括了一种冲动,这种冲动倾向于用新奇的、精心伪造的外壳来“取代”因年代久远而险遭历史“排斥”和遗忘的原初意义。实际上,欧文斯将一些关键性特质确定为当代视觉艺术倾向于使用寓言方式的一个方面和策略,很多特质——包括挪用、杂交、拼接、场域特定性(site specificity)和以碎片化语言指涉过去,以及在废墟中表征过去——都可以说是托利作品的核心。

在观看托利作品体系中的典型例子时,我们关于历史、时间和认知的观点也在不断变动。事实上,托利作品中的很多元素意在让参观者丧失方
144 向感:如果现在是过去的最高点,而过去又不停变动,那么我们现在身在何处,怎样才能弄清自己的方向?在面临时间定向障碍时,托利的作品要求我们着眼于现在,不要因为视现在为理所当然而对其漠不关心。

布莱恩·托利于1964年出生在一个由机械工程师和房地产经纪人组成的家庭里。他在长岛长大,并曾在帕森设计学院(Parsons School of Design)和耶鲁大学艺术学院(Yale University School of Art)学习。他现居纽约,在布鲁克林的威廉姆斯堡(Williamsburg)拥有一间工作室。

艺术家档案:科妮莉亚·帕克(Cornelia Parker)

艺术品中再循环利用的现成物通常传达了一种时间感,一定程度上物件过去的历史和身份仍明显存在。在其涉猎广泛的系列作品中,英国

艺术家科妮莉亚·帕克以创新的、常令人瞠目结舌的方式来对现成材料加以利用，这些方式让偶得材料与过去和现在的关联更为错综复杂，并提请我们认识到所有事物随着时间的推移都会经历其意义和形式上的无情变化。例如，《也许》(*The Maybe*)(1995)是一件墙壁装置作品，展示了一系列令人惊讶的、形形色色的偶得物和借来的物品，每件物品都有着真实的历史联系。这件创意大胆的作品中，借来之物包括心理分析学家西格蒙·弗洛伊德(Sigmund Freud)躺椅上的枕头和毯子、小说家查尔斯·狄更斯(Charles Dickens)用过的羽毛笔和一串曾属于拿破仑的念珠。《也许》就这些纪念品向我们提出了比诸如名人曾如何使用这些物品更有意义的问题。我们为什么一定要保留这些遗物？它们是否告诉我们一些关于过去或现在的事情？艺术家是否能够或该不该把历史遗物变为艺术材料，并在当下赋予它们以新的意义和形式？在改变一件手工艺品的意义的同时，艺术家是否也或多或少改变了过去的意义？

帕克的其他作品也是以《也许》中的同一基本主题为基础，通过细微的变化来探索时间——过去和现在之间错综复杂、模糊含混的关系，以及时间带来的错觉和转变。比如为了创作《共同的命运》(*The Shared Fate*)(1998)，帕克设法借到了 1783 年将玛丽·安托瓦内特(Marie Antoinette)斩首的断头台，然后用它上面的轧刀把一些物品切开，这些物品从面包、领带之类的日常物到各种古怪的收藏不一而足。正如历史学家杰弗里·巴钦(Geoffrey Batchen)所言："这些在其他场合再平常不过的物品现在却和法国大革命的著名历史人物之一共命运，一样被知识的重量和金属刀刃切断。"[35] 被帕克切断的物品之一是一个以虚构人物为原型的布偶，这个人物是查尔斯·狄更斯的小说《雾都孤儿》(*Oliver Twist*)中的主人公奥利弗。奥利弗布偶的面部露出因疼痛而抽搐的表情，这样的设计暗指小说里奥利弗的耳朵被拧痛的那一幕情节。当艺术家用她负载深刻历史意义的工具将奥利弗拦腰截断时，这抽搐的表情获得了一层新的情感含义！在帕克恶作剧式的幽默作品中，虚构人物的故事和历史真实人物的生活联系起来。被腰斩的奥利弗布偶让我们必须

145 直面一些深奥的问题:真实和虚构能否随着时间而合为一体?因为都被同一把刀斩断,历史人物玛丽・安托瓦内特身上的某些特点是否现在被注入了布偶?断头台的相关恐怖历史能赋予艺术作品以让我们惊慌失措的魔力吗?

我们在上一档案中描述过布莱恩・托利通过复制托马斯・杰斐逊的书桌及一些书桌仿制品而创造了历史遗物的仿真品。相比之下,帕克在其艺术品里融入了真正的遗物。两位艺术家都在探索时间如何在物质实体所经历的有形的和观念性的变化中显现出来。当有形物体的形式和意义以势不可当之势持续变化时,我们可以通过物体体验到时间的可感知性。

帕克在其几件装置作品中创造了一种静态平衡的幻觉——通过展示一个暂停动作——但她还利用再循环材料来表现一物如何快速而彻底地转变成另一物,因而又同时削弱了静止平衡的幻觉。在装置作品《冷暗物质:一个爆炸景象》(*Cold Dark Matter: An Exploded View*)(1991)中,帕克把被毁建筑的残骸用丝线和其他承重装置悬挂于画廊的天花板上。悬浮于半空的碎片汇聚(作为一个视觉整体)在一起构成了对建筑原初结构的逼真模仿,原初建筑是一个宽 3 米的花园棚屋,其拆除过程由艺术家精心安排(棚屋在英国军方的协助下被爆破)。爆破前,棚屋里塞满了她在家庭旧货市场上购得的各种二手物品(园艺工具、书和玩具),爆炸后的残余物被散布于整个装置中。为制作相关的装置作品《物质(更冷更暗的物质)》(*Mass*)(*Colder Darker Matter*)(1997)和《反物质》(*Anti-Mass*)(2005),帕克收集了两个小型木制教堂的残留物:物质所用的木炭来源于得克萨斯州被雷电击中而焚毁的教堂,而《反物质》则采用了肯塔基州一座被纵火犯烧毁的教堂残骸。在两件装置中,她都将烧焦的木炭碎片悬挂成一个立方体的形状,立方体的大小和小型教堂毁掉前的体积差不多。绝非偶然的是,两件装置品的名字都涉及了最基本的物理特性和大爆炸理论(Big Bang),根据这一理论,很多科学家相信是宇宙大爆炸导致了我们整个宇宙的诞生。帕克从小成长在天主教的环境中,因此她表示其作品隐含着宗教潜台词,"变体论(transubstantiation),

即一种物质幻化为另一种物质的整个观念，很明显影响了我作为一名艺术家的思考方式”[36]。

将帕克的对建筑残片进行部分重新装配的做法和海德·法斯纳科特（Heide Fasnacht）的雕塑《爆破》（*Demo*）（2000）相比较是件十分有趣的事情，后者表现了一栋在内向爆炸时凝固的建筑，整个楼体行将倒塌。尽管在主题上颇为类似（人造建筑结构的毁灭），两部作品对时间的测量则大不相同。法斯纳科特的《爆破》是在线性时间的一刹那凝结不动的；时间的静止看似一个演出场面或一张定格照片。而帕克的《物质（更冷更暗的物质）》和《反物质》中的时间感却更为含混和广泛。木炭碎片悬浮在一个过渡状态下；它们不再是整体的一部分，却排斥着重力的作用。或许帕克的雕塑暗指着来世生活；身体部分已经像拉撒路（Lazarus）那样升天，成为过去自我的幽灵或回忆。

帕克艺术的与众不同之处在于她如何揭示了时间的路径绝非直线 147
前进的。历史、记忆、情感和新事件会赋予人、地点和物件以新的意义。为了创作《被吸入的悬崖》（*Inhaled Cliffs*）（1996），艺术家用多佛白崖（White Cliffs of Dover）上的白石灰给床单上浆，白崖是临近将英国和欧洲大陆隔开的海峡边界的一种地貌特征。在英国历史上，多佛悬崖已成为奋力抵抗外敌入侵的象征。艺术家把这样一个特殊地点的地表痕迹植入艺术作品中，这意味着什么？帕克似乎把要表达的意义放在一个介于乐观主义和悲观主义之间的模糊界限上，乐观主义相信英国仍以强国的身份自豪地立于世界舞台之上。如果从悲观主义的角度解读，床单似乎象征着一块裹尸布，上面覆盖着一层厚厚的正慢慢沉入海底的文明遗留下的灰烬。从地质时间上来看，多佛白崖由于腐蚀一直在发生形变；无论看起来多坚固，这些崖壁只是戴着永恒假面的昙花一现的存在。最终它们必然会消失于惊涛骇浪中。

作为对流逝的时间的隐喻，帕克的艺术时常涉及现成物的外形和观念转变；来自过去的物品在外表和意义上被加以改变。比如，为创作《人的测量》（*The Measure of a Man*）（2004），艺术家把一块银质战争勋章熔掉,试图用融化的材料制成一条细长的金属线。这样她就使勋章还原到之前的物理状态(原料金属),但是金属线纠缠交错乱成一团,似乎是为了证明时间,或后知后觉改变和搅乱了一切。在《低语的反面》(*Negative of Whispers*)(1997)中,帕克把从伦敦圣保罗大教堂(Saint Paul's Cathedral)的穹顶收集来的参观者制造的灰尘塑成一副耳塞,教堂穹顶的曲面天花板能够极好地在墙壁间传播声音。

帕克的《窒息》(*Breathless*)(2001)是一件大型装置艺术品,在场地开阔的维多利亚和阿尔伯特博物馆的天井中长期展出。为制作此装置,帕克首先用伦敦塔桥(Tower Bridge)上的液压起重装置将20多个镀银铜制乐器压扁。然后,她把压扁的乐器按照圆形图案悬挂在一个开阔的空间内,空间四周都是从1500年到1900年间展出英国艺术和设计作品的各个画廊的楼梯。这些画廊里的物品曾是为满足上流社会的需要而由工人阶级制作出来的。《窒息》涉及了曾作为英国人生活中的固定节庆活动而存在的工人阶级乐队,当时矿工、工会和救世军(Salvation Army)都有自己的乐队。进而可以推测,这些乐队以及它们的风俗惯例和维持其运作的团体,几乎都不复存在了。扁平状态下的乐器隐喻了那些已不合时宜、不再重要的文化传统;它们也可能还指涉被击碎或遗忘的希望。《窒息》被悬挂于收藏英国顶级艺术品的博物馆的楼梯中间,这间博物馆是国家历史文物珍品的宝库。《窒息》不但和本章的时间主题相关,同时还指明了下一章节的主题:场所。

帕克于1956年生于英国的柴郡(Cheshire),她在瑞丁大学(Reading University)获得艺术硕士学位,目前在伦敦生活和工作。

第五章　场所 151

对任何人来说，来自何地和现居何处是两个最重要的事实。场所（place）可能是个人身份的一个核心层面。一个人曾生活过的地方，以及与此地相关的那些外观、历史和文化属性，限制和决定着一个人的所见所识。毋庸置疑，艺术家的地理历史影响着其艺术的表象和意义。但除此之外，形形色色的当代艺术家在其作品中都表现出一种对场所本身的高度意识。本章我们将要考察的是场所如何以及为何与今天的艺术家们形成强有力的关联，并成为艺术经久不衰的主题。

许多配合场所主题进行创作的艺术家是针对自己面前的特定场景作出回应，或是力图捕捉记忆中的空间表象或氛围。更抽象地说，一些艺术家努力以概念性的方式来处理关于场所的观念。比如他们可能会用符号来表现或描绘来自某一特定地理位置（诸如尼日利亚或中国，一个大城市或一座小村庄）意味着什么，或是去表达某类场所的文化和情感特质，如荒野、城市广场、精神病院或卧室。艺术家还会创作虚构的场所。譬如英国艺术家保罗·诺贝尔（Paul Noble）在一个宏大项目上花去8年的时间，描绘了一个叫作诺布斯城·牛顿（Nobstown Newton）的虚构城市，他那些一面墙大小的素描画绘制了虚构建筑的俯视图。

不少艺术家对场所主题的讨论是在对改变人们生活地域和生活方

式的主要潮流和发展作出回应。过去30年间,世界地图几经修订,未来数年内我们还可能见到新的地图,这影响着人们如何在地域条件下去定义身份和组织政治权力。另外,全球化经济和通过赛博空间遍布全世界的信息流动的发展将昔日千里之遥的地方连接起来。从日常经验的层面来看,人类对自然环境与日俱增的侵占和我们生活和工作空间的日益人工化,意味着我们很多人不得不刻意去体验未经开发的自然风光。因此,艺术家们开始创作表达变动的空间观的作品,也就不足为奇了。

153 场所的意义

除了地图上的一点之外,场所到底是什么?时间和空间在一个场所里汇合为一体。场所包含隐喻和象征意义,这种意义比特定地形景观或建筑式样的表面形貌更为深刻。社会改造着场所,赋予其记忆、历史和符号意义,同时也在外观上改变着它们。通过文化透视镜可以看到,场所是一种人类行为的背景,是浸透着某种精神的环境。场所代表和映射了其居住者和其他人的观点和视角。土著部落终日穿梭其间的一片森林和一队游客乘船漂流而过的森林给他们带来的心理感受是大不相同的。场所既有广为人知的特定意义,也有隐含意义,只有和这个地方有着密切关系的人才知晓。

场所主题和时间主题,尤其是记忆和历史这类次主题彼此交叉。场所既是一个事件,也是有形材料的集合,因为场所必然会经历变化,不管这种变化是何其缓慢(只有理想化的地方或乌托邦这样的设想才会保持静止不变)。当事件在某地展开时,就将历史意义灌注到这个地点。一个地方的意义可能是由发生在那儿的事件赋予的(试想诺曼底海滩,二战中盟国登陆西欧的地点)。一个场所也可能承载着多个历史事件(试想耶路撒冷)。饱含历史意义的地方也许会成为一个国家身份认同和集体记忆的一部分(试想纳粹集中营)。以场所的最后这一层面为创作主题的艺术家之一就是德国画家安塞姆·基弗(Anselm Kiefer)。自20世纪 80 年代起，基弗创作并展出了大量系列油画作品，以唤起人们对德国纷乱纠结的过去的注意。这些画作表现了烧焦的大地和洞穴般的房间，屋内的焚尸炉熊熊燃烧。生于前捷克斯洛伐克的艺术家马格达莱纳·耶特洛瓦（Magdalena Jetelová）是另一位参照德国历史来审视场所和时间之间联系的艺术家。耶特洛瓦的摄影创作计划《大西洋之墙》（*Atlantic Wall*）（1995），考察了二战期间纳粹沿大西洋海岸自挪威至西班牙修建的大型混凝土掩体经过 50 年海潮的强劲冲刷后，早已沦为摇摇欲坠的废墟。在拍摄前，她用激光把法国哲学家保罗·维希留（Paul Virilio）的《地堡考古》（*Bunker Archaeology*）一书中的文字投射在掩体结构上。这本书概括了维希留对大西洋之墙防御工事的军事技术史和空间的意义，以及战时如何运用图像和信息来影响认知力等问题的观点。

通过创造一个场所的过去身份和现在身份之间的严重脱节，来自加利福尼亚的艺术家弗利兹·海格（Fritz Haeg）让参观 2008 年惠特尼双年展的观众们意识到，如今纽约这片价值连城的土地曾是一片荒地，是动物们的家园。海格把博物馆的庭院改造为《动物庄园》（*Animal Estates*），这件装置作品由 12 种本地动物物种的栖息地组成，包括海狸窝和鹰巢，这些栖息地曾因人类的定居而被迫迁移。

本章我们主要对那些审视场所的政治、社会、文化、哲学、诗学和心理内涵的当代艺术家加以讨论。研究场所的自然特征和认知意义要引入多门学科，包括历史、地理、制图学、地质学、人类学、文学、建筑和戏剧。视觉艺术家们从所有这些学科里吸收了各种见解、信息和理论，并且随着他们对场所这一主题的继续探索，还会更多地吸纳、借鉴。

然而，在我们开始考察当代艺术中的场所之前，有必要思考一下我们在日常话语中如何使用场所（*place*）这个词。场所是一个位置（location）。一个场所可以像非洲那么大，也可以只有衣橱那么小。一 154
个场所既是真实的，也是虚构的。它可以是可能性、假设性和幻想中的一个地方——有可能发生某事的某地。如今场所可以是个子虚乌有的地方（nonplace），可能只存在于赛博空间（cyberspace）里。人们就像他们阐释其他文化图像、物品或文本那样去解读场所。场所具有一种感知和认知的功能。

所有社会里的人都就场所提出类似的问题：哪些特征限定了一个场所？我们在哪里？谁属于这里？这些问题涉及描述、方向、身份和所有权的问题。定位能力对人类生存至关重要；游牧部落和定居于特定地域的历史悠久的文明社会一样，必须去关心辨识地理位置的问题。

时髦用语和修辞手法都间接表明了我们的世界观在何种程度上充满了场所的概念。比如，我们常会注意到人们说某事“took place”（发生了）。这种说法暴露了我们一个基本的假设：某事一定是发生在某地。同样当我们说某事“in place”（适得其所，各就其位）或“out of place”（格格不入，不得其所）时，暗示着拥有确定的位置是有价值且正常的。一些文化对物品的理想摆放位置有着一整套规矩，如中国传统中的风水（*feng shui*），或建筑空间的布局。认为某事不可能同时存在于两地的后启蒙概念仍是关于物理世界本质的强有力观点（尽管现在量子力学中的光量子定位向这种假设提出了挑战）。

场所的价值

场所具有实际的价值；它能容纳自然资源，如木材、油或充足的水资源，也包括基础设施上的大规模投资，如道路、桥梁和公共建筑。场所还具有符号价值。2001 年恐怖分子将纽约世贸中心锁定为攻击目标，不仅是因为双塔建筑代表着价值连城的地产且能容纳成千上万的人，而且还因为这些建筑本身象征着美国和国际资本主义的显赫影响和全球实力。世贸中心和诸如耶路撒冷、贝尔法斯特（Belfast）等其他地方的符号价值因人而异。

一个场所的符号价值体现了精神内涵的积淀。一些文化理论家采用空间（*space*）这一术语来指代一个场所的社会和心理属性[1]。场所的精神维度是变动性的，常随着新居民的进驻而被重新规定。多个精神空间可在同时共存于同一场所内。正如当旧建筑被拆除并在原址建起新楼时一个场所被改变了外观一样，当新的精神空间敞开以取代或与旧有的空间共存时，场所也可在文化上发生改变。比如，设想一间女子学院变成男女同校，楼群和操场基本上保持不变，但是一个针对男学生的声音和观点的全新精神空间从此打开。

某类场所会引发强烈的生理和情绪反应，比如眩晕、幽闭恐怖症(claustrophobia)，或定向障碍(disorientation)。有些成年人站在高楼或桥上会有恐高体验，或对公共场所产生恐惧感(agoraphobia)，许多儿童很怕待在床下的空间里。

由于场所具有物质和符号价值，关于场所的所属、使用、开发和命
名等问题的论争也司空见惯。世界历史是一个错综复杂的谱系，各地 155
的疆界和名称都在经历变更。我们孩童时代学习过的地图和我们今天使用的大不相同，而今天的地图在未来也不可能原封不动。就在 1980 年以后，世界目睹了苏联解体成若干小国；南斯拉夫分裂成若干国家，包括塞尔维亚、克罗地亚、科索沃及波斯尼亚、黑山；东西德统一；中国香港地区回归中华人民共和国。古往今来，领土变更常常伴随着令人触目惊心的杀戮和破坏。今天我们仍可见领土冲突，比如中东地区的以色列和巴勒斯坦之间，以及印度和巴基斯坦在克什米尔问题上的纷争。

当代艺术家就地理位置的变化如何改变人们评价社会景观的问题展开了讨论。比如，20 世纪 90 年代，南非艺术家们以各种媒介进行创作，其作品探讨了曾位于开普敦中心的综合社区(District 6)的有关记忆。1966 年至 1981 年间，当时实行种族隔离的在野政府下令将第六区夷为平地，为建立更为规范和高度组织化的，并按种族界限划分的区域铺平道路。曾经生机勃勃的社区变为一片荒凉之地。这种对比在南非艺术家纳迪亚·达恩科(Nadia Daehnke)的作品《商店/原址/圣殿》(*Shop/Site/Shrine*)(1997)中表现得十分明显。《商店/原址/圣殿》由一

张刻在玻璃板上的地图构成,地图表现了过去充满生气的繁荣景象,这件作品像一台时间机器:透过置于眼前景色下的玻璃板,观众看到了一种对早已一去不复返的事物的象征性表现。

历史的影响

50 年前,如果你翻开一本有关艺术家如何处理场所主题的书,可能会在其中一章里看到关于风景和城市空间的绘画和照片,或读到有关一座雕塑如何被安置在其自然环境或建筑背景中——如果书的篇幅够大——你还可能读到关于花园、公园和城市广场的设计的内容。今天艺术对场所主题的处理远远超过了绘画、摄影和雕塑这类传统媒介。以场所为主题的当代艺术选用的创作材料和风格五花八门,其艺术目标也是形形色色。

尽管我们对场所的概念以及艺术家在探索这一主题时采用的策略历经变化,大多数涉及场所的当代艺术仍扎根于(或至少关涉)那些对上几代人来说并不陌生的传统和观念中。对于艺术初学者来说,风景画一直是十分重要的。每个成长于西方文化中的成年人都熟悉风景画是什么样子。过去几个世纪里生产的风景画数量庞大,许多职业和业余艺术家今天仍钟情于描绘风景。

西方风景画的传统可追溯到 2000 多年前那些罗马人的别墅里表现自然风光的墙画上。然而这一主题后来在欧洲逐渐失宠,直到 16 世纪才又得以复兴,并进而演变为一个独立的创作类型。相比较而言,中国的风景画自 10 世纪以来一直保持着旺盛的生命力。在中国,大型风景画一般被称为山水画(*shanshui*)。到了 19 世纪,欧洲的现实主义和印象派画家在抵制学院派历史画的同时,大大提升了风景和城市景观题材的地位。实际上,现代主义运动初期的许多伟大成就是在风景画上取得的。
156 美国的风景画也同样兴盛于 19 世纪,其领导者是哈德逊画派(Hudson River School)和一批表现美国西部开发的艺术家们。风景作为绘画主题在欧美贯穿了整个 20 世纪，在先锋派艺术中，它成为探索形式问题和表达个人情感与想象力的途径[2]。

关于艺术史中的场所主题已多有论述[3]。因此，这里我们将仅限于考察一些早期艺术家发展和运用过的概念与策略，它们重新出现在当代艺术中时已发生了新的变异。

（多数）场所存在于空间中

一个真实的场所存在于空间中，空间是日常体验中的三维场域。但是一位创作中的艺术家有多种表现或融入空间主题的手段可供选择。即使对于使用三维媒介（雕塑和装置艺术）的艺术家来说，没有哪个单一的表现或操纵空间的手段是占支配地位的：空间可以是写实主义风格的［如爱德华和南希・金霍尔茨夫妇（Ed and Nancy Kienholz）在其生动的装置画面中使用了现成物和家具］，也可以是扁平的（如在浅浮雕中）；空间的大小变化可以通过对平面的折叠式处理而实现［如雷德・格鲁姆斯（Red Grooms）的构成派雕塑作品］；空间和实体可相互转化，达到虚实契合（如以立体主义雕塑为基础的处理手法）的效果。一个场所的空间也可和录像、幻灯和光投射相互融合，各种声音和气味也能渗入并弥漫整个空间。

借助二维媒介创作的艺术家们表现场所空间的方式十分广泛，从制造视觉错觉（包括照相写实主义、魔幻现实主义和自然写实主义）到图表式技法（如艺术家采用建筑蓝图的例子），再到抽象派中常见的扁平式或折叠式的空间处理技法，不一而足。

每个文化都发明了自己表现空间的典型艺术手法，并对之加以熟练运用。15 世纪到 19 世纪晚期约 500 年的时间里，在平面上（油画、素描和版画）创作的西方视觉艺术家们通过应用传统线性透视（linear perspective）和大气透视（atmospheric perspective）手法来描绘物理空间，最终成像显示的是静止的观察者从某一特定视点看到的场景。线性透视和大气透视体系仍然是许多艺术表征场所的坚固支柱。比如大多数摄影设备采用的是以线性透视原则为基础的镜头系统[4]。探索超现实美学趣味的当代艺术家们在创造高度性感化的形象、科幻图像或电脑游戏图像时,常常依赖三维技术的成功幻象与难以置信的表现对象之间的对比来加强作品的美学冲击力。

整个 20 世纪层出不穷的另类空间体系吸引了许多二维媒介的视觉艺术家。有两种策略对当代艺术家来说尤其重要。第一种是在一件作品中对空间进行分隔式表现。和对单一整体空间(如采用线性透视法的普通照片或绘画作品中表现的空间)的描绘相反的是,空间分隔法表现了多重空间的共存或同一空间的多重视角。例如,凯里·詹姆斯·马歇尔(Kerry James Marshall)绘制了芝加哥住房兴建方案的系列图(插图 5-1),这些作品的构图融合了写实风格的图像、平面形态、装饰性
157 图案和拼贴画元素。生于埃塞俄比亚的艺术家朱莉·梅瑞图(Julie

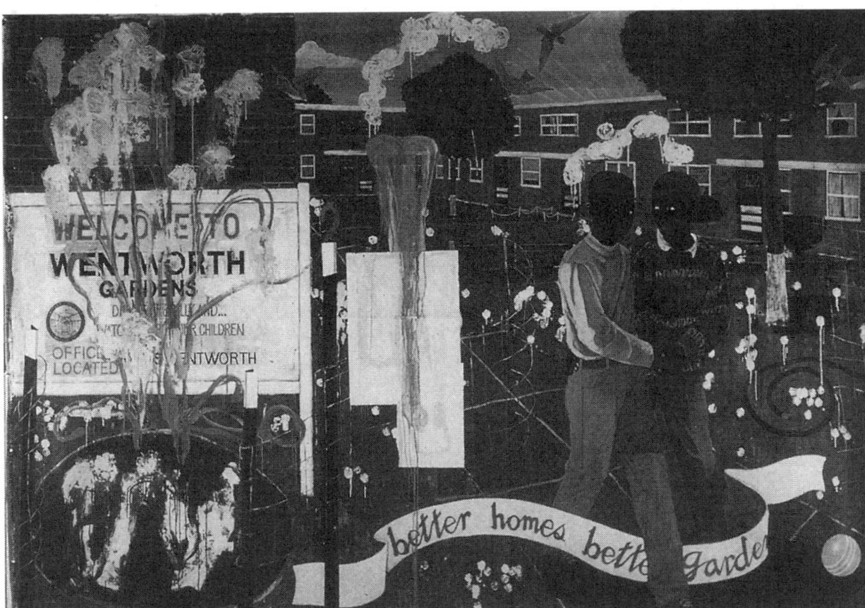

插图 5-1　凯里·詹姆斯·马歇尔　|　更美好的家园(*Better Homes Better Gardens*),1994 年
画布上的丙烯酸树脂和拼贴画,250 厘米×370 厘米
由艺术家本人和 Jack Shainman 画廊提供,纽约

Mehretu)把从机场规划图、气象图、体育场座次排列表、新旧楼房的建筑示意图等各种渠道搜集而来的建筑环境的图像片段叠加起来。梅瑞图用彩色铅笔和多层墨水在建筑师专用的牛皮纸或聚酯薄膜纸上创作,建构(也解构)了一种以视觉密集和包罗万象为特点的城市空间。

第二种艺术家表现空间时广泛应用的策略就是对制图学中的一些技术、观念或图像加以利用或改造。地图绘制使得信息的设置和某一地点的如实记录不必受制于一个单一的、固定不变的制高点。所有地理位置都同时并存;观者从地图上空俯视下方时,和图上的所有点都保持同样的距离。除了制图法,艺术家们还以不同形式的图示法为手段来呈现一个对象的形象,而不必诉诸笛卡尔式的观点。一些艺术家还启用了全球定位系统(GPS)这样的高精尖新技术,它能通过卫星定位并追踪地面上的位置和活动。艺术家还可以像梅瑞图那样把制图和图示法同其他空间表征系统融合在同一作品里[5]。

一些以制图法为基础的、更为耐人寻味的艺术作品探索了场所主题的政治和情感层面。巴勒斯坦艺术家莫娜·哈图姆(Mona Hatoum)在耶路撒冷的一家画廊里创作了装置作品《现在时》(*Present Tense*)(1996)。哈图姆在肥皂块上用红色念珠复制了涉及约旦河西岸领土的 158
分裂和辖制问题的地图,同时还展出了当地人购物和烹饪活动的照片。这些地图抽象概括了阿拉伯人和以色列人之间的领土纷争,而日常图像和肥皂浓烈的气味则映衬了当地定居者和风俗习惯中的矛盾冲突。爱尔兰艺术家凯西·普伦德加斯特(Kathy Prendergast)对地图进行改造,用对地理身份的各种另类解读刺激着观众的好奇心。在策展人梅尔·沃特金(Mel Watkin)看来,普伦德加斯特在题为《迷失》(*Lost*)(1999)的数码打印图片中,"采用了一章简明美国地图……地图上布满上百个小镇,所有小镇都有着一个共同的名字:迷失。它们都是实际存在的地方(Lost River,Lost Gulch 等)。然而这个国家的所有其他城市都被从地图上彻底删掉了。这意味着什么?我们迷失了方向吗?还是这些城市消失了?或是作者自己迷失了?"[6]

三维媒介的艺术家(雕塑家、装置艺术家等)在探索场所的空间处理方式时有着更宽广的选择范围。例如美国雕塑家理查德・塞拉(Richard Serra)邀请观众环绕着其大型曲线形雕塑边散步边观赏,或悠然穿行于作品中。针对如何让空间在巨大的弧形钢板间流动这个问题,艺术家做了协调的安排与精心的设计,使观众沉浸在弯曲变形的空间中。这里不存在任何一个绝对优先的有利视点,这与观赏绘画或浮雕时一贯占支配地位的正面视点完全相反。

艺术品存在于场所中

艺术品存在于场所中。古往今来,这个事实构成了无数艺术品产生的美学影响的基本组成部分。另外,由于过去多数艺术是永久坐落于某一场所,因此艺术和其所处环境之间在概念上(有时也在字面上)似乎有着不解之缘。位于西班牙阿尔塔米拉(Altamira)岩洞深处的旧石器时代的墙画,附着在法国沙特尔大教堂(Chartres Cathedral)墙壁上的雕塑,以及让罗马西斯廷教堂(Sistine Chapel)顶棚熠熠生辉的出自米开朗琪罗之手的湿壁画,都是让人过目难忘的经典。实际上,自古希腊时代至17 世纪的欧洲,西方大部分最重要的艺术典范都是直接附着于建筑作品上。

虽然不是发生在旦夕之间,但艺术与其最初所寓场所之间的密切联系最终还是被削弱了。最后,两者的彻底分离出现在大多数作品中。这种分离的一个重要层面是有形的、物理上的。虽然诸如装饰性花瓶这样可以到处移动的小型艺术品古而有之,而油画和雕塑艺术则基本上还是固定于具体的场所。然而大约 500 年前,架上画作为一种创作实践广泛流行起来,便于携带的图像作品的数量开始呈递增趋势。依赖于特定建筑场所的艺术项目仍在各地广泛进行,包括为特定建筑物设计的壁画和雕塑以及为某个教堂绘制的彩色玻璃窗,尽管如此,对脱离环境的艺术品的策划和制作已变得十分普遍。这种艺术品中的物理属性的改变对美学理论和艺术生产中的变迁都产生了影响(反过来也被这些变迁所影响)。同样重要的是,摄影术的发明(19 世纪)及其精确复制艺术品的能力产生的巨大冲击,改变了我们对艺术依附于场所的观念。如今人们可以随时欣赏艺术作品的复制品,而不必亲眼看见作品原初的背景。

艺术和场所的分离还包括精神或认知上的改变。同样,这种分离开始是个渐进的过程,然而在现代时期经历了重大转变。作为形式主义者 159
的现代派艺术家们认为,无论艺术品在何处展出,作品的意义应该保持不变。现代艺术的典型范例,如美国 20 世纪 50 年代中期至 60 年代末的色域绘画(color-field painting),强调艺术的形式层面,其设计也通常便于携带,并意图在任何展出场所都给观众留下相同的视觉印象。为强调对展出作品场地的弱化处理,当时的现代派艺术家和策展人都更青睐于精简到极致的展馆空间——白色墙面,甚至是白色照明,没有窗户——这样的空间外观中立低调,丝毫不显眼。

形式主义对具有稳定意义的自足艺术品的信念并未维持多久。自 20 世纪 60 年代中期以来,人们又重新意识到艺术品展出场所的重要性。被安放在室外的作品无疑和其周围景观和建筑彼此交互映衬,然而所有美术馆,甚至包括现代派所推崇的"白立方"(white cube)画廊,都具有其自身特有的建筑构造,这种建筑环境成为它所容纳的任何艺术品之视觉体验的一部分[7]。到了 80 年代,后现代主义者、女性主义者和多元文化主义者都一致认为,艺术品的欣赏或理解绝不能独立于其展出环境,艺术品也不能完全脱离其原初环境的文化内涵。

在承认观赏环境对作品意义有影响的同时,一大批当代艺术家还创作了特定场域(*site-specific*)的艺术作品。场域艺术中,作品的意义和形式是从其特定的展出场地那里获取的[8]。例如,2002 年惠特尼双年展上,洛克希·潘恩(Roxy Paine)用闪闪发光的铝板制作出一件一比一大小的树形雕塑。这棵树设计之初就计划放在中央公园,而不是位于麦迪逊大街的展馆大楼里。在原地观察潘恩的这件拟像作品,会发现它把公园四周的环境从过去那个位于曼哈顿钢筋混凝土海洋之中的充满人造自然景观的小岛,变为一个让人疑惑不解的地带:哪些是自然的?哪些又是人为构建的?何人或何物控制着这一切?尼古拉斯·德·奥里维拉(Nicholas De Oliveira)、尼古拉·奥克斯利(Nicola Oxley)和迈克尔·皮特里(Michael Petry)提出了关于场域特定性(site-specificity)的更宽泛的定义。

> 场域特定性并不仅仅暗示着一件作品存在于某一场所,也不是说作品本身就是场所。确切地说,它意味着作品的外观和意义很大程度上取决于作品得以实现的那个空间的构型……一个空间的重要性可以体现在以下很多方面:空间的规模、一般特征、建筑材料、它过去的用途……它在重大历史或政治事件中扮演的角色等。[9]

地景艺术(*Earth Art or Land Art*)是涌现于 20 世纪 60 年代中期的一种场域特定艺术形式,今天仍有一些艺术家从事这种创作实践,如南希·霍尔特(Nancy Holt)、迈克尔·辛格(Michael Singer)、艾伦·索菲斯特(Alan Sonfist)、加布里埃尔·奥罗佐柯(Gabriel Orozco)、大卫·纳什(David Nash)和梅格·韦伯斯特(Meg Webster)。地景艺术家在大自然中创作,以自然风景的方方面面作为其艺术材料。艺术品的制作可能直接取材于周围环境的有机材料。比如英国艺术家安迪·高尔斯华绥(Andy Goldsworthy)把他在室外拾得的石头、花草和树叶在原地摆成特殊图案。另外,加工材料也常被形塑并放置在特定场所,就像克里斯托和珍妮-克劳德夫妇(Christo and Jeanne-Claude)的公共艺术项目那样。比如,在《环绕群岛》(*Surrounded Islands*)(1993)中,佛罗里达州比斯坎湾(Biscayne Bay)数座小岛被两位艺术家用 0.6 平方千米的亮粉色聚丙烯编织布暂时包裹起来。

装置艺术常常是场域特定性的。作品的各种元素要作为一件单一的作品而被体验,而作为这些元素的集合体,装置作品专为某一特定场所被制作出来时就具有了场域特定性。观众不会将一件场域特定的装置品看成独立于展出场地的自为的场面。就画廊或美术馆中的场域特定装置作品而言,艺术与周围建筑融合在一起;建筑物的墙壁和空间成

为艺术的一部分。譬如美国录像艺术家黛安娜·塔特尔(Diana Thater) 160
将其大型录像装置作品投射在圆柱、窗户、天花板、墙壁和地板上,以此强调我们观赏环境的建筑结构。(矛盾的是,通过把录像投射在建筑物上,塔特尔让建筑物在一定程度上丧失了其物质实体的存在。)

制作专门探讨场所主题的装置作品的当代艺术家还包括塔特尔、安·汉米尔顿(Ann Hamilton)、罗伯特·欧文(Robert Irwin)、弗雷德·威尔逊(Fred Wilson)、萨拉·斯茨(Sarah Sze)、伊利亚和艾米利亚·卡巴科夫(Ilya and Emilia Kabakov)、丹尼埃尔·布伦(Daniel Buren)和川昊正(Tadashi Kawamata)。当然,许多装置艺术品聚焦于除了场所之外的其他主题;然而不管怎样,一件装置品本身作为建构性的环境存在,观众置身其中,并和作品发生联系。一件装置作品强化了我们和世界上真实场所之间的接触和交流。它把一个整体环境转化为一件艺术品。装置作品提供了一种与情感和心智相关的身体经验,观众仿佛走进舞台布景中(配有道具、背景、灯光和声效),然后发觉自己跟随着作品的召唤,对那些神秘未知的表演遐想万千。

尽管其定义和具体实践在不停演变,场域特定性这个概念在当代一直举足轻重[10]。一个和场域特定装置艺术,以及建筑和景观设计相关的倾向就是视觉艺术家开始构建功能性建筑物。包括维托·阿肯锡(Vito Acconci)、丹尼斯·亚当斯(Dennis Adams)、阿塞娜·塔哈(Athena Tacha)和玛丽·密斯(Mary Miss)等人在内的当代艺术家通过独自承担艺术项目或者与建筑师进行团队合作,为特定场所设计房屋结构,以供在那儿居住或工作的人们使用。阿肯锡以其惊世骇俗的反传统行为艺术和装置作品成为20世纪70年代远近闻名的艺术家。他于1988年成立了阿肯锡工作室,将自己的创作才华和艺术视野应用于由建筑师、工程师和其他艺术家组成的团队中。例如,《风中的庭院》(*Courtyard in the Wind*)(1997—2000)是为德国慕尼黑市政建设部设计的作品。庭院由一块圆环状地景组成,地景可以围绕隐藏于地下的大型转盘转动。当风能驱动着位于附近一座高塔上的涡轮机发电时,环状地景开始移动。

艺术家本人曾充满诗意地描述道:"起风时,地面在你脚下缓缓转动,按直线行走是不可能的了。旋转的环形取代了地景;草坪之间和人行道之间都彼此分离……两棵树从原来树丛中的位置上移开。"[11]

审视场所

在场所的主题下,许多当代艺术家创造的作品表现了特定地点在形貌和情感上的特征,比如大峡谷(Grand Canyon)、东京、本地的小餐馆,或艺术家的工作室。在这类作品中,场所的可感属性和心理属性彼此感染,相互影响。

与他们19世纪的前辈相比,今天的艺术家更有可能意识到,他们对场所的审视和观察总是渗透着社会概念。正如批评家丽兹·威尔斯(Liz Wells)解释的那样:"土地(land)是一种自然现象……'地景'(landscape)是一种文化建构。"[12]场所始终就在那里,是外在的,独立于我们的观念而存在,我们用来组织和阐释场所的概念却是人类思想建构和介入的
161 产物。

自1980年以来,诸如尼尔·威利弗(Neil Welliver)、罗伯特·柏林德(Robert Berlind)、珍·佛莱里奇(Jane Freilicher)、马克·因内斯特(Mark Innerst)、乔尔·迈耶罗维茨(Joel Meyerowitz)(彩图3和彩图4)和威廉·埃格莱斯顿(William Eggleston)等画家和摄影师延续着根据自己对特定场所的直接观察来进行创作的传统。对于这些艺术家来说,诸如天气和光线条件等方面可用来象征投射到景观上的人类情感。一些艺术家,包括英国画家彼得·多依格(Peter Doig)、美国艺术家大卫·贝茨(David Bates)和琼·施奈德(Joan Snyder),他们将记忆中的某地制作成图像,以此突出了这些地方具有的能唤起个人回忆和尘封情感的力量。另外一些艺术家探讨的重点是:我们该如何去理解那些其形貌已被摄影术或其他技术媒介改变了的特定场所。这些艺术家主要有德国的格哈德·里希特(Gerhard Richter)和美国的维嘉·赛尔明斯(Vija

Celmins)。在里希特和赛尔明斯的照片绘画(photo-based painting)作品中,一个特定场所,如高山地带(里希特)或波涛汹涌的海面(赛尔明斯),与观众的距离被再度拉大。尽管他们的画是以具体场景的照片为基础,然而作品真正的主体并非现实世界中的真实场所,而是照片中显现的视觉信息(和表现风格)。

描画本地景观在美国某些风景区一直很受欢迎,值得一提的有新墨西哥的圣达菲(Santa Fe)和陶斯(Taos)、马萨诸塞州的普罗温斯敦(Provincetown),还有缅因州海岸。这些地区推动了商业艺廊体系的繁荣,吸引了大批收藏者来搜寻表现雅致幽静或宏伟壮观的迷人美景的图片。在世界其他地方也可见这种相似的对风景主题的强调。比如中国南方的漓江(Li River)沿岸,画家们不断描绘着此风景区独有的陡峭浑圆的群山。

当然,二维媒介不是当代艺术家用来表征特定场所的唯一手段。不少艺术家在表现场所主题时会另寻其他途径来处理创作物料。比如,美国艺术家洛克希·潘恩(Roxy Paine)的《庄稼》(*Crop*)(1997—1998)是一件实物大小的雕塑作品,栩栩如生地再现了一块种满罂粟的土地。罗伯特·洛毕(Robert Lobe)猛烈锤击包裹在巨型卵石和树干上的铝合金薄片,最后的成品好似大自然鬼斧神工的产物。英国艺术家雷切尔·怀特里德(Rachel Whiteread)因其浇铸诸如床下、桌下的空间、房间内部或楼梯井这样的负空间而闻名,这些浇铸品以相反的方向将一些具体的细部保留下来,如窗户的位置和设计结构、装饰性嵌线和墙壁上的插座。

当代艺术中,对建筑环境的表现比对自然环境的表现更为流行。这一现象反映了全球生活方式的变迁,人们日益迁往人口密集的区域定居,离自然越来越远,有时甚至是和自然完全疏离。艺术家们所探讨的建成环境多种多样。艺术家感兴趣的不仅仅是城市环境的外观,还有它们的感觉、声音、气味,以及给居民和造访者带来的影响。他们热衷于讨论城市是如何运转的,以及城市的意义是什么。在探索城市以及建筑环境的其他层面时,艺术家会触及许多在城市居民中引起强烈舆论的普遍问题——拥挤、不堪一击、贫富差距——以及那些令人振奋的城市特征,比如无论白天还是夜晚,人们都会经历眼花缭乱、目眩神迷的感官之旅。

韦恩·蒂埃博(Wayne Thiebaud)20 世纪 80 年代初以来的画作由于对处于地震频发带的旧金山地貌的夸张表现方式而获得了很高的知名度:这些图像描绘了坐落于陡峭山体上的房屋和街道,将这个毗邻海湾的城市在地形上的危险不安和情感上的洒脱不羁完美结合。最近,中国雕塑家展望(Zhan Wang)用从中国进口的不锈钢厨房用具创作了《旧
162 金山城市风光》(*San Francisco Cityscape*)(2008)。这件长 6.7 米的装置作品以惊人的精确度再现了旧金山市,包括楼房、码头和金门大桥(Golden Gate Bridge)等在内的物体。展望的不少雕塑作品都审视了曾经共同建设起北卡罗来纳州的贫困中国移民和其他文化群体之间彼此交错的历史。展望还因其用不锈钢材质制成中国园林观赏石(scholars' rock)而闻名——观赏石是放置在中国园林中的假山,作为对天然美景的理想化再现和追寻宁静处所的象征。在作者艾米·杜克(Aimee Le Duc)看来,展望那闪闪发光的假山石模仿品,向"我们利用引人沉思冥想的工具来逃避城市文化的需要提出了挑战,我们如此迅速地创造、摧毁又重建着城市文化"[13]。

对一些艺术家来说,一个场所是由那里的行为模式规定的。20 世纪 80 年代初,丹尼斯·伍德(Denis Wood)绘制了一系列标识出他的住宅区独特细节的地图。伍德的艺术将各种图案绘制成图表,如人行道上的涂鸦、交通指示牌和马路信号,以及万圣节之夜街区里放置南瓜灯的位置。通过图表的方式绘出特定场所的某类细节特点,每张地图都揭示了
163 社会含义的一种整体模式。

今天,城市发挥着人类行为的主要舞台的功能。在其大幅全景照片中,德国艺术家安德烈亚斯·古尔斯基(Andreas Gursky)从上空俯拍了大型场所中熙熙攘攘的人群的惊人场面:"国际证券交易所的交易大厅、巨大的工厂、办公楼、国会、图书馆、奥林匹克赛事及其他拍摄对象营造出一种浪漫派风景画曾渴望企及的令人叹为观止的敬畏感。"[14]古尔斯

基的图像所提供的视觉证据证明了场所是由聚集于其中的人所规定的，正如人也反射了他们居住的场所一样。当凝视着照片中由其他人构成的宏大场面时，我们被古尔斯基的图像深深吸引了。这些摄影作品还捕捉到了城市居民必须处理的大量视觉细节。

到了21世纪，艺术家们开始越来越多地探索场所的听觉维度。录像、表演和装置艺术家帮助我们去倾听和观察我们居住的场所。除此之外，当代视觉艺术展常包括作曲家和声音艺术家的作品，如玛丽安·艾玛赫(Maryanne Amacher)，她创建了声音建筑的形式，让观众去体验一种将视觉、声音和感觉融于一体的场所并沉浸其中。在艾玛赫的作品中，极响亮之音和极微弱之声创造了声音体系内部独一无二的共鸣。当我们置身其中一部声音作品时，对场所的体验从以静态和视觉体验为重心转换到对声音的瞬时性流动的强调上。各种声音不断变化着音调，以不同的高度和强度起起落落，逐渐将我们吞没。

寻找场所

为什么有些地方如此有价值，以至于艺术家们为保护它们而大声疾呼并甘愿献上自己的艺术作品呢？这里有很多因素。就保护自然景观的意图来说，有些艺术家拥护带有泛神主义倾向的自然观，认为荒野是精神力量之源。在他们看来，沙漠不仅仅是干旱少雨之地，山峦也不单单是块隆起的高地。相反，一片荒漠可能是唤起神秘意识的地方，一座山也可能被尊崇为精神源头或重生之所。将自然视为具有神圣意义之地的观念的最典型例子就是美国土著艺术家杜鲁门·洛维(Truman Lowe)的《红色河堤》(*Red Banks*)(1992)。这是一件长6.1米的木制雕塑，木材购自一家建材商店，雕塑上装饰着天然树枝。这件作品描绘了被印第安圣语(Ho Chunk)人视为其部族祖先起源地的河岸。包括德国、日本、澳大利亚和中国在内的其他文化下的不同艺术家也同样将自然环境同其文化和社会的起源联系起来。全世界的创世神话故事对人类起源的解释总是始于众神（或上帝）的所在地，创造世间万物所在的力量正是从这里涌出。

荒野神话是美国形象的根基，"美国作为备受神祇眷顾的原始地带的形象"[15]，长久以来对美国艺术家有着巨大的吸引力，尽管当代艺术家通常以怀旧的伤感或冷嘲热讽去看待这个神话。比如在 1994 年至 1995 年间，弗兰克·摩尔（Frank Moore）绘制了三幅尼亚加拉大瀑布的大型画作，表现了瀑布令人敬畏的壮美奇观，但同时也揭露了破坏这里自然美景的工业化生产（例如，由于水流被疏导并用在水力发电上，因此水力缩减至原来的百分之四十）。评论家法耶·赫希（Faye Hirsch）写道："三
164 幅画都以铜管镶框，铜管上方装有水龙头，瀑布在雾中飘飞的景象被巧妙地表现出来，在水中还可看到丝网印刷的图像，代表着有毒化学物质……曾作为崇高自然典范的雷鸣般的湍流，这里变成了自然毁灭的象征。"[16]

过去 30 年间，日益遭受威胁的地球生态向人们敲响了警钟，而艺术家们表达了这种警醒意识。大批艺术家或聚焦于某一场所或地区的特殊状况，或关注于反映不同场所间内部联系的条件，而不是对整体环境问题发出艺术的哀叹。比如理查德·米沙拉奇（Richard Misrach）以其拍摄的美国西部沙漠的照片，审视了自然奇观和诸如核弹试验之类的人类入侵足迹之间那令人担忧的矛盾。艺术家海伦和牛顿·哈里森夫妇（Helen and Newton Harrison）通过去世界各地发现生态问题而巩固了他们作为社会活动家的名声。他们考察在科学上可行的解决办法，并创建了一个社团，就如何恢复某些环保区域的天然状态而展开跨领域对话。在一项关于前南斯拉夫的计划（1988—1991）中，哈里森夫妇提出了萨瓦河（Sava River）整治方案。另外一项计划（启动于 20 世纪 70 年代晚期）则包括创作系列地图，为回答下面这个问题提供一些可能性的办法：谁拥有海洋的所有权？哈里森夫妇把与社区居民的合作过程看成其创作实践不可分割的一部分。在埃莉诺·哈特尼（Eleanor Heartney）看来，"他们认为自己起到了催化剂的作用，其局外者的身份使得他们能够

提出一些洞见和调整措施(来改善生态问题区的环境),这些意见和措施对那些精通技术或与地方政策密切相关的人来说是不可能想到的。哈里森夫妇坚信,问题的解决办法将会从多方对话交流中发展而来”[17]。

自动自发地去解决实际问题的不只有哈里森夫妇两人。1982年,派 165
翠西亚·乔汉森(Patricia Johanson)在达拉斯完成了一项计划,恢复了一个咸水湖的生态系统,并修建了用来加固湖岸线以及供参观者休闲享乐的小径、桥梁和长椅。陈貌仁(Mel Chin)把受污染的土地变为艺术,利用植物将土壤中的有毒物质过滤出来。贝西·达蒙(Betsy Damon)设计的《活水公园》(*Living Water Garden*)(1998)是位于中国成都市的一套水净化有机系统。达蒙的方案备受瞩目,因为她是一位敢于进入社会主义国家,并提出通过艺术找到解决严重环境问题的可行办法的西方艺术家。

其他十分关心生态问题的艺术家们则选择不那么实际的、更为隐喻性的方法。比如生于德国的朱斯坦·拉达(Justen Ladda)的雕塑《罗密欧与朱丽叶》(*Romeo and Juliet*)(1988),其构造形似一台汽车发动机,占据了整个田园风光的背景,雕塑是由建房用的塑料模型制成的。按照一种阐释的说法,作品的题目一定程度上指代的是“我们同自然之间那令人困扰不已的浪漫关系:我们将自然理想化,可同时又不断开发和破坏着自然”[18]。林璎也触及了环境问题,她将诸如地下河流、山丘和海底地层等地理特征转化为用铝管做成的大型装置作品,参观者可在作品下方或中间行走,这样设计的目的是强化观众对自然界的敏感度。

吸引艺术家注意力的不仅仅是生态系统濒危的荒野之地,居住区也
获得了艺术家的支持。自1989年起,生于智利、现居纽约的艺术家阿尔 166
弗雷多·加尔(Alfredo Jaar)创作了总标题为《地理=战争》(*Geography=War*)的系列艺术作品。这些作品形式错综复杂,大量信息被罗列并置在一起,走马观花的观众会觉得作品要表达的观念颇为晦涩难解。然而仔细观察后,加尔的主要关注点才逐渐凸显出来:他是在向一种道德等式发出质疑,在这种等式下,发达的工业国家通过操控经济上弱势的国

家而谋取了权力和利益。

加尔在他的艺术中拓展了场所的定义。加尔对场所的定义并不只局限于地理位置和物理形貌,还包括从某一场所和其他场所之间的经济、政治和文化关系出发的全方位界定。在 1990 年的《地理=战争》中,加尔用三种基本物料将他的观念具体体现出来:安装在灯箱里的大型地图、金属桶和居民的照片(插图 5-2)。这些材料揭示了意大利的某地和

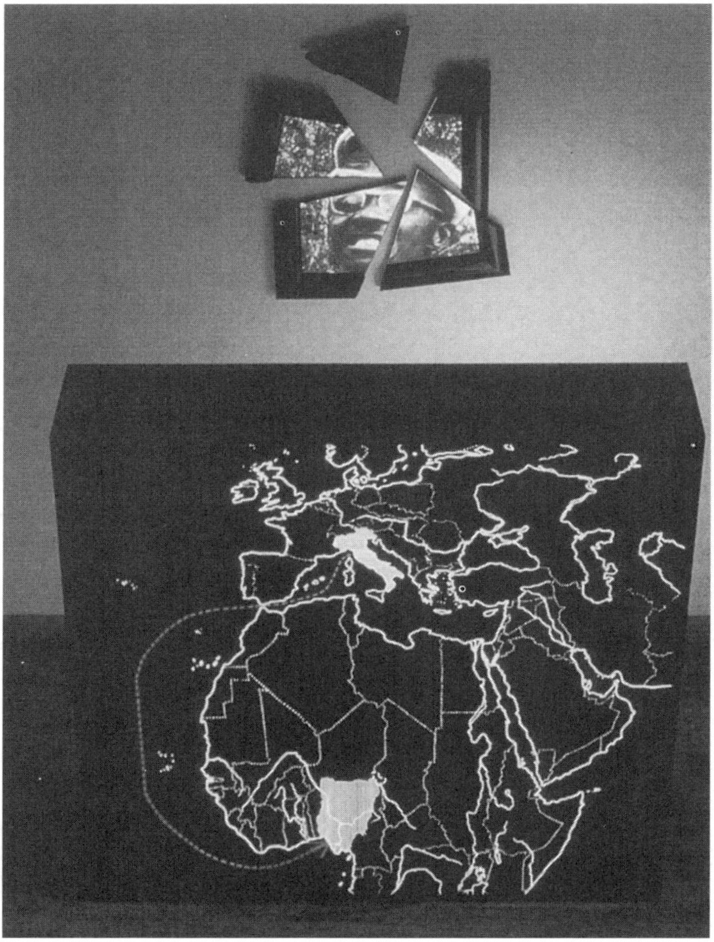

插图 5-2 阿尔弗雷多 · 加尔 | 地理=战争(*Geography=War*),1990 年
带有彩色玻璃的双面灯箱,碎成五片的镶框镜面,整体尺寸:127 厘米×101.6 厘米×71.1 厘米
由艺术家本人提供

尼日利亚一个叫科沃(Kovo)的村庄之间的某种联系:从尼日利亚开采来的一桶桶石油通过水运被送至意大利的这个地方,然后来自意大利的有毒废料被装进同样的这批油桶中,再运回尼日利亚,并倾倒在那个叫科沃的村子里。经济效率是显而易见的:两趟运输中油轮都是满载货物。地图以图表的方式描绘了尼日利亚和意大利之间相隔的地理距离。照片上展现的是科沃村居民的面孔,他们找回有毒的油桶,重新利用它们来储藏物品。不管是好是坏,一个非洲国家和欧洲国家就这样彼此联系 167
起来。

其他意在保护居住环境的艺术手段考察的是构成城市基本结构的街道、楼房、公园和其他建筑物的外观和意义。1988 年,日本雕塑家川吴正(Tadashi Kawamata)制作了一件临时性装置作品——《炮台公园区的棚屋:内部/外部》(*Favela in Battery Park City: Inside/Outside*)。作品中,艺术家将一个衍生于南美贫民窟(favela)的粗糙建筑物放在纽约的世贸中心的大楼上,将城市贫困同世贸大楼所体现的整体财富进行了鲜明对比。川吴正用世贸中心作为经济稳定和权力的象征,13 年后双塔的毁灭却揭示了所有人类建筑物的短暂无常性,即便是看似最坚不可摧的那些建筑也是如此。

真实的和模拟的场所

有些探讨场所主题的艺术品表现和阐释了人工的、虚构的和模拟的场所。这些场所包括实际存在的人工合成环境(迪士尼乐园、拉斯维加斯、好莱坞电影布景、动物园,以及自然历史博物馆的栖息地陈列台)和艺术家用想象力编织成的、将虚构和真实融于一体的幻想式环境。本部分我们要思考的是,艺术家如何批判将真实之境和虚构之地、自然和文化一分为二的错误两分法并向其发出挑战,以及艺术家以何种方式探索这些领域之间的相互交融。

把真实和人工结为一体的艺术家之一是美国的丽莎·娄(Liza

Lou)。她用混凝纸浆模型、水晶和玻璃珠构建了大规模的中美洲风格的典型环境，包括一个厨房、郊区后院，以及一台1949年的Spartan Mansion牌汽车活动房屋(mobile trailer)的内部。这些环境通过精确的细节让人不由想起真实环境的样子，类似的细节包括作品《厨房》(*Kitchen*)(1991—1995)中的一些元素，如食物包装盒和清洁用品的牌子都是我们耳熟能详的，但是覆盖在作品表面的那层五彩纷呈的玻璃珠则把这些地方改造成梦幻般的环境。产品光彩夺目的表面也可被解读为对大肆推销过剩消费主义的诱人广告的评价。

在策展人杰弗里·戴奇(Jeffrey Deitch)和丹·弗里德曼(Dan Friedman)看来，所有对场所甚至自然风貌的艺术表征都不可避免地具有基于社会建构上的观念性暗示。"即便是力图在对自然的表达中描绘绝对真理的那一代艺术家们也趋于将真理精神化、浪漫化或理智化。"今天的艺术家更倾向于透过文化来观察场所，因为他们(和我们其他人一样)大部分时间所体验的场所都和荒野相距甚远。"后现代艺术家现在面对的是后自然时代(Post-Natural)下的自然。"[19]戴奇和弗里德曼写道。

随着21世纪的推进，人类同自然界的距离越来越远。自然景观被推平，为开发让路；我们的室外活动是在公园和运动场这些人为设计的环境里进行的；我们透过电视、录像和电影的过滤来了解荒野；我们获取的食物已经过加工和包装。艺术家们对由设计师、企业开发商、基因工程师、电脑程序员、博物馆策展人和其他人出于社会和经济目的而建造的人工环境纷纷作出回应。

168 给予一些艺术家创作灵感的一类合成人工环境是立体布景(*dioramas*)。立体布景包括两种：一种是模型，如建筑模型、火车模型展和玩具屋等；另一种是博物馆里模拟过去场景的原物大小的立体模型。立体布景可以像舞台背景那样空无一人，也可以放满蜡像或塑料雕像。当代艺术家创作的立体布景的艺术根基至少可追溯到超现实主义传统下对全新世界的创造上去，比如美国艺术家约瑟夫·康奈尔(Joseph

Cornell）个人作品的玻璃陈列箱。

策展人托比·坎普斯（Toby Kamps）指出，大多数立体布景都“呈现出理想化的浓缩景观”，这些仿真图景“激发了我们对深度知觉的意识，同时还伴随着对空间的身体意识，而后者刺激着我们完成富于想象力的跳跃，进入拟像建构的世界中”[20]。立体布景以其不可思议的大量逼真细节成为今天虚拟实境的先导，然而按照策展人拉尔夫·拉戈夫（Ralph Rugoff）的说法，立体布景那“业已过时的虚拟技术早已无法让我们眼花缭乱了”[21]，观众开始认识到立体布景是一种隐喻手法。一位艺术家可以应用明显的人工性或立体布景式的程式，就生存的某一层面作出凝练的陈述。比如，生于加利福尼亚的艺术家丽兹·克拉夫特（Liz Craft）在 169
其立体布景式的大型装置作品《生活边缘》（*Living Edge*）（1997—1998）中，就我们的家居环境已变得何其人工化这一问题作出了颇具喜剧色彩的诠释。克拉夫特利用人造草皮、乙烯和泡沫创造出一个微型合成环境，并配有人造花和鹿的草地塑像。在克拉夫特创造的洛杉矶郊区后院的虚构版本时，沃特·迪士尼工作室和家得宝建材超市（Home Depot）对她的影响比自然本身的影响要大得多。

杉本博司（Hiroshi Sugimoto）、马克·迪恩（Mark Dion）和亚历克西斯·洛克曼（Alexis Rockman）是对自然历史博物馆中的典型栖息地陈列作出回应的三位艺术家，栖息地陈列是出现于19世纪的一种立体布景类型。日本摄影师杉本博司拍摄了博物馆中真实的栖息地陈列区的一系列图像，这些陈列模拟了早期自然环境，如二叠纪时代的史前地貌。摄影机镜头那完美的线性透视视点强化了博物馆仿真物怪异的超现实感。美国人洛克曼和迪恩创造的立体布景式建筑物，以讽刺的方式颠覆了博物馆展览中那种净化了的、理想化的自然景观。例如，迪恩的一件装置作品表现了在垃圾场中觅食的动物，而洛克曼的合成作品则描绘了关于生态环境的可怕故事。

艺术家实现场所的人工建构性的方式之一就是创造出自己的环境。170
艺术家描绘自己梦中场景和幻境（通常将自己所观察到的素材和想象合

成)的传统可谓源远流长,包括希罗尼穆斯·博斯(Hieronymous Bosch)、卡斯帕·大卫·弗里德里希(Casper David Friedrich)、特纳(J. M. W. Turner)和伊夫·唐吉(Yves Tanguy)这些大师都曾应用过这一手法。当代艺术家利用二维和三维媒介继续创造着虚构世界,有些人还将时间维度吸纳进来。20 世纪 80 年代,意大利艺术家皮耶罗·吉拉迪(Piero Gilardi)开始创作被他称为《自然地毯》(*tappeti-natura*)的作品。这些质地柔软的浅浮雕极其细致入微地模仿了一块毛毯大小的地表形貌。*Inverosimile*(1990)中那聚氨酯泡沫制成的树木是动态的:当参观者挤压树叶时,可见树枝飞舞,并能听到鸟啼声。这些动作是由隐形电子设备控制的。

当代艺术家把二维和三维手段结合起来,他们通常先搭建起一幅场景,然后在上面作画或对其拍照(可能进而在电脑上处理图像)。最终他们毁掉模型,将图像展出。美国艺术家桑迪·斯各格兰德(Sandy Skoglund)和德国艺术家托马斯·迪曼德(Thomas Demand)都属于创建并拍摄人工布景的艺术家,这些场景能唤起我们对场所的特殊感觉。

艺术家通过创造仿真环境致力于实现一个非同寻常的目标:建立一个全新的世界(或这个世界的局部)。它唤起我们对现实环境的记忆,但又保留了它自己作为独立世界的身份。仿真环境不是真实场所的再现或象征,而是其极端相似的替代物。观众通常对巧妙的仿真技艺保持着清醒的意识。然而,仿制过程中高超的工艺和复杂的观念营造出不可思议的离奇效果:作为观众,我们感觉自己被带入另外一个领域,这一领域在艺术的疆界内被神奇地赋予活力,变得栩栩如生。瑞士艺术组合彼得·费茨利(Peter Fischli)和大卫·维斯(David Weiss)的《哈托姆斯特莱塞的房间》(*Room at the Hardturmstrasse*)(1990—1992)成功地激发了我们的好奇心,作品中的所有家具、器具和其他物品都是用聚氨酯和颜料以错视技法(trompe l'oeil)精心制作而成。当人们识破逼真的幻觉假象,并不禁惊叹对一个场所如此精准复制是如何以及为何创造出来的时候,普通的事物也就变成不同寻常之物了。

最近数码图像的发展(静态和录像)使得艺术家们能戏剧性地将真实和虚构融合,并通过扭曲空间、压缩时间来寻找新维度的突破口。利用计算机软件来创造令人信服的幻境让艺术家掌握了模仿真实或想象中的场所的强大工具。比如板垣由雄(Yoshio Itagaki)在《月球游客 2 号》(*Tourists on the Moon #2*)中巧妙地将人物肖像插入惊人的月球空间中。尽管依赖于数码编辑软件,但他的艺术仍然以摄影的历史为参照;他制作的图像效仿了 19 世纪的手工上色照片,在创作"游客"时,他有意选择了普遍流行的在异国他乡拍摄快照以记录度假情况的风俗习惯。

和电子游戏中常用的虚拟-现实环境不同,视觉艺术家所创造的虚构建筑和地貌并不一定要追求高度写实主义的效果。比如,现居巴黎的艺术家托马斯·赫史霍恩(Thomas Hirschhorn)2002 年在纽约一家画廊里用厚纸板、包装胶带、铝箔和其他废品制作了装置作品《洞穴》(*Cavemanman*)。没有任何观众会把这个制作粗劣、人工痕迹明显的环境同真实的场所混为一谈。[据称迷宫般的洞穴是一位虚构的遁世者所居之地,这里还有书籍、人体模型和法国拉斯科岩洞(Lascaux)壁画的录像片段,似乎既再现了这位遁世者住所的室内情景,又象征着他的内心深处。]

原籍中国香港的艺术家谢淑妮(Shirley Tse)是另一位强调构建场景的人为性的艺术家。谢淑妮对全球经济中大量的塑料包装材料十分感兴趣,她在一块块聚苯乙烯塑料板的表面上雕刻出各种图案,制成作品《多苯乙烯》(*Polymathicstyrene*)(2000),这件景观作品被安放在沿着展馆四周墙壁装配的支架上面。观众低头欣赏时会看到一系列变化各异的天蓝色"楼梯、迷宫、楼房、竞技场、水库、河流、金字塔、山丘和岩层。每一部分景观都深受不同文化元素的启发——有的与技术紧密结合,包括类似电脑显示屏、数据芯片和控制面板等各种形状;其他的则更为超凡脱俗,仿佛外星星球的表面或宇宙飞船的发射台"[22]。 171

对虚构环境的探索也包括那些仅存在于观众共同想象中的场所。

比如，电视节目的布景的确存在于某一特定场地（可能在好莱坞的摄影棚里），然而它所表现的环境却在别处，一个现实中无处可寻的地方。美国艺术家马克·本内特（Mark Bennet）绘制了电视节目中虚拟家庭和团体的居住空间的详细平面图——《我爱露西》（*I Love Lucy*）中里卡多一家人的房间、《盖里甘之岛》（*Gilligan's Island*）等。在本内特的素描画里，我们看到的是20世纪五六十年代和70年代的电视节目中场面布景的建筑语境。我们被这样一个事实所触动——生活，即便是虚构的生活也能在如此狭窄的空间范围内上演。本内特作品探索的是电视空间里的这些居所如何映射了我们自己过去和现在的家庭。一个虚构空间[比如电视剧《蜜月中人》（*Honeymooners*）中拉尔夫和爱丽丝的公寓]在我们眼里似乎比邻居的房子更真实可信，因为我们对前者的每一细节都了如指掌，而后者却是一个我们从未受邀进入的空间，这对我们又意味着什么。

无疆界的空间

视觉艺术家越来越多地回应着迅猛发展的技术带来的各种转变，如因特网、手机、电子邮件、电子银行和监控摄像机。透过大范围媒体网络传播的高强度信息流加速了这样一个世界的诞生，多种媒体空间可存在于任何一个实体空间内，而同一媒体空间又可同时存在于多种实体空间中。真实和虚拟彼此渗透、相互贯通，以至于我们已经目睹了“一场文化变迁，它永久地改变了我们体验和表现空间的方式……它以空间中的移动速度，从多个视角同时进行的观看……以及物理边界和时间性的瓦解为标志”[23]。我们越来越多地穿梭于无界空间编织成的网络，这些空间没有固定的地理位置。大卫·托普（David Toop）提出了谜一般的变化：“如果只能通过因特网才能获得音乐，那么音乐存在于何处？或者说如果音乐的创作既不涉及物理空间也无传统的造声工具，那么音乐的诞生空间到底在哪里呢？”[24]

在对信息数字化的回应和表现中，当代艺术家可能会去考察那些无法触知、仅以虚拟空间存在的场所。比如,克雷格·卡尔帕基恩(Craig Kalpakjian)的《走廊》(*Corridor*)(1995)是一件数字视频作品,它表现了我们穿过某一空间环境时所体验到的图景,而这一空间"完全是在电脑上制作的。走廊的每个细节,从油漆的质地到每个物体表面的隐约倒影,都是程序设计的产物,而没有一砖一瓦"[25]。

赛博空间和虚拟空间的其他领域产生了大量建筑新观念,如液体建筑(*liquid architecture*),它是指那些经过变异或拓展后而成的非欧几里得的多维度结构。另外一种对艺术家和科研人员同样重要的实验领域,就是由三维成像技术创造的虚拟沉浸式环境(immersion environments)。在这些环境试图模仿现实世界的同时,另外一些则呈现给我们完全由计算机生成的梦幻境界。参与者可以像爱丽丝梦游仙境那样进入这些神奇的世界,只要戴上护目镜(为了观看)和联网的手套或胸部装置(为了驾驶导航)就可以了。 172

在虚拟沉浸式环境的新领域里不断探索的艺术家有斯堪的纳维亚的斯芬·帕欧森(Sven Pahlsson),他设计了在计算机屏幕上观看的三维电脑动画,观赏者可以在景观上方俯冲或倾斜而下,然后拉近距离将视图特写放大。日本艺术家森万里子(Mariko Mori)也创造了极乐世界般的梦幻景象,有些景象只以电脑模拟的形式存在,观看时必须佩戴 3D 眼镜和使用先进的 3D 视频系统,而且图像需要被投射在专门设计的装置上。

沉浸式环境并不总是计算机生成的。在制作《内窥镜》(*AUTOSCOPE*)(1996—1997)时,艾克·巴拉诺夫斯基(Heike Baranowsky)制作了 4 份记录环绕巴黎的真实汽车旅行的录像拷贝。他将其中的 2 个拷贝反转过来,制造出原始图像的镜像倒影,然后把这两个拷贝和原始视频放在同一平面上放映。最终投射在画廊墙上的四频道视频引领着观众踏上环游巴黎这座不夜城的旅程,然而汇集于中心的镜像倒影所创造出来的独特视角却构建了一个地球上不存在的空间。随着 21 世纪的推进,对这种无界空间的创造性探索无疑将会延续下去。 173

何为公共的？何为私人的？

就在真实和虚构之间的区分逐渐消失之时，公共和私人之间的界限也在迅速变得模糊不清。任何关注新闻的人都知道，公共领域和私人领域在社会、法律、心理和道德边界方面的意见分歧已经具体化为在政坛、学校、教会和家庭中热烈探讨的各种立场和观点。这里举几个焦点问题：国家是否有权就同处一室的成年人之间自愿施行的私人性行为制定相关法律？你独自一人在房间的电脑屏幕上看到的图像是公共的还是私人的？政府是否该管理赛博空间？企业为保持竞争优势，是否可以进行商业间谍活动并设法窃取他人秘密？雇主是否有权浏览雇员的电子邮件信息和因特网使用情况？为防止犯罪行为，军事和民政部门是否应该用隐蔽摄像头来监视人们？公共和私人已不再作为确凿无疑的词汇发挥着作用（如果它们曾经发挥过的话）。卧室如果每天 24 小时被放在网上供人观看的话，它就比杂货店更具公共性；一个人在杂货店打电话时的音量大到让所有人都能听见时，私人空间和公共空间就被混淆了。

传播媒体如此大规模地渗透进生活的方方面面，以至于没有任何场所能完全摆脱公开展示或与外界交流的可能性。作为对这种趋势的回应，艺术家们对一些社会行为展开了探究，如窥视欲、某一政权出于恐惧对他人行为的监视[如“老大哥”(Big Brother)式的专制组织]，以及对私人空间控制感的丧失。布鲁斯・瑙曼(Bruce Nauman)构思了一件监视自己房间的作品。作品中，他将自己 2001 年和 2002 年在新墨西哥州的工作室的夜间情景录制下来，制作成 4 盘七频道录像系列。以《拍摄工作室（约翰・凯奇，门儿都没有）》(*Mapping the Studio*)(*Fat Chance John Cage*)为题，这件系列作品“大多数是在艺术家不在场的情况下录制的，是对艺术家私人生活的素描”，它让观众“有机会进入艺术家的工作室一探究竟，而这位艺术家的离群索居和安迪・沃霍尔的喜爱社交一样闻名于世”[26]。

各个领域内的隐私和监视问题并不是我们时代所独有的。建筑历史学家威托德·黎辛斯基(Witold Rybczynksi)解释道,欧洲的家庭隐私观念开始于17世纪的荷兰社会(此观念从这里开始散播),其时家庭已经从工作场所分离出来,结果家庭变成更为私密和不大公开的地方[27]。历史学家菲利普·阿里埃斯(Philippe Aries)从一个更开阔的视角确认了自17世纪以来公共和私人领域日渐分开的重要性。阿里埃斯指出,随着大城市的兴起,私人领域(家庭和工作场合)和更广泛的公共世界间的区分开始出现,在公共世界中,每个人都是没有个性的无名氏。这一时期之前,大多数人和其他人的主要交往仅限于自己生活的农村社区这个狭小范围。19世纪的欧洲城市产生了浪荡子(*flaneur*)这一概念,浪 174
荡子由于和一个群体素不相识而能无拘无束地观察人群。

当代社会生活具有更多的匿名性,然而也为偷窥欲创造了更多机会,因为如今人口大大增加,人们的流动性也加大了(在其事业和居住场所方面)。然而当城市变得日益拥挤不堪时,上层阶级和中产阶级开始退守到他们壁垒森严的封闭式社区环境中去避难。同时,诸如电子监控设备、跟踪装置和遥感器之类的新技术,以及对何为公共、何为私人这个问题的观点的改变,都影响着我们的居住场所和行为方式。

艺术家在探索公共和私人空间的范围时,努力思考着这样一系列严肃问题:谁掌握着控制某一场所内行为的权力?谁在监视着谁?谁来规定私人家庭环境(卧室、盥洗室、厨房、起居室)和公共场合的行为规范?这些问题也同样吸引着米歇尔·福柯(Michel Foucault)这样的哲学家和欧文·戈夫曼(Erving Goffman)这样的社会学家们,前者曾提到空间的社会化问题,而后者则研究过使得公共和私人行动共存的多层次行为。

福柯在其著作中提到了监狱、医院、学校、工厂和收容所等各种体制下的社会控制机制,他认为被监视的人们也很容易被控制。福柯使用了全景监狱(*panopticon*)这一模式来描述这样一个场所,它从某中心点监视着场所里的所有人(犯人、病人、工人),并无需太多警卫、监督者或其他管理人员就能将这些人置于控制之中。要达到这个目的,这种监视的力量就必须持续不断且无处不在,并不易被受控者察觉。以福柯的理论为基础,一些以约翰·塔格(John Tagg)为代表的学者分析了监控技术在一些体制和其他场合中的使用和意义。历史上摄影术诞生之初就曾用于监控。自 1980 年以来,随着摄影机、卫星和其他尖端监控技术的发展,我们已经到了这样一个地步,全世界"都被轨道式设备的天罗地网包裹于其中,这些设备的眼睛、耳朵和硅质大脑无时无刻不在收集着连绵不绝的信息流"[28]。

并非巧合的是,许多专注于体制化环境和公共场合下监控问题的艺术家选择摄影技术进行创作实践。纽约艺术家朱莉娅·谢尔(Julia Scher)自 20 世纪 80 年代中期就开始制作关于安装在公共场合以监视人们行动的安保摄像头和其他设施的非法入侵问题的作品。装置作品《朱莉娅安保公司Ⅱ》(*Security by Julia Ⅱ*)在过去 20 年间以不同的编排形式在各地展出,观众能在一排显示器上看到自己的和别人的影像,这些显示器和遍布于展馆大楼各处的标准安防行业专用摄像机连在一起。这件装置作品揭示并夸张地表现了人被机械眼监视的感觉。

当代的城市包含着多元世界,但体制却是个自成一体的场域。一些以体制性场所为创作题材的艺术家关注的是体制内的私人领域与体制外的公共领域如何互为对照的动态关系。英国艺术家苏·科(Sue Coe)创作了描绘屠宰场的讽刺性素描画,这些画曝光了肉类加工业的内部人士和大部分公众都不愿公开的场面。艺术家揭开了工厂那看似无伤大雅的光鲜外表,露出内部地狱般可怖的景象,黑暗的影子被闪烁的灯光刺穿,灯光里惊恐万状的动物们任由机器残忍地宰割,而工人们则像机器人般无动于衷地操作着机器。

175 家看似是最典型的私人场所。然而这种私密性既有正面意义,也有负面的含义。家可以提供庇护和安全感,但它也可以是囚禁地,或受制于条规制度的约束,从而与外界的各种机遇和可能完全隔绝。比如美国文化中，儿童有时在接受惩罚时会被关禁闭或待在室内，不准与外界或其他人接触。

西方的整个20世纪五六十年代期间，尤其是在大众传媒中，家庭被刻画为区别于政治和商业这类“真实世界”的特殊领域。许多在电视黄金时代播放的家庭节目以今天的角度来看显得十分古怪可笑，现在的家庭受到了从电子通信设施不断涌入的信息的影响。然而，保护家庭隐私的价值并不总是那么明确。女性主义者和其他人号召打破家庭的私密性，将家庭暴力和性虐待公布于众。艺术家艾达·艾波布鲁格（Ida Applebroog）通过创造揭露隐蔽的家庭暴力的作品粉碎了安全而舒适的居家生活的假象。

吉姆·坎贝尔（Jim Campbell）的《无题（献给海森堡）》[*Untitled (for Heisenberg)*]（1994—1995）聚焦于一个看起来似乎是家里最私密的空间：卧室。当观众走进展出坎贝尔的互动视频装置的画廊时，首先 176
看到的是一对正在交媾的裸体图像被投射在一张双人床上。当观众靠近床想看个究竟时，视频开始变得焦距不准，图像模糊。隐蔽的电子装置控制着作品和观赏者位置间的焦距，使观者的窥视欲受到了阻碍。作品和观众开了个大玩笑[29]。

阿根廷艺术家古雷默·奎特卡（Guillermo Kuitca）也在其将地图画在床垫上的著名作品中涉及床的意象，床是身体最隐蔽的、私密的场所。在《圣胡安·德·拉·克鲁兹》（*San Juan de la Cruz*）（1991）中，奎特卡在一张波兰某地区的地图上反复画着阿根廷城市的名字，并用床垫纽扣标出这个城市的不同地理位置。蓝色河流和红色公路让人联想到动脉和静脉的血液循环图案。床垫具有的身体私密场所的隐含意义，这里被艺术家用作将两个彼此相距甚远的地理方位——阿根廷和波兰——神秘相连的依据。

居间的场所

场所、地点、家、住所这些概念的对立面就是无界之地、迁移、无家可归、长途旅行。世界上很多人并不生活在自己的出生地。我们很多人一生要搬迁数次。在美国,人们频繁更换住址,他们或是搬到附近的住宅区,或是迁到国内遥远的地方。实际上,迁移的观念已经深深扎根于民族意识的结构中;美国是一个由移民及其后代组成的国家,搬到一个全新的地方以寻求更美好生活的愿望仍是不少美国人的前进动力。

一些人以积极的态度去理解无根可依、无所寄托的状态;他们逃离自己熟悉的环境,渴望四处旅行。20世纪上半叶当欧洲现代主义如日中天的时候,旅居艺术家[比如帕布罗·毕加索(Pablo Picasso)和马塞尔·杜尚(Marcel Duchamp)]的形象充满了英雄般的浪漫色彩,他们主动选择远离故土,踏上了到异国他乡去生活和工作的冒险征程。今天,旅居艺术家的形象更为模糊不定:很多艺术家视自己为被放逐之人、难民或游牧者。古巴艺术家库乔(阿里克西斯·雷瓦·马查多)(Kcho)(Alexis Leyva Machado)的作品表达了一种远离家园的压抑情绪,他用现成物制造了各种船形作品。尽管他的船常被简单地解读为对难民们奋力逃离古巴的回忆,库乔却认为他的作品从更广泛的意义上探讨了生活于孤岛上并力图克服惊涛巨浪的艰险阻碍这样的人生体验(插图5-3)。在迪帕里·德万(Deepali Dewan)看来,库乔的作品"反映了牢固的根基感和四处游历、居无定所之间,对家的依恋和对外界的渴望之间的紧张关系"[30]。

地球上随时都有很多人在旅途中。其中不少人是去参加国家商务会议或旅游。这些旅行者在诸如候机室、旅馆房间、火车站和高速公路这类乏味单调的非空间(nonplace)内耗费了大量时间。根据德国摄影师尤塔·巴斯(Uta Barth)的观点,这些途中场所彼此相仿,和其所在地点的建筑显得"格格不入":"这些毫无个性、独立自足的'非空间'带着它们难以置信的似曾相识感出现在各个国家,几乎没有丝毫的地方特色或异域情调"[31]。

有些人由于远离家乡而对场所形成碎片化的认知,这些人的体验要比游客和公务旅行者的暂时性错位感更为深刻。一次或屡次的地域变

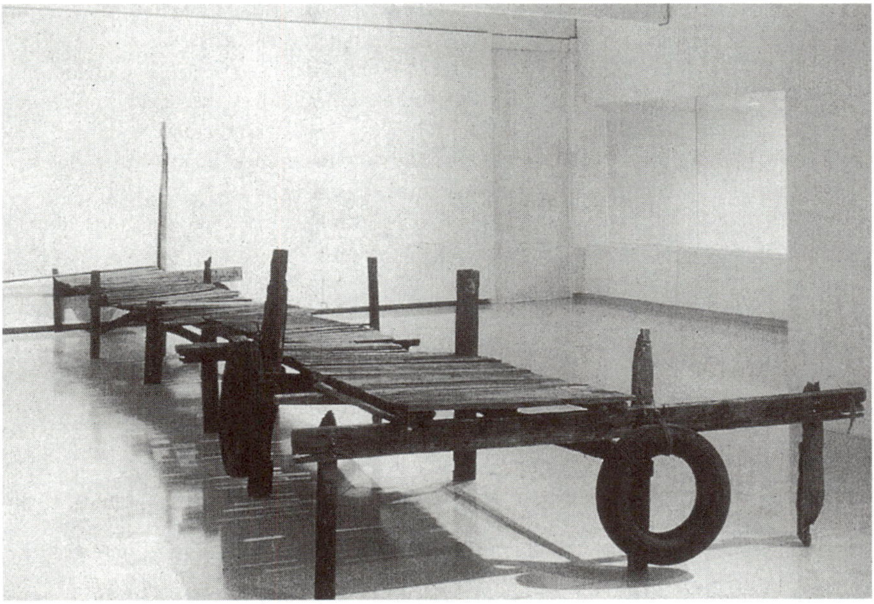

插图 5-3　阿里克西斯·雷瓦·马查多｜　思乡之路(*El Camino de la Nostalgia*)，1994—1995 年
混合媒介装置，码头长度约 1650 厘米
由 Marlborough Gallery 提供，纽约，版权所有：Kcho

动可能还包含着政治、文化和社会环境的变化。这类地域迁移有时是人们自发自愿的，有时则是大批人口迫于战争、疾病、贫困或迫害而背井离乡。这些漂泊无根、流离失所的人不得不经常跨越国界甚至是漂洋过海。被迫迁移是一种会产生政治和心理效应的强烈体验。 *177*

移置(displacement)是当代文化的核心现象之一。作家兼策展人艾拉·肖哈特(Ella Shohat)曾描述了“今天的人口、资本、数码信息和生态流在地区和国家之间的迁移和流动活动”[32]。希望成为这些迁居现象见证者的艺术家们创造了具有强烈感染力的作品。这些艺术家中有些本身就是移民，他们来到一个操陌生语言的异国他乡，在完全不同的环境下从事艺术创作。另外一些艺术家则对历史上曾被除根的文化产生认同感，无根的文化导致大批人到别处寻找生路。离散(*diaspora*)一词指的是“一大批人及其思想和观念的自觉或非自觉的迁移”[33]。今天这个词常被用来指那些背井离乡、居无定所的人,包括巴勒斯坦人和库尔德人。有着圭亚那(Guyanese)血统的英国艺术家休·洛克(Hew Locke),在其作品《方舟》(*Ark*)(1992—1994)中表现了离散观念,这件作品是一个色彩鲜艳、装饰豪华的船模型。它象征着非洲奴隶到美洲时所带来的丰富思想和文化习俗。从更广泛的意义上来看,它还象征着伴随所有离散和移民现象而必然产生的文化迁徙。

关于移置的艺术也可以聚焦于迁移过程本身,也就是正处于在两个有着不同语言、习俗、物质文化和思想观念的地方之间进行转移的状
178 态——理论家霍米·巴巴(Homi Babha)将其称为"地理居间性"(in-betweenness)。艺术家也会探索边界、边境和居间地带的意义和地理位置等问题。他们思考着被置于身后的地方("彼处")或者新到之地("此处"),抑或是两地之间的交互关系。移居艺术家对抛在身后的地方保持着一种情感纽带;而实际上,与原初地的共鸣是通过距离得以巩固和强化的。同时,艺术家也通过借鉴新地方的物质环境和文化气候打造了全新的混杂身份。

就旅行、旅游观光、移民、游牧(nomadism)、无家可归和错位等问题进行探索的当代艺术家(除了前面已经提到的之外)还包括古巴的玛利亚·马格达莱纳·坎波斯-庞兹(Maria Magdalena Campos-Pons)、生于中国的刘虹(Hung Liu)、波多黎各的佩彭·欧梭里欧(Pepón Osorio)、欧赫尼奥·迪特邦(Eugenio Dittborn)、墨西哥的古尔勒莫·高姆兹·派纳(Guillermo Gómez-Peña)、巴勒斯坦的莫娜·哈图姆(Mona Hatoum)和泰国的里克力·提拉瓦尼(Rirkrit Tiravanija)。与地理居间性主题相关的作品意象通常是融合性的(*syncretic*),也就是说它将多种文化参照和观念相混合或并置。地图或绘图概念成为这类作品及其暗指旅行和边界的象征性物件的一部分,这些物件包括船、行李、鞋类、身份文件和路障等。场所的暂时性被日本艺术家柳幸典(Yukinori Yanagi)在如《世界蚂蚁农场》(*World Ant Farm*)(1990)这样的"蚂蚁农场"系列作品中捕捉到了。作品中的 170 个塑料盒由胶管彼此相连,每

个盒子里面都有一面不同的彩色沙土构成的国旗图案。当蚂蚁穿过胶管从一个盒子爬入另一个时，沙土被混合起来，因而破坏了国家的象征图案。

艺术家档案：珍妮特·卡迪夫(Janet Cardiff) 179

珍妮特·卡迪夫是多媒体艺术的先锋，她有时独立创作，有时与丈夫乔治·布雷斯·米勒(George Bures Miller)合作。卡迪夫的作品独树一帜，常常通过操控虚拟环境的视觉和听觉效果的核心层面让观众沉浸其中。她的艺术作品已经在各大知名度较高的艺展上以及诸多小型美术馆和艺廊里展出，前者包括圣保罗双年展(1998)、匹兹堡的卡耐基国际展(1999)、威尼斯双年展(2001)，后者如康涅狄格州奥德里奇当代艺术馆的"声音与虚空"展览(Voice and Void)(2007)。

卡迪夫令人印象最深刻的创作是被她称为音频和视频"漫步"("Walk")的作品。要体验"漫步"，每个参与者要戴上CD随身听或看着便携式摄像机的显示器。和周围环境(通过随身听或摄像机)连接上以后，观众接下来会跟随艺术家精心设定的方向沿着一条路线行走。整个体验过程既令人心神不宁，又颇感似曾相识，仿佛陌生人在耳边轻声低语，提醒你该留心观察什么或向你指明方向。卡迪夫创造的"漫步"是一次充满智慧、思想内涵丰富的声音之旅，它引导着观众穿梭于博物馆收藏品和特别展区之间。跟随卡迪夫漫步意味着观众并不是在博物馆或画廊范围内原地不动地欣赏互不关联的个别作品，而是展馆里的周遭万物都被转化为一件延长的艺术作品，观众就在这样的展览空间内择路前行。

漫步时，观众发现自己融入一种环境中；一些物件和建筑细节(通过声道)被指认出来，发挥着戏剧性叙事中道具的作用。然而，故事并未被明确地叙述出来。情节通过视觉和听觉线索(如枪声和匆忙的脚步声)得以暗示。卡迪夫的艺术实践遵循这样一种哲学理念，即最精彩的故事应该留给观众或读者广阔的想象空间去完成。每个参与者在漫步过程中都充分发挥自己的想象力,将卡迪夫在展开故事情节时省略的大量信息填补进去。

卡迪夫的《40 分部的圣歌》(*Forty-Part Motet*)(2001)以迥异的风格把 40 个扩音器组合起来,扩音器被分布在本来空无一物的展厅里,每个扩音器都代表合唱团的一员。从远处看,一排排麦克风仿佛一尊尊高大直立的、类似抽象人形的雕塑。隐藏在扩音器里的音响设备让每个扩音器都发出某一个歌手的特有声音。走进空旷的展厅,参观者惊奇地发现自己置身合唱团的成员发出的各种声音的包围之中,成员们似乎正在为一场音乐会做准备。歌手们有的在咳嗽,有的在清嗓子。乐谱的纸张沙沙作响。然后所有歌手(每个麦克风发出一种声音)开始正式演唱 16 世纪英国作曲家托马斯·泰利斯(Thomas Tallis)的多声部作品《歌唱与赞美》(*Spem in Alium*)。

180 环绕四周的麦克风将一个几近空旷的展厅变为剧院。立体音响精确再现了合唱表演,让观众产生一种神奇的幻觉,仿佛自己也站在台上的歌手中间。这种听觉幻觉是如此完整和谐,以至于《40 分部的圣歌》甚至看起来已把艺廊展厅的物理面积转化为一个建筑空间更为庞大的体积,这个空间是实际的合唱表演被录制下来的地方。

从在创作中吸纳声音和音效这方面来看,卡迪夫的艺术并不是独一无二的。实际上,当代艺术观众们发现,视听作品越来越频繁地出现在各个艺术展现场。比如 2002 年惠特尼双年展上就有一批像卡迪夫这样的听觉体验建筑师,如美瑞迪斯·蒙克(Meredith Monk)和史蒂芬·维迪埃罗(Stephen Vitiello)。为获得梦幻般的立体声效,卡迪夫应用了一种叫作双耳声(binaural sound)的录音技术。这种先进的声音处理方法能让听众辨识出具有惊人的保真度的声音来自哪个具体方向。正如一位卡迪夫作品的评论者所解释的,双声道录音的结果是一种"完全空间化的音效环境……(卡迪夫使你)踏入录音的内部氛围中去"[34],与声音融为一体。实际上,卡迪夫强化了我们对声音的体验;我们都很自然地倾向于将多余的外界声音过滤掉(并只把注意力集中在我们认为有意义的声音上),然而当我们通过耳机欣赏到卡迪夫作品中的声道时,这种倾向立即被弃之一边。

卡迪夫的其他作品给观众提供了完全进入虚拟场所中去的机会。要体会她(和米勒共同完成)的《天堂学院》(*The Paradise Institute*,插图5-4)(2001),观众要穿过大门,走进一个看似有些不伦不类的胶合板雕塑物中去,这件雕塑长、宽约3.66米,高约2.1米。它一次最多容纳16位观众。每位观众都坐在仿电影院包厢(约20世纪40年代的影院)的座位上。戴上耳机后,参观者听见周围的背景噪音(在事先录好的磁带上)。由于这种噪音和我们通常在电影院听到的(拖曳的脚步声,就座的

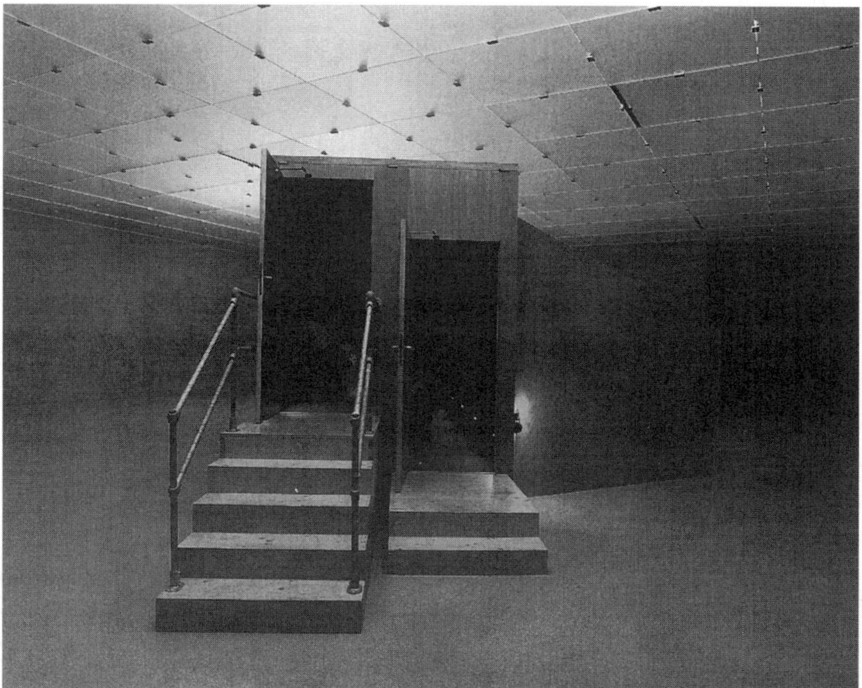

插图5-4　珍妮特·卡迪夫与乔治·布雷斯·米勒　|　天堂学院,2001年(外部)
木头,剧院座椅,视频投影,耳机和混合媒介,299.7厘米×1772.9厘米×533.4厘米
装置一景:Hamburger Banhof,柏林
由艺术家本人和Luhring Augustine提供,纽约

声音)几乎别无二致,以至于观众对此深信不疑。《天堂学院》的参观者/观众们很快就对头上戴的耳机设备浑然不觉,他们身临其境般地被带入一个奇妙的幻境。当灯光熄灭、电影开始放映时,你的右耳突然响起轻声低语:"我有点担心,恐怕我忘记关炉子了。"

影院中的屏幕上似乎在放映着一部类似黑色电影(film noir)的片子。影片的原声还伴随着来自虚拟观众的背景杂音(比如手机铃声响起时,声音似乎是从影院底层的左侧前座传来的)。每位参观者都成为发生在影院包厢里的虚构故事中的一位"演职人员"。卡迪夫和米勒如此巧妙地将每位观众植入作品中,以至于电影和观众之间、作品和现实之
181 间的界限被消解了。《天堂学院》复制了这样一种多重体验,在某一特定场所(影院)看电影(有着曲折的情节)并同时感觉到四周骚动嘈杂的观众(电影放映到一半时,你听见有人在你耳边窃窃私语,说她要离开剧院"去检查一下炉子到底关好没有")。

作为卡迪夫作品的观众/参观者/听众,我们发觉自己身在一件电影院的仿真雕塑物中。我们思前想后,徘徊不定,不知该如何理解这种体验。《天堂学院》的整体大小比实际的影院小得多,然而其精心策划的幻觉效果却使所有细节和规模都显得十分准确且符合实际比例。置身作品内部时,我们沉浸在逼真得令人心悦诚服的虚拟环境中。

珍妮特·卡迪夫精巧高明、扣人心弦的作品探索了现实的生活体验
182 如何在对场所的感知中得以定位。一个事件无论是平凡、神秘,还是充满戏剧性的,它的发生地都影响并塑造着我们对体验的理解。这个房间看起来是什么样的?这声音是从哪个方向传来的?我们对场所以及场所的物理和情感特征的体验,是卡迪夫艺术中反复出现的主题。

卡迪夫 1957 年生于加拿大的安大略省。她目前同丈夫乔治·布雷斯·米勒在加拿大的阿尔伯塔省工作和生活。

艺术家档案:泰特现代美术馆的联合利华系列展

泰特现代美术馆是坐落于伦敦泰晤士南岸的艺术博物馆,穿过美术

馆的入口，立即进入一个叫涡轮大厅（Turbine Hall）的庞大空间。泰特美术馆的原址是一座颇具建筑特色的河岸发电站，发电站建于二战后，曾用来存放为整个伦敦供电的大型机器装置，于 1981 年关闭。这座建筑后来被翻修为美术馆，耗资 2 亿多美元，改建后作为泰特现代美术馆于 2001 年重新开放。涡轮大厅占美术馆一半的体积，因其过去安放的巨型机器而得名。（美术馆的其他部分为分布在七层楼的 7432.2 平方米的展馆。）开放式的长方形涡轮大厅长 152.4 米、宽 7.6 米，另外还有长约 183
35.1 米的天花板，其规模令人叹为观止。

翻修后的建筑将机器设备清空，保留了涡轮大厅曾作为工业场所的大部分原有特色。一些发电厂的原有设备的残存部分被保留下来，比如巨型机械吊车及其昔日在天花板上的滑轨。参观者入馆后沿着一段水泥斜坡很快进入幽深的大厅内部。天窗和成排的日光灯设备将充足的光线洒在金属、玻璃和混凝土构成的内部结构上。在大厅中间，能容纳一群参观者的行人天桥横贯空中，将本来开阔的空间一分为二。沿着涡轮大厅美术馆一侧的每层楼的全程都设有看台，参观者可从不同高点俯视下面的空间。

除了参照后工业时代的风格，重建后的涡轮大厅还让人联想到早期的大型公共拱廊商场，人们常在这样的商业街中聚会和闲逛。建筑师雅克·赫尔佐格（Jacques Herzog）和皮埃尔·德·梅隆（Pierre de Meuron）尤其从建于 19 世纪的颇具戏剧色彩的购物商场维托·艾曼纽二世拱廊（Galleria Vittorio Emmanuelle Ⅱ）中汲取了灵感。今天，免费入场的涡轮大厅是伦敦访客最多的公共场所之一。

自开馆以来，泰特现代艺术馆每次都会委托一位艺术家在涡轮大厅举办个人大型装置雕塑作品展，美术馆也因此系列展览而备受赞誉。联合利华系列（*Unilever Series*）（因出资的企业而得名）计划中的每个艺术项目都向公众展出一年左右。每个装置作品耗资约达 200 万美元。庞大的艺术规模也要求作品有更自由开放的概念，因此会对受委托艺术家的创作思路提出极大的技术挑战。为把艺术家的理想转化为现实，泰特现代艺术馆和艺术家常与专家顾问进行合作,许多专家是结构工程师。到 2008 年为止,已经有 9 位艺术家于涡轮大厅举办装置展,完成了委托项目,他们是路易斯·布尔乔亚(Louise Bourgeois)、胡安·慕诺(Juan Muñoz)、安妮诗·卡普尔(Anish Kapoor)、奥拉夫·埃利亚松(Olafur Eliasson)、布鲁斯·瑙曼(Bruce Nauman)、雷切尔·怀特里德(Rachel Whiteread)、卡斯滕·霍勒(Carsten Höller)、多丽丝·萨尔赛多(Doris Salcedo)和多米尼克·冈萨雷斯-佛尔斯特(Dominique Gonzalez-Foerster)。

涡轮大厅作为雕塑创作的场地也让艺术家们面临着艰巨的挑战。展厅庞大的比例规模能容纳比任何英国室内展馆都大的艺术作品,对任何安放其内的艺术品而言,本身就作为建筑作品存在的大厅也有喧宾夺主的危险。在艺术家们用各种创新性和戏剧性方式来迎接挑战这方面,联合利华系列计划可谓名副其实。正如摩根·法康诺(Morgan Falconer)写道:"如果泰特现代艺术馆的涡轮大厅是这座大教堂式的博物馆那高耸的中殿,那么每年秋季接受委托在大厅创作的艺术家之间的角逐更像文艺复兴时期的激烈竞争。"[35]

本部分我们将讨论一些联合利华系列项目中的装置作品。为了配合本章的焦点主题,即场所,我们着重介绍艺术家的创作方案如何与涡轮大厅发生互动关系,而后者本身就是一个风格独特的展出场地。当然,任何一个联合利华的委托作品除了场所主题外,也会涉及艺术家个人比较关注的一些其他主题[36]。

184 安妮诗·卡普尔的巨型作品《马西亚斯》(*Marsyas*)(2002)是联合利华系列的第三件委托作品,它第一次完完全全地占据了涡轮大厅的整个空间。卡普尔生于印度,现居伦敦,为了制作《马西亚斯》,他在三个分别固定在涡轮大厅两端和中间的巨型钢圈上将一段宽 15.2 米、长 35.1 米、厚 1 毫米的 PVC(聚氯乙烯)薄膜拉伸成管状雕塑。《马西亚斯》秉持的是建筑概念,它在三个巨型钢圈之间和展厅中部的天桥之上蜿蜒曲折,其造型结构将参观者包围在作品本身划定的巨大拱形空间内。三个钢圈构成管状雕塑的开口，其中一端的漏斗形开口从天花板延伸到地板，让人联想到乐器中的小号或一个老式的喇叭形助听器。

作品标题中的马西亚斯是希腊神话中半人半兽的森林之神，由于在音乐比赛中败给阿波罗而被活活剥皮。血红的薄膜无疑暗喻了这位寓言中的音乐家的皮肤。当展厅的强光从背后集中照射在雕塑上时，薄膜呈现出半透明状态。根据亚历山德拉·格兰仕(Alexandra Glanz)的评论，作品给惊讶的观众带来的心理冲击源自“雕塑的有机整体如何和空间发生联系——它如何占领和提供空间。无论站在美术馆七层楼的哪一层，总能找到新的角度来观察这个外表如丝绒般光滑的庞然大物，它看起来无所依附，似乎既可以一无所是，又可以无所不是：留声机、耳朵，或献给神秘表皮的赞美诗”[37]。

在下一个联合利华委托作品《天气计划》(*Weather Project*)(2003)中，斯堪的纳维亚艺术家奥拉夫·埃利亚松(Olafur Eliasson)在大厅入口处的对面制作了一个巨大的、光芒四射的人工太阳，这件作品也占据了涡轮大厅的所有空间。埃利亚松用镜面将大厅的天花板全部盖住，这样在视觉上把大厅那本来已令人惊叹的高度又增加了一倍。人工太阳实际上是一个巨大的半透明、半圆形圆盘，它在镜面天花板上呈现出完整的圆形，在上百个黄色单丝白炽灯的照耀下放射着光芒。制烟机全天喷射着层层薄雾，烟雾在黄色的光线中散播开来。尽管涡轮大厅巨大无比的长方形空间结构凸显了自身的存在，埃利亚松制造的戏剧性效果还是弱化了涡轮大厅本身独特的建筑风格，并用仿造的自然将其取而代之。很多参观者躺卧在地板上，完全沉醉于由室内阳光灿烂和烟雾弥漫的朦胧气氛带来的多重感官体验之中。有些人试图在遥远的天花板上找出自己渺小的倒影。席地而卧的人们不断变换的形态，以及他们镜中的集体映像进而又成为天桥和看台上的人们凝神欣赏的部分景观。

德国艺术家卡斯滕·霍勒在创作涡轮大厅的委托作品《实验场》(*OE Test Site*)(2006)时，主要利用展厅的高度大做文章，作品和各个楼层的美术馆看台发生直接联系。远远望去，《实验场》的外形看似由 5 个闪闪发光、彼此交缠的巨型金属构造物组成,它们从地面旋曲升起,伸向不同的看台(彩图 6)。实际上,这些高大雕塑还是 5 个溜滑梯,参观者在几乎垂直的坡道上飞速下滑,然后扑通一声落在涡轮大厅的地板上
185 (插图 5 - 5)。最长的滑道从美术馆的顶层到地面全程约 55 米,垂直高度

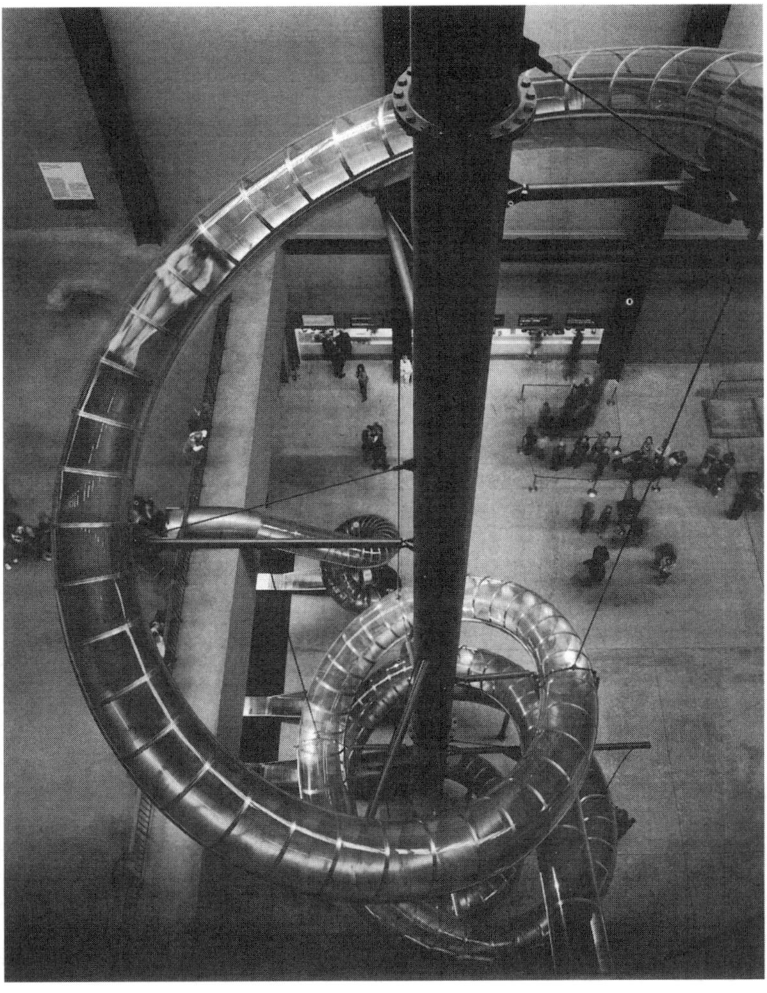

插图 5 - 5　卡斯滕·霍勒　|　实验场,2006 年
联合利华系列的装置一景:卡斯滕·霍勒,涡轮大厅,泰特现代艺术馆,伦敦 2006 年
由艺术家本人提供;Esther Schipper,柏林;Casey Kaplan,纽约;泰特现代艺术馆,伦敦
摄影:Attillo Maranzano © VG Bild Kunst, Bonn

约27.5米。当参观者上楼选择任意一个看台作为滑行起点时，才会意识到涡轮大厅那惊心动魄的高度，然而一旦滑行起来，所有感觉立刻被惊险刺激的体验完全吸引了[38]。

曾是位生物学家的霍勒如今比较认同反科学的观点，对关于技术和 186
理性进步的现代观念表示担忧和怀疑。泰特现代艺术馆馆长维森特·托多利（Vicente Todoli）解释道，这件作品除了让参观者享受到了游乐场般的体验外（参与者放弃对自己身体的控制力，投入惊心动魄的身体体验中），还作为一种对“空间的垂直性”的艺术探索而给我们留下了进一步严肃思考的空间。霍勒进一步拓展了艺术作品的内容，他宣称作品为建筑结构的各种可能性提供了注解。比如滑梯作为一种在建筑物或楼层之间移动的手段，在身体和情感上会对观众产生影响，而这一潜能还尚未被充分开发[39]。

哥伦比亚艺术家多丽丝·萨尔赛多在其联合利华委托作品《暗语》（*Shibboleth*）（2007）中并未使用大厅的任何垂直空间。相反，她通过向地面以下来挖掘空间，把整个混凝土地面的长度和深度吸纳到创作中去。实际上，可以毫不夸张地说，作品通过在地面上制造开口而与整个涡轮大厅的建筑结构融为一体。萨尔赛多同工程师合作，在一大片狭长、平滑的混凝土地面上打开了一条锯齿状裂缝，裂缝开始于大厅斜坡的入口处，最初比较细小，然后曲折延伸，贯穿整个大厅，最后逐渐变宽，
形成一个深不见底的裂沟，整个裂缝的长度超过5个足球场。裂缝沿途 191
的缝隙宽约0.3米，深近0.46米，裂缝的开口处可见起伏不平的岩层，岩层中半埋着钢丝网围栏。《暗语》活像自然灾害的产物，仿佛刚有一场地震或大爆炸将涡轮大厅的地面劈成两半，尽管事实上所有细节都是萨尔赛多和她的团队精心搭建的。走近涡轮大厅另一端的黑色玻璃墙，反射的映像将这道闪电般的裂痕延伸到另一个虚拟的幽暗领域中。

除了再现大地的开裂，《暗语》还唤起了各种情感和观念，它让人产生不同的联想，如一场正在逼近的末世之灾，我们星球的生态毁灭，或被一个文明的脆弱表象所掩盖的地下世界。与联合利华系列的其他装置

一样,参观者和作品的互动成为艺术景观的一部分。一群群小学生在裂缝周围走来走去——有的从裂缝上面跳过去,其他人或是静静地凝视着作品,或是小心翼翼地俯身,把手伸到缝隙里去触摸那凸凹不平的缺口边缘。

在古代用法中,"shibboleth"指的是一种口令或暗语,考验对这个口令词的发音便能暴露某群体中外族人的身份。因此,这个口令将不同种族截然分开,正如裂缝把大厅一分为二一样。萨尔赛多坚信,《暗语》延续了她长期以来致力于揭露野蛮政治、表现强权者施加给弱势者的痛苦和损失的创作实践。(她制作的装置作品最初主要表现战争对其家乡哥伦比亚的影响,后来则就全球背景下的虐待和精神创伤问题进行思考。)萨尔赛多清醒地意识到,泰特现代艺术馆的大楼是日暮西山的英帝国在现代工业时代末期的遗迹。根据她的描述,大楼地基中的裂缝揭示了一段"被忽视、边缘化或仅仅被遗忘的殖民史和帝国史……以及它不为人知的黑暗面……这是一段充满种族主义的历史,它和现代性进程并驾齐驱"[40]。对萨尔赛多来说,《暗语》旨在揭露各种仍在将富人和穷人、发达国家和后殖民国家区隔开来的分裂主义。按照这种解读,萨尔赛多的艺术作品及其在伦敦的特定展出场地十分符合30多年前艺术史学家罗萨琳·克劳斯(Rosalind Krauss)在雕塑和纪念碑之间建立的关联。在其1979年一篇颇有影响的文章《拓展领域中的雕塑》("Sculpture in the Expanded Field")中,克劳斯写道:"看来,雕塑的逻辑和纪念碑的逻辑是密不可分的。由于这种逻辑,一件雕塑作品是一种纪念性的表征。它立于某一特定场所,并用象征性语言诉说着那个场所的意义和用途。"[41]

泰特现代艺术馆的涡轮大厅知名度较高,且不断发展,它不仅仅只作为联合利华系列委托的艺术作品的背景而存在。涡轮大厅作为一个特定场所的自我身份也影响着每个装置作品的设计和参观者对作品的认知,正如每件艺术品也改变着人们对大厅的认知一样。

第六章　语言

191

过去 30 年里，许多展览把语言作为艺术创作的主题加以探索。正如我们所期待的那样，语言这个宽泛主题内的具体转折点或焦点问题会随着不同的展览而有所变化，有时是因为个别策展人的兴趣各异，其他情况下则是由于展览的组织原则反映了艺术界主导趋势的转变。20 世纪 80 年代和 90 年代初的艺展开始为那些将语言作为一种传达政治寓意的策略而纳入创作的艺术品提供展示窗口；从 90 年代开始，一些展览开始围绕着视觉和言语意象之间、语词和表征之间的关系这些更理论化的问题展开。如今的 21 世纪，我们发现艺术展正在对声音语言(aural language)进行探索，与此同时，人们对视觉艺术项目中声音的应用越来越感兴趣。

2007 年，位于康涅狄格州瑞吉菲尔德市的奥德里奇当代艺术博物馆举办了名为"声音与虚空"(Voice & Void)的艺术展，展出作品以表现或表达人类声音为主题。语言的声音以形形色色的形式和样式被融入作品中。朱丽安・史瓦茨(Julianne Swartz)的《敞开》(*Open*)(2007)是一件由空木箱制成的雕塑。参观者打开木箱时，它会发出反复说着"我爱你"的人声。音量逐渐增大，直到箱盖关闭，声音戛然而止。雷切尔・伯威克(Rachel Berwick)的《梅-坡-伊》(*may-por-e*)是自 1997 年起就一直在持续进行的项目,作品是一个装有两只鹦鹉和各种植物的鸟笼。参展之前,伯威克训练鹦鹉学说梅坡伊语,这曾是一种委内瑞拉部落语言。鸟笼外面罩着一层半透明塑料布,这强化了对一种遗失语言的隐喻。伯威克的项目关注的是任何交流都面临的困难:语言不断变迁,意义逐渐丧失,交流被限制在我们所学的词语和概念的范围内(两只鹦鹉只掌握了30个词语)。是否可以说,我们在学习一门语言时都不过是鹦鹉学舌呢?

192 洛娜·辛普森(Lorna Simpson)的胶片装置作品《难以忘怀》(*Easy to Remember*)(2001)(插图6-1)也表现了人类声音。(这件作品不是"声音与虚空"的展品。)在《难以忘怀》中,15个排列成网状的屏幕上分别展示了15张嘴,画面上只有嘴唇,看不见人脸,每张嘴都哼唱着理查德·罗杰斯(Richard Rodgers)的同名情歌《难以忘怀》。由于看不到哼唱时相应的表情、手势和身体姿态,我们对个体哼唱者以及他们如何回应着歌词和旋律一无所知。经过剪切的画面似乎给我们的全面理解设

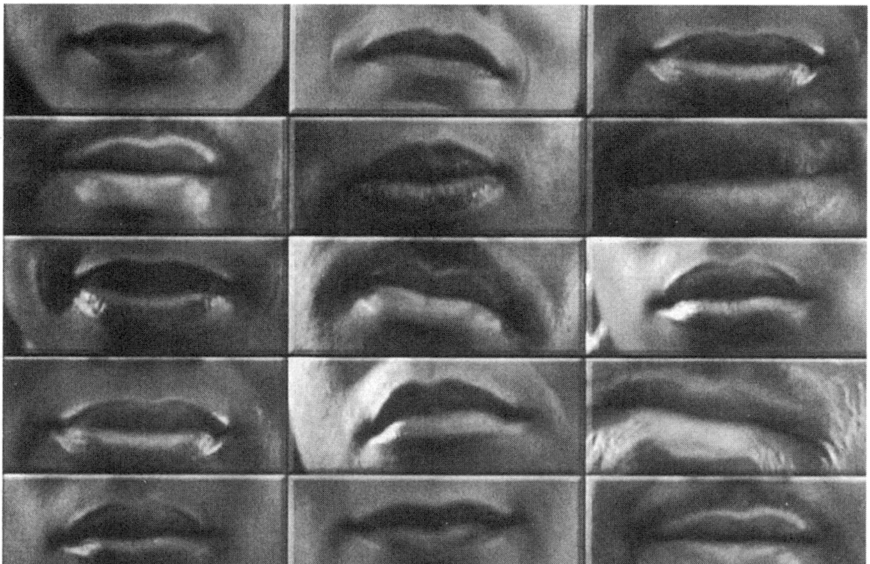

插图6-1 洛娜·辛普森 | 难以忘怀,2001年
16毫米电影胶片转成的DVD,声音作品,2 1/2分钟
由艺术家本人和纽约Salon 94提供

置了障碍。辛普森的作品还在熟悉罗杰斯歌曲的观众头脑里唤起了对此处缺失的歌词的回忆。

虽然本章的重点是存在于艺术中的语言，而不是关于艺术的语言，然而这两个主题并不能截然分开。尽管艺术史学家和批评家时常参照图表和插图，但他们仍然在很大程度上要依靠言语交流来讨论和解读视觉艺术作品[1]。加文·詹蒂尔斯（Gavin Jantjes）宣称："自从艺术被公认为一个自律的学科以来，其面临的主要难题就是话语对视觉的统治。"[2]所有艺术的批评接受都偏重于以语言文字形式存在的分析。艺术家自己也将他们的创造性实践限定在语言的框架内：许多艺术家经常会把某位艺术家的书面声明融入创作中，目的是给自己作品的阐释提供背景；一些力图对艺术接受施加更强有力的控制的艺术家们则在艺术宣言中写满自己的艺术原则和目标。

语言目前作为视觉作品的主题（也作为探索其他主题的手段）颇为流行，在一定程度上是源于某些理论的冲击，这些理论强调文化含义是如何在语言和其他符号系统内得以协调的。20 世纪下半叶，视觉艺术品 193
被视为有待细察的"文本"，人们在作品中寻找内在矛盾、隐含意义和暗示性的意识形态。20 世纪 80 年代，视觉艺术家似乎常常对有关语言如何运作的语言学和哲学理论作出回应。90 年代至今的艺术策略已经从与理论的直接呼应上转移开来，尽管语言仍然是强有力的流行媒介和重要主题。

融入艺术的语言：历史回顾

语言主要表现为两种模式：口头的和书面的。书面语言和视觉艺术的关联更为明显，因为传统上来说，两者的认知主要依靠视觉。学者们还不能准确描述文字起源的地点和时间，但是通过采用许多可见手段（如在绳子上打结）的符号交流系统，我们可以确定，今天所知道的文字早于人类发展。我们也知道，人类史前祖先就制作了图画和象形图

(*pictograph*),后者是具有特定规约含义的简化表示法。(象形图的典型例子就是用穿着裙子的人形轮廓来表示女卫生间的门。)后来一些诸如古埃及的社会发明了象形文字(hieroglyphic writing),也就是象形图按一定序列排列成行,它们之间的连接可以表示更广泛的意义。真正的书写字母似乎4000多年前才出现,它们建立在一套符号体系上,这些符号按照约定俗成的惯例和语音发生关联。

与西方当代社会中的书写字母体系相反的是,亚洲社会的传统书面语言仍是在一个整合的体系内将视觉和言语表征完美结合。比如,英语的字母系统中,仅26个字母的各种排列组合就能拼出词语的发音,而通行了3500年的汉字体系以大量的汉字字符为特征,每个字符都传达了一个概念。(大多数字符是各种有着不同意义的抽象形状的混合体,这些意义都是建立在一个最基本的表示意义的根元素上。)即便是操不同方言的人也能理解同样的汉字,因为这些字符表示的不是语音,而是语义。

用墨汁和毛笔书写文字的各种方法和风格被统称为书法(*calligraphy*),中国书法艺术的发展经历不同时期。作为一股促进文化统一的力量,书法一直占据着重要地位。在当代中国,书法作为一种视觉艺术形式仍然备受推崇,它给人提供了展示自己诗人气质的机会,那细致入微的笔法和作品传达出的思想无不体现了诗人般的敏感。在追溯书法的影响力时,策展人张颂仁写道:"词语借助书法艺术获得了有形的实体,并要求我们将其作为物质性的化身而不是概念性观念或抽象符号来加以研究。"[3]

像在中国和其他亚洲社会一样,伊斯兰文化中,书法也被视为一种视觉艺术性形式。书法传递着古兰经的思想,古兰经是伊斯兰教的圣典,它记录了先知穆罕默德接收到的神圣启示。伊斯兰教的传统通常反对在宗教场景或环境中艺术地表现人类形体或动物,这种情况促进了书法艺术地位的提升。即便是在允许绘制叙事性插图的非宗教手稿中,绘画和手写文字相比也是位居其次的。

在欧洲，掌握熟练的书写技巧是受过良好教育的标志，这种情况至少可以追溯到中世纪，一定程度上和书法作为艺术形式在中国和伊斯兰世界受到的认可相类似。甚至在18世纪末和19世纪初迁到美国的德国移民中间，很多人在制作诸如结婚证书之类的手写体文件上训练有素，这类文件含有装饰性的手写花体字［今天被称为哥特式字体(fraktur)］。 194

在当代，英语国家的书面语主要强调词语的语义意义，就诗歌的情况来看，则是强调词语的声音样式。然而在世界文学史中，也有不少书面词语模仿某些视觉特征（比如，一首诗借助词语在你脑海中“勾画”出一幅景象）或表现出视觉形式的鲜明特点的例子。另外一个典型策略就是在纸上将诗谱写成各种与众不同的图案或形状，包括那些表现物体或形体的图形。这种图形诗(shaped poetry)曾广受不同时期和国家那些具有创新精神的作家的追捧，如古希腊、古波斯、意大利的文艺复兴时期和16世纪的英国。

图形诗中，传统诗句在纸上被水平排列成行，这种传统通过纪尧姆·阿波利奈尔(Guillaume Apollinaire)（一位20世纪早期法国实验派作家）的诗作，以及美国作家约翰·霍兰德(John Hollander)一本关于图形诗的著作流传至今[4]。然而20世纪中叶发生的一次特殊变迁导致了一场被称为具象诗(*concrete poetry*)的运动。这场运动夺去了图形诗的光环，使其黯然失色。具象诗打破了传统诗严格按照水平方向书写的桎梏。具象诗的起点是尤金·贡林格(Eugen Gomringer)的颇有影响的作品，贡林格是一位生于玻利维亚的瑞士诗人，具象诗着重以不合语法规范的图案对字母进行重复，同时对字母的字体和颜色的选择也被认为是用来扩展语言含义的策略。同一字母、词语或短语可能会在页面上重复多次，形成一个抽象的形状。五六十年代，具象诗在欧美和南美洲的实验派作家中广为流行。

1980年以来，视觉诗仍吸引着大批虔诚的实践者，他们包括理查德·柯斯特拉涅茨(Richard Kostelanetz)（美国）、伯恩·波特(Bern

Porter)(爱尔兰)、皮埃尔·加尼尔(Pierre Garnier)(法国)、阿尔贝托·维塔丘(Alberto Vitacchio)和卡尔拉·伯托拉(Carla Bertola)(意大利)。诸如美国的凯·罗森(Kay Rosen)和肯尼斯·戈德史密斯(Kenneth Goldsmith)这些当代视觉艺术家制作的油画和版画作品就词语如何能从传统文本的线性排列中解放出来进行了革新性实验。在这方面，这些作品和具象诗的创作极其相似。戈德史密斯曾接受过雕塑方面的专门训练，过去 10 年中，他将创造性实践的重心转移到一系列只从现有文本中取材的艺术方案上来。按照戈德史密斯的观点，"作家不需要再创作什么新东西了。他们只需把现存的语言处理好就可以了"。戈德史密斯的近作《白昼》(*Day*)(2003)是一件横跨文学和视觉艺术两个领域的作品。在《白昼》中，他把《纽约时报》的一整版内容重新打印了一遍；在创作《体育运动》(*Sports*)(2008)时，他将"扬基队冗长的球赛实况广播以及广告"转录下来[5]。戈德史密斯是一个跨越多领域进行创作实践的有趣例子：他是作家还是视觉艺术家？凭借电子技术语言表征，我们目前所能见到的视觉属性的种类和范围被大大扩展了，然而随着这种扩展，文学和视觉艺术之间的区分是否仍然有效？[6]

195 融入语言的艺术：历史回顾

正如作家对语言的视觉属性进行实验并创造出和视觉艺术家的创作重心相重合的作品一样，视觉艺术家反过来也尝试着将语言吸纳到他们的作品中去[7]。语言和视觉相互渗透的例子不胜枚举，如欧洲中世纪的彩色手抄本、文艺复兴时期以圣经故事为基础的系列壁画，以及 18 世纪末出现于英国和北欧低地地区的被称为"风俗画"(conversation piece)的流派。最后，这种绘画流派的构图常围绕着人们聊天、打手势、倾听和做出各种反应等场景而展开。语言和视觉融合的例子遍布全世界，包括中国水墨画在背景区域题诗这一悠久传统。

19 世纪，美国艺术在绘画中融入语言的做法是为了实现多种目的。

其中一个功能就是通过在错视画(*trompe-l'oeil*)中尝试细致入微地描绘手写文字和字母符号来考验艺术家的创作技巧,如威廉姆·哈内特(William Harnett)那些颇受欢迎的画作所展现的那样。19、20 世纪和当代的美国民间艺术家的大批作品都以独特的方式运用了高度风格化的书面文字,比如教士霍华德·芬斯特(Howard Finster)。

一些 20 世纪的视觉艺术家将语言引入其作品。比如,20 世纪初作为拼贴画先驱的欧洲立体派(European Cubists)艺术家们发现,将报纸剪报、印刷标签及类似的文字材料粘贴在油画或素描表面是一种打破艺术和生活界限的好方法,过去 100 年中这种方法已成为许多艺术家作品中的重要主题。 196

受立体派模式的影响,20 世纪二三十年代欧美的前卫平面设计师开始把活版印刷、照片和图形元素合并到一整套设计中去,这样的设计常以网格图案的空间形态为基础。到了 20 世纪晚期,诸如阿普里尔·格丽曼(April Greiman)这样的平面设计师开始尝试利用刚刚兴起的数码技术作为将摄影图像、电脑艺术和印刷文本相结合的手段,作品中那密集的多层构图常显得晦涩难解。受欧洲先驱们的影响,包括斯图尔特·戴维斯(Stuart Davis)和杰拉尔德·墨菲(Gerald Murphy)在内的一些美国艺术家也创作了融合个别词语或一段词语的艺术作品。批评家们把戴维斯的知名抽象画中那无拘无束的构图跟爵士乐的即兴创作与演奏相提并论。这以后如塞·汤姆利(Cy Twombly)和莫里斯·格雷夫斯(Morris Graves)等抽象艺术家们创造了与流畅的手写体相呼应的绘画风格。

包括安迪·沃霍尔和罗伊·利希滕斯坦(Roy Lichtenstein)在内的美国波普艺术家于 20 世纪六七十年代获得显赫声望。他们从日常生活,尤其是商品设计和流行文化产品中借用语言文字和视觉意象的混合图像,从而大大扩展了艺术创作的疆界。比如,利希滕斯坦从某一时期的漫画书中提炼素材,尤其是关于浪漫爱情和战争故事的图像与对话常被采用到他的绘画中去。罗伯特·印第安纳(Robert Indiana),一位仍活跃在艺术界的波普艺术家,利用语言文字来表达他对政治问题的看法(他本人是民权的忠实捍卫者),并号召人们不要忽视以全新角度去看待语言文字所产生的可能性。如他在一件著名作品中将“LOVE”一词重新组合,把“LO”堆积在“VE”之上。70 年代,照相写实派绘画、印刷品及素描作品如雨后春笋般兴起,它主要以城市和郊区风景为题材。包括理查德·埃斯蒂斯(Richard Estes)和罗伯特·科廷厄姆(Robert Cottingham)在内的著名照相写实派艺术家把店面标记、剧院遮檐和广告牌的部分图像囊括到他们的作品中去。

20 世纪六七十年代的观念艺术家以马塞尔·杜尚(Marcel Duchamp,1887—1968)的突破性艺术成果为基础,重新定义了视觉艺术和语言的关系。杜尚是一位一战期间移居美国的法国达达派艺术家。在克里斯汀·斯蒂尔斯(Kristine Stiles)看来,“1917 年,马塞尔·杜尚已经将艺术家定义为能重新思考世界,通过语言重塑意义的人,而不是仅为满足‘视觉’快感而制造可视的手工物件的人”[8]。50 年以后,包括约瑟夫·科苏斯(Joseph Kosuth)、劳伦斯·维纳(Lawrence Weiner)和索尔·勒维特(Sol Lewitt)在内的观念艺术家将杜尚的衣钵发扬光大,他们以语言为手段,使思想成为艺术的核心部分。在一些极端的例子中,语言自身成为艺术品。维纳甚至宣称,任何人只要阅读定义了一件艺术品的语言文字,并因此对作品展开想象,就等于像欣赏实际的雕塑或绘画那样完全体验了艺术。勒维特充满几何图形的墙上素描和雕塑源于极简主义和观念艺术,他强调书面指示的重要性,这些指示就其作品的制作方式做了严格规定。勒维特常依靠别人按照他的书面指示来完成艺术项目,而不是亲自绘制作品。

197 20 世纪 60 年代以后,很多艺术家开始运用语言文字、照片和图示法来记录一件艺术作品。这种文献资料(*documentation*)可以表现为记载艺术品创作过程的历史记录的形式,如将现场表演事件录制下来;其他时候,文献资料记载了一件业已完成的静态艺术品。一些艺术家的作品规模庞大,展地偏远,耗时过长,因此能体验到实际作品的观众人数十分有限，对于这样的艺术家来说，文献资料特别有用。文献资料是扩大观众群、确保艺术品至少以文献的形式被保存下来的一种策略。具有场域特定性的大地艺术品（earthworks）和暂时性装置作品如今可以以图表、加标题的照片、图纸和规划文件的形式供我们欣赏。很多情况下，艺术家们宣称，文献资料的每一张图片或物件本身就构成了一件艺术品；销售文献资料也是一个收回花在前期艺术项目上的资金成本的好办法。

语言是表演艺术、录像和电脑艺术，以及声音艺术的核心元素。这些艺术形式承认，言语和视觉一样，位于生活的中心。离开言语的规范使用，表演艺术几乎是难以想象的。很多表演艺术家已经将一种特殊的手段臻于完善，这种手段将不同的语气、话语风格、方言及相关的姿态（所有戏剧表演中的基本内容）同根本没有或几乎没有情节发展的脚本结合起来。一位表演艺术家可能会只热衷于滔滔不绝的言语，不停编织着不断变化的复杂关联网。我们在某些作品中发现这种方法的变体，比如斯波尔丁·格雷（Spalding Gray）20 世纪 80 年代录制的诸如《游向高棉》（*Swimming to Cambodia*）这类自传体独白作品，以及米兰达·朱丽（Miranda July）在 2000 年后拍摄的形形色色的表演作品。作品中，她将目光集中在对当代女性生活的解读上。在《天鹅湖》（*Swan Pool*）（2001）中，朱丽讲述了一个供职于保险公司的女人的故事，她采用了表演、现场音乐和数字视频效果，视频被投射在她身前和身后的屏幕上。

新近的语言理论

视觉艺术家对语言的探索在 1980 年以后重新获得重视，一定程度上是由于符号学和语言学的概念被广泛应用在视觉文化分析上。符号学（*semiotics*）是研究象征符号的哲学分支，而语言学（*linguistics*）是致力于研究语言的学科，为破译人际交流提供了系统方法。视觉艺术是一种采用具象符号（representational signs）和抽象符号（abstract symbols）的交际形式，它作为一个话题常被卷入关于语言和符号的使用的理论争论中去。实际上,很多当代艺术家已经选择创作明确指涉或延伸语言的学术话语的艺术作品。

为弄清一个棘手难题的各种衍生问题——语言的意义何在——不同专家、哲学家和语言学家,以及最近的艺术家、艺术史学家和艺评家开始将语言视为一个结构(*structure*)。他们的结论就是:意义存在于(或产生于)作为一个系统的语言中。就语言而言,这一方法认为:不存在被输入语言形式中的先在意义。某一特定语言的意义形成于约定性的语言系统内部,并通过这个系统的运作而产生,这些约定包括语法规则以及
198 在和其他单元的关系中运行的意义单位。奥地利哲学家路德维希·维特根斯坦(Ludwig Wittgenstein,1889—1951)强调语言是一种通过掌握相应规则就可以参与的"游戏",他在这方面的著作产生了深远的影响。掌握词语的名称——就像熟知游戏中的名称——并不足以学会如何"说话"。换一种说法,语言施行(*perform*)了意义。紧随维特根斯坦之后,学者和语言学家们将各种符号学分析应用到形形色色的思想和创造性实践领域中,包括文化范围内的艺术生产。

这里重复一下:一个基本信仰遭到质疑——语言不再被看作思想的纯粹传达工具(这些思想的真实性据称可对照着外在于语言的现实来加以衡量)。相反,存在一种范式性转变,它强调语言是一种有意义的结构性网络,这一结构网由象征性符号(包括字母、词汇和标点符号)和这些符号的使用规则构成。语言逐渐被视为一个极为重要的语境,思维正是在这一语境下得以具体化体现。

语言结构(组成词汇的语音、语法规则和对词语如何组成更大的意义单元起支配作用的句法)在人类结构网中如此根深蒂固,以至于一些学者[如语言学家诺姆·乔姆斯基(Noam Chomsky)]认为最深层的语言
199 结构是我们人类与生俱来的。这种观念的简化版本宣称:我们人类学习使用语言的能力是天生的,就像鸟儿生来就会飞翔一样。我们之所以有这种能力,是因为所有语言有一些共同的基本特质,人脑经过不断调整(通过进化),逐渐形成一种对语言流利性的自然倾向,这种语言是我们

自儿童时代就开始学习的。

虽然所有语言的结构都具有某种相似性，然而古往今来，曾通行的或正在通行的语言形形色色，可谓种类繁多，任何一种语言内部都存在多种方言，不同人的说话方式也各有差异（即便是在讲英语的人中间，发音和措辞也不尽相同）。语言的运作和组织方式，语言如何把我们归入同一族类，以及语言怎样将各个群体彼此区分开——从所有这些角度来看，语言对于解答为人的意义何在以及我们人类如何制造意义这些问题是至关重要的。由于语言在人类思维过程中居于核心地位，当代视觉艺术家发现语言是内涵丰富的艺术主题——当他们打算拓宽自己创作主题的范围时。

伴随着整体文化观念（包括语言、法律、体制、行为规范、风俗习惯等）的改变，语言学领域内也发生了语言观念的变迁。20 世纪 60 年代，这些变化共同发展为一场叫作结构主义（*structuralism*）的文化运动。结构主义的基础策略是，从一个基本的结构性框架来分析文化状况。60 年代应用的结构性方法深受瑞士语言学家费迪南·德·索绪尔（Ferdinand de Saussure，1857—1913）开创性成果的影响。索绪尔对语言系统性条件的关注被应用到作为意义体系网的文化上面。此外，索绪尔理解了语言如何能随时间变化的同时还保持着完整性。弗雷德里克·詹姆逊（Fredric Jameson）解释道："索绪尔的原创性在于，他坚持语言作为一个整体系统在任何时候都是完整的，无论片刻之前语言内部发生了什么改变。"[9]

在分析语言和其他符号系统如何运作时，结构主义者们满足于一种中立态度。之后，随着更具政治参与意识的后结构主义（*poststructuralism*）概念的到来，结构主义方法在很大程度上被取代了（20 世纪 70 年代开始于法国，80 年代在美国的影响逐渐扩大）。后结构主义思想家将语言和其他符号体系作为更广泛的社会权力结构的一部分来加以分析。后结构主义者们宣称，人类受制于某些体系的支配和摆布，日常生活中，我们处于这些体系所创造并散播的各种文本和图像的包围之中。根据后结构理论(这一立场随着 20 世纪 70 年代后现代主义的发展产生了广泛影响),我们的个体主体性是一种虚构:我们的思维模式无不反映了断裂性的“相互矛盾的符号迷宫”,并且都深陷在这个迷宫里[10]。

后结构主义者们对于将各种文本、话语和视觉表征当作具有固定的、单一意义的权威性来源,且对其进行“读解”的根深蒂固的习惯提出质疑。不但如此,后结构主义者还把不同交际符号暴露于解构(*deconstructing*)[也叫解码(decoding)]方法之下;解构法涉及从全新的文化或理论视角对信息或图像进行批判性分析。后结构主义者们提出没有任何人能控制一个图像或文本的所有阐释或解读,同样重要的是,没有任何阐释或解读仅仅是一个作者的成果。比如,即便是一位艺术家的风格,也是艺术家和评论家共同作用的结果。这些评论家所发表的意见并不在艺术家本人的预计之内(比如,通过将艺术家的风格特点同后来的艺术家作品风格相比较)。

200 后结构主义思潮在关注女性主义和后殖民问题的各类艺术家中间产生强烈的共鸣。在这些艺术家的作品中,文本是一个重要的成分。比如,美国艺术家伊莱恩・雷切克(Elaine Reichek)用刺绣样品重新展现了男性艺术家和作者的文本,并重构了这些文本的意义。

意义的改变取决于语境和观者对惯例的了解,这一基本思想已经被有效应用在对一些类语言系统的分析中,这样的系统包括肢体语言、消费品经过编码的展示和包装等。由此看来,即使是日常物品也传递着身份、声誉、性和其他隐含意义。正如霍华德・辛格曼(Howard Singerman)所言:“作为一系列相同复制品链条上的一部分,服饰、汽车和电脑等商品都必然陷于一种差异性的合理化交换体系的包围之中,在鲍德里亚看来,这种交换体系不是语言交换的映射或复制,而是语言本身。‘被消费的不是以实体形式存在的对象,而是存在于差异中的对象——作为符号的对象(*the object as sign*)。’”[11]我们对消费一件衣服时传达的意义是在我们特定社会系统中的时尚编码范围内产生的。对体态语言、旗帜、图表、地图、指示标记和消费文化中的企业标识的符号学研究使一些当代艺术家受到启发，他们包括伊洛娜·葛朗奈特（Ilona Granet）、阿什利·比克顿（Ashley Bickerton）、马特·穆里冈（Matt Mullican）和哈伊姆·施泰纳巴赫（Haim Steinbach）[12]。

然而作为社会动物，我们真的完全是文化教育的产物吗？语言学研究已经确定，尽管部落文化没有高度发达的技术，但是在语言的复杂和精细程度上，它们并不逊于其他任何通行语言[13]。我们开发语言生成技能的惊人天赋，包括我们熟练地创造出以前闻所未闻且有意义的句子的能力，似乎和那种认为语言习得完全是文化训练的产物的理论相矛盾。同样，人文学科和艺术研究中对文化的几乎排他性的强调——以及对自然重要性相应的忽视——受到来自认知科学的实验成果的挑战，认知科学是探索人脑或心智如何构成和运行的一门学科。

语言使用的动机

当代艺术中有关语言使用的艺术活动和创作兴趣的激增有着多方面原因。虽然运用语言的具体原因和艺术家一样形形色色，然而一些基本趋势和影响还是比较突出的。

我们前面提到过，观念艺术的发展在20世纪六七十年代达到关键性规模，结果是将语言作为媒介吸纳到创作中的艺术作品数量猛增，而且越来越多的作品被有目的地去实体化。当时的观念艺术还包括从未实现的艺术方案和作品描述。近几十年艺术家们已经逐渐抛弃了这类观念主义的“纯粹”形式，但他们仍会在创作中求助语言（以多种多样的格式），因为语言文字能表达复杂的思想，使抽象概念具体化。中国台湾的观念艺术家吴玛俐的《图书馆》（*The Library*）是1995年威尼斯双年展上的一件装置作品。在作品中，艺术家将一卷卷文学作品（早期作家的作品）放入碎纸机，然后把纸片放在丙烯酸盒子里展出，盒子上以金字刻着书的题目。吴玛俐的行为在观众心中创造了已不复存在的书籍的观念，同时质疑了这些象征着逝去的文学经典的书籍的不朽价值。

201 运用语言的另外一个动机是记录事件或艺术作品,否则它们只是作为暂时的行为或短暂的形式而存在。比如,英国艺术家理查德·朗格(Richard Long)和哈米什·富尔顿(Hamish Fulton)都进行了独自在自然中长途跋涉的实践。有时候朗格会随后将漫步时搜集来的石头和其他天然素材放在艺术画廊展出,作为一种暗指漫步实践的方式。朗格和富尔顿还制作了图片和有关艺术家的书籍,他们常会采用一段文本来作为对其漫步的回应。朗格的《视线的平面》(*Planes of Vision*)(1983)中的一页以垂直方向列出了14个描绘其周围景色的词语:"乌鸦、云彩、树木、篱笆、草地、靴子、高大的杂草……""靴子"这个词是个颇为机智的换喻用法,指代正在漫步途中的艺术家。

人们对在艺术品中使用语言的兴趣日益高涨,第三个原因就是语言文字给我们提供了认知内容。一些艺术家运用语言来增强他们对社会政治问题的视觉回应力度。语言能赋予其使用者以力量,并具有颠覆性。通过揭露语言表达和维持社会意识形态的方式,敌对群体可以为新意义的诞生扫清道路。比如,女性主义者坚持认为,语言是以性别为基础的,文化上居于主导地位的语言在历史进程中巩固了父权体制的权威。其他艺术家在作品内容中运用语言时并无政治考虑。美国摄影家杜安·迈克尔斯(Duane Michals)常会给作品配以标题来暗示图像所明确表现的内容以外的含义。说到自己在图像上添加文字说明的动机时,他解释道:"传统摄影者没意识到他们生活在一个虚幻世界里,他们假定严峻现实的表象是摄影文献唯一可行的主题……语言可以作为一种暗示形式对图像加以补充,让我们了解两维空间内难以发觉的东西。"[14]

另外一个将语言吸纳到艺术中的强有力理由就是语言的聆听和阅读都需要时间。因为语言是存在先后次序的(阅读一个完整文本需要读到每一个词),给作品配上语言文字会放慢艺术体验过程;观赏者随着自我意识的逐步升级,开始以合作者的身份参与到意义生产中去。博物馆参观者平均只花几秒钟来欣赏绘画或雕塑,并且还发誓说自己已经领略了作品全貌。面对这样一种情况，含有大篇幅文本的艺术作品的确向我们提出了挑战。即便是阅读一页的文本也要求欣赏者花上比平时长得多的时间。

语言产生意义

虽然当代艺术家的作品直接涉及符号交际理论和分析策略(如符号学、后结构主义和解构主义)，但是许多在创作中采用有声语言的视觉艺术家对理论和学术话语并没什么特别的兴趣。[美国艺术家马克·坦西(Mark Tansey)在其完成于 20 世纪 80 年代末和 90 年代初的系列画作中描绘了由晦涩难辨的文本密集排列而成的风景，以讽刺挖苦的方式回应了当时颇为流行的法国知识分子那烦琐复杂的理论著作。]许多艺术家运用文字仅仅是因为它能传达图像自身难以表现的意义，以及思想观念、描述说明、论争、故事和各种奇思怪想等。

在艺术中运用文字来表达意义的基本方式至少可以分成八类：用作 202
符号的文字、发挥隐喻作用的文字(建构意义的关联或关系)、讲故事或隐含某种叙事的文字、破译语言自身结构的文字、作为题目或解说标题的文字、形式特征被应用到艺术中的文字、提供社会政治评论的文字[15]，以及作为含有对话或文本的互动艺术作品的主要成分的文字。当然，这些种类也可能相互重叠，艺术家可在任何单个作品中给文字派上多种用途。在这部分以及接下来的两部分中，我们将逐一讨论这些基本方式，看看艺术家如何运用语言来表达和具体体现认知和形式内容。

当指示意义(denotative meaning)是语言的重点时，文字主要发挥着符号的功能。语言指涉着真实的和想象的对象。比如一位版画家把“一只狂吠的狗”这几个字刻进石版画的构图中，目的是让观众自己去对动物进行想象。语言能指代真实的和虚构的人物、场所、物件、事件，以及抽象概念。

一方面，有些语词严格发挥着符号的作用，它们对语言的被指示对

象的指涉方式是直接的;另一方面,语词还能建构意义,这类意义或是大
203 于语词本身的明确定义,或是与其全然不同。有些情况下,使用多重文
字或图文并茂的方式可在观众头脑中引起有关意义的联想。一个常见的例子就是被用作暗喻的词语,如短句"他曾是个巨人"("He was a mountain of a man.")。艺术家也可通过将文字和图像结合而创造出一种相似的关联。艺术家还可制造令人意想不到的联想,来激发人们去探求对意义的全新诠释。

我们首先引用劳伦斯·维纳(Lawrence Weiner)的由许多部分构成的作品《城市项目——布拉格》(*City Projects—Prague*)(1996)为例来说明用来建构意义联想的语言文字。维纳是一位 20 世纪 60 年代以来一直比较活跃的观念艺术家。他的艺术方案包括用模板将短句画在墙上和楼面上,这些短句的每个字母都约有 0.6 米高。比如,其中一个作品叫《被挤压至底部然后又被升起的事物》(*Things Pushed Down to the Bottom and Brought up Again*)(1996)。维纳利用文字在对布拉格历史有所了解的观看者的头脑中引起联想。"被挤压的事物"指的是物体的抽象范畴(那些被挤压的);这些物体进而成为被蹂躏民族的隐喻。维纳的艺术将布拉格指称为一个曾处于集权管制下的城市,在楼房侧墙上创作自由诗或涂写其他信息均被视为颠覆性的政治行为。20 世纪中后期,捷克人民曾接二连三地被集权政府(先是纳粹,后来是苏联)所统治。对苏联解体后的东欧来说,维纳的文字具有特殊的历史意义。

艺术家使用语言来构建意义联想的另一个例子就是美国艺术家大卫·萨利(David Salle)于 20 世纪 80 年代初完成的大规模绘画作品。萨利将单个词语或名字(比如"金刚""坦尼森""丑陋的")题写在油画上,画中所绘内容的前方似乎还存在一个平面,而这些文字仿佛就在这一平面上漂浮。这些文字都有所指涉(三个词分别指电影中外貌似大猩猩的生物、一位已故诗人,以及对毫无吸引力的外表的描绘)。对 80 年代初具有理论头脑的观赏者来讲,萨利这种在统一构图中将词语和多重图像并置的策略似乎十分适用于后现代状况,这种状况充满了相互冲突的参照

系和意义的滑动。通过以新奇的方式将现有图像和文字相结
别人的创作创造了全新的意义。此外，每一个读者或观看者
文本或图像的意义时自己也变成了“作者”。

在语言的形式中，意义单元是以先后次序接连呈现出来的。正是得益于这种形式，语言很适合用来表达叙述，因为故事常常包括随时间推移而展开的连续事件。当代艺术重新强调内容的结果是：越来越多的人借助语言来讲述形形色色的故事，包括自传故事、历史和虚构小说。最近，人们对视觉艺术中叙事的兴趣空前高涨，这和前一时期欧美艺术中的形式主义、极简主义和观念艺术极力回避叙事的情况形成鲜明对比。通过讲故事——讲述我们的身份，我们如何走到现在这步，诸如此类——艺术家重新恢复了将视觉图像生产与口头和书面传统挂钩的创作实践，这些传统在历史上对许多社会关系的维系至关重要。

过去 30 年，艺术中的叙事常和摄影图片搭配在一起[比如，在卡丽·梅·维姆斯（Carrie Mae Weems）和杜安·迈克尔斯（Duane Michals）的作品里]。文本通过向作品中注入了自身的不同表达意义，从而深化甚至是挑战了我们对图像的阅读。1980 年之前的数十年间，文字的使用虽然也以叙事为目的，但晚近艺术家的叙事常常和机智的讽刺、 204
社会意识及碎片化相结合，而这些特征在早年的作品中十分罕见。

艺术家还运用文字来破译语言自身的结构。无论是口语还是书面语，语言的一个有趣特征就是：词语的意义会随着发音或拼写的细微变化、一个词在句子中的不同位置，抑或是词句在口语中的不同语调等因素发生巨大变化。双关语（puns）、谐音词（homonyms）和回文（anagrams）都是这类变化的最好例子。语言的这种特质给了我们各种灵感，从令人目眩神迷的奇思怪想到优美的诗意，再到对深刻的哲学悖论的沉思冥想，应有尽有。

生于俄罗斯的艺术家丽玛·葛洛文娜（Rimma Gerlovina）和瓦列里·葛洛文（Valeriy Gerlovin）自 20 世纪 80 年代末就未间断制作的“照相凹版”（“photoglyphs”）系列作品，体现了对语言在这方面的探索。在

他们于 1980 年移居美国之前,葛洛文夫妇是地下出版(*samizdat*)活动的积极参与者,常自费发行艺术家创作的书籍,为苏联的先锋艺术家绕开只展出官方认可作品的展览机制提供了一条路径,且费用低廉。移居美国之后,葛洛文夫妇开始共同创作,他们常以自己装饰着文字、短句、数字或图表的面孔为拍摄对象。比如,长宽均为 1.2 米的彩照《相信》(*Be-Lie-Ve*)(1990)揭示了语言何以能产生矛盾的意义。照片中,丽玛以文字装饰面孔,用黑色颜料在苍白的前额上涂着"BELIEVE"几个字母。她的手将前额的几绺卷发拉成 X 形,把字母截成三部分,中间的"lie"(谎言)这个词分外突出。在艺术家看来,他们制作的照相凹版作品给每个观众都出了一个似是而非的谜语供其深思:"语言隐藏着比其表象更深层的意义,我们只有把词语分解才能发现它的隐含意义。"[16]

艺术家把意义朝特定方向引导的一个常用策略就是给艺术作品添加题目或文字说明。作品中的只言片语成为阐释过程的起点,因此添加标题可以对阐释产生影响。一方面,附在一件视觉作品上的文本或标题可为作品提供明确的解释;另一方面,一些引人入胜的当代作品所包含的题目和文字说明旨在以惊人的方式改变我们对视觉意象的解读。比如,约翰・巴尔德萨里(John Baldessari)创作了 6 件在第七届德国卡塞尔文献展(1982)上展出的作品。在这一系列的作品中,12 张从不同电影剧照里随机选出的摄影图像以网格形状结合在一起。网格上方的文字框起到标题的作用,它将观众引向格林兄弟(Grimm Brothers)(住在卡塞尔)的某个童话故事。呈网状分布的 12 张照片——每张都取自毫无关联的电影——并未叙述实际的故事情节,但是作品的标题引发这样一种阐释,即图像的排列肯定与童话故事相关,尽管它们是如何关联起来的从未被阐明。

呈现语言的形式

令人惊奇的是,语言的存在不一定要以五官所能感知到的形式呈现出来。我们人类经常用仅存在于有意识的头脑中的语言去默默思考。人的头脑中常会掠过一些别人不易察觉的念头，这一事实在吉莉安·韦英（Gillian Wearing，英国）于1992—1993年间创作的一件颇为有趣的作品中得以反复体现。韦英邀请伦敦大街上的陌生人在一张标牌上写下 205
掠过其脑海的想法，然后再将举着标牌的路人形象拍摄下来。

一旦你选择把你的语言—思想传达给他人或将其记录下来以备日后体悟之用，那么使用的语言必定以一定的形式呈现。对大多数艺术家来说，这种形式一般意味着口语或书面语，尽管有些艺术家已经在创作时吸收了其他类似语言的体系。例如德国画家卢恩·密尔兹（Rune Mields）就应用了数学符号。口语体和书面体也以多种变体和另类体系存在，包括聋哑人的手语和莫尔斯电码。书面语本身可采取手写、模板印刷或凸版印刷等形式。手写文字可以用印刷字体打印或以普通字体书写出来。普通手写的文字能表现不同的书写风格。文字可写在纸张上，墨水和铅笔等各类媒介都可用作纸上书写的工具。我们可利用木头或塑料之类的三维材料将文字雕刻成形；为方便触摸文字，还可制造凸点盲文字母。书面语言也可以数码形式被编码，以电子方式发送，还可利用滚动和溶解等特色来处理文字。

我们听语言的方式也不一而足。媒介（无中介的人声、电话、收音
机、扩音器等）、声音（刺耳的、优美的、粗哑的、轻柔的）、语言自身以及方 206
言（伦敦土腔、汉语普通话），这些因素都影响着听觉语言（aural language）的形式。拼音字母系统（alphabetic system）主导着当代西方社会的文字交流，视觉艺术作品对依靠字母体系传达的语言的吸收，是将本章所考察的大部分艺术活动联系起来的纽带。然而，对于艺术家来说，他们越来越感兴趣的领域是对口头语言的吸纳，因为随着对表演、数码和声音艺术领域的融合，视觉艺术的混杂性日益增强。

透明和半透明（*transparency and translucency*）

无论是书面体还是口语体的语言，在许多普通语境下，词语看来是

透明的;也就是说,我们透过词语来掌握词语所表示的任何事物或思想。无论词语是用铅笔或墨水手写的,还是用10号的加拉蒙字体或20号的日内瓦字体打印出来的,其拼写或语义都没有任何改变。同样,当我们听见词语被说出时,是通过词语去理解语言所指示的信息和思想,至于话语出自何人之口,这似乎是次要的。从对所言内容的理解来看,即便我们听到由不同播音员按稿播报的天气预报,可能也会觉得无关紧要。

当然,单就口语来说,我们很少只去关注话语的语义。当我们听见话语时,还会仔细观察那些传递情感意义的语气、手势和面部表情。当我们看见身体被简化成嘴唇时,便产生一种迷失方向的感觉,而这种困惑正是辛普森在《难以忘怀》(*Easy to Remember*)中所表现的一个特点。

当一件艺术品中包含文字时,我们常会发现文字的格式有着特殊意义。当我们用鲜明的颜色将文字画在作品表面上,或以高度反差的背景为映衬把文字拍摄下来,或者在石头上刻字时,文字和单个字母的存在都以具体的、可见的形式得以呈现。在这些情况下,这些有形特征充实或改变了语言文字的语法含义,从而成为意义的额外承载者。融入艺术作品中的语言文字有时可能会丧失其透明性,变成一个我们永远无法读到或看到的元素,仿佛它只是构成艺术品的多种混杂形式中的一类结构。然而大多数情况下,一件艺术品中的书面文字既是可读的,又是可见的。这类同时发挥视觉和口头作用的文字可被视为具有半透明(*translucency*)的特质,我们用这一术语指代口语和视觉重心之间的平衡或波动。同样的分析也适用于口头语。半透明适用于那些能被我们听到的词语和非语言特质的声音。劳丽·安德森(Laurie Anderson)的表演就是典型的例子,她的声音经过合成器的特殊处理后完全失真,但仍然让人明白易懂。

我们在美国艺术家凯·罗森(Kay Rosen)(曾获得语言学硕士学位)的画中可以发现这种对语言的半透明使用。比如,《说-说出来》(*Sp-spit It Out*)中重复的字母是对现实世界中一位口吃者紧张不安的讲话方式的诙谐模仿。同样,我们在欣赏其1987年创作的油画《约翰·威尔克斯·布斯》(*John Wilkes Booth*)时，首先映入眼帘的是一列重复出现的古怪词语：

ass ass

in in

the the

ater 207

罗森在这件以及其他作品中采用的策略制造出一种随时间而逐渐增强的效果。字母别具一格的排列破坏了对整个短句的过快解读，延长了我们对构图中视觉特点的欣赏时间(制作单个字母时对颜色和字型的选择)。我们所见的是一组组重复的字母，以及由字母组成的简短词语。当我们把画作的标题《约翰·威尔克斯·布斯》和字母联系起来时，对作品的阐释就达到一个全新的层次。此刻这些字母拼出的是饱含历史色彩的短语：剧院里的刺杀。在研究罗森这幅巧妙的作品之时，我们不断在阅读和观看之间转换，然后发现罗森绘制的一组字母指涉的是亚伯拉罕·林肯(Abraham Lincoln)总统的悲剧结局。

另外一位美国画家克里斯托弗·伍尔(Christopher Wool)形成了自己的独特风格，他在每行字的结尾将词语任意拆开，并取消了词与词之间的空格。这样一句由普通词语组成的短句显得惊人的陌生：

RUND

OGRU

NDOG

RUN

有时候艺术家会以扩充词语语义的方式对作品中文本的视觉特征进行设计。比如，画家夸塔拉(Quattara)常把其家乡科特迪瓦的神秘符号(包括一种密语中的符号词语)同来自爵士乐、雷鬼乐(reggae)、说唱和民族乐的专辑封面这类流行文化中的拼接图像结合起来，目的是表达自己在文化和商业的多样化世界中的多语身份。

在其他情况下，艺术家希望其选择的文本主要在视觉层面发挥作用。文本和其他视觉元素一样，其形状、结构和颜色被用作供人欣赏的对象。[我们可以用不透明（*opacity*）这个杜撰的术语，来指代那些我们永远也无法透过词语获得其意义的外延层面这种情况。一个普通的例子是外国游客在看到一张全是外语的报纸时，上面的文字对她来说就是由形态各异的轮廓组成的毫无意义的图案。]相对于作为语义承载者的语言，老挝艺术家王·弗奥法妮特（Vong Phaophanit）在其 1996 年之前的作品中对作为实体材料的语言更感兴趣。他以霓虹灯、竹子、大米和丝绸等为物料，创作了含有老挝语字符的作品，这些字符已转变为几乎抽象的雕塑形体。作家克莱尔·欧布谢（Claire Oboussier）评论道："采用老挝语文字将词语的语义功能悬置并突出了词语被忽视的美感层面，把观众置于'意义'之外。"[17]

空间性和物质性（*spatiality and physicality*）

在探索语言的过程中，艺术家们常常和西方文化中按顺序阅读字母和词语的普通惯例发生冲突。要正确理解一段文本，读者要去阅读一连串的字母，字母按一定顺序组成句子，句子构成段落，段落构成篇章。对这种阅读路径——从左到右，从上到下，从前页到后一页——的任何偏离都是语法规则和出版传统严格禁止的。按不同次序阅读文本会改变作者构想的意义或破坏总体意义。

20 世纪，诸多艺术家、平面设计师和实验诗人都曾以非序列的方式
208 使用语言文字；他们的文字带有一种空间性（*spatiality*）的特征。我们的目光可从众多方向来扫视一个空间构图。语言那严格的线性形式被推翻了。具有高度空间性的艺术作品所包含的文字被我们首先当作整体构图的成分，然后才视其为阅读内容。（一些图像诗和现代主义风格的平面图形设计也展示了具有空间构成性的语言。）

当代视觉艺术家探索了语言文字如何呈现出不同内涵意义的方式，这些内涵取决于艺术家生产文字的媒介、赋予文字的形态，甚至还有文字的大小。观念艺术家维托·阿肯锡（Vito Acconci）在其《语言笔记》

(*Notes on Language*)中,对语言使用的两种不同规模做了对比:"纸张上的语言是小规模语言,广告牌上的语言是大规模语言。小规模语言错综复杂的结构是为了把读者吸引到语言之中。"在阿肯锡看来,大型语言导致我们将其视为一种实体形式、一个物。阿肯锡从理论上阐明了透明性概念和实体大小之间的关系。"大型语言与其说是一种语言,不如说是由语言元素组成的画面。大型语言变成了一个物,但不一定是语言开始讲述的那个物。物性赋予语言以固态,但是同时也破坏了语言——语言为了'正常'运作必须要保持透明性,这样它才能让世界如其所是地保持原样。当语言变成固态时,它阻碍了从人到语言再到世界的正常循环。"[18]阿肯锡自己的雕塑作品《骂人的椅子》(*Name Calling Chair*)(1984)以颇为幽默的方式例证了"大型语言"的定义,这是一件高1.2米、由单词Ass拼成的木制椅子,字母"A"构成椅背,两个小写字母"s"构成椅子的侧面。坐在这件椅子雕塑上,观众赋予了作品文字的视觉意义以具体形态。

生于埃及的艺术家格哈达·阿曼(Ghada Amer)的《爱的坟墓》(*Love Grave*)(2003)是一件直接雕刻在印第安纳波利斯艺术博物馆(Indianapolis Museum of Art)地面上的作品。阿曼将文本深埋于土中,这种对语言的使用似乎生动准确地表现了爱的死亡。在突出语言的有形实体性的一个创意性新颖手法中,艺术家将字母或词语遮住,这样作品的观众必定会苦苦思索文本要表达的意义。例如,埃德·拉斯查(Ed Ruscha)的画《最好给你的屁股来点保护》(*Better Get Your Ass Some Protection*)(1997)以紫红色为背景展示了6个长方形图案。不同长度让读者推断出这些长方形遮盖或删除了文本(题目则明确拼出了所有文字)。

艺术家创作的书

语言的经典呈现形式之一就是书籍。以早期艺术家们的探索为基础,当代艺术家们沿着三个主要阵地推进自己著作的创作:艺术家之书

(*livre d' artiste*)的传统、多个版本的书版印刷品(bookwork),以及大批量生产的漫画书。这些创作领域也可混合为一体。

艺术家书刊(*artist's book*)指的是视觉艺术家以书籍形式创作的作品,我们常用这一更宽泛的术语来指代艺术家之书和书版印刷。艺术家之书是版式设计类似书刊的手工艺术品,只印制一本或几本。在持续了几个世纪的探索和实践的基础上,大批当代艺术家都制作了独一无二的艺术家书刊。[英国浪漫派艺术家威廉・布莱克(William Blake)和德国现代派艺术家马克思・恩斯特(Max Ernst)都是重要先驱。]许多艺术家的书刊包括对文本广泛而创造性地使用。在一些颇为有趣的例子中,艺术家把一本现成书刊原有的部分词语或短句抹除或删掉,当观众把本来并不按次序排列的文字联系起来时,一段全新的文本或故事就呈现出来
209 了。这种方法和实验作家运用的策略颇为相似。

书版印刷指的是艺术家创作的多版本书刊[19]。除了探索语言之外,艺术家制作书刊时常常应用标新立异的幽默手法,或融入自传体元素。书版印刷品受欢迎的原因之一就是其民主性:成拷贝生产的书刊对经济来源十分有限的人们来说也是唾手可得。一件书版印刷品的每个版本都是原创性的艺术品,因为每本都是按照艺术家原本设想的形式制作出来的。一件书刊艺术品的体验和普通书籍的体验在某些方面相类似,但是前者通常为观众提供了更多和艺术互动的机会。翻页之间,艺术作品的全新部分以多种方式被展现出来,这一过程增加了书刊的空间性,同时,按照读者自己的节奏翻阅书刊增强了这样一种感觉体验,即书是一种和时间相关的、私人的艺术形式。为节约成本,20 世纪 80 年代创作书刊艺术品的艺术家对现有技术进行了利用,如油印机;自 90 年代末以来,许多书刊艺术家还使用了桌面排版软件和计算机激光技术。

当代另外一些书版印刷作品是由艺术机构和合作组织生产的,这些
210 机构和组织使用的设备常常是个体艺术家无力支付的,如凸版印刷设备或今天的商务打印设备,包括激光扫描仪和多色印刷机。商业印刷书刊的典型一例就是《雷蒙德・佩蒂伯恩选集》(*Raymond Pettibon: A*

Reader)(1998)。这本作品中，选自诸如米基·史毕兰(Mickey Spillane)、亨利·詹姆斯(Henry James)和查尔斯·曼森(Charles Manson)等不同作家作品的短文和雷蒙德·佩蒂伯恩(美国)的素描穿插在一起；这里我们来简单阐述一下 1985 年的一页作品。具有 20 世纪 80 年代朋克风格的画面和一些简明扼要的文本同时出现(例如，“你没必要为了从一个人那儿拿到 45 美元而刺他 577 次”)。读者/观众接受作品的邀请，可以依据任何次序去阅读书本的内容，在书页之间探究那些触及各种主题(青年一代的恐惧、颓废和怀疑)的选文，这些主题也反映了当 20 世纪接近尾声时，60 年代反主流文化的理想主义已逐渐走向衰落[20]。

漫画书和爱好者杂志(fanzine)构成了艺术家书刊的第三类。这类书刊具有和青年流行文化密切关联的视觉风格和题材。佩蒂伯恩创作于 20 世纪 80 年代的爱好者杂志系列《轻快的尸体》(*Tripping Corpse*)就是一例。1993 年美国艺术家克里斯·威尔(Chris Ware)开始创作漫画系列《顶点新奇图书馆》(*ACME Novelty Library*)，讲述了吉米·科瑞根(Jimmy Corrigan)这一“世界上最聪明的小子”的故事。克里斯的作品用令人眼花缭乱、错综复杂的一幅幅动作场面将文字和图像结合起来，它对卡通对话的语言以及卡通漫画制作的视觉“语言”进行了探索。 *211*
以漫画书形式存在的艺术如今在世界许多地方存在，日本尤其盛行。

以书为创作材料的艺术

成堆摆放或在书架上整齐排列的书可以是强有力的象征性物体。作为信息的承载物，书籍在文化史中占据着核心位置。实际上，在过去 5 个世纪里(从印刷机的发明到因特网的发明)，书在全球范围内都作为记录世界历史和一般知识的主要工具而发挥着作用。作为文献作品、科学专著以及政治宣传手册等，书为各种文明编码，而正是这些文明促成了书籍的诞生；书还象征着拥有、收集和阅读书籍的个人。[参见关于妮娜·卡查杜里安(Nina Katchadourian)的艺术家档案部分，她是以他人藏书为创作题材的典型艺术家。]书是一种有形物体；一本书还表现了书页上的语言所指涉的主题。书是含义丰富的符号。基于这些原因,当代艺术家以现成书籍(如别人写的书)为原材料来创作新作品。在艺术家书刊的创作中,现成书经过重新处理和设计;书被拆开,书页被用作拼贴材料;它们在二维艺术作品(如绘画和摄影)中被表现为一种物件;在一系列行为艺术事件、雕塑和场地装置作品中,它们发挥着道具和原材料的作用。

这里我们试举两例,简略介绍一下这种创作活动的范围。美国人布兹·斯佩克特(Buzz Spector)以《走向普遍因果律理论》(*Toward a Theory of Universal Causality*)(1984—1990)为总标题制作了成叠的书堆,这些书具有隐喻式的纪念碑的作用。成摞的书本显然蕴含着知识内容,然而观众无法看到实际的文字。斯佩克特的书堆有意效仿了现代主义雕塑的构图策略,尤其是我们在 20 世纪 70 年代极简主义运动中看到的简化几何图形。

1991 年以来,迈克尔·克莱格(Michael Clegg,生于爱尔兰)和马丁·古特曼(Martin Guttmann,生于以色列)的合作团队在数个城市开展了名为《开放的图书馆》(*Open Library*)的艺术项目。他们在每个展出地都把装满图书的碗橱和书架安放在事先选定的一些公共场所里,人们可以任意借阅或交换图书。通过记录图书馆的借书模式如何反映了人们的集体阅读习惯,《开放的图书馆》表现了某一特定城区的居民的特点。

运用语言的力量

将语言融入艺术作品的艺术家除了为引发美学反应之外往往还别有目的。这种情况下,艺术并不仅仅以艺术本身为目的。20 世纪八九十年代以及 21 世纪初的很多艺术家都将注意力转移到社会和政治问题上来。今天的艺术家在创作关于环境污染、暴力、核武器激增、性别歧视、种族歧视和其他关注点的艺术时,发现语言能够帮助他们给观众造成更强有力的冲击。

艺术家已采用多种策略将讯息传达给大众，让艺术走上街头。诸如艾滋病解放力量联盟(AIDS Coalition to Unleash Power, ACT UP)、游击队女孩(Guerrilla Girls)、群物质(Group Material)和复仇女神小组(Gran Fury)的艺术家联合团体以及如珍妮·霍尔泽(Jenny Holzer)这样的艺术家，利用街头海报、批量生产的宣传册、广告以及发行量较大的报纸和杂志中的插页来表达和散布他们的讯息。这些艺术家有时将印 212
刷文字和醒目的视觉图形搭配起来，向某些热点问题的现状发出挑战，并就社会和人性弱点进行更为普遍的批判。例如，20 世纪 80 年代末常见于艾滋病解放力量联盟的街头海报上的口号"沉默=死亡"("Silence=Death")，以简明扼要的方式呼吁公民应该表达自己的忧虑，否则政府不会为艾滋病研究提供足够的资助。

艺术家越来越多地使用文字为社会景观注入新思想，同时多种低成 213
本的设计规格和生产也对主流的艺廊分配体系构成挑战。比如，珍妮·霍尔泽并不是只制作那些只有经济上享有特权的阶层才能担负得起的珍贵物件和图像，而是将其早期的文字作品(如"滥用权力不足为奇")以海报的形式粘贴在建筑物的侧面。

20 世纪 80 年代，在公共空间"喷涂签名"的涂鸦艺术家(graffiti artist)的数量日益增多。涂鸦艺术家的创作方式——常暗中在公共场所涂写，如政府或公司房产的楼体侧面，或是现有的商业或公共标志图案上——可被解释为一种游击战术。涂鸦艺术的隐含寓意往往只由一两个词(常常是艺术家的绰号)构成，十分复杂难解，其作为艺术的价值和地位仍有待讨论。涂鸦艺术到底能否算作艺术？对于那些持肯定观点的人来说，涂鸦艺术将艺术送上街头，使艺术家能够避开艺术界体制和商业画廊系统。涂鸦艺术还被视为个人(很多人穷困潦倒)在大众消费主义及其商业表征的名牌策略体系之外进行自我表达的尝试。诸如凯斯·哈林(Keith Haring)、让·米歇尔·巴斯奎特(Jean Michel Basquiat)和巴里·麦克吉(Barry McGee)之类的依靠画廊的艺术家都在很大程度上借鉴了涂鸦艺术,发展出将风格化写作和卡通式制图手法相结合的具有高度知名度的独特方法。除了海报和涂鸦艺术之外,另外一些艺术家还在诸如广告牌、公交车站牌和扬声器这类公共程式中融入了语言。

具有政治动机的艺术家常修辞性地使用文本,试图影响其观众的思想和行为。这类语言艺术往往是宣言式的,直截了当、毫不含糊地陈述作品的信息。1985 年创立于纽约的团体“游击队女孩”采用印有统计数字和短文的街头海报来引起人们对不同问题的关注,包括对女艺术家的歧视、种族主义和审查制度。苏·柯(Sue Coe,生于英国)用政治讽刺画的传统来突出南非的种族隔离、动物权利、强奸和其他问题。大批艺术家创作的语言作品都触及已成为全球性灾难的艾滋病危机。这批艺术家中比较早的有加拿大艺术团体“普通观念”(General Idea)。1987 年,此团体以罗伯特·印第安纳(Robert Indiana)20 世纪 60 年代的“LOVE”图案为设计蓝本创作了“AIDS”一词的标识。黛博拉·维耶(Deborah Wye)评价道:“那时,把嬉皮士时期那轻松愉快的自由性爱和艾滋病的沉重结局联系起来是件令人痛苦和震惊的事情。接下来‘普通观念’通过把图像安置在全世界各个场所而使这个标识成为一场模仿广告宣传策略的视觉运动的基本要素。随着时间的推移,这个标识逐渐开始象征着艾滋瘟疫的普遍蔓延。街道、地铁、邮票、彩票、医学和牙科期刊的封面和墙纸上随处可见这个标识。”[21]

在其他情况下,政治寓意的表达更为间接迂回。20 世纪 90 年代,在其创作的如《无题(我不是悲惨的有色人种)》[*Untitled (I Am Not Tragically Colored)*](1990)的画作中,美国艺术家格林·利贡(Glen Ligon)把引自黑人文学和文化的一些短语用模板反复印在画板上。自上而下地阅读文字时,短语的字迹逐渐变得模糊,难以辨认,暗示着遭遇种族歧视的经历会腐蚀人的自信心,久而久之甚至会毁掉他的身份认同感。

将文本和图像结合起来的艺术家,包括那些致力于探讨社会政治问题的艺术家常常采用幽默或讽刺手法。这里举一个较为突出的例子:美国艺术家理查德·普林斯(Richard Prince)创作的用来讽刺政治正确性的笑话画(joke paintings)常常包含一些老套的情节。普林斯常为他的卡通画配上文字说明,而这段文字和图像中的场景无任何逻辑联系,似 215
乎属于另一幅卡通画。例如印在作品《我曾多么孩子气》(*What a Kid I Was*)(1988—1989)上的文字标题是:"我记得曾在熊熊燃烧的火炉前练习小提琴。我父亲走了进来。他怒不可遏。我们没有壁炉。"这幅卡通画本身表现的是一个西装革履的男人走进来发现一个年轻女人——他妻子?——坐在一位老绅士的大腿上。

艺术家除了利用文本来陈述现实问题外,还对语言如何在文化中充当权威和权力的工具进行了探索。正如后现代和后结构理论家们(尤其是米歇尔·福柯)所指出的,控制语言——对语言表达的内容以及谁拥有公开发表言论的权威实行控制——是获得和行使权力的重要途径。

以对权威语言的理论批判为基础,诸如珍妮·霍尔泽这样的艺术家们创设了一些特定情景,这些情景揭露了那些被认为是中立或权威的信息实际上是自相矛盾和不可靠的。霍尔泽的警句(aphorism)系列作品包括《常理》(*Truisms*)(1977—1979)和《煽动之词》(*Inflammatory Essays*)(1979—1982),过去 20 年间这些警句在各地以多种方式被展出,如公共场所的电子广告牌、刻有文字的金属板和石凳、机场行李传送带、T 恤衫、海报和价格标签。一句格言中传达的真理可能会将另外一句箴言推翻。比如,《常理》系列中,"每个人的工作都一样重要"这句话和前 216
面的"杰出人士理应享有特权"相矛盾。另外,霍尔泽作品所采用的物质材料也影响了观众对某信息所传递的意义的理解。面对刻在公共场所的大理石长椅上的名言警句和在电子布告牌上闪现的同一警句,我们会给出完全不同的解读。比利时艺术家威姆·德尔沃伊(Wim Delvoye)把霍尔泽创作电子布告牌的策略(深邃的思想在瞬间一闪而过)进行了逆转,在其 1996 年创作的激光喷墨画中,琐碎的信息("苏珊,我出去买比萨,5 分钟后回来,乔治")似乎被镌刻在山间的岩壁上。

人们行使语言权力的一个极端方式就是《审查制度》(censorship)——打压那些某人认为低俗、具有颠覆性的危险言论。焚书和大规模销毁视觉图像曾是历史上的权威阶层试图镇压与其相左的思想和信仰而采取的手段。在我们的时代,审查制度的问题随着艺术家德雷德·斯考特(Dread Scott)的这类创作实践而浮出水面。斯考特把一面美国国旗放在画廊的地板上,参观者要想走近作品并阅读上面的文字必须踩在国旗上。(这件作品最初在芝加哥艺术学院的一次学生艺术展上展出时引起了轩然大波,斯考特曾就读于这所学校。)当代艺术家创作了旨在揭露审查行为背后的偏见和褊狭的作品,有时他们会通过极端的自我表达来测试言论自由的限度。经常以象征性手法使用书本的俄罗斯艺术家斯维特拉娜·科皮斯蒂安斯基(Svetlana Kopystiansky)说:"我在创作中还时常涉及审查问题,我将部分文字隐藏起来,并把一些文本的片段暴露于观众前,然后这些片段会变得十分荒诞。"[22]

命名

命名是一种获取权力的方式。为了获得决定该以何种方式审视社会问题的控制权,不同群体对用来命名、描述和划分我们在现实世界中所遇之物的公用术语作出规定和限制,力图以此来操控人们的认知。[例如,在美国围绕着堕胎问题而展开的针锋相对的论争中,无论是维护生命(*pro-life*)还是拥护选择(*pro-choice*),这两个术语都强调了其支持者所持立场的积极方面。]一个成功获得事物命名权的群体会排斥处于权力中心之外的群体所使用的术语和概念,以此来削弱这个群体的权力[23]。

许多艺术家探讨了命名问题。在其系列画作《巴斯奎特笔记》(*Notes to Basquiat*)(1998)中,澳大利亚艺术家高登·班尼特(Gordon Bennett)将一长串跟澳洲殖民主义、非裔美国人历史、奴隶制相关联的带有种族歧视色彩的俚语与品牌名称,写在人体图像旁边,一些图像以 X

光的方式展示了人体的肋骨和骨骼。人类学家尼古拉斯·托马斯(Nicholas Thomas)评论道:“[班尼特]一如既往地强调隐含意义,如商业‘品牌’(brand)和打上奴隶烙印(branding)之间的内涵意义。”然而即便人们“陷入一种通过简单的、充满不公与暴力的种族归属而建构起来的语言中时”,班尼特将内部器官暴露无遗的人体图像却“超越了命名和错误命名这些操纵手段,展示了不同肤色之下的人类同一性”[24]。

德国艺术家洛泰尔·鲍姆嘉通(Lothar Baumgarten)考察了欧洲殖民者如何通过以欧洲名称代替本族名称来利用语言作为对北美和南美进行文化统治的工具(如“印第安”“美洲”和“委内瑞拉”都源于欧洲,“委内瑞拉”意为“小威尼斯”)。鲍姆嘉通把一些植物、矿物质、动物、居民和 217
地方的本土名称刻在建筑物正面、墙壁和地板上;建筑物重新命名后的特色在装置作品中和其他物件结合起来,并在照片和艺术家的书刊中得以说明。在1986年一个巴黎的艺术项目中,鲍姆嘉通用法国殖民帝国时期土著居民的名称暂时性地替换掉用以命名地铁站的拿破仑时代的名称。通过使用土著命名,鲍姆嘉通试图恢复曾被强制性湮没的声音,并对殖民主义的霸权行径发出挑战。

有着夏安族(Cheyenne)和阿拉巴霍族(Arapaho)血统的艺术家哈奇维·艾德加·众鸟(Hachivi Edgar Heap of Birds)发展出将北美印第安土著语中的词语和名称安插到广告牌及其他公共场所中的创作手法,来提醒那些仍宣称对某些地理位置享有所有权的观众。众鸟还应用将英语词颠倒书写的策略来使人们认识到语言如何会造成歪曲和疏离。艺术家指出,英语名称“Cheyenne”实际上是拉科塔族(Lakota)词语的一种错误形式,意思是难懂的话语。

弗雷德·威尔逊(Fred Wilson)将马里兰州历史学会(Maryland Historical Society)的藏品进行了重新摆放,并命名为《开采博物馆》(*Mining the Museum*)(1992—1993),这一创作广受好评。威尔逊把博物馆里的诸如银制酒杯之类的珍贵藏品同一些粗陋物件,如奴隶身上的铁制镣铐安放在一起,而这些粗鄙之物通常不会在收藏品展览上展出,艺术家还颇具讽刺意味地把整批物品统统贴上“金属制品,1723—1880”的标签。威尔逊这件包括藏品和具有教育意义的标签的装置作品,通过反例证明了与欧洲中心主义的殖民历史相关的物质文化展览在组织过程中往往没能表现非裔美国人的历史、成就和待遇。

直面翻译的挑战

日本艺术家岩井成昭(Shigeaki Iwai)的视频作品《对话》(*Dialogue*)(1999)包括 4 个屏幕,每个屏幕上有 4 个似乎在相互交谈的人。16 个人来自不同国家,每个人都在讲本族语言。每个屏幕上都打出那组交谈者所持的 4 种语言的字幕,字幕几乎遮住了讲话者的脸。《对话》隐喻性地阐明了来自不同文化的人相遇时可能产生的误会问题。岩井成昭还以温和的方式嘲笑了那种认为每个人都可以并应该在自由交流中拥有被倾听的平等机会的乌托邦信仰。岩井成昭的《对话》似乎在暗示,在这个多语言信息过剩的情境下,没有任何一种声音能轻易摆脱喧哗的众声。策展人佐藤大阪(Eriko Osaka)评论道:“你甚至无法从这种喧嚣声中辨认出自己的本族语。”[25]

岩井成昭是探索随着国际交流而必然产生的交际失败问题的众多当代艺术家之一。大阪评价道:“即便是在同一语言中,我们也不是总能很好地理解对方。我们在承认语言作为交际工具的绝对实用性的同时,还必须认识到出现在语言中的文化背景差异,了解一些不可译的事实,并意识到单一的言语交流的缺陷和危险。”[26]

翻译是将一段文本、一句话或一种思想从一种语言转换成另一语言,并同时保留原意的过程。即使在最理想的情况下,翻译也永远无法
218 达到完美境界。比如在一篇标准英语文章和中文译文之间不存在内涵意义和外延意义的一一对应。意义的滑动不可避免。意义或发生变异,或被遗漏。

以翻译的艰巨挑战为主题的艺术出现在多语言社会和一些艺术家

的作品中，这些艺术家移居国外，并发现自己处于一种全新语言的包围中。由于商业全球化和信息在全世界范围内的交流，翻译成为当代时期具有重大意义的问题；另外，无论是对四处迁移的艺术家还是对在全球扩张疆域的艺术界来说，翻译都是密切相关的问题。每当源于一种文化下的语言、行为准则或视觉表征风格被植入另一文化中时，紧张的关系随之产生。

一群中国当代艺术家正在探索汉语书面语言如何在快速发展的世界背景下被赋予了新的意义和价值，徐冰就是其中一位。（其他探索汉语书面语言的艺术家还有谷文达和宋东）。徐冰的装置作品《天书》（*A Book from the Sky*）（1987—1991）中的印刷体文字看似传统的汉字字符，但实际上是艺术家通过将真实字符中的元素重新排列后自创的一种虚构的、无法理解的文字。作品体现了这样一种思想，尽管汉字书写系统具有深刻的感染力，然而在当今这个提倡信息简化、合理化交流的时代，汉语的复杂烦琐性使其翻译显得不合时宜地缺乏效率。这件装置作品还将书写语言作为一种虚构的交流体系加以分析；人类知识的进步必然要求我们对共有词语作出相应的添补。徐冰 1990 年移民美国后（此后又返回中国）开始就两种语言间，尤其是汉语和英语之间互译的困难性进行探索。

徐冰在北卡罗来纳州艺术博物馆展出的装置作品《读风景》（*Reading Landscape*）（2001）中，将展馆窗外的风景转换成融合了言语和视觉模式的表现场景。在评论家乔纳森·古德曼（Jonathan Goodman）看来，通过采用“篆书体这种字形趋于模仿文字所指代的物体的古老汉语来书写，（徐冰）创造了一个所读文字与所见之物彼此相连的世界——代表鸟的文字如飞鸟一般悬挂在天花板上……池塘用水的字符来表现，这些字符以透明塑料切割而成，模仿了水的半透明状态”[27]。

属于历史上边缘化群体（女性、有色人种、同性恋、殖民地人民、流离失所的难民）的艺术家们对一个文化中强势发言者的权力以及那些持不同意见者为发出自己的呼声而奋力抗争这些问题格外敏感。那些关涉已消亡或被取代的语言的翻译问题的作品尤为深刻。当使用一门新语言时，你同时也学习了一种全然不同的文化和思维方式，如果这种新文化在视觉和言语上从负面角度表现你的本族文化，它将会产生腐蚀性的影响。

除了思考一种语言译为另一种语言所面临的挑战之外，艺术家还探讨了我们在从一种语言模式向另一种转换时意义如何发生变化（如从口头过渡到书面语或从语言转换到非语言表征模式）。目前就这些问题进行探索的艺术家继承了诸如雷内·马格利特（René Magritte）这类早期艺术家的衣钵。马格利特是 20 世纪比利时的超现实主义艺术家，其画作常常考察语言和视觉意象作为彼此分立的表征体系如何在运作时产
219 生差异，以及再现与现实之间的差距[28]。例如，在瑞士长大的美国艺术家克里斯汀·马克雷（Christian Marclay）广泛研究了音乐模式以及“试图将音乐转换成语言何以是徒劳的”[29]。在《褒贬不一的评论》（*Mixed Revirews*）（1999）中，马克雷把已发表的音乐表演评论文章的选段制作成拼贴画。从各种语境中摘出的诸多作者的话语构成新的文本，当作品在不同国家或地点展出时，这段文本被相应地翻译成当地语言。译文被排成一行画在墙上。无论是从音乐到词语，还是从一种语言到另一种语言，翻译的徒劳无益变得切实可见。

我们在美国艺术家约瑟夫·格里高利（Joseph Grigely）的作品中可以发现对翻译的一种颇为有趣的艺术探索。格里高利自幼失聪，他养成一种通过让人把想法写在随手可得的纸条上而与人“交谈”的习惯。积攒多年以后，格里高利存留的这些纸条包含了从平淡无奇到富有诗意的数百种想法，其书写风格也多种多样。创作作品时，格里高利将大量谈话内容的片段聚集起来安置在墙上或整个房间的地面上。当读者/观众面对按任意顺序摆放的个人的口头短语时（如“她是个派对女人——不是女孩”），对于如何将这些语句还原到格里高利与别人当时的具体谈话内容中感到毫无头绪。令人意想不到的是，通过展示随意涂写的信息拼

成的装饰画面，艺术家揭示了谈话如何饱含细微的差异，以及书面短语如何不可避免地表现了“平凡无奇中那显而易见的奇妙之处”[30]。虽然声音效果被省略了，但是在这些口头表达的书面转换中，一种语言流动感和人的亲密无间感得以保留下来。

信息时代的文本使用

自从约翰内斯·古滕堡(Johannes Gutenberg)500 年前发明了活版印刷，使高效的书刊印刷成为现实后，西方社会的信息传输一直被书面语言所统治。排版文字的标准化外观高度强调阅读文字的清晰透明性，并不太重视文字的视觉特性。(印刷字体的设计者对语言的外观固然极为注意，但是读者在阅读报纸、小说这类印刷格式中的文本时则倾向于忽略诸如字体字型这些方面，而是把注意力主要放在信息的语义意义上。)然而到了 20 世纪下半叶，随着大众广告宣传的快速增长和更灵活的印刷技术的发展，印刷的视觉特征再一次成为突出问题。文字的视觉设计旨在强化广告的情感讯息[31]。

伴随信息时代而来的剧变促使当代艺术家去考察语言如何成为艺术的手段和意义中的必要组成部分。目光只局限于视觉再现的艺术家无法全面探讨数码环境下的信息超载和文本/图像的融合等问题。今天现有的复杂信息处理系统利用了摄影图像、手绘图像、声音、音乐、口头语和文本等元素。力图探索媒介世界的艺术家可能会吸纳所有这些再现及信息交流的形式。有时艺术家还会采用互动策略。比如，澳大利亚艺术家杰弗里·肖(Jeffrey Shaw)以闹市区及卡尔斯鲁厄(Karlsruhe)、阿姆斯特丹和纽约的历史为基础，为其互动装置作品《可阅读的城市》(*The Legible City*)(1988—1991)创作了三个不同版本。观众坐在一辆固定式健身单车上，在骑车穿越一座虚拟城市时利用操控装置来决定其 221
游览路径和速度。“城市的‘建筑物’是计算机生成的字母，它们构成标出城市街道的词语和句子……在曼哈顿版本中，观众可以跟随 8 个彼此独立的叙述而前进,这些叙述包括艾德·考克(Ed Koch)、弗兰克·劳埃德·赖特(Frank Lloyd Wright)、唐纳德·特朗普(Donald Trump)、诺亚·韦伯斯特(Noah Webster)、游客、骗子、大使和出租车司机等 8 个人讲述的虚构式独白,是由肖的合作伙伴德克·格罗内维尔德(Dirk Groeneveld)创作的。每个文本都以不同的颜色出现,所以骑车人能很方便地选择某个故事情节并跟随着它在街道间穿梭。"[32]

自 1990 年以来,艺术家们一直在利用数码环境的互动性和互联性。互动式数码环境赋予了观众可以随时选择点击并继续下一动作的力量。因特网的使用将位于不同地理区域的大批人群之间的交流连接起来,这种可能性在当代世界经历了急剧增长,而连接模式则包括聊天群、电子邮件群组(list-serve)、公告板(bulletin boards)、多用户虚拟空间游戏(MUDS)以及如我的空间(MySpace)这类的社交网站。谈到互联性,查尔斯·伯恩斯坦(Charles Bernstein)解释道:"互联性为合作、连接和交流工作,以及同步事件或快速反应装置的可能开辟了道路。互联性把屏幕变成小型舞台,通过这种方式将剧院的特点同文字和图形艺术相结合。"[33]

互联网为制作、操控和传播图像及文本提供了新的平台。2002 年的惠特尼双年展上,惠特尼美国艺术博物馆展出了贝尔实验室的统计学家马克·汉森(Mark Hansen)和音效设计师兼艺术家本·鲁宾(Ben Rubin)的作品《聆听的邮件》(*Listening Post*)(2002)。这件作品由混合在一起的各种由计算机程序收集而来的随机信息构成,这种程序搜索和转播未设权限的聊天室,并将聊天文字内容直接输入 200 个小型显示屏上和 10 个扬声器里。《聆听的邮件》表现了一种新的范式,这种范式强调数据库是新(数码)媒体基础结构的核心成分[34]。

艺术家还批判性地考察信息技术对人类心理,以及我们的思维方式和交流方式造成的影响。我们在数码环境下的各种活动使弥漫于日常世界中的海量图像、文本和声音的数量成指数级增长,单是这庞大的数量就足以让人透不过气来。美国艺术家马克·纳皮尔(Mark Napier)的因特网作品《数码垃圾掩埋场》(*Digital Landfill*)(2001)是对网络数据泛滥成灾的讽刺性评价。约翰·韦伯(John S. Weber)解释说:"网民进入网站后,会看到纳皮尔那欢快的、略带滑稽色彩的标语,鼓励大家去'清理网站!只需点击"添加至垃圾掩埋场"按钮就能把你不需要的邮件、过期数据、超文本网页、垃圾邮件以及其他任何数码残片清除掉。所有废弃物自动叠加成数码垃圾掩埋场系统'。《垃圾掩埋场》本身的场景也呈现为一种文本、图像和有效链接的无休止的混乱堆积。"[35]

今天,艺术创作开始越来越多地包含多媒体混合手法。视觉艺术家对整体文化现象作出回应,多种多样的混杂形式在这种文化背景下迅速扩张。因特网、电影、电视和商业广告不断将言语和视觉图像合并。随着电脑、摄像机、摄像功能的手机、电视以及电影的广泛传播,如今许多技术先进的社会都通过语言文字和图像的融合来交流。除此之外,视觉和听觉意象在流行音乐和其他全新的信息交流和表达样式中交织混合在一起。超文本和其他各种格式实现了数码合成以及图像、文字和声音的信息覆盖,数码技术也使访问其他数据库和信息源链接的根茎式、非 222
线性排序成为可能。随着这一切的到来,21世纪另一个全新探索领域在艺术家面前敞开大门[36]。每个在计算机上登录的人都身兼读者、观众和听众数个角色,在浏览屏幕时按照自己选择的路径和节奏亲自操控眼前的信息流。在未来,那些只能传送一种言语或视觉交流形式的信息格式似乎注定会逐渐过时。

艺术家档案:妮娜·卡查杜里安(Nina Katchadourian) 223

在一件题为《月球上的迟疑》(*Indecision on the Moon*)(2001)的作品中,妮娜·卡查杜里安探讨了声音如何以及在何时表达意义——直接地或作为潜在文本——或者声音如何以及何时分解成无形式的非交流成分。这件装置作品由一段在漆黑的房间里播放的音频构成,令人迷失方向的黑暗房间隐喻性地象征着外层空间。参观者沉浸在声效环境中,这些声音材料是卡查杜里安从 1969 年阿波罗 11 号登月这一历史性时刻的现场录制的音频中节选出来的——这是人类第一次踏上月球表面。艺术家并没有把宇航员和地面飞行控制人员之间长达 2 小时的对话录音(1969 年数百万人收听了现场直播)全部播放出来,而是通过移除所有连贯的、具有完整形式的语言,把整个录音剪成约 30 分钟的音频。她只保留了那些似乎是无意识情况下发出的声音:收音机的静电干扰、不相关的感叹声和不完整的短语。卡查杜里安的剪辑抹除了叙事性的句子,包括尼尔·阿姆斯特朗(Neil Armstrong)那句关于人类征服之旅的著名宣言:"对一个人来说,这不过是小小的一步,对全人类来说,这却是一大步。"艺术家的剪辑录音突出了机器杂音以及人在犹疑和迷失方向时发出的声音,如"这个……啊……就像嗯……我的唔……我们现在报道的是休斯敦……这个嗯"。令人惊讶的是:卡查杜里安对这一震撼事件的支离破碎的报道似乎比陈述句的表达内容更能引起共鸣;这种含糊不清的呢喃絮语使人联想到宇航员与自己星球之间那难以想象的无边距离。

《月球上的迟疑》是卡查杜里安涉及诸如非语言声音(nonverbal sound)、语言系统、分类学、翻译与误译和文字游戏等语言层面最荒诞的艺术项目之一。(尽管我们在档案部分主要聚焦于卡查杜里安对语言的兴趣,但其形形色色的艺术方案也讨论了其他主题,如场所、时间和身份,包括动物身份的主题。)卡查杜里安是一位横跨声音、视频、雕塑、摄影和装置等多个领域的艺术家。她的作品定位于观念艺术(conceptual art),这种艺术并不强调艺术作为实体图像或有形物件的可视性(或视觉)特质,而是将重心放在观念(或概念)上(参见第六章"语言"中关于观念艺术的讨论)。卡查杜里安关注的是语言的运作方式。她热衷于研究有声语言或数学这类的交际系统,以及将各种元素结合成更大的意义单位的系统规则,如语法或算术逻辑,而她的古怪作品则暗中颠覆了这些规则。

卡查杜里安对语言,尤其是翻译和误译问题的兴趣直接折射了她的个人经历。和许多美国人一样，她作为移民的后代生长在一个多语言、多民族的家庭。其母是瑞典人，但持芬兰国籍；其父是亚美尼亚人，在亚美尼亚族群扩散（Armenian Diaspora）时期生于土耳其，然后在黎巴嫩的流亡生涯中长大成人。卡查杜里安的多频道视频装置作品《消灭口音》 224
（*Accent Elimination*）（2005）包括两套显示屏装置。在第一套装置中，艺术家本人出现在中间的显示屏上，她在讲英语时竭力模仿其父母的浓重口音，而分别处于左、右两个显示屏上的父母则努力按照女儿讲的标准化英语的规则发音。另外一套显示屏装置与第一套背对背摆放，屏幕上，三位家庭成员在一位专业发声教练的指导下，痛苦而吃力地试图模仿彼此那具有细微差别的发音和独特的语法用法。卡查杜里安在一次访谈中将口音问题同身份的遗传层面和后天习得层面联系起来，她解释道："口音是个奇怪的东西，在我看来它仿佛一直是身体的一部分，然而同时它又是文化这种无形事物的一部分。它以一种奇异的方式介于身体和文化之间。"[37]按照评论家格雷戈里·沃克（Gregory Volk）的说法，"不言而喻的问题渗透在作品中，这些问题有少数族裔、历史变迁（主要是 1915 年至 1923 年发生在安纳托利亚的亚美尼亚种族灭绝事件）、个性化及其局限性，以及语言对于身份的重要性"[38]。

卡查杜里安还在《会说话的玉米花》（*Talking Popcorn*）（2001）中探索了翻译的概念。这件作品中，她给一个零食摊上的爆米花机配备了麦克风，机器发出的爆裂声（在艺术家看来）可能含有语言意义。爆米花机和一台装有定制软件的笔记本电脑相连，这种软件能对玉米爆裂声的敲击节奏进行区分，然后把爆炸声转译成莫尔斯电码中的点和划。生成的莫尔斯电码序列进而又被译成英语音节，同时电脑合成的声音将英语大声朗读出来。艺术家把爆米花按照它们"说出"的音节分批放在密封盒中加以展示，并在盒子上贴上英语音节的标签。绝大多数音节是不知所云的内容，不过偶尔也会有一连串字母组成的可以识别的词语——如"me"。极个别情况下，一串随机排列的字母也会构成一句颇具诗意，甚至是令人惊愕的短语，比如作品会说出"silence"这个词，或者叫卡查杜里安"妈妈"。从偶然性的不知所云到说出具有语义的话语,这种拟人机器完成的飞跃给我们提出这样一个问题:如果爆裂声有时会传达我们人类所能理解的讯息,那么存在于我们无法解码的语言中的所有声音模式会不会也同样具有意义?

语言的生命力,即从基本组织模块源源不断地生成意义的能力,也同样出现在卡查杜里安的其他艺术项目中。比如,在她自 1993 年起就一直进行的《分类的书籍》(*Sorted Books*)项目中,卡查杜里安从私人和公共图书馆的藏书里精选出一部分书并将其分组,这样书脊上的题目在按一定顺序阅读时会构成短小的散文诗。其中一组选自《鲨鱼》(*Shark*)书库的书目标题组成了"一天在海滩……游泳者……鲨鱼 1……鲨鱼 2……鲨鱼 3……突发的暴力……一片寂静"(*A Day at the Beach... The Bathers... Shark 1 ... Shark 2 ... Shark 3 ... Sudden Violence... Silence*)(2001)。《鲨鱼》是一本有关纽约的艺术和诗歌的杂志。

225 在另一个例子中,艺术史本身被富有想象力地重新改造:原始艺术……只要想象一下……毕加索……被狼养大……(*Primitive Art... Just Imagine... Picasso... Raised by Wolves...*)。在艺术家看来,"总体而言,每个筛选出的题目组合(通过展示)馆藏图书的横截面,旨在考察这一书库的收藏重点、特殊倾向以及不连续性"[39]。

除了探讨言语、声音和文字语言的艺术方案之外,卡查杜里安还创作了破坏其他诸如地图、分类学和图表等符号交际体系的作品。比如,她把一张道路交通图拆成若干部分,剪掉了那些不代表任何实际道路或高速公路的区域,然后将纯粹的道路交通网(不包括地形地貌)交错缠绕成一个雕塑形状,比如将奥地利("欧洲的心脏")通行的公路网塑成心的形状。卡查杜里安还在其他作品中设计了家族宗谱,绘制了建立在古怪逻辑上的荒诞不经的家庭树形图:其中一张树形图中,几对飞机"父母"同它们假想的后代连在一起;另一张图则展示了岩石家族的世代成员。《超市系谱图》(*Genealogy of the Supermarket*)中的家庭树颇有半开玩笑的戏谑意味,它将食品包装上的肖像之间的复杂关系制成图表。阳光少女葡萄干(The Sun Maid Raisin)上的少女和圣保利女孩牌啤酒(Saint Pauli Girl)上的女孩是姐妹,而后者和塞缪尔·亚当斯(Samuel Adams)(一个啤酒公司)结合,他们生下了布朗尼牌纸巾中的猛男(Brawny paper-towel man)。布朗尼成为清洁先生(Mr. Clean)的情人;他们又成为嘉宝婴儿食品(Gerber Baby)中的婴儿的父母……卡查杜里安运用了平易近人的简单技术手段和粗陋的、容易被忽视的物料,这使她颇像一位天资聪颖但有些疯癫的外行哲学家,终日沉溺在自己荒诞不经的符号学和离奇古怪的分类学研究中。卡查杜里安图表中的奇怪逻辑促使我们去思考这样一个问题,即所有用人类设计的结构框架来给宇宙排序归类的企图是多么狂妄自大且充满局限性。

妮娜·卡查杜里安 1968 年生于加利福尼亚。她童年的部分时光是在芬兰群岛的一个小岛上度过的。她在加州大学圣地亚哥分校获得艺术硕士学位。艺术家本人目前生活在纽约的布鲁克林。

艺术家档案:肯·阿普特卡尔(Ken Aptekar) 226

虽然在肯·阿普特卡尔的画上能看到许多其他艺术家使用过的策略(如将词语和视觉意象在一件作品中并置),然而他的作品还是一眼就能辨认出来。阿普特卡尔始终如一地在一种程式下设计作品。油画创作之初通常是从一块方形木制画板(76.2 厘米×76.2 厘米或 61 厘米×61 厘米)或多块画板的结合体(如两块 76.2 厘米×76.2 厘米拼接而成 152.4 厘米×76.2 厘米的画板)开始。阿普特卡尔先在一块或多块画板上画上图像,然后他将一块厚约 2.5 厘米的窗格玻璃安装在图像前面,接下来用喷砂器将经过排版的文字喷到玻璃板上。观众阅读悬浮在画面前面的文字时,会看到文字在图像表面投下的阴影。

阿普特卡尔从其他画家的作品中汲取意象。他的目标并非制造一模一样的复制品,而是将源图像转化成一种结合了自身风格和原画作者风格的绘画样式。颜色可能会有所改变;最常见的修改就是把多色简化为单色画。对作品规模的处理以情绪控制为目的。比如,通过制作人像面孔的特写图(将原图像进行放大和修剪),阿普卡特尔营造(或揭示)了一种在原图的观赏体验中并不存在(或表露出)的亲密感。在对源图像进行数码扫描之后,阿普卡特尔常应用电脑软件程序对各种备用设计图进行试验,为制作过程中的画作寻找合适的版面。他还尝试着以多种方式将文本和其他细节相结合。计算机还能为把图像翻转为原图的镜像倒影这种实验提供方便。

在其早期创作生涯中,阿普卡特尔从凡·高、伦勃朗、华托和拉斐尔等艺术名家的作品中借用了一些意象细节。他以古代艺术杰作作为创作起点,通过展示艺术史上"大师作品"的意义如何发生戏剧性的转变而带给观众既震惊又愉悦的感受。

在《粉红色的弗里克》(*Pink Frick*)中,阿普卡特尔挪用了伦勃朗的著名自画像,将其转变成泛着红晕的单色画(有点像透过玫瑰色的眼镜来观看伦勃朗)。画作由 4 块画板组成,"粉红色的弗里克"("pink frick")两个词的交替变换后的各种组合被蚀刻在直接固定于画前面的玻璃板上。有的拼写组合成不知所云的音节,另外一些则是实际存在的单词,如"fink"和"prick"。阿普卡特尔的文字游戏"邀请我们对伦勃朗、其肖像画目前(在)弗里克博物馆的位置,以及(弗里克的)打压工会的捐助者和同名慈善机构作出相应的解读"[40]。阿普卡特尔的画作是对权力的复杂而机智的批判。在他看来,即便是惊世杰作(伦勃朗作品)也难免在一种强有力的经济和社会力量形成的网络范围内发挥作用。

阿普卡特尔还承担着受委托的装置作品的创作,这些装置中的局部图像选自一些名气不大的艺术家的作品。比如《爸爸教我如何冲洗照片》(*Dad Is Showing Me How to Develop*)(1997)就是根据小威廉·范·德·费尔德(Willem Van de Velde the Younger)的一幅海景画创作
227 的,后者是 18 世纪一位鲜为人知的荷兰艺术家。阿普卡特尔的构图表现了浸润在鲜红色中的船只特写图(船是范·德·费尔德画作中的船的修改版)。刻在画中图像前面的玻璃板上的文字涉及艺术家的童年。文

字主要叙述了他父亲教他在暗室冲洗胶卷的步骤这样一幅场景。阿普特卡尔这种将自传故事和重新修改的图像相结合的策略使后者看起来像照片底片。在他的作品中，"negative"这个词具有双重含义：刻在玻璃板上的文字以诡异的方式暗示了艺术家本人因缺乏适当程度的父母指导而产生的童年焦虑："我常常在黑暗中孤身一人/当我冲洗照片的时候。"

《爸爸教我如何冲洗照片》是为 1997 年华盛顿科科伦艺术馆举办 228
的展览而作的 30 件艺术作品之一。阿普特卡尔的整个系列都是以从科科伦永久收藏品挑选出来的作品为基础而创作的。雕刻在画作前方的玻璃上的文字是艺术家自己写的；许多文本讲述了艺术家童年和青少年时期的故事（如关于阿普特卡尔的哥哥的真实故事，后者由于在进入医学院不久之后就精神失常而不得不住院治疗）。其他文本则引用了科科伦画廊的参观者和保安对原作品所作的评论，这些人在阿普特卡尔的引导下同意参加关于特定艺术作品对自己的意义的专题小组讨论。

通过将观众的话语融入其作品中，阿普特卡尔机智地效仿了罗兰·巴特(Roland Bathes)在 1967 年发出的"作者之死"的著名宣言。作为颇有影响的法国后结构主义者和符号学家，巴特从理论上阐明，文本读者和图像观众必然会创造自己的意义；在巴特看来，没有任何作者或艺术家能完全决定他人如何解读一件现有作品[41]。每个人在建构一种阐释时都会打开自己的历史包裹。巴特的理论还宣称艺术家没有"真正"的声音，而是通过汲取过去的语言、写作和造像传统来创造作品。欣赏阿普特卡尔艺术的部分乐趣源于看他如何有力地处理了一个理论难题的两个方面：没有任何艺术家能做到绝对原创，而且也没有任何阐释会和其他阐释完全相同。

研究一下阿普特卡尔 20 世纪 90 年代及今天的画作就会发现，他对将挪用的视觉图像和自传式文本相结合的兴趣从未间断过。他一直在揭示一个问题的新层面：阐释过程怎样改变一件艺术品的意义？在为

2001年伦敦维多利亚和阿尔伯特博物馆举办的题为“给予和索取”(Give and Take)的展览而作的一件装置作品中,阿普特卡尔把自己的画挂在源作品旁边。当观众在彼此呼应的阿普特卡尔的画作和源图像之间反复浏览时,他的“衍生作品”在看似无穷无尽的阐释中产生了共鸣。阿普特卡尔相信,阐释也是一个创造性过程;每个观众都完成了一件新作品,而阿普特卡尔的艺术也证明了这点。

自创作生涯伊始,阿普特卡尔对其他艺术家艺术的处理就成为其回忆自己的人生经历的契机。附着在油画上的经过磨砂处理的文本包括家庭纷争的情节、艺术家的哥哥由于生长在一个对孩子的表现有着过高期待的家庭中而感受到的压力,以及艺术家自身的童年焦虑感。阿普特卡尔形形色色的文本还探讨了其自身个性和社群身份融合于一体的阈值,或者界限、区域,这些身份包括他的犹太血统、男性性别、作为艺术家的地位,以及在一个深受博物馆政治和批判理论家的权力影响的艺术界范围内运作的职业生涯。即便是一幅伦勃朗自画像,如阿普特卡尔在《粉红色的弗里克》中表现的那样,也不能简单地以某种中立的艺术价值
229 尺度来加以评估,其地位是在艺术史和体制化实践的不断协商与再协商的竞技场中不停变化的。

自始至终,本书中我们对艺术的讨论一直是秉持着这样一个信念,即所有艺术作品都可以在各种观念和问题的语境内自由阐释。阿普特卡尔的作品进一步深化了这一过程。当我们在一种观念语境的范围内思考其作品时,他的画作不仅获得了意义,而且作品本身还在自身的构图中体现了相互矛盾的观念语境。这么说是什么意思呢?我们的意思是,单独来看,源画作中的视觉图像可能对我们每个人来说都隐含着一套观念,而阿普特卡尔的复制品植入了一套需要联系源画作去思考的不同观念和问题。实际上,文字给整个作品添加了另外一层意义。阿普特卡尔的画作探讨了这类问题:博物馆收藏什么样的艺术作品?在博物馆的工作人员或参观者看来,作品的意义是什么?艺术杰作以及被艺术史排斥在外的作品如何表现男性和女性?过去时代出于

其他目的创造出来的艺术品何以被改造成探索艺术家人生经历的全新作品？

画家肯·阿普特卡尔 1950 年生于底特律。他在纽约布鲁克林的普瑞特艺术学院(Pratt Institute)获得艺术硕士学位。目前，他往返于纽约和巴黎之间，在两座城市均拥有住所和工作室。

233 第七章　科学

天文、数学、物理、光学、医学、心理学、化学、生物——许多科学领域在历史上的不同时期赋予了艺术家灵感。例如，文艺复兴时期，画家利用数学创造了线性透视法，这是一种能制造出三维空间的错觉的图形系统——这一发展给接下来600年里的绘画和平面造型艺术带来了巨大影响。无论是意大利文艺复兴初期保罗·乌切洛(Paolo Uccello)的极端透视短缩法，还是20世纪中叶M. C. 埃舍尔(M. C. Escher)用变形的欧几里得空间制造出的奇妙幻觉，这两个戏剧性的例子都说明了艺术家如何为了在平面上再现纵深效果而将线性透视体系加以完善的努力。照相暗箱技术(亚里士多德最早描述过暗箱，17、18世纪暗箱在技术上趋于完善)的发展将光学和镜片同线性透视的数学原理相结合。19世纪摄影术的发明给这种结合带来了化学技术，使相机镜头拍摄的高度写实图像的保存和洗印成为可能。艺术家和科学家一样迅速接受了摄影术，他们对摄影技术发展的影响一直持续到今天的数码时代。

在当代，科学研究的多个领域对艺术家产生了深刻影响。进化论认为，生物世世代代都在不断变化，其基本属性在某种意义上并非永远固定不变，这种革命性思想改变了艺术家和许多其他人对身份、时间和宗教的看法。心理学，尤其是弗洛伊德以及其他对心智如何发挥机能进行探索的人的观点，塑造了艺术、文学和流行文化中的超现实主义，并在今天影响了关于身体、身份和其他主题的艺术。量子物理学和相对论大大推动了艺术在空间和时间视觉再现方面的创新性实验。

包括地质学、天文学、制图学和物理学在内的自然科学强烈地影响了 20 世纪的艺术家，如马塞尔·杜尚、罗伯特·史密森(Robert Smithson)、约瑟夫·博伊斯(Joseph Beuys)、多萝西娅·洛克波恩(Dorothea Rockburne)、南茜·格雷夫斯(Nancy Graves)和爱丽丝·艾科克(Alice Aycock)。今天，自然科学继续产生着强有力的艺术冲击。斯堪的纳维亚艺术家奥拉夫·埃利亚松(Olafur Eliasson)将戏剧的魔幻力量同气象学联姻，目的是为其大型沉浸式环境作品《天气计划》(*The Weather Project*)仿造出一种太阳和薄雾的戏剧性效果，这件作品占据了伦敦泰特现代艺术馆涡轮大厅的巨大空间。

生命科学对今天的艺术家来说有着特别强烈的共鸣。《信息艺术》(*Information Arts*)是对热衷于科技探索的当代艺术家的综合调查。该书的作者史蒂芬·威尔逊(Stephen Wilson)认为，21 世纪可能是“生物学的世纪”：“根据预测，在对有机世界——包括我们自己的身体——的理解和控制这方面即将实现的突破，会让电子和计算机革命看起来像小孩子的把戏。”[1] 234

今天，科学研究的发现和应用正以一个令人震惊的范围和速度不断前进。在所有科学研究领域中——包括克隆哺乳动物、农作物的基因改造、经过生物工程改造的器官和组织、纳米技术和机器人技术的进步、遥远的外层空间探索、赛博空间中虚拟世界的发明、对人类大脑活动的试验性研究，以及人工智能的研究——知识前沿以不断加快的速度向外拓展。这里仅举几个医药、基因学和生物技术领域引起高度关注的发展：1977 年作为第一例体外受精成果的人体试管婴儿出生；1988 年，所谓的肿瘤鼠(oncomouse)成为第一只受美国专利法保护的哺乳动物，肿瘤鼠是一种作为人类乳腺癌研究手段而被人类基因改造的实验用老鼠；1997 年在苏格兰的爱丁堡，绵羊多利成为第一只以人类细胞为基因材料而克隆成功的高等哺乳动物;2001年,5只经过基因改造的克隆小猪出生,它们的移植器官受人体排斥的可能性大大减少;2003年人类基因组计划宣布已经确定了人类基因组的DNA排序[2]。

综观刚刚过去的几段时期的文化史,艺术和科学之间的思想融合并不那么直接(比如波普艺术,几乎未从20世纪60年代的科学研究中获得多少推动力),而今天我们看到,艺术家们越来越倾向于注意观察和吸纳科学研究成果的方方面面。目前,包括生物化学、分子生物学、基因学和神经科学在内的生命科学似乎对视觉艺术家有着特别的吸引力。为了说明热衷于科学的艺术家目前所做出的各种各样的回应,我们这里主要描述以下三位艺术家的作品。

视觉艺术家山姆·伊斯特森(Sam Easterson)在艺术界和科学界之间自由穿梭,他在著名艺术博物馆举办展览的同时,还为科学博物馆和电视节目制作实验性录像。伊斯特森自1998年起就持续为一个项目做幕后策划人,这个项目建立的影像资料库从不同野生动物的视角记录了外在世界。伊斯特森和他创立的公司"动植物视频"(Animal Vegetable Video)一道把摄影机安装在各种动物的头部。拍摄而成的胶片显示了动物的前腿、前足、爪子或触角,以及它们周围的世界,然后这些图片以大于实物的尺寸在博物馆的装置作品中被放映出来。图片效果和手携式摄像机的效果类似;在没有光学稳定装置的情况下,摇晃的镜头跟随着动物们的活动和走过的路。同时,微型麦克风记录下了周围的所有声音。被伊斯特森装上特制装备包和头戴式摄像机的众多动物包括绵羊、野狼、水牛、火鸡、猎鹰、狼蛛、蝎子、鸭子、奶牛和鼹鼠,装在鼹鼠身上的小摄像机设法拍下了它在黑暗的地下隧道里奔跑的场景。伊斯特森认为没有任何一种动物比另一种更值得记录下来。"我在每种动物面前都
235 毕恭毕敬,"他说,"一只鼹鼠应该和一只科摩多巨蜥一样有趣。"当伊斯特森谈到自己想要将他的所有移动视频录像汇聚成一个再现整个动物王国的庞大资料库时,口气颇像一位科学家。但是作为艺术家的他说道:"当我制作一件新作品时,我假装其他的资料库都不存在。我需要一

种以极高的水平创作每件作品的压力。”[3]

丽塔·阿尔伯克基(Lita Albuquerque)的作品将关于自然现象的可见的经验性信息和广袤、美丽的宇宙中那令人敬畏的奇景结合起来。美国国家科学基金会资助阿尔伯克基完成了《天体坐标:南极洲》(*Stellar Axis*: *Antarctica*)(2006),这是一件令人叹为观止的临时性场地装置作品,它由99个栩栩如生的蓝色球体组成,这些球体被放置在靠近南极的罗斯冰架那冻结的雪地上。使用全球卫星定位系统技术,阿尔伯克基和她的工作小组(包括一位天文学家、两位电影制片人和一位摄影师)共同绘制了一幅南半球星群的星座图。他们常在严酷的条件下工作,按照星体的排列样式把大小不一的球体放在冰面上(为了强调我们虽然在南极夏季的24小时白昼中看不到星星,但它们仍悬挂在天空中)。这些预先 236
做好的球体雕塑品先被装在大型包装箱里运往南极洲,然后阿尔伯克基的团队要在冰面上拖着这些雕塑品行进48.3千米;最后,为防止暴风雨天气,他们还要把球体牢牢地固定在冰面上。效仿古代的做法,阿尔伯克基为12月的2周做了精心准备,因为艺术装置可以一直保持原状,直至最后与夏至时间重合,夏至使投射的阴影和变换的光线产生的效果可以持续一整天。另外,作为整个艺术计划的组成部分,艺术家还说服驻守在麦克默多科考站(McMurdo Base)(一个南极科考中心)的51个人参与到艺术家编排的表演中去,他们模仿南半球星体的顺时针运动,按照螺旋形路线在球体中间行走,所有这些表演都被拍摄下来[4]。

日本艺术家小谷元彦(Motohiko Odani)因其雕塑、摄影和视频作品而闻名,这些作品将生物学、遗传学同科幻作品结合起来,考察了各种突变和转化过程。与追求纪实性更强的方法的伊斯特森不同,小谷元彦通过设计布景和道具,并启用演员、化妆和特效来布置专供摄影之用的场景。他在短片《嬉闹者》(*Rompers*)(2003)中构建了一个虚幻的森林。怪异的布景中,来自科幻虚构作品和儿童电视节目的想象世界中的角色被不协调地搭配在一起。《嬉闹者》压缩了的时限效仿了MTV或YouTube视频的时间段。一个扎着马尾辫的可爱的小女孩坐在流淌着树液的枝干上歌唱,周围都是外形古怪的动物和植物。小谷元彦的数码合成生物看起来像转基因生物,其基因组织已经通过基因重组技术被改变。比如,青蛙长出了人类耳朵形状的翅膀,而小女孩的手指和脚趾畸形地修长,眼睛呈黄色,眉骨凸出。尽管小谷元彦的怪异世界多数时候并不危险,但也有令人不安的时刻,比如女孩有时张嘴伸出爬行动物的舌头去抓苍蝇。《嬉闹者》以幽默的、略带大众文化推行的性意味,围绕着科学实验的价值和目的提出了严肃的伦理和哲学问题。值得注意的是,在我们看来,《嬉闹者》提出了这样一个问题:如果动物经过基因改造而具有了人的属性或者相反,人类和其他物种之间是否还存在清晰的界限?如果这种界限消失,那么合法权利、性吸引力和道德行为标准这类问题又意味着什么?

什么是科学

大批当代艺术家不但受到科学工具、图像、技术和材料的启发,还从激动人心的新发现和关于动植物的基因改良及克隆这类科学实践的论争中获得灵感。总体来看,艺术家体现了大众文化对科学的兴趣,这一点可在去参观动物园、天文馆、自然历史博物馆和科学馆的大批人流,《探索》频道和刑事犯罪系列剧等电视节目的大行其道,以及人们对各种形式的科幻小说的沉迷中窥见一斑。但科学究竟是什么呢?这个现在对于艺术家、记者和文化观察者而言似乎特别热门的话题究竟是一个怎样的知识领域呢?

简言之,科学是对关于可观察现象的知识的探求。然而,系统阐述
237 科学的准确、全面且简练的定义是一项复杂的挑战[5]。亚里士多德提出了科学的概念,认为科学是可以从有限的基本原则进行逻辑推理而得出的知识体系,此后哲学家们就科学的构成以及科学和非科学知识领域何以不同这些问题的具体细节进行了论争。

一个公认的定义聚焦于研究该如何进行,也就是常被称为科学方法

(*scientific method*)的科学过程。对于一个可以被称为“科学”的人为努力来说,它必须描述、解释并预测一个可观察现象的表现和反应,最后一 238
点尤为重要。科学方法是一个按照下列步骤操作的逻辑程序:(1) 陈述问题;(2) 观察并收集和问题相关的实验数据;(3) 提出同观察结果/实验数据一致的假设(答案)[或者在没有数据的情况下从理性的推理中得出假设(答案)];(4) 对逻辑上符合假设的其他结果进行预测;(5) 通过重新观察或收集新的实验数据,以及判断新信息是否符合预测来检验这些预测;(6) 在预测能力的基础上接受、修改或放弃此假设。

科学方法最容易被看成为获得新知而形成的试验体系,获得知识的手段包括在特定的、高度受控的条件下进行试验(运用可辨识的有限变量来控制),测试和记录结果,并和那些证实遵循同样步骤也得到相同结果的人分享信息[6]。而观察过程和实验数据一样是对假设进行验证的有效方法,一些科学领域(如天文学或地质学的某些分支)必须依赖于观察过程,而不是实验室的试验,认识到这一点很重要。而且,正如步骤(3)提到的,在相关数据尚不存在的情况下(往往是由于获得数据的方法,诸如必要的工具手段,还尚未问世),假设可以以猜想、直觉或逻辑推理,而不是数据收集为基础。比如,阿尔伯特·爱因斯坦就在被我们称为纯粹思维的基础上明确提出了著名的相对论。这种情况下,后来的科学家们的任务就是通过试验来证明或驳斥爱因斯坦对这一重要物理学理论的概念化。科学方法对西方现代科学至关重要,其核心地位可以追溯到17世纪的欧洲思想家那里。如英国哲学家弗朗西斯·培根,他曾强调逻辑思维和严密的观察是科学的决定性构成部分。科学方法的相关表述在科学方法于欧洲兴起之前就存在,并曾在埃及、希腊、波斯和其他古文明的思想史中出现过。

对自然科学的研究并不仅仅是科学家们的职责。几乎所有人在日常生活中都进行着观察活动(比如用力推会移动一块巨石)。同样,动物们也在日常经验的基础上进行着观察(逆风飞行的难度更大)。综观历史,所有文明都将累积而得的世界知识建成为各种观察提供解释的知识据库(例如天气中的季节性变化)。然而,以完全无偏见的、开放式的批判性结论为基础,以提出假设并验证那些关于经验性观察的假设为目的的知识建构——以这样一种具体的、系统性的方式搭建而成的知识结构——在科学方法的系统阐述和广泛应用之前还未发展起来。

在其装置作品《模糊直觉的蒸馏设备》(*Apparatus for the Distillation of Vague Intuitions*)(1994—1998)中,艺术家伊芙・安德烈・拉腊美(Eve Andrée Laramée)从另一个优美的、富有诗意的角度表现了代表先进科学的、强调理性的实验室,引人深思。这件作品包括类似实验室设备的仪器——玻璃烧杯和试管——实际上这些仪器都是手工吹制的,且充满个性化色彩。艺术家在玻璃表面刻上了表示度量的文
239 本——"一捧""一口""偶然的机会" ——这些文本将基于个人感官体验的人为判断插入本该中立、准确的科学领域内。拉腊美那洋溢着神秘气息的作品似乎在暗示,主观感受不可避免地影响着我们对生活的理解。在西方思维体系中,科学试图发现同一事件多次发生时反复出现的模式。与此相反,拉腊美却引导我们去思考那永远不再重现的模式——这也许是该如何衡量我们个体生活的一种隐喻。

科学方法是作为一种验证假设的过程而发展起来的。如果一个假设(或一套相互联系的假设)始终与新的预测成功吻合,这个假设就获得了公信度并晋升为被认为是"真理"的科学理论或"法则"。(尽管艺术界常把一种理论当成未经证实的假说,职业科学家们却要等到一个知识体系的预测能力被广泛证实以后才将此体系提升到"理论"的高度。)然而,即便是科学方法的早期实践者也承认科学真理的观念是不对称的。我们可以多次证明一个理论的可信度并将日积月累的成功视为相信这个理论的基础,但是我们从来都无法证明绝对的真理,因为理论的验证是个永无休止的过程。反过来,仅仅一个真实可靠的观察结果或同某假设
240 相矛盾并将其推翻的实验,就可以宣布一个假说(或理论)是无效的。

这种科学方法的不对称性产生了通常被认为是和卡尔・波普尔(Karl Popper)密切相关的另类科学观。波普尔是 20 世纪一位颇有影响

力的奥地利哲学家，其大部分职业生涯在英国度过。波普尔关注的是可否证性(falsibility)，这一概念的定义是：一个假说可通过观察或实验数据被证明是谬误的。在波普尔看来，对于一个可被称为科学的人类行为来说，仅仅遵循科学方法，并且其行为者的假设通过预测式验证而显示出的可靠性是远远不够的。相反，一种行为要成为科学，必须有可能证明某种假设是非真的。科学的定义因此是一种逻辑的否定，而不是肯定，如果没有可能反驳某种行为的论断，那么这种行为就不是科学，换言之，它缺乏可否证性这一属性。根据这一定义，某些命题——如可能存在隐身的精灵控制着全球天气——就超出了科学框架，因为有关存在着精灵的理论永远无法被经验性地驳倒(也就是说，我们可以无休止地争辩，精灵们一直以来都巧妙地从我们眼前逃开，没有让我们发现其行踪的企图得逞)。如果没有可能提供可否证性的可验性证据，那么这一命题就超出了科学研究领域。

科学大致分为自然科学(*natural science*)和社会科学(*social science*)，前者研究物质世界，后者研究人类行为和社会系统。自然科学范围内的学科包括物理、化学、生物、天文和地质学，社会科学领域内的学科包括地理、人类学、社会学、经济学、心理学和语言学。数学、计算机科学和工程学是自然科学家和社会科学家都加以借鉴的相关学科。

历史上来看，社会科学学科一直被称为"软科学"("soft sciences")，而某些自然科学，如物理和化学，由于其对经验数据更为严格的依赖而被认为是"硬科学"("hard sciences")。[如果叫一个普通人说出一种科学领域，他(她)几乎一定会列举硬科学中的某一学科。]社会科学在构建成功预测未来结果的可验证假说方面面临着更艰巨的挑战。当代的科学事业日益呈现跨学科趋势，新兴的科学混合领域在不断演变，如生物化学、天体物理学、神经心理学和生物工程。

作为业余科学家的艺术家

在一般文化中有这样一些人，他们不是职业科学家，却以严肃的态度追寻着对科学的兴趣,并时常推动科学知识的发展或密切关注科学成果。以无数的业余鸟类观察者为例,他们在准确记录鸟群及其迁徙模式方面作出了巨大贡献。家庭园丁们可能对全球变暖效应以及当地环境范围内动植物栖息地的流失等问题有着渊博的知识。一些业余科学家还能上升到相当的高度。19 世纪,查尔斯·达尔文自费完成了加拉帕戈斯群岛(Galapagos Islands)的行程,在此地的研究让他建立了进化论的基本原则。

同样,一些知名艺术家也被公认为虔诚的业余科学家,其中包括列奥纳多·达·芬奇(1452—1519)和爱德沃德·迈布里奇(Eadweard Muybridge,1830—1904)。前者撰写了卷帙浩繁的著作和笔记,记录了
241 他对自然世界的观察结果;后者是一位英国摄影师,他利用多台摄影机捕捉连续动作,对动物和人类运动进行了广泛研究。坐落于麻省理工学院的富有创新精神的高级视觉艺术中心(CAVS)建于 1967 年,已培养了许多深入参与到科学中去的艺术家,包括环境艺术家奥托·皮纳(Otto Piene),他曾在 1974—1994 年间任该中心主任。陶德·塞勒(Todd Siler)作为麻省理工学院第一位获得博士学位的艺术家,自 20 世纪 70 年代以来就一直主张艺术和科学的全面融合。

即便艺术家在某些科学方面的专业知识已达到一定水准,她/他还是会雇用或与专业科学家和工程师合作来完成一件艺术品。例如,丽塔·阿尔伯克基(Lita Albuquerque)团队里的一位宇航员帮助她精确地放置《天体坐标:南极洲》(*Stellar Axis: Antarctica*)中的球体。本章讨论到的山姆·伊斯特森(Sam Easterson)、加里·施耐德(Gary Schneider)(插图 7-3)、纳塔利·杰里米琴科(Natalie Jeremijenko)和爱德瓦尔多·卡茨(Eduardo Kac,参见档案部分)也和科学家有过合作。

一些当代艺术家通过系统地观察世界和收集数据对某种形式的科学方法进行了实践。伊斯特森以一位科学野外实地考察者的方式创作——收集以后可能会被用来分析动物行为模式的资料(原始影像片段),然后通过进一步的观察结果对这些模式进行实地测试。然而,尽管

伊斯特森对个别动物十分着迷，并希望建立起一个档案库，但他似乎对科学假说的验证或内在模式的追寻兴趣索然。

前艺术家双人组维塔利·科马尔（Vitaly Komar）和亚历山大·梅拉米德（Alexander Melamid）是苏联流亡者，自 1978 年以来一直住在美国，他们对社会科学中科学方法的应用进行了挖苦和嘲弄。两人在 1994—1997 年间为创作《人民的选择》（*People's Choice*）而展开了市场调查。他们雇用了专业民调机构对超过 12 个国家的人的绘画审美偏好进行调查，让他们选出自己最喜欢的颜色、大小、风格和主题。然后，他们将统计出的调查结果进行平均化处理，为每个国家制作了一幅结合了“最想要的”和“最不想要的”视觉特征的画作。比如，美国人最想要的画（在对 1000 多个美国成年人进行电话调查的基础上）有洗碗机大小、表现了名人和驯鹿栖居的写实风景，画面以一系列令人振奋的暖色调为主。而“最不想要的”画是平装书尺寸的现代派抽象画。与此相反，中国人最偏爱的画（基于对 2462 个中国人的抽样调查）是墙壁大小的、有动物但没人物的风景画，画面以白、蓝、绿三色的混合体为基本色调。科马尔和梅拉米德的作品提出了这样一个问题：艺术设计是否应该和其他商品一样受民意测验的支配？[7]这个艺术项目似乎也承认，审美偏好上的文化差异是一个值得深入研究的潜在主题。

奇怪的是，那些行为近似业余科学家的艺术家往往十分推崇古老的科学模型，这些模型的使用还是发生在科学和医学同魔法和宗教密切相关的时代。这些艺术家还运用具有反讽意味的定型模式，如极端自我的“疯狂”科学家这种被广泛模仿的途径。二战后十分重要的德国艺术家约瑟夫·博伊斯（Joseph Beuys）在其现场表演中再现了古代行医者（作为医治者的萨满巫师）和中世纪的炼金术士。最近，在这方面出现了一批被认为具有奠基性地位的创新艺术家，包括爱丽丝·艾科克（Alice Aycock）、克里斯·伯顿（Chris Burden）、丹尼斯·奥本海姆（Dennis Oppenheim）和保罗·范努斯（Paul Vanouse）。这些艺术家设计了具体功能模糊不清，或根本不存在实际功用的新奇机械装置，他们还运用科 242

学工具和材料进行了没有明确目的的古怪实验。范努斯在各画廊展出的装置作品让人想起充满试管和闪烁的机器的科学实验室。艺术家本人身着象征着科学实验的白色实验服出现在展厅入口,依照没有实际应用性的科学原理进行了各种稀奇古怪的实验。

和今天许多沿着这个方向创作的年轻艺术家一样,范努斯借鉴了实验室科学实践活动的现行模式。在同样的推动力下,英国艺术家达米恩 · 赫斯特(Damien Hirst)创造了经过无菌处理的、实际房间大小的装置作品《药店》(*Pharmacy*)(1992)。作品中一尘不染的落地式白色货架展示着排列得整整齐齐的药品,惟妙惟肖地营造出一种真实药店的场景,这种药店在任何西方城市都随处可见。

热衷于科学主题的艺术家们往往本身并不是业余或专业的科学家。他们对科学图像和科学发现的回应是隐喻式的和印象式的。他们或以游戏、怀疑的态度,或以执迷、谨慎的方式来审视科学主题,最重要的也许是,他们本着 20 世纪先锋艺术家马歇尔 · 杜尚的精神,将艺术实践本
243 身视为一个调查研究领域,一种另类的科学。杜尚对于物理学(棋类)的兴趣被详细地记载下来,他自己的艺术作品在探索人类性行为和其他主题的同时还模拟了科学调查。

吸收科学工具和材料的艺术家

艺术家们用以表现图像和表达思想的科学材料与形式存在很大差异。一些科学家使用熟悉的媒介和形式。他们可以用塑料、木头或黏土雕出看起来像经过生物工程改造的生物,制作使人联想到科学图表或显微镜下的图像的精细复杂的铅笔画,描绘出我们想象中的外层空间图景或被科学改变了的未来。弗兰克 · 摩尔(Frank Moore)、亚历克西斯 · 洛克曼(Alexis Rockman)、布莱恩 · 克罗克特(Bryan Crockett)、罗纳德 · 琼斯(Ronald Jones)、海伦 · 查德维克(Helen Chadwick)、康拉德 · 肖克罗斯(Conrad Shawcross)、伊芙 · 安德烈 · 拉腊美(Eve Andrée

Laramée)、派翠西亚·佩契妮妮(Patricia Piccinini)和蒂姆·霍金森(Tim Hawkinson)是以相对熟悉的艺术媒介来探索科学主题的一些画家、雕塑家、摄影家和装置艺术家。其他艺术家则直接从科学材料、工具和技术中借用素材,他们往往把艺术方法和科学方法合而为一。

克里奥技术(creole technologies)

总的来说,艺术家通常是以七拼八凑的方式将借用来的科学工具和技术融入他们的艺术中去。与挪用和混杂这类的当代艺术倾向相一致的是,艺术家在工作室从事的创作活动既别具一格,又有些粗制滥造。他们不但使用显微镜和机器人之类的工具和生物、化学材料,还应用诸如克隆和基因工程这样的科学技术。艺术家们把科学研究和工具吸纳到艺术制作中去,但不会因此而成为经验丰富的专业科学家。他们的工作室根本达不到科学研究实验室的标准,而他们自己对基本科学知识的掌握最多也只是接近准确而已。

克里奥化(*creolization*)这个词有时被用来描述思考或生产混杂物的方式,尤其是新旧结合的混杂体。关于科学的艺术特别适合克里奥化。首先,科学实验室本身就是一个玻璃烧杯、科学研究中长期使用的夹具与计算机共存的克里奥式环境。今天的科学家也同样可以将新旧技术融合为一体。他们这么做既是出于选择,也是由于需要。即便艺术家们想要充分利用科学技术,他们也并没有获得这些技术的资金和渠道,而且也不具备充分发挥技术功用的专业知识能力,因此他们发明了克里奥式混杂技术。在关于其可被应用于艺术上的技术的观点中,《纽约客》的书评人史蒂芬·夏平(Steven Shapin)观察到,各种克里奥式技术在贫困国家十分常见:“世界上的大部分精巧的机械装置被用来创造坚固可靠的、适应能力强的‘克里奥’技术,我们对这种装置几乎视而不见是因为我们恰好生活在一个低维护、高抛弃型的社会体系里。”[8]

当制作与科学有关的艺术时,具有独创性的天才艺术家们利用他们能收集到的任何资源来从事创作;他们会使用自己已了如指掌的艺术材料和技术,对能搜集到的科学仪器和知识加以利用。本章讨论的不少艺术家都对艺术实践采用了一种克里奥式的混杂手段,这其中包括伊斯特森、阿尔伯克基、范努斯、卡茨杰、里米琴科和马克·迪恩(Mark Dion)。

艺术家们可能会以出人意料的方式利用科学发现,以科学领域从未尝试过的方法将各种技术结合起来。一个不寻常的例子就是由双胞胎姐妹马格丽特(Margaret)和克里斯汀·威特海姆(Christine Wertheim)
244 于 2005 年启动的双曲线针织珊瑚礁计划(Hyperbolic Crochet Coral Reef Project)。二人分别是科学作家和艺术家,在澳大利亚的大堡礁(Great Barrier Reef)附近长大。威特海姆姐妹利用钩针编织的纺织技术,将几何学、海洋生物学、生态学和手工艺结合,创造了和大型珊瑚礁类似的作品。这件在网上编织爱好者在线社区中十分知名的作品是对数学家戴娜·泰米纳(Daina Taimina)1997 年的新发现进行了修改,泰米纳发现了如何把数学和钩针编织术结合以制作双曲几何(*hyperbolic geometry*)的三维针织模型的方法。(双曲几何是一个复杂尖端的数学领域。和欧几里得几何领域内建构的模型相比,双曲几何就平行线如何穿过各个点提出了一整套完全不同的规则。同欧几里得空间内的直角相比,双曲空间拥有大量的曲线和容积。)正如威特海姆姐妹意识到的,珊瑚、海葵、海绵、海藻以及其他礁石类生物在其壳皱、褶皱、盘绕和环形的外表下都隐含着双曲几何结构。她们的双曲线针织珊瑚礁计划应用了一种数学运算程序,这种程序为钩针针法的准确重复模式提供了操作指南,编织者可以根据这种模式不断织出越来越多的锯齿状礁石的钩针针织模型。到 2008 年春季为止,整个项目已经占地 278.7 平方米,包括 1000 个单体珊瑚礁模型,这些模型由来自全世界的数十位志愿者织成,并组合成各种海底暗礁,每个都有其独特的颜色和造型。通常一些珊瑚礁会被选出并按照新的组合安装在一起,从而在特定的展览上展出(插图 7-1)。其中包括红色珊瑚礁、蓝色珊瑚礁、漂白的珊瑚礁、分叉的海葵花园、希留利亚美人礁(the Ladies' Silurian Atoll),以及毒礁(用纱线和塑料垃圾编织成的巨大堆积物)[9]。

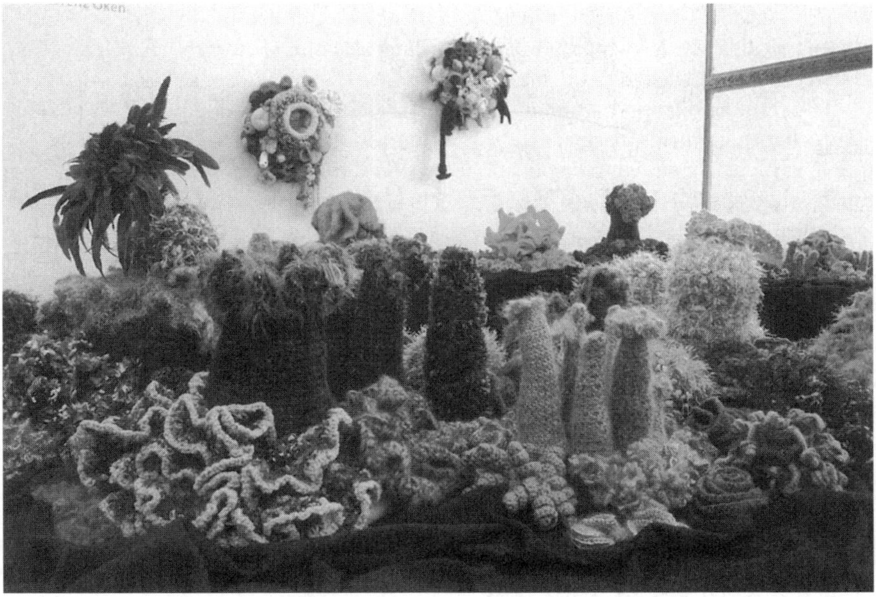

插图 7-1　计算学院(The Institute for Figuring)|双曲线针织珊瑚礁计划(*Hyperbolic Crochet Coral Reef Project*),自 2005 年起持续进行
纱线
Aaron 和 Cassandra Ott 摄影

生物艺术(bio art) 245

前缀"*bio*"如今可在很多词中见到,如生物化学(biochemistry)、生物技术(biotechnology)、生物工程(bioengineering)、生物制药(biomedicine)、生物伦理学(bioethics)、生物信息学(bioinformatics)和生物战(biowarfare)。生物艺术(*bio art*)用来指艺术家用活体有机物质创作的艺术,这些有机物质同样也是科学家所使用的:细菌、细胞株、分子、植物、体液和组织,甚至活体动物。对生物艺术的分类并无严格的定义;和任何艺术媒介一样,关于某种材料和艺术实践是否可归入生物艺术这一种类的论争一直存在。比如艺术家在使用生物材料时,材料是否必须是有生命的才能算是生物艺术。

自史前时代起,人类就利用有机的或天然的物料来创造引人入胜的手工物件和图案。这类例子包括古代世界传说中的花园,以及插花艺术(*Ikebana*),后者是一种关于布置和摆放花卉的日本传统艺术,已经有600 多年的历史。人类毛发制作的珠宝曾在维多利亚时代十分流行。墨西哥人在亡灵节(*Dia de los Muertos*)为纪念逝者而搭建的私人祭坛上布满了花和食物之类的小型祭品,如传统的金盏菊和做成头骨形状的糖果。当然,古代艺术品采用的许多艺术物料本身就是有机的,它们包括木头、纤维、羽毛和各种颜料与染料。

生物艺术家最近的先驱者们包括 20 世纪六七十年代的大地艺术家,他们在室外创作,以岩石、泥土、植物和水为材料进行造型。一些著名的大地艺术家掌握了关于地质学、植物学和生物学这些自然科学的渊博知识,他们有罗伯特·史密森(Robert Smithson)、艾格尼斯·丹尼斯(Agnes Denes)、艾伦·索菲斯特(Alan Sonfist)和陈貌仁(Mel Chin)。对这些特定的艺术家来说,自然是一个成长、变化和腐朽的生态系统。贝西·达蒙(Betsy Damon)是当前一位寄希望于生态系统的典型艺术家;她在中国成都完成的《活水公园》(*Living Water Garden*)(1998)既是公园,又是净化水质的有机系统。

生物艺术和过去使用有机材料的艺术之间的区别在于:生物艺术同生命科学的实验室研究有着密切联系,且艺术家应用的技术也十分先进。要达到预期成果,生物艺术家们通常必须掌握某种生物技术知识,如基因工程和克隆技术。有时这些艺术家要同科学家在实验室里并肩作战,比如深入研究基因剪接或 DNA 排序的具体细节。

毫无疑问,生物科学家们取得了一些非同寻常的成果。乔治·葛赛尔特(George Gessert)曾接受过艺术训练且目前仍在从事艺术创作,但他也学习过园艺。自 20 世纪 70 年代以来,他就将植物育种作为其艺术创作形式。葛赛尔特利用基因学原理,将野生鸢尾花有选择地进行培育,创造出他认为具有高度艺术观赏性的品种,他称自己的艺术实践为"民间基因艺术"(genetic folk art)。爱德瓦尔多·卡茨和葛赛尔特一样是生物艺术的先锋,他在其装置作品中采用特制的细菌和动植物,将有机物中的天然和合成基因进行了转移。大卫·克雷默斯(David Kremers)曾享有加州帕萨迪纳的加州理工生物领域的杰出观念艺术家这一学术职位,他通过细菌养殖来作画。克雷默斯称,他使用"经基因工程改造过的细菌以培育出各种颜色的生物酶……培养箱里的图像 18 个小时以后长出了我和细菌共同培育的形状和颜色"[10]。伦斯勒理工学院(Rensselaer Polytechnic Institute)的艺术项目主席凯西·海(Kathy High)制作了一个类似实验室的装置作品《拥抱动物》(*Embracing Animal*)(2004)(插图 7-2),装置中的笼子里有 2 只名为回声和花儿的活体实验老鼠。老鼠是海在网上购买的,它们体内的自动免疫系统被植入的人类 DNA 破坏,这样使它们更适于医学实验之用。

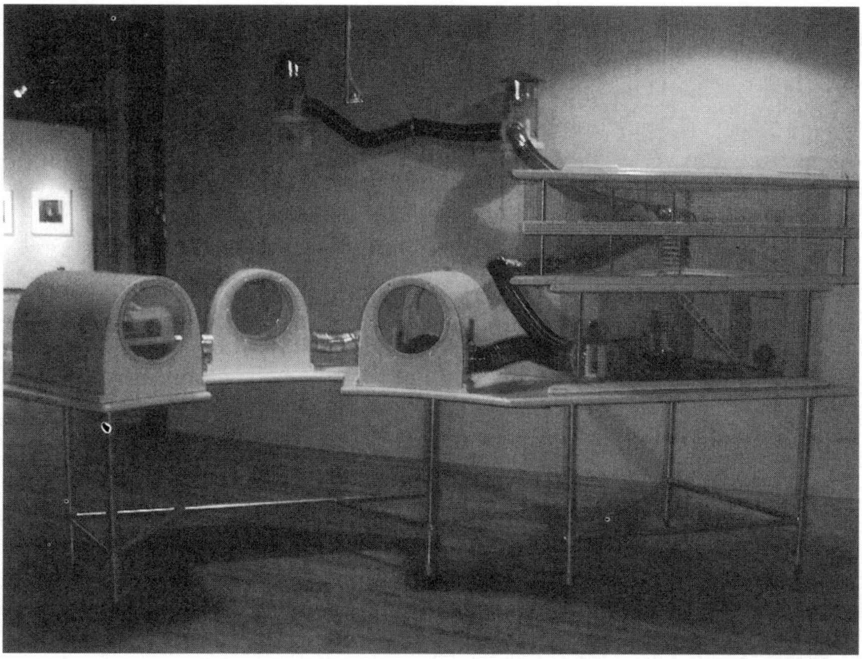

插图 7-2 凯西·海|马萨诸塞州当代艺术馆的装置作品"拥抱动物"中活体老鼠的栖息处,2005—2006 年
宽 30.5 厘米×高 15.2 厘米×直径 30.5 厘米
材料包括活老鼠、金属管道、金属丝网、乙烯软管、网状金属覆盖的滑动木板、支架、悬挂式扬声器,以及包括玩具和栖息/隐藏区在内的娱乐设施
艺术家本人提供

246 科学的意识形态

纯理论研究的拥护者认为科学在追寻真理的过程中是无关功利且中立的,科学家应该不受任何羁绊地去追求目标。在在线杂志《科学进展》(*Science Progress*)2007年开篇的一篇社论中,总主编乔纳森·莫雷诺(Jonathan Moreno)写道:对于美国人来说,致力于自由探索精神是民族自我认同感的深层部分,因为美国是一个建立在知识自由上的国家。莫雷诺进一步指出,让科学家用实验去发现信息和探索新的可能性是我们未来美好生活的最大希望。他还写道:"在21世纪,我们比以往任何时候都要坚信,只有自由、严谨的科学调查而不是权威的教条才能为我们的生存提供最可靠的信息,这么说毫不夸张。也许最重要的是,科技进步对于维持始终如一的民族使命感至关重要,这种使命感让我们成为在自由与自治中参与到历史性实验中去的人,成为一个因共同的未来而不是共有的过去而团结起来的民族。"[11]

现代文明从科学发现和发明中获益匪浅。比如,生物技术具有缓解诸如饥荒、疾病和污染这类世界主要矛盾的潜力,同时生物工程学还通过改善人的健康水平、体力和思维能力给延长寿命和提高生命质量带来
247 了希望[12]。然而,一些艺术家和其他人一样,对科学成果一直持怀疑态度,不愿老老实实地把科学家奉为权威。由于意外事件或在权力、金钱和观念上的冲突,人类控制自然的尝试可能会走入歧途,因此科学进步也有可能带来巨大的危害。诸如滴滴涕杀虫剂(DDT)、铅涂料、石棉和萨力多胺镇静剂之类的产品表明,对科学发现的应用已经产生了科学家从未预测到的可怕后果。今天,全球天气变化和自然资源减少带来的威胁——很多人认为这种状况是人类行为的意外后果——已家喻户晓。多数人也同样意识到生物恐怖主义(bioterrorism)有预谋的危害(通过炭疽病这类生物制剂)。通过科学,人类开始掌握了过去难以想象的力量。不少人担心,一旦科学研究的妖孽跳出瓶外,可能会产生无法预计的灾

难性后果。

经济和政治因素也推动着公众围绕科学展开了论争，尤其是谁来决定哪个科学领域该获得最多的资助这类问题。生物技术工业发展迅猛，新药和新的医疗产品的开发带来了巨额利润。同时，一些人体产品，如基因、精液、卵子、胚胎、血液、组织和器官，也成为待出售的商品。消费者市场[例如给研究提供支持，助其开发出减少皱纹的肉毒素(Botox)这类美容产品]以及政府决策(比如向开发生化武器或核武器的研究提供资金)对哪些科学和医药研究能获得资助有着关键性的影响。永远没有足够的资金来支持各个竞争利益方所需要的全部研究活动。经济核算和政治利益必然会对开展何种研究产生影响。比如，20 世纪 80 年代美国政府无意为艾滋病研究提供资金，直到包括许多艺术家在内的社会活动者发起旨在提高公众意识和谋求支持的大型运动时，情况才有所转变。

变动的科学范式

科学的重要目标是把多种假说同大量观察结果和实验数据整合成涉及面广泛的知识框架，这些框架进而成为各种科学分支的主要理论。当数据和假说聚集起来并汇聚成理论时，偶尔会发生现有思维体系无法轻易解答的反常现象，以及/或者理论本身变得过于复杂且试图使预测和现有数据一致。当这种情况发生时，科学史被某个人或一个小团体改写，他/他们给审视和组织科学领域的方式带来了翻天覆地的变革[比如普朗克(Planck)、爱因斯坦和其他科学家提出将量子力学作为原子物理学的基本框架]。这种充满变革力量的创造转换了某学科的整个范式——传统思维和调查研究的全部焦点——并通常会爆发大量全新的科学洞见。

在其 1962 年的著作《科学革命的结构》(*The Structure of Scientific Revolutions*)中，物理学家兼科学哲学家托马斯·库恩(Thomas Kuhn)提出了科学发展过程的新模式。这一模式强调，占支配地位的范式的重大转变具有重要意义[13]。尽管库恩的观点是为了解释科学最终如何处理那些现有科学实践无法给出合理阐释的信息(反常现象),他的论证却通过把科学知识(在某一时间点对科学作出解释的相互联系的理论框架)同文化中的哲学范式,或文化的集体完形(*gestalt*)相连接而无意中推动了对现代科学的中立性的质疑态度。策展人劳拉・斯图尔德・宏(Laura Steward Heon)在其为题为"非自然科学"(Unnatural Science)的展览所写的图录中认为,库恩的论点宣称"科学史可被分为各种彼此毫无关系的自我封闭的范式。不同时代和地点的不同人对同一课题会给出彼此冲突矛盾但仍不失准确的答案"[14]。

248

对那些身处人文学科、社会科学和艺术的知识群体,以及欣然接受文化相对主义的理论构想的人来说,库恩的思想似乎宣扬了一种解读资料的临时性方法,并宣称另外一种范式会以不同的方式解读同一资料。(在目睹了其著作发行产生的广泛影响之后,库恩试图驳斥那些援引其著作为包括科学在内的所有知识的相对主义大唱赞歌的人。)总的来说,科学界还未接受文化相对主义的极端观念,文化相对主义坚持认为即便是科学也不过是一种文化建构,科学在范式的转换之中前进,每一范式并不比之前的更准确或更强大。除此之外,科学进步的发生很多时候并非由于对一个范式的全盘摒弃,而是因为伴随着技术进步而来的全新研究领域和经验性观察的新机遇,通过不断积累和递增的知识结构而向我们敞开大门。

作为文化现象,我们很容易将科学家定型化为客观的、对主观影响和意识形态具有免疫力的人,而视觉艺术家应该是主观的,受个人情感和信念支配的人。实际上,两个领域都远比我们想象的复杂:无论是科学家,还是艺术家,都既是理性的,又是直觉性的,两者在面临的问题、创造性思维过程,以及对世界的运转、表象和意义的激情等方面往往相互映射,彼此影响。事实上,取得最高成就的科学实践需要创造力(正如人们在艺术中所期待的),而最高境界的艺术实践也需要经历调制精确的实验过程。然而,这些经验并未消除科学家从事的工作、科学研究目标同艺术家为追求其艺术理念而承担的创作事业之间的真正差异。

科学是否正处于失控状态？行动主义艺术予以回应

将对科学后果的讨论提到行动日程上来的艺术家们往往认为，不是所有科学都是进步的或真实的。行动主义者创作的艺术通常意在帮助某一观众群了解科学，启发他们思考科学如何改变了我们的世界和生活，无论这种改变是好是坏。他们寻找那些将会成为科学发展的目击者和监督者的观众。

艺术家会采用形形色色的策略来激发或促动观众对科学的绝对权威发出挑战。一些科学家以引人注目的视觉形式将有用的科学信息吸纳到作品中；其他人则用包含丰富情感内容的艺术作品来表现科学活动的真实的或想象中的后果。后一种情况的典型例子就是威尔·威尔逊(Will Wilson)的《自动免疫反应第 5 号》(*Auto Immune Response # 5*)(2005)。这是一件墙壁大小的、经过计算机数码处理的照片拼接作品，画面似乎描绘了一位核灾难后的孤独幸存者，他戴着用来呼吸的防毒面具，身后是被肆虐的洪水淹没的景象。其他例子有澳大利亚艺术家罗伯特·葛斯温特纳(Robert Gschwantner)的系列作品《油毯》(*Olteppiche*)，作品表达了艺术家对沉船和其他工业灾难造成的浮油问题的警觉。葛斯温特纳将油渣、用过的工业润滑油和海水注入聚氯乙烯 249
(PVC)塑料管中，然后把这些软管编成枕头、屏幕和巨大的垫子。他的其他相关系列作品《绒毛玩具》(*Peluche*)，由编织而成的、装满油的聚氯乙烯垫子组成，这些垫子折叠后的样子活像被漏油杀死的形状尖尖的小型海洋生物。

艺术家也会和具有同样警觉意识，并希望其他科学家和公众能就各种科学后果和抉择进行反思的科学家合作。(科学界内兴起的生物伦理学这一跨学科领域聚焦于科学发现和科学实践提出的哲学与伦理问题。)顺着这样的思路，2007 年在科罗拉多州的博尔德当代艺术博物馆及其他场地举行的题为"天气预报:艺术和天气变化"("Weather Report: Art and Climate Change")的艺术展,促成了艺术家和科学家之间的数十例合作。通过探讨诸如森林砍伐、全球变暖、物种灭绝、臭氧层破坏和海洋污染等彼此关联的问题,作为合作成果的跨学科艺术品把目光移向了天气变化。艺术家玛丽·密斯(Mary Miss)同水文工作者和地质学家合作,构想了当地发生的可怕的 500 年一遇的严重洪灾的景象。最终,密斯以预测的最高水位线的高度,把 300 个闪亮的蓝色光盘粘贴在博尔德人口密集的中心城区的一些建筑物上。长期关注环境的艺术家海伦·哈里森(Helen Harrison)和牛顿·哈里森(Newton Harrison)利用一位生物学家关于全球变暖给高山植物带来的影响的研究成果,创作了《温室中的高山》(*The Mountain in the Greenhouse*)(2007),这件作品表现了因栖息地萎缩而逐渐向高海拔地区蔓延的植物。其他关注环境问题并参与其中的艺术家还有金姆·爱伯乐斯(Kim Abeles)、伊芙·安德烈·拉腊美(Eve Andrée Laramée)、派翠西亚·乔汉森(Patricia Johanson)、阿维娃·拉赫马尼(Aviva Rahmani)、艾格尼斯·丹尼斯(Agnes Denes)、巴斯特·辛普森(Buster Simpson)、未来农夫协会(Future Farmers)、艾伦·勒维(Ellen Levy)和皮埃尔·于热(Pierre Huyghe)。

曾策划了"天气变化"展览的资深艺评家兼社会活动家露西·利帕德(Lucy R. Lippard)指出,一些作品戏剧化地表现了天气变化,而其他作品则提出了解决办法。"是对未来天气会发生怎样的变化进行设想,还是拿出解决天气问题的实际办法,到底哪种方式更行之有效还有待观察"[15],利帕德说道。现年 70 多岁的她一直坚信艺术能激励观众去采取社会行动。

行动主义艺术家有时会采取极具争议的姿态。比如格利高里·格林(Gregory Green)以地下发明家的方式制作了一系列核武器、生化武器简陋原型的雕塑复制品。这些模型唯一缺少的就是让武器完全发挥功能的各种燃料(如浓缩铀),尽管格林还"热心地"提供了调制炸药的配方。艺术家本人按照通过因特网和邮购订单等方式获得的操作指南制作了模型，他希望在一定程度上向人们证明，获取制造危险武器的知识对恐怖分子来说是何其容易。格林将危险武器的泛滥同科学、技术、政治观念和企业的贪婪联系起来。

出于同样的动机，成立于 1987 年的艺术和戏剧团体“批判艺术体”（Critical Art Ensemble）（CAE）在世界各地开展了参与式行为表演计划，目的在于批判新兴生物技术带来的各种后果，并帮助公众理解这些问题。这些表演曾是生物艺术的一种形式。为了帮助观众了解经过基因改造的食品和生化战争，CAE 利用生物材料（如人类消化道中的细菌）来公开表现一些基本的科学程序。例如，艺术项目《散养的谷物》（*Free Range Grains*）邀请观众检查食物里面是否含有基因改良的有机物。 250
CAE 使用的一直都是任何人都可合法获取的无害材料，也就是本科大学实验室一贯使用的那种常规材料。然而，CAE 的创始成员之一史蒂文·库尔茨（Steven Kurtz）在 2004 年从煽动分子变成恐怖主义嫌疑犯，当时联邦调查局的特工将他扣押并指控他从事生物恐怖主义活动。他们从库尔茨的家中收缴了电脑、设备、手稿和其他物品，包括艺术家作为艺术物料使用的合法获得的培养细菌。尽管整个调查并未查出生物恐怖活动的证据，但司法部在 2001 年美国爱国者法案（USA Patriot Act）的容许下，以邮件和电话诈骗的轻度指控为由继续调查此案；指控于 2008 年被撤销[16]。

科学的视觉文化 251

各学科的新发现，以及如机器人学、生物工程学和人工智能之类相关技术的发展在日常文化中影响深远。公众接触科学新观念和新产品并不仅仅通过文字资料，还通过源自各种渠道的形形色色的视觉形式，包括科学家自身、广告宣传、电视节目、因特网和科幻电影。艺术家从所有视觉资源中获得了灵感，这些资源既吸引眼球，又引人深思，在当今全球市场的高风险、高回报的世界里，这两个品质对艺术作品和艺术盛事来说都是梦寐以求的。

科学成像和艺术

今天的科学制造了许多强大的图像。科学图像本身对我们就有强烈的吸引力,而且还影响着视觉艺术家们如何去看待和思考视觉艺术的基本元素,如空间、质地、运动和图案。比如,科学拓宽了我们对在亚原子和银河系之间浮动的比例大小的认识。科学仪器和技术已制作出了辉煌壮观、令人叹为观止的图像。哈勃太空望远镜拍下了我们世界之外的银河系图片;医用造像工具向我们展示了隐蔽的人体内部世界和肉眼看不见的生命形式;卫星上的装置能捕捉到各大洲之间移动的天气系统的实时图像,并能追踪到一辆装有 GPS 定位装置的正在行驶的汽车的具体位置。

科学图像在影响力和权威上可以同艺术匹敌,这就给我们提出了一个哲学难题:如果艺术家能创作出可被称为科学项目的艺术品,那么科学家能否制造出跨越界限进入艺术领域的科学作品呢?答案似乎是肯定的。想想生物学家、博物学家恩斯特·海克尔(Ernst Haeckel)(1834—1919)描绘海绵、原生动物和海星的精细的水彩画和素描,艺术史学家们曾为之惊叹不已。还有麻省理工学院的科学家哈罗德·埃杰顿(Harold Edgerton)在 20 世纪三四十年代拍摄的瞬时定格画面,这些照片常被摄影史教材收录进去,其中一张比较著名的照片捕捉了子弹穿过苹果后爆炸的路径。其他一些杰出的科学图像处于模糊的界限上,其艺术地位并不那么清晰分明。例如,2000 年一张被广泛翻印的天鹰座星云(Eagle Nebula)(一个距离地球 7000 光年的正在形成过程中的巨大星团)的"天文照片"被印在美国纪念邮票上,这张邮票是为了庆祝哈勃太空望远镜成功运行的第一个 10 年。这张图片因其所传达的科学讯息和令人难忘的视觉内容而被选中。图片展示了三个柱状星体物质,每个长数万亿千米。

19 世纪中叶摄影术刚刚发明就被科学家所采纳,19 世纪 90 年代当

X 射线技术发展起来时，也是科学家接受了这个技术。今天，各个领域里的医师和科学实践者们都利用造像技术，以视觉形式来获取科学信息，这些技术包括电子显微镜、超声波、核磁共振成像(MIR)、卫星图像和电子计算机 X 线断层(CAT)扫描(X 射线的一种高端形式)。另外，科学家还采用计算机辅助渲染程序将数据和阐释转译成图表和模型。生物影像协同科学建模给现代医学和生物科学带来了革命性的变化。医 252
生不再主要通过观察外在迹象和症状来诊断病情，而是运用能在细胞水平上观察和测量身体内部运转情况的仪器和工具。莫娜·哈图姆(Mona Hatoum)就是一位运用医学生物影像工具的艺术家。她的视频装置《异物》(*Corps étranger*)(1994)是一幅聚焦于艺术家身体内部而不是外部的自画像。视频展示了肠、胃和其他器官的图像，这些图像是安装在医疗设备上的摄像头拍摄的，这些设备事先由技术人员塞入哈图姆的各个身体入口。

对视觉艺术家来说，对在分子或基因层面运行的隐蔽现象和系统的关注与仍在多数大学艺术项目的视觉艺术培训中使用的感性方法形成深刻对比。学生阶段的艺术家们对身体的理解大多通过对人体轮廓、体表块面、肌肉组织和诸如毛发与肤色之类的体表属性进行直接观察，然后尝试着去精确地描绘身体。然而从历史上来看，视觉艺术家也接受过临摹头骨、骨骼标本和写生方面的训练，然后转而研究解剖学以巩固他们这方面的知识。中世纪的列奥纳多·达·芬奇和 19 世纪的托马斯·伊金斯(Thomas Eakins)都曾因醉心于人体内部结构而向民政部门提出申请，为的是获得观察尸体解剖过程的许可。

自史前时代以来，艺术家就开始描绘人体并深入研究人性本质，那时人们初次在岩洞墙壁上凿出小型塑像，或画上猎人的形象。今天，生物成像使人们能以新的方式来表现人类。亲眼所见的事物是否仍值得我们深信不疑？和表层之下的事物相比，表象是否只是个谎言？玛丽塔·史特肯(Marita Sturken)和丽莎·卡莱特(Lisa Cartwright)合著了一本《视觉文化研究导论》。她们发现："一种观点认为真相在事物的表象中不证自明,而相反的观点则认为真相隐匿于别处,在主体的内部结构或体系中才能找到。"[17]美国艺术家加里·施耐德(Gary Schneider)与科学家联合,利用显微摄影术创作了装置作品《基因自画像》(*Genetic Self-Portrait*)(1997—1998)。作品把施耐德的耳朵、手及牙齿的照片和他自己的DNA、染色体、细胞、精液、血液和头发的生物样本的放大图片并列放在一起(插图7-3)。施耐德似乎在追问,从他的体表到细胞再到DNA,究竟哪个层面的表征能最权威地确定自己的身份。

对科学作出回应的科学家们会使用一些传统的科学象征符号,如双螺旋、复制X射线或核磁共振图片、修改经过强大的显微镜放大的细胞图像、模仿分子结构和基因组的模型。比如,为了创作其20世纪80年代晚期的系列作品《病毒风景》(*Viral Landscapes*),英国摄影师海伦·查德维克(Helen Chadwick)把自己身体细胞的放大图像叠加在风景照片上。90年代,美国画家弗兰克·摩尔(Frank Moore)和戴维·沃基纳

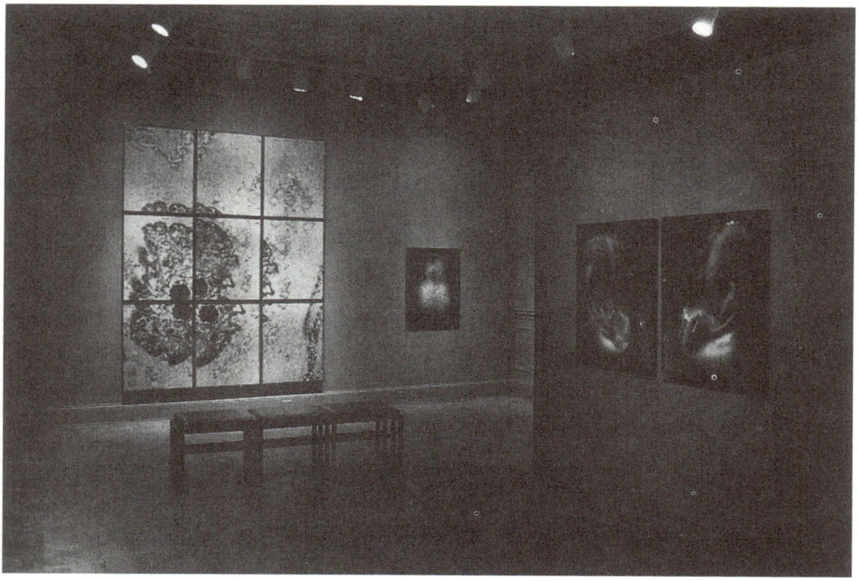

插图7-3 加里·施耐德|基因自画像,1997—1998年
装置作品2000年(局部)国际摄影中心,纽约市,纽约州
从左至右:颊黏膜细胞1997年,DNA DYZ3/DYZ1 1998年,手1997年
装置摄影:Adam Eidelberg

罗维兹(David Wojnarowicz)以及其他艺术家以艾滋病的影响为主题，创作了包括 HIV 病毒的分子图像和模型在内的作品。美国雕塑家罗纳德·琼斯(Ronald Jones)于 1989 年制作了一具无题青铜作品，按艺术家自己的说法，这件作品形象化地表现了一段携带癌症基因的人类 DNA 片段，同时也有意效仿了现代派艺术家让·阿尔普(Jean Arp)著名的有机抽象雕塑。琼斯解释道："我的雕塑将阿尔普对更高的现代形式，即一个乌托邦式的或完美的秩序的直观追求劫持为人质，然后把这种追求颠倒为悲伤的、奄奄一息的东西，一个没有向整体文化兑现的承诺。"[18]

在一系列合作作品中，丽拉·罗科托(Lilla Locurto)和比尔·奥特考特(Bill Outcault)探索了用数码成像工具表现人体的种种方式。在他 253
们的三频道动画视频《1000 层的试验 Ⅱ》(*Essay of 1000 Layers Ⅱ*)(2006)中，两位艺术家将从全身扫描仪中获取的数码资料进行了处理，这台扫描仪使用了 4 台激光器来标出每位艺术家身体表面的数千个点。利用特制的时间动作软件，他们把扫描到的人像分割成具有地形学特点的不同深度的地层，这样制作出的图像失去了人类身份，并带有随时间改变的三维书法的特点。很难想象或说明这件作品，因为它是多维度的，且只以数码形式存在。通过从多种角度按顺序地描绘线性图像，艺术家们表现了传统的三重物理维度以及时间，他们没有从固定的视角绘制身体地图，因此还制造了一种同步性的效果。

解构科学的视觉文化

对科学中的直观图像进行模仿或修改的艺术家有时旨在解构图像背后的文化假设。无论科学图像看似多么客观，它们都是被建构起来的；科学图像不是简单地展示各种形式和过程，而是对其进行虚构、阐释和转化。比如前面讨论过的被吸收进邮票设计图中的天鹰座星云图片，也并非如其表面看来那样是完全真实的再现。尽管壮观的图像看似一张未经处理的普通照片，但图中的色调是利用计算机程序过滤并分离不同光波长度而得到的结果。应用在波长上的色彩选择是抽象和提取的过程,并非肉眼能察觉到的现有色调。

254 科学图像和模型,与艺术作品一样,是人为产物,因此必定会体现其制作研究者的设想以及所用的专业工具。苏珊娜·安科尔(Suzanne Anker)和多萝西·内尔金(Dorothy Nelkin)在其合著的《分子的凝视》(*The Molecular Gaze*)中分析了科学视觉图像中歪曲事实的可能性。在讨论医药和科学依赖于计算机和统计数据分析时,她们说道:"屏幕上的生活对科学来说就是现实,测量结果往往比直接观察更为重要。科学家以曲线图、表格、公式和摄影图像等形式展示数据,这些数据是复杂精密的光学仪器生产出来的。同艺术家一样,科学家对这些图像进行处理、修改和编辑,以避免复杂性,并对能有效阐明他们对数据的解读的那些特征加以强调。"[19]

保罗·范努斯(Paul Vanouse)在作品《隐藏数字协议》(*Latent Figure Protocol*)(2005—2006)中通过把科学数据转化成视觉形式,向我们演示了篡改和操纵的潜在可能,这是一件他在数个展览中都重复展出过的多媒体装置和表演作品。范努斯同走在时代前沿的科学家们一道从基因改良农作物和其他生物中提取了DNA样本。在展览开幕式上,艺术家进行了现场实验,实验过程改编自科学家绘制基因图谱的实际过程:范努斯选出大小不一的DNA样本,并将其植入电泳凝胶中,然后使用不同的电流让样本以各种速度移动。结果产生的模仿低分辨率位图的DNA凝胶图像被放置在实验中用到的科学仪器的旁边展出[20]。在此实验的一个版本中,范努斯将基因改良农作物的DNA植入多个凝胶带中,经过电子处理的DNA样本在游移时形成了一个版权标志的形状。

生物造影似乎为生物结构和功能提供了客观权威的图像,然而科学图像的制作和艺术品生产一样,是一个依附于文化的过程,其结果也呈现出社会和政治含义。例如,超声波图是将本来非可视的数据进行转译的过程。它是一种计算机生成图像,生成过程中,身体组织所反射出的高频率声波被转译成模拟照片的图像;我们本可以用一张曲线图或其他某种抽象表示法来描述同样的数据。然而,人们往往将超声波图当成近似纪实性摄影的逼真图像，并对其做出情感上的回应。史特肯和卡莱特指出，胎儿声波图尤其“带有人物肖像的光晕，它证明了一个胎儿不仅仅作为一个生物实体，还拥有作为社会性生物（作为一个人）的地位”[21]。如果从这个角度解读，“中立的”医学图像就可以在反堕胎的政治论争中派上用场。

科学展览和档案馆

普通大众可以借助视觉方式，通过参观自然历史博物馆、科学和工业博物馆、航空航天博物馆、天文馆、植物园、动物园以及档案馆和图书馆来了解科学。在这些机构内，自然标本（制作成标本或活体的动物、植物和岩石）、科学仪器、手工制品、文献照片、模型、效果图和模拟实验被排列成展品，旁边通常还配有解释性标签。一些当代知名艺术家模仿博物馆、档案馆、图书馆和包括科学研究机构在内的相关体制的展示技术创作了装置作品。这些作品彼此迥然不同的理念和效果取决于艺术家 255
回应哪种机构以及背后的原因[22]。

美国艺术家马克·迪恩（Mark Dion）借鉴博物馆的做法，创作了自己设计的展览，他常把真实的科学标本和人工制品融入展览中。我们通常根据一个合理的分类体系（对这类材料的传统式科学展示以此为目标）排列和标注标本，而迪恩却强调样本的个体性。例如，在其 1999 年为“神奇的科学”（Weird Science）展览搭建的装置中，他选出数百种爬行动物和两栖动物标本陈列在克兰布鲁克科学研究院。每种标本都被单独保存在装满福尔马林的玻璃瓶里。他在巨大的透光台上将玻璃瓶铺展开来，透光台是展厅里唯一的光源。策展人艾琳·霍夫曼（Irene Hofmann）写道：“荧光灯光线穿过每个盛满液体的瓶子，每个标本都具有了神奇的魔力——这些动物身上的每个鳞片、犄角和隆起都变得那么不可思议。”[23]迪恩重新给现代科学公共展览带来了神秘性和含混性，通常这种展览要么是枯燥的信息列举，要么是一片欢快氛围。很多评论家指出，迪恩策划的展览和老式的珍宝馆（*Wunderkammern*）有很多共同之处。在我们今天所知的博物馆兴起之前,珍宝馆用来展示各式各样的历史工艺品和科学标本大集合,这些物品是从世界各地偶然搜集而来的,整个展览也并不提供关于物品的原初功能、意义和背景方面的解释。

艺术家杉本博司(Hiroshi Sugimoto)为自然历史博物馆的立体模型拍摄了系列黑白照片。照片突出了博物馆仿真模型潜在的奇异性,这些模型细致逼真地勾勒了史前景象。杉本博司的照片《二叠纪大地》(*Permian Land*)(1992)就是一例,此作品据说表现了二叠纪时期的一个史前栖息地,公众通常认为这些古怪的拟像是对逝去世界合理而精确的描述,而我们并没有关于这个世界的详细记录。

以多种艺术媒介和形式从事创作的达米安·赫斯特,最早因由盛满甲醛溶液的容器组成的系列展而闻名,浸泡在溶液之中的标本包括鲨鱼、牛和绵羊等各种动物。这些动物标本有的是整具展出,仿佛处于假死状态,有的则被解剖成横切面以便人们更清楚地看到身体内部器官。这些在艺术场地展出的、内容令人毛骨悚然的容器引出一些由来已久的问题:什么使某物成为艺术?艺术和非艺术的区别是什么?环境(艺廊,而不是科学实验室或科学博物馆)如何影响着作品阐释?赫斯特还制作了让人联想到高科技实验室和闪闪发光的科学以及医疗器械供给店的装置作品。以艺术博物馆为背景,赫斯特的《药店》(1992)通过古怪的化学处方营造出那个我们熟悉的、毫无人情味的现代医疗世界。此装置还提请我们就审美、政治和商业层面对制药工业和艺术界进行比较。

流行文化中的科学

除了科学家的研究报告和博物馆的展览之外,科学中层出不穷的观念和图像还通过印刷媒体、因特网网址,以及电影、电视节目、小说、视频
256 游戏、漫画书和商品广告成为大众想象可以企及的事物。流行文化中,虚构克隆人、突变异种人和电子人居住在幻想中的未来世界里,并上演了一幕幕极端场景。这些场面矛盾地时而将科学描绘为灾难的根源,时而又将其刻画为救赎的手段。一些视觉艺术家对视觉文化中科学再现

的回应和他们对科学本身的回应一样多。

小谷元彦受科幻小说、儿童电视节目和遗传学的启发，创作了视频作品《嬉闹者》(*Rompers*)。马修·里奇(Matthew Ritchie)从包括科幻小说、创世神话和粒子物理学等大量素材中汲取养分，创作了《2046 年的自画像》(*Self-Portrait in 2046*)(2001)这类的油画。保罗·麦卡锡的雕塑《突变体》(*Mutant*)(1993)(插图 3－1)表现了受流行文化影响的转基因生物。

其他艺术项目则借鉴流行视觉文化来创造基因突变的幻境。村上隆(Takashi Murakami)以《双螺旋逆转》(*Reversed Double Helix*)(2003)为题的雕塑装置作品在纽约的洛克菲勒中心展出 2 周，作品中五颜六色的角色看起来像突变杂交生物的友好的卡通版本。这些雕塑形象体现了村上隆标志性的“超扁平”(“Superflat”)风格。“超扁平”本身也是借鉴了传统日本样式画(*nihon-ga*)，以及日本流行动漫和图画小说(graphic novel)(被称为动漫和连环漫画)这些素材后而形成的混合体。马修·巴尼由五部史诗电影组成的《提睾肌系列》中有很多转基因生物，比如巴尼自己在《提睾肌 4》(1994)中扮演的半人半兽的森林之神，以及女演员艾梅·穆林斯在《提睾肌 3》(2002)中扮演的豹女。古代传说和神话故事、科幻作品和恐怖电影、生物学和遗传学都曾影响了巴尼创造的混血生物。

基因组时代的人类分类

瑞典植物学家、动物学家和医师卡尔·林奈(Carl Linnaeus，1707—1778)建立了科学命名和分类体系的基本结构——分类学(*taxonomy*)——直至今日，这一结构在生物学科中仍广泛流行。林奈根据自然界中事物可观察的物理特征将其分为三界(动物、植物和矿物质)，并在三大界之下建构了次分类等级系统。尽管生物界、次分类的数量和许多名称已随时间发生了改变(或增加了)，林奈分类学的基本观念——生物可以根据我们观测到的特性进行归类——仍是最具影响力的用以观察生命形式的模式。在这一体系的最初版本中，人类是动物界的一员，但就其他物种而言，人类则保留着自己独一无二的身份特征。

然而，随着进化生物学的到来，人类和非人之间的区分逐渐消失。正如哲学家克里斯托夫·考克斯(Christoph Cox)指出的:“达尔文的自然选择论强调，自然界中不但种群之间，而且所有生物之间都存在一种基本的延续性，这些生物最终将拥有共同的祖先。”[24]哲学家吉尔·德勒兹(Gilles Deleuze)和费利克斯·瓜塔里(Félix Guattari)进一步阐述了这一主张，认为“自然界内并无本质性的分类，矿物质、动植物和人类之间也没有绝对的差异。相反，物质是一个巨大的连续体，一个虚拟力、强度、界限和权力的领域，这一领域在特定条件下在我们熟知的事物和身体中化为现实”[25]。艺术家亚历克西斯·洛克曼(Alexis Rockman)在其混合媒体画《人类祖先》(*Human Ancestors*)(1997)中似乎对林奈分类法和达尔文进化论进行了戏仿。一个身材魁梧、全身赤裸的人坐在一棵枯树干上，树枝上有各种不可思议的生命形式——有些像猴子，其他的是多个物种的杂交生物——所有生命形式都共享同一祖先。

257 遗传学中新的科学研究进一步动摇了关于人类身份以及人类和自然界其他生物间的关系的基本论断。今天，一些隐性特征，尤其是人类独一无二的、作为证明个人身份的标准的 DNA 结构，可以作为法庭的呈堂证供，也可以用来建立生物意义上的家族关系。

基因组学(genomics)科学家主要研究构成基因的 DNA 分子及其控制的蛋白质，目的是在细胞层面寻找遗传信息的复杂结构。以符号形式表示的遗传代码用字母 A、C、G 和 T 这种科学省略形式来代表构成 DNA 主要成分的基本化学物质腺呤、胞嘧啶、鸟腺呤和胸腺嘧啶(adenine, cytosine, guanine, and thymine)。人类基因组复杂得令人难以置信，包括 30 亿个独一无二的 DNA 基本建构单元，然而每种有机物都可通过其 DNA 被辨认出来，无论是住你隔壁的邻居，还是单细胞的微生物。

艺术家兼评论家苏珊娜·安科尔(Suzanne Anker)对遗传信息如何

以符号来表示这个问题很感兴趣。比如，我们可用点和线图案来代表一个活体细胞的整套染色体。在其装置作品《动物符号学：灵长类、青蛙、羚羊、鱼》(*Zoosemiotics：Primates，Frog，Gazelle，Fish*)(1993)(插图7－4)中，安科尔提出的染色体的放大性表示法很像某种古代文字。在相关艺术作品中，她还改变了染色体结构由左至右的常规呈现方式，自创了一种类似中国书法的垂直阅读模式。安科尔说她感兴趣的是“DNA 258
分子如何像语言传递信息那样把遗传信息代代相传。然后我开始探索各种动物不同的染色体结构——短吻鳄、鸟类、老鼠、灵长类动物和鱼类。当我看着这些被我称为‘身体书写’的染色体结构的书写方式时，它们就像各种不同的语言”[26]。

基因编码的语言特征意味着，人类属性的基本特征深藏于身体内部的分子层面，是肉眼无法看到的，而且只有掌握了这种特定语言的专家

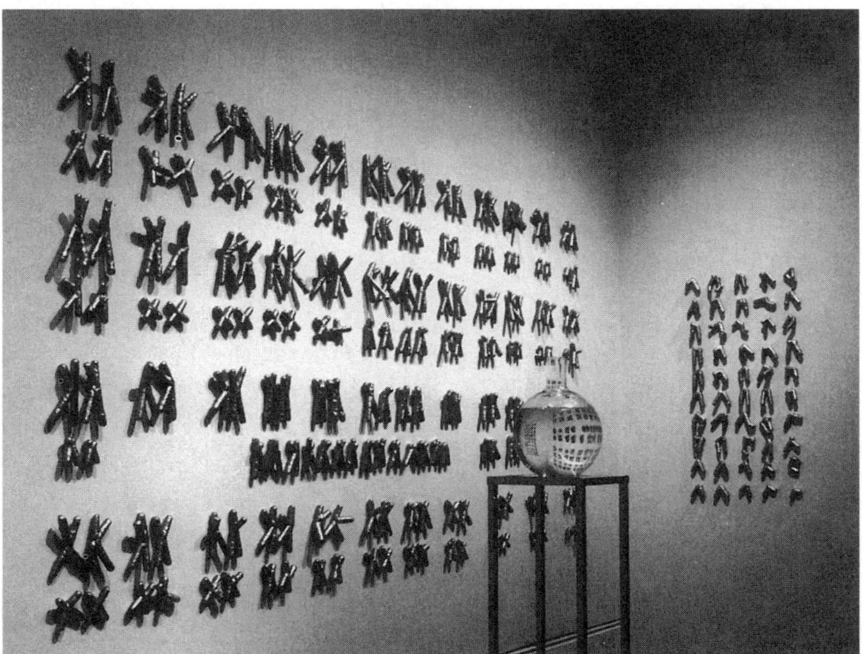

插图7－4　苏珊娜·安科尔｜动物符号学：灵长类、青蛙、羚羊、鱼，1993年
玻璃容器，水，钢，流体动力模拟计算器，金属颜料
艺术家本人提供

才能破解人体的奥秘。过去,分类学家根据可见的外在异同点来划分生物有机体,而今他们却对以复杂抽象的代码表示的隐蔽性基因序列加以描绘和比较。艺术家克里斯汀・戴维斯(Christine Davis)评论道:"遗传基因代码似乎是从力学到交际的彻底转变,从身体如何'运转'(血液和内脏)到如何'表达意义'(字母模块)。"[27]这种划分生物体的方法优先考虑"写进"染色体中去的指令,并采用如语言、笔迹、代码、地图和模板等语言学中的隐喻(linguistic metaphor)形式来定义人类的身份。

对作为信息系统的有机体的强调鼓励人们大胆设想,也许我们有朝一日可以操控人类进化过程:要是能够完全绘制出基因组的结构和序列并破解遗传基因代码,那么我们可以根据那些预期获得的特性对动植物甚至是人类进行任意的重新编程。对于包括艺术家在内的许多人来说,人类的基因模型似乎表明,基因对大多数人类特征和行为进行了编码。如果存在重量、身高、疾病、性偏好、犯罪倾向、智力等方面的基因(或基因群),那么社会文化经历在个体身份形成的过程中又扮演了什么样的角色呢?如果复杂的化合物混合体最终决定了我们的个性,我们人类对自己的行为又负有什么样的道德责任呢?

自然真的是自然的吗

自然选择是一个不断积累的缓慢过程,这一过程将优胜者和被淘汰者分开,并确保最具优势的生物体存活下来。与此相反,遗传工程则坚持有可能对选择过程施加控制以达到特定目标。基因组研究者正在努力寻找和各种疾病、行为及体貌特征相关的基因,并尝试着对这些基因进行修改以提高我们的健康状况,减缓衰老速度,改善情感状态、饮食结构以及身体外观。即便是本着最良好的意愿对基因进行人为控制,如确保婴儿不会患上某种严重的遗传疾病,生命科学提出的某些选择还是会产生深刻的伦理和社会后果。比如身高和外表美是否会影响幸福?如果是的话,那么遗传工程学和优生学(*eugenics*)之间的界限又在哪里?

优生学这门社会哲学宣扬通过操控遗传因素来构建完美无瑕的人类种族。(优生学已被用来为对基因缺陷者施行强行绝育手术的行径进行辩护。)

伊尼戈·曼格拉诺-奥维列(Inigo Manglano-Ovalle)的装置作品《粉色和蓝色的储存罐》(*Banks in Pink and Blue*)(1999)提出了优生学的问题。作品中,两个商业精子库常用的冷冻精子储存罐被标上蓝色和粉色。罐子里装的是几十个捐赠精子样本,这些样本已被艺术家的科研合 259
作伙伴分开,以供选择 Y 或 X 染色体(男性或女性)之用。这件作品除了让我们关注选择婴儿性别的潜在可能性之外,还围绕着关于诸如精子之类的基因材料的所有权和消费市场等热点议题提出了疑问。

人类和自然的关系从来就不是完全原始的且不受人为影响的。人类有史以来就通过农业和动物饲养等实践活动对自然进行干涉。人们对动植物的选择性培育出于多个彼此重合的原因:功利性目的(培养出具有抗病能力的农作物)、竞赛性目的(培育获奖的赛马)、审美目的(创造出一种新颜色的郁金香)。按照大卫·克雷默斯(David Kremers),一位涉足生物领域的观念艺术家的说法,"据生物学家估计,真正可以被我们称作野生环境的那种自然仅仅是由所有陆地生物的百分之二构成的,其他生命都是我们文明的人造产物"[28]。

澳大利亚艺术家纳塔利·杰里米琴科(Natalie Jeremijenko)的《倒栽树》(*Tree Logic*)是一件自 1999 年开始就未间断的,在马萨诸塞州现代艺术博物馆的庭院中实施的雕塑装置作品。此作品对生物工程和我们对何为自然的理解等问题给出了具有讽刺意味的评论。六棵枫树的根部被种在钢制容器里,然后用粗缆绳将容器倒挂在搭好的支架上,由滴水灌溉(drip-irrigation)系统供水。这件艺术作品生动地演示了太阳的能量对树木来说是比重力更强大的力量;即使被倒挂起来,树还是逆向地朝阳光生长,因此随着时间推移,树枝向上弯曲,长成惊人的形状。策展人劳拉·斯图尔特·海伦(Laura Steward Heron)写到这件作品时说:"当我们把这些树看作生长反应状况(growth responses)的集合而不是自然界的永恒象征时,我们对树的认知发生了改变。”[29]

在另外一件始于 1999 年的作品《一棵树》(*Onetree*)中,杰里米琴科用一棵核桃树的基因克隆了 100 棵树并将其种植在旧金山和选定的世界各地。按照艺术家自己的说法,“由于这些树从生物学角度上来看是完全相同的,它们在未来几年里会显露出其栽种地点的社会和环境差异。树木那缓慢而执着地生长将会把每个公共场所独一无二的经验和偶然事件记录下来。”[30]杰里米琴科表示,没有任何生命形式具有本质性的不变属性;所有生物有机体都动态地适应着当地环境。她还暗示,农业产业无法将一种植物变成完全人工生产和控制的产品。

传统的选择育种对生物进化的影响并未引起广泛的社会和伦理关注。今天,随着克隆和 DNA 序列分析技术被应用到生物技术实验室里的许多动植物上,基因突变的步伐在逐渐加快。每天,我们都在食用着基因改造食品,转基因生物(GMOs)是否以牺牲消费者的健康为代价来给农业产业赚取利益,对这一问题仍存在很大的争议。支持者指出转基因食品具备解决世界饥荒问题的潜力;反对者则担心接触食物中的转基因有机物是在拿健康冒险,他们害怕转基因食品有可能和非基因改造植物杂交,并导致生物多样性(biodiversity)的丧失。

亚历克西斯·洛克曼是一位关注不受监管的生物技术的伦理和环境意义的艺术家,他提醒我们,基因组学是一门科学,也是一个产业。洛克曼的画《农场》(*The Farm*)(2000)表现了一个农业产业凌驾于动植物的整体性之上的世界。画面左边是我们熟悉的家畜,右边则是同一种动物经过基因工程改造后的虚构形象。洛克曼还描绘了已经在实验室变为现实的基因改造成果,如为了方便包装把蔬菜培育成方形,在画面下
261 方的中间位置,老鼠背上长了一只人类的耳朵[这是对一个真实事件的回应,马萨诸塞州总医院的科学家们通过实验将经过组织工程处理的(tissue-engineered)耳朵形状的软骨放在一只老鼠的身体上培养]。

旨在改变动植物基因组,甚至以培养结合了跨越物种界限特征的全新生物体为目的的遗传学实验尤其令人不安。德国艺术家托马斯·葛

伦菲德(Thomas Grünfeld)于 1989 年开始创作题为《不合时宜者》(*Misfits*)的系列作品。作品中,他通过把两三种不同动物标本的身体部位捏在一起,自创了跨物种生物,如结合了绵羊的狭长面孔和圣伯纳犬的粗壮身躯的生物。这些杂交生物看似遗传实验的古怪产物。本章配以插图的其他转基因生物变体还包括小谷元彦的女孩-爬行动物的杂交体,以及派翠西亚·佩契妮妮那些栩栩如生的转基因生物仿真模型。

当人类愈加频繁地使用生物技术来干涉有机世界时,许多问题产生了:我们还需要多少人工操控才能断定一些自然之物已变为人工产物? 262
一个诞生于实验室的新物种,只要其构成成分都是有机的,它是否仍可以算作天然物种?在这个克隆和机器人技术的时代,人类个体身份意味着什么?在动物身上植入人类基因是否合适?当基因序列受专利保护时,谁是生命的"主宰"?人类在干涉自然时负有哪些责任?如果佩契妮妮的转基因类人生物是真实的存在,那它们又拥有怎样的生命权?[31] 其他一些以生物工程的图像和问题为创作题材的艺术家还有克里斯汀·波尔兰(Christine Borland)、布莱德雷·鲁宾斯坦(Bradley Rubenstein)、布莱恩·克罗克特(Bryan Crockett)、爱娃·萨顿(Eva Sutton)和玛尔塔·德·梅内塞斯(Marta de Menezes)。

宇宙的奇迹

当无数当代艺术家在批判、戏仿科学活动或敲响其警钟时,其他艺术家们则在赞美科学如何丰富了我们对宇宙的知识,并让我们对宇宙的美轮美奂和广袤无垠心生敬畏。这种态度有其古代的根源,至少我们可以对祖先的动机做出设想。比如,根据对月球运行周期时间节律的经验性观察,今天我们将巨石阵(Stonehenge)视为天象仪、公共雕塑和宗教圣地的结合体。我们可以设想,当人类史前祖先对他们的已知世界在浩瀚神秘的宇宙中的位置进行沉思时,他们会产生什么样的情感,也许我们对这种情感进行了浪漫化的想象。然而不管怎样,人类似乎是在对万物运行原理的好奇心和对美的欣赏这两个动机的驱使下去试图理解宇宙。

艺术家约西亚·迈克尔赫尼(Josiah McElheny)在其雕塑《现代性的终结》(*An End to Modernity*)(2005)中就表达了对以上两个动机的关注。这件艺术品的形式体现了两个截然不同的概念。首先,大型(3.7 米×4.6 米)玻璃和金属雕塑很像 20 世纪 60 年代造型夸张的树枝形吊灯,其放射的形状是专门向纽约大都会歌剧院具有历史意义的吊灯的致敬。其次,迈克尔赫尼的雕塑表现了我们今天所知的关于宇宙起源的大爆炸理论(big bang theory)。根据这一理论,一场空间的朝各个方向的爆炸
263 性扩张将宇宙从一个密不透光的黑暗物质变为群星闪耀的透明状态。雕塑中心的铝制球体代表了这一转变过程的早期阶段。从球体如辐条般辐射出来的银色金属棒长度不一,各种长度表示的是时间的相对流逝。金属棒一端爆裂的玻璃簇象征着大爆炸后期形成的星系。这样雕塑的外围就代表着今天的宇宙。作为一件抽象作品,《现代性的终结》概括了我们对宇宙的科学性理解,同时以优雅的形式启发了我们。

264 艺术家档案:派翠西亚·佩契妮妮(Patricia Piccinini)

派翠西亚·佩契妮妮(Patricia Piccinini)带着她由 6 组雕塑构成的装置作品《我们是一家》(*We Are Family*)代表澳大利亚参加了 2003 年威尼斯双年展。其中一组群雕,《年轻的一家》(*The Young Family*)(2002)展示了一个外形似母猪的生物,它侧卧着,3 只幼仔依偎在母亲身旁吸吮着它暴露在外面的乳头。《年轻的一家》是由硅、丙烯酸树脂和混合媒介构成的作品,其逼真的外表令人心悦诚服[32]。这些生物和普通的家畜品种不太相像,而是把多种特征不和谐地混为一体:人类的眼睛和肌肉(包括皱纹、痣和下垂的肌肉),灵长类动物的胳臂、手和鼻子,松垮
265 垂落的耳朵,以及不知模仿自何种动物的短粗尾巴。这只刚做了母亲的生物看起来十分疲惫,其目光中流露出的某种情绪具有令人不安的自我

意识；它是个身体诞生于实验室，但却有着人类感知的生物。

给佩契妮妮带来国际关注的是她那高度逼真的硅制雕塑和视频作品，以及经过数码处理的照片。照片展示了形形色色令人不安的、貌似有智慧的人兽杂交生物。这些艺术作品都发人深省地指涉了基因转移（*transgenics*）这一飞速发展的领域，基因转移把不同来源的遗传物质相结合，并创造出带有基因改良的或全新特征的动植物和其他有机体。利用DNA重组技术的生物工程学赋予了研究者无限潜力，以推动进化过程朝新的方向演进（除了确保适者生存之外）。转基因研究实验的发展速度大大超过了自然进化过程，为不同生物体，包括不同物种的各种特征的融合提供了策略。利用这种科学工具来设计新的生命形式的潜在可能提出了一些迫在眉睫的道德和哲学问题，尤其是人类遗传材料也被牵涉进来的时候。佩契妮妮的转基因生物从视觉上粉碎了将人类和其他物种截然两分的精神范畴。它们向对一种共有的、不可侵犯的人类身份的基本信念发出了挑战，这种信念是本质主义（*essentialism*）的最后阵营之一——本质主义认为一个群体的成员，在这里即人类种群的成员，都具有某些将所有成员定义为同一物种，并将其和所有其他物种区别开来的不变特性。与此相反，学者金姆·托夫莱提（Kim Toffoletti）指出，佩契妮妮的意象以对人类和动物天衣无缝地融合，“向我们提出了关于后人类时代（posthuman age）身份、差异和生命的构成的基本问题”[33]。

尽管佩契妮妮总是尽量避免发表引起争端的言论，然而她在雕塑中所设想的那些情节却含有革命性的意义。这些雕塑不仅挑战我们去重新思考为人的意义，并再次引发了关于和人类身份紧密相连的基本权利的话题。启蒙运动后，无论是从科学还是哲学角度上来看，这个焦点问题似乎已被圆满解决（尽管从政治上来看，并非所有社会都解决了这一问题）——所有人，无论什么地位，都有同样的价值，并有权享有基本权利。然而如果还有半人类（semihumans）存在，我们的世界将会怎样呢？作为人类，我们不存在“不能以其他动物物种为食”的禁忌，强迫动物为我们工作，征用它们的毛皮做衣服，并为自己之便限制其自由。我们是否会对半人类的生物做出类似的事情?比如利用它们做家务?养育它们以供人类器官移植之用?甚至把佩契妮妮的《年轻的一家》中的那种生物当作盘中餐?我们是否会只赋予它们一些有限的人权和政治权力?如果这些生物起来反抗它们被"人类"利用的命运,我们该如何应对?

266 在其《自然的小帮手》(*Nature's Little Helpers*)(2004—2005)系列里,佩契妮妮创造了一些新物种。根据假想,这些生物被设计成人类在各方面的助手。一些转基因生物据说本着保护现实中的濒危物种这样的良好意愿被创造出来。按照佩契妮妮的说法,"这件作品中一个显而易见的矛盾是,我们的干预活动是为了处理一个由我们当初的人为介入而造成的局面"[34]。佩契妮妮还构想了另一种为照顾人类后代而设计的帮手,如《浑然一体》(*Undivided*)(2004)中的长着类人的面孔、身体像狗的生物,它和一个穿着睡衣的人类孩童依偎着睡在一张小床上,用保护的姿势拥抱着孩子。同时,这个怪异的生物还在生产,它脊背上的育儿袋里冒出了其他的小生物。佩契妮妮认为我们应该认真思考"我们和自己所造生物之间的关系,这里的生物即是我创造的助手"。她还补充说:"我对这种转变过程的观念性或伦理性后果以及情感后果都很感兴趣。"[35]问题出现了,一旦这些转基因卫士的任务完成了,它们将面临怎样的命运?佩契妮妮揭示了隐藏在我们和基因工程动物之间的关系背后的伦理和情感复杂性,并提出创造新生命形式并使其成为地球生态体系一部分的科学家们担负着"家长的"责任和社会责任。

佩契妮妮雕塑作品的情感冲击力源于它们的逼真性:我们几乎把它们当作真实的血肉之躯。佩契妮妮那令人信服的视觉想象是超写实主义(*hyperrealism*)艺术的典型例子:艺术家在表现质地和色彩时运用如此细致入微的工艺和令人叹为观止的细节,以至于作品让我们相信还存在一个乌有实境。佩契妮妮的作品同法国文化理论家让·鲍德里亚(Jean Baudrillard)的思想可以联系起来看,后者坚持认为技术先进的文明社会创造出许多并不存在的事物的超现实拟像(*simulations*)。鲍德里亚提出,在源源不断的各种拟像面前,观者丧失了区分现实和幻象的能力。我们对佩契妮妮的转基因生物产生情感回应恰恰是因为它们的高度写实性;我们将其理解为有着自身存在的真实生物,而不是艺术再现。当佩契妮妮借助生物科技创造出越来越多超现实的离奇生命形式时,我们可能也开始将其视为普通之物。当这种图像愈加广泛流传时,眼见之物便变为可信的现实。

佩契妮妮的超写实拟像模糊了虚构和现实的界限,并使我们离那个想象中的、充满道德困惑的未来更近了一步。当我们努力共建一个全新的世界时,她的艺术似乎提醒我们要准备去面对和接受离奇古怪的东西——似曾相识的陌生,动人心魄的离奇,甚至是古怪的美。

派翠西亚·佩契妮妮 1965 年生于塞拉利昂(Sierra Leone),1972 年随家人移居澳大利亚。在就读于艺术学校之前,她主修经济史。今天,她生活并居住在墨尔本。

艺术家档案:爱德瓦尔多·卡茨(Eduardo Kac) 267

爱德瓦尔多·卡茨作为一位生物(*bio*)艺术家而蜚声国际,他采用生物和其他生命科学领域的科学家使用的工具和技术来创作。生物艺术家通过对实际的生物材料和遗传物质进行处理来创作艺术。在本档案中,我们将探讨这位跨领域艺术家的几个生物艺术项目,这些艺术项目审视了人类、动物、其他生物体、机器和包括因特网在内的通信系统之间的各种关系。

卡茨于 1998 年用转基因艺术(*transgenic art*)这个词来描述艺术家从遗传学和细胞生物学中借用"湿实验室"(wet lab)生物工程技术来创作作为艺术展出的转基因有机物。卡茨自己的转基因艺术项目引起了强烈反响,因为他创造的经基因工程处理过的生物体并不仅仅作为艺术品存在;它们是活体的有机物(其寿命可能相当于其展出时间)。与派翠西亚·佩契妮妮制作的生命形式的拟像不同(上一个档案的主题),卡茨的生物艺术品是现实中活生生的生物。

卡茨对转基因艺术的定义是:“一种全新的艺术形式,它利用遗传工程技术将合成基因转换成某种有机生物,或把天然遗传物质从一个物种转换到另一物种,去创造独特的生物体。”[36] 在他的转基因作品中,卡茨探索了我们对科学家尝试创造新生命形式时所释放出的能量的好奇和担忧。科学家目前正用生物工程方法制造从细菌到高级哺乳动物的生物有机体。他们制作的转基因产品包括:工业酶;药物;农产品,如金水稻;转基因动物,如实验室里用于疾病研究的老鼠,以及被当作宠物出售的荧光鱼(GloFish)。没人能完全测出这类研究会把我们引向何方。

卡茨的转基因互动装置作品《创世纪》(*Genesis*)(1999)以旧约全书中的第一卷命名,构成基督教《圣经》前半部分的《创世纪》是希伯来神圣经文。《创世纪》的开篇讲述了世界的神圣创造,包括上帝如何创造了最初的人:亚当和夏娃。卡茨的装置以圣经内容中的一句话为基础:“让人来统治海里的游鱼,空中的飞鸟,和陆地上的所有生灵。”这句话宣扬了一种认为人类位于生物结构的顶层,凌驾于地球万物之上的世界观。卡茨的《创世纪》对人类至上的观念发出了挑战,这件不断演化的装置品结合了语言和代码、生物材料、电信、基因工程、人类能量和偶然性。卡茨的《创世纪》1999 年得到奥地利电子艺术节(Ars Electronica)的资助,过去 10 年里已在近 40 个不同的场地展出[37]。

卡茨在《创世纪》中通过一系列转译过程,制造出一种新合成的“艺术家的基因”(如他所言):他把英语句子(句子本身已从古希伯来语翻译过来)转译成摩斯电码中的点和划,然后再将摩斯码转换成基因的四种
268 基本化学成分——A、C、G 和 T——采用的是他自创的转换法。接下来他利用生成的碱基对(base pairs)的 DNA 序列创造出一种合成基因,然后把这种基因混合到细菌中,这样就制成合成基因和天然基因结合而成的转基因混合体。在装置品展出期间,卡茨把转基因细菌放在紫外线照射下的培养皿里。艺廊参观者以及通过互联网和网络摄像头连接的远程参与者们,可操控紫外线辐射光的强度,造成细菌在繁殖过程产生实质性的生物突变。如果此时的突变 DNA 序列被转译回英语,句子的意

义会发生出人意料的改变。整个装置中的双连雕刻作品把这一转译过程及其逆向转换过程镌刻在模仿罗塞塔石碑（Rosetta Stone）的大理石上（插图 7－5）。卡茨的《创世纪》意在表明，任何人都有可能改变生命；同时，人类行为造成的突变破坏了《圣经》宣言中的文字，比如人（*man*）这个字。

当基因操控在高级哺乳动物身上实施时，风险大大提高。借助作品《荧光兔》（*GFP Bunny*）（2000），卡茨试图以视觉来具体表现操控哺乳动物基因组这种引发伦理争议的行为。他委托法国生物实验室的科学家们将一种水母身上的绿色荧光蛋白（green fluorescence protein，GFP）基因注入一只白化兔子的受精卵中。（此技术已被科学家广泛应用于各种领域，如为研究胚胎形态而制造发光的老鼠。）通过这个实验诞生的兔子被取名为阿尔巴（Alba），它在特殊的蓝光下能发出绿色荧光。

依照卡茨的看法，《荧光兔》不仅仅是作为一种会偶尔发光的审美对 269

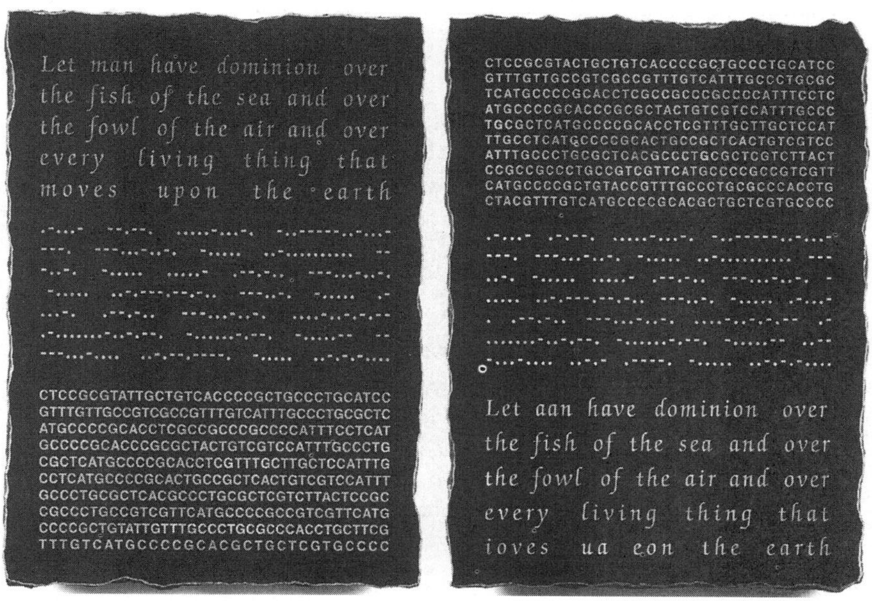

插图 7－5　爱德瓦尔多·卡茨｜加密石碑（*Encryption Stones*），2001 年
激光蚀刻的大理石（双连雕刻），每幅 50 厘米×70 厘米
Richard Langdale 收藏

象而存在的个别生物工程动物,还包括作为活体的转基因社会主体而存在的阿尔巴,它将被融入和其他动物、人类公众和艺术家本人不断发展的关系网中。卡茨的原计划是:他和阿尔巴作为一件展出的装置品在艺廊里生活一小段时间,然后把它带回芝加哥和卡茨及其家人永远生活在一起,然而这个计划遭到实验室的阻挠,因为他们拒绝让阿尔巴离开实验室。

借助项目《第八天》(*The Eighth Day*)(2001),卡茨超越了将阿尔巴之类的转基因生物引入现有社会环境中的观念。这次他构想了一个同现有环境共生的由转基因生物体构成的完整生态体系。《第八天》营造了一个所有生物都经过生物工程处理的暂时性生物艺术环境。在卡茨同亚利桑那州立大学(ASU)的研发生物学家、工程师、艺术家和多媒体媒介的专家合作了 2 年之后,整个项目于 2001 年秋季完成。《第八天》的核心部分被罩在直径为 1.2 米的透明丙烯酸半球形容器中,这个在黑暗的房间里展出的容器相当于一个巨大的培养箱。容器中各种各样的转基因生物在展出期间共存共生:变形虫、烟草叶、斑马鱼和老鼠能发出荧光,因为它们都像兔子阿尔巴那样经过人工基因操控后具有了发光水母的基因。基因改造过程相对简单,但是在视觉上取得了惊人效果。

卡茨还在《第八天》中融入了一个"生物机器人"("biobot")。这个半机械、半有机物的机器人拥有发挥摄影机功能的电子"眼"和一个植入其"头部"的、相当于原始生物大脑的荧光变形虫群落。当变形虫展览期间发生突变时,机器人的行为模式也发生改变。参观者可以透过玻璃圆顶或通过安装在两侧的滤光器俯身仔细观察里面的内容。网上的远程观众可通过生物机器人的摄像头看到容器内部,或借助画廊内的数码摄影机从外面观察生物工程环境[38]。

丹·柯林斯(Dan Collins)为亚利桑那州立大学监督《第八天》这个项目。作为一位综合媒介艺术家,他写道:这一惊人的视觉展览展示了采用同一外来基因、经过生物工程处理过的各种不同的有机生物,它"部分证明了我们所有生物最终都是相互联系的。实际上,除非这些不同的生物本质上是由同样的基本化学物质构成的，否则它们无法'接受'水母的基因。这不是凭空捏造；这是具体的事实”。柯林斯认为作品还包含一个悖论：因为这些不同有机物的绿色荧光从视觉上将它们标记为转基因生物（因此被当作“相异性的标志”，用柯林斯的话来说），因此我们人类将这些活性有机物铸造成他者的角色，并借此继续维持与它们的差异感。

卡茨的转基因计划产生了强烈的冲击。这些作品激发我们去思考艺术和科学间的异同、艺术家或科学家在创造新生命（或“扮演上帝”）时的激动心情、以活体生物做实验的道德问题，以及这样一个惊世骇俗的 270
观点，即所有生命形式，包括人为设计而成的新转基因有机物，从最根本的层面来看都是殊途同归。

爱德瓦尔多·卡茨 1962 年生于巴西的里约热内卢。他的早期艺术生涯于 20 世纪 80 年代开始于巴西。此后，他在芝加哥度过多年时光，先后在芝加哥艺术学院学习和任教。

273 第八章 精神性

这一章——以精神性为重点——讨论的可能是本书争议最大的主题[1]。说到精神性，我们强调的是一个艺术界(以及各行各业)的众多人士都在基本层面上加以质疑的主题。对于怀疑者来说，精神性和任何派别的宗教都可能被贬斥为过时的思维模式，这种信仰体系的构成是为了提供目的论(teleological)的解释，并试图去操控未来，灌输道德价值观，以及维持权力关系。

本书所讨论的时期内，在美国，围绕着精神性展开的最重要的争议性问题之一，就是让神圣造物(divine creation)和科学模式两种信仰针锋相对的那些难分难解的论争。这些论争常被设计成对立的两方彼此排斥、水火不容的局面。在我们看来，艺术家弗雷德·托马塞利(Fred Tomaselli)对这个话题很感兴趣，并在其巨型多媒体作品《无题(驱逐)》[*Untitled*(*Expulsion*)](2000)(彩图 7)中提出了一种非传统的另类艺术方案(尽管此方案不与任何观看者的信仰相一致)。这件作品在右下角描绘了亚当和夏娃这一犹太-基督教的中心主题。在《圣经》中，亚当和夏娃是人类的第一个男人和女人。人像的姿势是托马塞利从意大利文艺复兴初期的画家马萨乔(Masaccio)的一幅湿壁画中借鉴而来的。画作表面涂了一层厚厚的、光滑的树脂，使人想起那覆盖着厚重清漆的古代大师作品。值得注意的是，托马塞利描绘的人物正从伊甸园被驱赶出来，这是西方艺术史中被反复描绘的情节。亚当和夏娃从上帝的恩典中坠落后，被从天堂驱赶到了地面。而在托马赛利对这一重要事件的描述中——此事件被视为早期人类历史的开端——两人是在一道炫目的永恒之光中离开的，正如画面上漆黑的夜空下复杂的星云图案所表现的那样。在格雷戈里・沃克（Gregory Volk）看来，“画面左侧由悬浮在树叶之上的小颜料斑点构成的能量集合（整个画面代表了托马塞利对上帝的演绎）产生了由图案组成的爆炸过程……万物的发生无处不在”[2]。

托马塞利的作品似乎将有关创世的宗教故事同关于宇宙起源（如我们所知的那种物理显现）和进化创造物种的最新科学理论体系的核心方面的象征性再现融合在一起。在大爆炸理论中，整个宇宙的质量和能量 275
都是从单一的、高度集中的点出发而向外发生爆炸的。托马塞利的作品表现了这些向外辐射的一行行力量、光和能量转化（进化）成我们所知的形形色色的自然形式。最后出现的是画面右下角的两个人。

作品将亚当和夏娃的敬畏、哀伤、脆弱等情绪引人注目地交织在一起（注意只有夏娃一人用手遮住了性器官）。两人转身背对着那个美丽的世界，这种展现在其周围的美景驱动着他们不断前行。如画面所描绘的，整个宇宙从其起源点向外扩散，呈现出一个瞬时猝发的*此刻*（*now*）；此外，整个图像以图标的形式表现了当时间离开最初的刹那闪现而滚滚前行时所体现的时间维度。

在我们所讨论的这个时期之前的5个世纪里，西方艺术家的绝大多数作品都像托马塞利那样借鉴了西方艺术史的传统。如果作品旨在涉及宗教问题，基督教的传统意象也会被加以利用。1980年以来，随着代表着多元文化的艺术声音的激增，我们发现，更多的西方当代艺术家从更为广泛的艺术和宗教传统中汲取素材。比如，生于巴基斯坦的沙兹亚・西荻达（Shahzia Sikander）常把伊斯兰和印度教传统意象中的图像同其画作中的抽象和虚构的主题结合起来。西荻达的大部分艺术实践聚焦于创造制作精美的细密画的当代版本，细密画这种艺术类别体现了艺术家身上的巴基斯坦的文化传承。西莰达将这些来自四面八方的各种资源合而为一,并搭建起一个讨论一系列文化争端问题的平台,如对同性恋的零容忍[3]。

除了聚焦于那些争议性问题之外,探索精神层面的艺术作品还包括一系列带有强烈的信仰和乐观主义意识的作品。2000 年秋季,伦敦皇家艺术学院的参观者在欣赏 13 位全世界首屈一指的当代艺术家的作品时发现,他们面对的作品既表达了信仰,又充满了质疑。策展人邀请每位艺术家在一个展厅内以天启(Apocalypse)为主题创作作品。这场以天启为题的展览将《启示录》(*Revelation*)(一本写于近 2000 年前的基督教著作,据称是圣约翰所作)作为其作品的叙事向导,展示了充满优美和恐怖的场景。展览恰逢新千禧年的第一年,这并不仅仅是巧合。

许多艺术家以天启为题的创作探讨了有关精神的具体思想和问题。日本艺术家森万里子(Mariko Mori)的《梦幻庙宇》(*Dream Temple*)(1999)是一件结构复杂、由许多部分构成的作品,它结合了电脑绘图、3D 环绕音效、建筑和虚拟实境等元素。庙宇的八角形结构效仿的是一座 739 年竣工的日本寺庙,走进庙里的观众发现自己被闪闪发光的视频影像所包围,这些影像投射在建筑结构内部的平面上。森万里子的包括光的抽象力场之类的意象穿插着自然界的神秘场景(森林、瀑布),给观众带来了片刻的顿悟,一种对永恒的现在的体验。艺术家相信,如今借助先进技术,这种体验对我们来说已并非遥不可及。

除了森万里子那洋溢着乐观主义的创造之外,天启还让观众看到了当代宗教所受到的批判和一个扭曲的世界令人心痛的景象。在英国的迪诺斯·查普曼(Dinos Chapman)和杰克·查普曼(Jake Chapman)兄弟的作品《地狱》(*Hell*)的恐怖场面中,上百个弱小的受害者饱受纳粹暴行
276 的摧残。查普曼兄弟的作品将集中营的历史浓缩成对末世浩劫的恐怖场景以及人类相互诅咒和指责的隐喻。

对森万里子和查普曼兄弟的作品的阐释可以是多层次的和开放式的,正是这一核心方面使它们作为艺术作品带给我们力量和神秘的愉悦

感。例如查普曼的《地狱》提出了一个引人深思的哲学问题：作为观众，我们为何以及如何能在观看表现他人的痛苦和磨难的作品时获得乐趣？无论作品中的人物是虚构的还是对真人的再现，一切会有什么不同吗？[4]我们该在哪个层面使艺术作品中所表现的道德观同我们在有血有肉的现实世界里所遵循的道德观之间保持一致呢？

展览中一件特别具有争议性的作品就是意大利艺术家莫瑞吉奥·卡特兰(Maurizio Cattelan)的《第九个小时》(*La Nona Ora*)(1999)。这件作品中，真人大小的、栩栩如生的教皇塑像横卧在铺着红地毯的展厅地面上，教皇手中紧紧抓着十字架。教皇被一块相当于其体型一半大小的陨石压在下面；附近的碎玻璃表明，一块来自外层空间的石头似乎从天而降，穿过头上的天窗后正好砸在他身上。卡特兰的陨石仿佛是一个神传达的旨意，为的是将我们从组织化宗教的谬误中唤醒，或正好相反，陨石也许预示了上帝并未死去（和怀疑宗教的思想家的论断相反）：谁还会有这样令人不可思议的命中目标的能力？对于学识渊博的观众来说，卡特兰陨石的象征意义还在于，西方艺术界对有关任何组织化宗教的虔诚信仰的艺术表达主要采取一种批判的姿态。

集体怀疑是我们当下文化状况的一个核心部分。作为一个社会，我们倾向于去怀疑包括宗教和精神性在内的宏大叙事的唯一性。前一章里我们曾讨论过公众和当代艺术家围绕着科学进步提出的质疑。然而，就科学而言，怀疑几乎从未发展为完全的不相信。而就精神性来说，怀疑却会导致完全的不相信：不相信神性，不相信宇宙中存在任何神圣的力量。

然而，精神性和宗教（在全球以多样的形式得以显现）对国际事务和个人日常生活的影响是不可否认的。在本书所考察的过去30年间，世界多个地区都曾掀起由于宗教分歧而引发的战争。围绕着许多可能的科学研究（如干细胞研究）主题而展开的道德辩论包括宗教信仰和对科学中立性的信仰之间互为冲突的世界观。

今天，多数美国人仍信奉基本的属灵信仰。一项2007年由皮尤宗教和公共生活论坛(Pew Forum on Religion and Public Life)实施的全国调查就人们的回答情况做了总结:"完全相信上帝的存在"(71%的美国成年人)和"相信很多宗教都能达到永生"(71%的美国成年人)[5]。许多其他国家的居民的回答具有更高的一致性——宣称对属灵的真理抱有基本的信仰,并恪守某一宗教信条。

精神性和宗教

当代文化中对宗教和精神性的定义差别很大。我们用宗教这个词指代那些有着历史记载、固定传统、共同的仪式和信条的体制化了的形式实践。大多数宗教的共同特征就是相信一个或多个不朽的神圣存在
278 (一个神),且神(或众神)对现实有着一定的影响力。源远流长的组织化宗教包括基督教、犹太教、佛教、印度教和伊斯兰教。我们用精神的(*the spiritual*)这个词来指代想要归属于大于自我的事物的渴望,探索生命源泉和死亡本质的欲求,以及对宇宙中难以言表、不可捉摸的力量的认知。没有参与过正式宗教的人可能无法意识到其生命中强大的精神维度。正如策展人苏珊·索林斯(Susan Sollins)所言:"无论我们是否参与正式的宗教活动,人类状况似乎都要求我们去探索精神层面,对我们的存在和来世的可能性发出质疑;我们思考着自身和周围世界的联系,并去审视那些看似无法解释的体验。"[6]

简要的历史回顾

回顾过去我们发现,艺术和精神性之间的紧密联系一直贯穿人类的生存史始终,两者常常彼此交织并相互促进。精神艺术探讨了人类最深层次的需要和最难解的生命谜团;对死亡和来生的笃信,宇宙本质及人类在宇宙中的位置,引导我们的个人和公共行为的道德准则,这些问题一直是艺术探索的对象。艺术讲述了特定宗教传统的故事,赋予神灵的想象以视觉形式,为宗教膜拜和仪式提供用于祷告的物件和场所(教堂、

犹太教会堂、清真寺、寺庙)。古代这方面的例子包括斯里兰卡波隆纳鲁瓦古城(Polonnarua)的巨型佛雕、伊斯坦布尔的圣索菲亚大教堂(Hagia Sophia)、墨西哥奇琴伊察古城(Chichen Itza)的玛雅金字塔,以及埃及的吉萨(Giza)金字塔。

在西方,基督教一直统领着3—17世纪的艺术生产,基督教的传统艺术意象(以旧约和新约为基础,尤其是基督的生平和受难的故事)对众多艺术观赏者来说都是耳熟能详的,无论他们是否信奉基督教。其他重要的世界性宗教,主要是印度教和佛教,也同样依靠艺术来刻画众神、圣民和讲述宗教故事。犹太教和伊斯兰教在历史上一直反对制作用于宗教目的的图像(偶像)。作为对图像的替代,表现这些信仰的宗教艺术则将重点放在抽象的象征手法上,并强调借助书法和其他途径来修饰宗教文本。

不同宗教体系对不同文明中艺术的形塑方式常常会形成十分鲜明的对照。例如,有些宗教传统和实践活动更为理性,有些则更为玄妙神秘。前者的艺术趋于以一种符合逻辑、通俗易懂的方式来教导信徒,而后者的艺术则旨在用深奥晦涩的符号和令人心醉神迷的幻象使观者沉迷于充满神秘性和情感色彩的状态中不能自拔。此外,没有任何一个宗教是静止不变的;同一宗教在不同的历史环境下可能会强调不同的艺术手法。譬如,将基督教分为天主教和新教教会的宗教分裂就反映在天主教国家和新教国家巴洛克时期那对比鲜明的艺术手法中。也没有任何宗教是完全统一的。每个主要宗教的内部还存在许多宗派,每个宗派都有其独立的信条,包括对艺术在宗教中所扮演的角色的观念。

自启蒙运动以后,在西方的主流文化中,艺术界和宗教领域之间渐行渐远。众多为艺术提供资助和展览机会的世俗机构开始涌现,作为视 279
觉艺术赞助者的教会的势力日趋衰微。美国建立之初的宪法通过第一修正案(First Amendment)(1791年批准生效)命令教会与政府分离,因此美国政府从未大力宣扬过宗教艺术。另外,自到达新英格兰的清教徒开始,北美一直是逃避宗教迫害的团体的避难所,因此对宗教分歧的宽容深深根植于这个国家的社会结构中。从美国历史来看,大多数获得公众认同的宗教艺术家来自社会边缘或民间艺术家阶层。

哲学对神创造宇宙的质疑以及对组织化宗教的合法性和关联性的怀疑态度在 19 世纪得以公开表达,并在德国哲学家弗雷德里希·尼采的著名宣言“上帝死了”(发表于 1882 年)那里达到高潮。同时在西方,人们越来越多地接触到外来宗教,这促进了新的信仰的诞生。一些被疏离的个人成为无神论者,而其他人则转而信奉从多个传统或根植于自然的信仰中汲取养分的各种宗教,这里自然被视为一种必不可少的、泛神的力量。

埃德蒙德·柏克(Edmund Burke)的著作让崇高(*the sublime*)这个哲学和文学概念在 18 世纪的欧洲流行起来,这个概念给了对自然的半宗教式崇拜一个名称[7]。柏克区分了美和崇高这两个哲学概念;他认为,崇高是观者在面对宏大时所感受到的一种强烈的感觉——一种结合了敬畏、恐惧和极度的感官愉悦的感觉。受柏克的影响,崇高这个词开始被用在任何引起敬畏或惊惧并控制着心智和感官的经验上,就像控制了信徒的宗教狂热一样。崇高的反应由非同寻常的和宏大壮观的现象所引发。当这一概念应用到自然上时,崇高描述的是观赏高山远景、广袤的海洋、惊人的雷雨和暴风雪、壮观的日出等景色时所产生的敬畏反应。

在柏克之后,包括伊曼努尔·康德和阿瑟·叔本华在内的德国哲学家进一步完善了崇高概念,并阐述了崇高同美的令人愉悦的有限形式之间的区别。例如,康德强调自然的无限大是一种引起崇高感的特性,这种无限大超出了人类一般的把握能力。在谈到比尔·维奥拉(Bill Viola)(参见本章艺术家档案部分)的视频作品时,辛西娅·弗里兰(Cynthia Freeland)运用康德的崇高概念作了如下分析:“当我们面对如崇山峻岭或狂风暴雨这样广袤无垠或雄壮有力的事物时,我们的被康德称为感知力和想象力的功能完全受到牵制。它们无法一下子领略崇高事物的整体。但是另一方面,我们还有另外一个认知功能,即理性(reason),理性功能在对事物的体验中得以提升。作为人类道德和自由的源泉，理性以某种方式同巨大的事物发生关联。然而这并不涉及实际的认知功能，而是由另一功能——知解力（understanding）来完成的。任何功能都不足以应对崇高的体验。然而仿佛是理性完成了直觉的飞跃来把握崇高的对象，而实际上理性并未识别出这个对象或将其概念化——我们驾驭着一种不断激增的能量。”

如果崇高的具体概念在19世纪中期到20世纪中叶这段时期内所受的关注相对较少，那么过去几十年里，它重新又回到人们的视线内。例如，法国哲学家让-弗朗索瓦·利奥塔（Jean-François Lyotard）于20世纪七八十年代在其著作中重新思考了崇高的概念。利奥塔对文化元 280
叙事的普遍性主张的批判影响了欧美后现代主义的发展，他将崇高视为一个证明了理性（rationality）的局限性的重要例证。

在19世纪的美国，对崇高的信仰转变为*超验主义*（*transcendentalism*），超验主义的追随者相信存在一个超越物质世界的理想的精神现实。和这一哲学思想密切相关的几位作家包括亨利·大卫·梭罗（Henry David Thoreau）和拉尔夫·瓦尔多·爱默生（Ralph Waldo Emerson），他们认为自然，尤其是美国荒野比文明世界更接近上帝。美国六七十年代的“大地艺术家”（earth artist）保留了超验主义者这种对自然世界的崇敬之情。他们当中的一些人创作了让人联想到如英国的巨石阵或俄亥俄州巨蛇山（Serpent Mound）这类史前宗教遗址的场域特定性（site-specific）户外作品。

20世纪的大部分时间里，欧美艺术中的宗教很大程度上陷入了沉寂。回顾这段时期的艺术史和艺术批评，你几乎找不到宗教这个词，直到20世纪末情况才有所改变。除了乔治·卢奥（Georges Rouault）、马克斯·贝克曼（Max Beckman）、萨尔瓦多·达利（Salvador Dali）和格雷厄姆·萨瑟兰（Graham Sutherland）这些特例之外，带有明显宗教意象的艺术不再受到极富创新精神和声望最高的艺术家的关注。然而，知名艺术家继续频频使用更为私人化的编码语言来表达形而上学观念、对精神性的感觉，以及对乌托邦式未来的渴望[8]。现代艺术的学术式分析和批评式分析趋于强调艺术家的构思、色彩和技巧,而忽视作品的精神内容,除非艺术家被认为是古怪的异类[比如马克·夏加尔(Marc Chagall)]。

20 世纪精神艺术最强有力的避难所曾是非具象艺术(nonobjective art)。一些创作纯粹的抽象作品的艺术家在不停地探索,他们想知道艺术能否像自然激起崇高感那样激发出一种超验境界。他们期望观众在凝视抽象平面或形式时能体验到一种精神启示,或至少是一种深度冥想的心境。瓦西里·康定斯基(Wassily Kandinsky)和巴尼特·纽曼(Barnett Newman)是这类艺术家较早的例子。更现代的例子是布莱斯·马登(Brice Marden),他以系列画作《天使报喜》(*Annunciation*)(1978—1980)推动其独具特色的形式主义抽象作品向精神性方向发展。贯穿现代抽象艺术的显著的精神性倾向最终借助一场颇具影响力的开创性展览及相应的参展作品集而成为研究和关注的焦点,这场展览题为"艺术中的精神性:抽象绘画,1890—1985",是策展人莫里斯·塔克曼(Maurice Tuchman)为洛杉矶艺术博物馆策划的[9]。

在过去数十年间,美国的宗教和艺术常常发生正面交锋。比如,1980 年后爆发的"文化战争"包括了对一些展览的抗议,这些艺展展出的作品被某些人视为亵渎神明,是对他们宗教信仰或神圣象征的侮辱。如果展览是由政府资助的,抗议者会游说联邦、国家和市政府取消艺术展。1989 年的一个著名事件就是,抗议者就国家艺术基金会向摄影师安德里斯·塞拉诺(Andres Serrano)提供拨款提出质疑,后者的照片《尿溺中的耶稣》(*Piss Christ*)(1987)描绘了悬浮在尿液中的塑料耶稣受难像。同样的纷争发生在 10 年之后,当时的纽约市长鲁道夫·朱利安尼(Rudolph Giuliani)带头反对在布鲁克林博物馆举办的题为"感官"("Sensation")的英国艺术展。朱利安尼特别指出,克里斯·奥菲利(Chris Ofili)的《圣母玛利亚》(*The Holy Virgin Mary*)(1996)是对神的亵渎,作品中的圣母肤色黝黑,身上装饰着干燥的大象粪球[10]。

281 这类广受瞩目的论战让我们形成一种印象,即当代艺术和宗教是针锋相对的敌人。正如评论家埃莉诺·哈特尼(Eleanor Heartney)指出的："尽管西方文化有着丰富的宗教艺术传统，当今世界却趋于把艺术和宗教视为敌人。无论何时，两者的相提并论总是以某种争议或丑闻为背景，艺术家被指责为……亵渎宗教……即便是在艺术界内部，认为宗教信仰和先锋主义创作之间存在共同点的观点也显得十分格格不入。"[11]

然而，20 世纪 90 年代以来，当代艺术开始越来越多地公开讨论宗教和精神性，一些有影响力的策展人和艺评家也对这一主题给予关注。艺术家们重新从心灵深处发出疑问，寻找这个大千世界中生命的意义——它的奥秘、奇迹和道德法则——以及艺术的作用。评论家苏茜·盖伯力克（Suzi Gablik）在其 1991 年的著作《艺术魅力的重生》（*The Reenchantment of Art*）中前瞻性地提倡美国文化应发起精神和伦理的复兴，并号召艺术应该为实现这一目标提供支持。根据盖伯力克的观点："不通过某种精神治疗，我们就无法消除给世界带来的混乱。"[12]哈特尼是另外一位对精神主题十分感兴趣的评论家。她撰写了大量关于在天主教环境中成长起来的当代艺术家以及其作品如何受宗教观念影响的著述（无论他们是否仍然笃行自己的信仰），这些天主教艺术家包括塞拉诺和奥菲利、奇奇·史密斯（Kiki Smith）、戴维·沃基纳罗维兹（David Wojnarowicz）、乔-彼得·威特金（Joe-Peter Witkin）、罗伯特·戈贝尔（Robert Gober）和杰妮·安东妮（Janine Antoni）。包括这些和其他艺术家作品的诸多艺术展标志着精神性主题已被广泛接受这一新趋势的到来。

精神性主题重新受到关注的原因是多方面的。首先，围绕着被一些观众视为不敬的当代艺术品展开的争议将注意力集中在新近艺术的宗教意象上面。然而出人意料的是，这些争议让关于精神信仰的艺术看起来格外时髦和前卫。过去 30 年里现实世界的激变和全世界人口的大量迁移导致多种精神传统相互融合，也使精神性主题跻身于艺术前沿。其次，随着 20 世纪接近尾声，一种世纪末艺术趋势也浮出水面；这类艺术提出了关于地球的未来，以及我们作为个体、社会和物种将何去何从的种种问题。一些艺术家从精神上来构思他们的问题，或者寻找精神出路。例如，德国新表现主义艺术家安塞姆・基弗（Anselm Kiefer）解释说："我就宗教问题做了大量思考，因为科学没能给我答案。"[13]我们可能认为，一旦迈进 21 世纪，世纪末情绪会逐渐平息，然而包括战争、恐怖主义和生态灾难在内的充满戏剧性的全球事件延长了这种精神拷问的周期。

几种策略

艺术家们在试图表达宗教或精神性主题时，也必须像处理其他任何主题那样，用物质形式来具体表现他们的艺术构想。这些形式对在观众心中形成潜在的意义起了巨大的推动作用。

形式、材料和过程的操控

一些形式因在宗教或祭神活动中反复使用而具有了精神性内涵。比如，不少当代艺术家，如克里斯汀・波坦斯基（Christine Boltanski）、佩
282 彭・欧梭里欧（Pepón Osorio）和阿玛利亚・梅沙-贝恩斯（Amalia Mesa-Bains），都使用祭坛和神殿这些传统形式来营造精神氛围。例如，美籍墨西哥裔艺术家梅沙-贝恩斯制作了类似祭坛的装置作品，以纪念昔日的墨西哥著名女性，包括画家弗里达・卡罗（Frida Kahlo）和演员朵乐丝・德里奥（Dolores del Rio），以及墨西哥深受爱戴的宗教人物——瓜达卢佩圣母（Virgin of Guadalupe）。同样，用来放置圣徒遗物的容器圣物箱（*reliquary*），也被贝泰・萨尔（Betye Saar）和保罗・泰克（Paul Thek）这样的艺术家所采用，他们通过把各种物件放入圣物箱中而将其变成宗教崇拜的神物。由三部分组成的三联画（*triptych*），是基督教艺术史上的常见形式；这种形式象征着圣父、圣子、圣灵的三位一体以及天堂、人间和地狱三个境界。1982 年由大卫・鲁宾（David S. Rubin）策划的题为"当代三联画"的艺术展记录了利用三幅一联的平面形式或折叠屏风形式进行创作的艺术家[14]。金字塔、金字形神庙（ziggurats）以及迷宫也是

常能唤起精神内涵的建筑形状。

与某些特殊形状一样，一些物料也能用来表示宗教或精神内容。对于受教者而言，金子或贵重珠宝这类奢侈材料和具有象征意义的色彩都会表明一个图像或物件具有神圣的意义。克里斯·奥菲利(Chris Ofili)的《圣母玛利亚》(*The Holy Virgin Mary*)中的金色背景让人想起基督教圣像画中用来表现天堂的神圣空间的传统底色。与此同时，奥菲利作品中的大象粪块却引发了更为复杂含混的寓意。对艺术家而言，粪便在非洲是繁殖力的象征；而对朱利安尼市长来说，粪便是排泄物，是对天主教信仰的侮辱。

一些艺术家把天然物料当作唤起自身超验状态的手段；他们走进大自然，创造现场作品，或将岩石、蜂蜜、蜂蜡和花朵这些天然材料带进展厅。切诺基族的莎拉·贝茨(Sara Bates)和德国人沃尔夫冈·莱柏(Wolfgang Laib)这类艺术家选择天然材料是因为他们相信自然和圣者之间存在着密切的联系。莱柏并不是某个宗教的信徒，但是他对贾拉鲁丁·鲁米(Jalaluddin Rumi)[一位13世纪的苏菲教派(Sufi)诗人和神学家]和阿西西的圣·弗朗西斯(Saint Francis of Assisi)(一位尊崇动物和自然的基督教修道士)的著作，以及佛教和耆那教(Jain)中玄奥的印度文本均有研究，所有这些都使他的艺术手法像一种与自然和谐相容的苦行式的仪式行为。莱柏的创作形式之一是“花粉方块”，即把鲜黄色花粉粒透过筛子轻轻地筛在铺在展厅指定区域的地面上的正方形或长方形透明纸张上(这些方格的边长从1.5米到4.5米不等)。莱柏每年花6个月的时间从蒲公英、毛茛、榛子树、松树和苔藓上采集花粉，而只为他的创作储存4罐至8罐花粉。在作家克莱尔·法罗(Clare Farrow)看来，莱柏收集花粉的重复性劳动“不仅仅是获取物料的过程，而重复本身也不像人们想象的那样是这一过程的消极方面：因为一再重复的行为本身带来一种均衡状态和接近于冥想的全神贯注”[15]。

在艺术创作中融入仪式、典礼和其他高度模式化的行为能赋予艺术家以大主教或萨满教巫师(shaman)的地位和角色。德国艺术家约瑟夫·博伊斯(Joseph Beuys)就是 20 世纪六七十年代被详细记载的热衷扮演这一角色的艺术家。博伊斯曾指挥过各种各样的仪式活动,有的只有他一人参加,有的则是多人参与。他的影响至今仍然十分广泛。其他因仪式性艺术活动而闻名的当代艺术家还有莱柏、玛丽娜·阿布拉莫维奇(Marina Abramovic)、谢德庆(Tehching Hsieh)、琳达·蒙塔娜(Linda Montano)和罗恩·艾希(Ron Athey),尽管这些艺术家并不将自己视为萨满教巫师。

283 创作涉及时间维度的表演、视频和装置作品的艺术家们在探索仪式性表达时尤其变化多端。具有重复的、冥想性质或忍耐力和肉体折磨等元素的表演和装置作品以一种宣泄、净化的方式将艺术家和观众从日常认知领域转移到意识高度敏锐的状态中。例如,在比尔·维奥拉(Bill Viola)的档案部分,我们会分析他令人目眩神迷的视频/声音装置作品《穿越》(*The Crossing*)(1996):在屏幕的正面,一个人不断地被水流淹没,而在屏幕背面这个人同时被大火吞噬。通常情况下,当代观众从不会达到意识改变(altered consciousness)的状态。然而在某一时刻,我们会不可避免地对作品产生厌烦情绪并试图重返日常生活。就在我们起身离开并任由声音和图像将我们包围时,我们可能会感觉自己刚刚体验到了一种精神觉醒。

采用诸如装置和表演之类的瞬间形式以及植物和液体这类不稳定材料,有助于传递关于生命无常和人类生存之脆弱这样的精神性讯息。菲利克斯·冈萨雷斯-托雷斯(Felix Gonzalez-Torres)那"四溢"的糖果堆随着观众随意取走糖果,新的糖果立即被补充上而反复地减少,然后又恢复原状,这一作品是对生命的流逝和把握当下价值的死亡隐喻。根据评论家安妮·摩根(Anne Morgan)的观点,瞬间形式和暂时性物料的使用"体现了诸多精神道路在直接体验、完全在场和充分体验'此刻'的重要性等方面所共有的精神真理"[16]。

当代艺术中使用暂时性材料和表演仪式性活动同当代文化特有的过渡性状态密切相关。文化批评家聚焦于整体文化如何、何时、何地以及为何逐渐拒绝接受（或臣服于）诸如现代主义或殖民主义这类宏大世界观。我们生活在一个“后”时代：当前状态是告别过去的世界观，进入过渡期。未来尚不明确，各种边界的划定还很模糊且不严密。理论家们采用术语阈值（*liminal*）来指代这一包括心理变化和身体变化的过渡时期（“limen”在拉丁文里是“开端”的意思）。这一术语是从20世纪初荷兰人种学家阿诺德·范·盖内普（Arnold van Gennep）的著作中借用而来的。盖内普将一个人在身份发生变化时所经历的过渡时期描述为“阈值”（“liminal”）。历史上来看，诸如婚礼这类表示身份过渡的仪式是和地位的关键性转变密切相关的；仪式把受教人稳妥地从一种状态带入另一种状态，并在受教人心理和生理的阈值阶段给予支持[17]。今天，仪式性作品以同样的方式帮助艺术家和观众在我们当前不稳定的文化契机中寻找方向。

意义和心智的操控

近几十年来，西方世界掀起一股宗教符号、图像和故事在艺术中复兴的热潮，这些宗教内容常常取自基督教传统[18]。艺术家通过使用这些元素，唤起了我们熟悉的故事和意象所具有的神话、情感和心理上的力量。例如，英国雕塑家安东尼·葛姆雷（Anthony Gormley）的《天使的棺木》（*A Case for an Angel Ⅱ*）（1990）中，有着巨大翅膀的空心人像代表着题目中的天使以及一口棺材。迈克（Mike）和道格·史塔恩（Doug Starn）兄弟的摄影作品《三位一体的基督》（*Triple Christ*）（1985—1986）借鉴了菲利普·德·尚帕涅（Philip de Champaigne）17世纪的画作《死去的基督》（*The Dead Christ*）。史塔恩兄弟把这幅画的照片分割后重新组合，强调耶稣受难时所经受的身体痛苦。

除了基督教之外，一些诸如艾利森·萨尔（Alison Saar）这样的非裔 284
美国艺术家创作了让人联想到非洲宗教崇拜的神物的现代雕塑作品。本章之前讨论过的沙兹亚·西荻达（Shahzia Sikander）（来自巴基斯坦）和菲利斯·布兰姆森（Phyllis Bramson）（美国）都是利用后现代拼贴技法将不同宗教中的图案和肖像结合起来的艺术家。对历史上的宗教意象的使用也会带有反讽意味,或不以任何信仰为基础,杰夫·昆斯(Jeff Koons)在其粗劣的宗教雕塑作品中运用的挪用手法就是一例。

其他将自然界同精神性联系起来的艺术家制作的作品唤起了人们对动物的尊敬。这些艺术家或以真实的动物和动物肢体为物料,或利用其来表现动物的形体。美国印第安艺术家尤恩·明敏·史密斯(Jaune Quick-to-See Smith)和杜安·斯里克(Duane Slick)创作了一系列献给郊狼的画作和版画。在某些美国土著传统中,郊狼是身体变化无穷、诡计多端的动物原型。奇奇·史密斯的一组青铜雕塑表现了一个从动物身体侧面冒出的变形人(插图 8-1)。

除了使用取自某些宗教故事的意象之外,艺术家还采用更为普通的符号和隐喻来表现精神性情感和观念。无论是虚构的还是真实的,光线

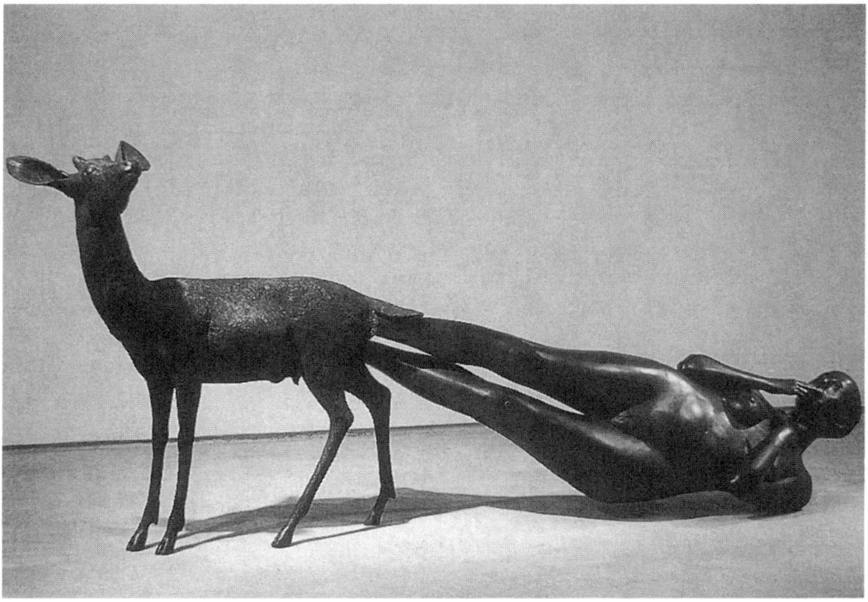

插图 8-1　奇奇·史密斯|出生(*Born*),2002 年
铜,99.1 厘米×256.5 厘米×61 厘米
3+1 AP 版
版权所属:Kiki Smith, PaceWildenstein 提供,纽约

一直是圣人和圣物的有力象征，而作为光亮反面的黑暗在人类历史上则传达着对立、矛盾和神秘的概念。和光亮相关的当代艺术表达形式多种 285
多样，包括：格哈德・里希特(Gerhard Richter)绘在彩色玻璃上的抽象几何图案，这一委托作品如今(2007 年)被安放在科隆大教堂里；比尔・维奥拉在其视频作品中使用了火焰；还有詹姆斯・特瑞尔(James Turrell)为得克萨斯的休斯敦“活栎树集会所”(Live Oaks Friends Meeting House)设计的《天空空间》(*Skyspace*)(2000)，作品采用伸缩自如的屋顶，并在天花板上打开一个天窗，透过天窗可见天空那变幻莫测的光线和色彩。特瑞尔在一直持续进行的亚利桑那州罗登火山口工程中对光线进行了精心安排，让这件位于死火山之间的地处偏远的大型土方工程给参观者带来了超验的感受。

当代艺术家继续将抽象画作为超验状态的载体，并将非具象艺术作为用来感受狂迷或冥想的精神体验的重要手段。正如安妮・摩根(Anne Morgan)所解释的，“艺术品能表现某种超越我们日常现实的神秘的交流形式，这种潜能是巨大的。抽象艺术无疑有助于实现这一目标，因为很多精神性概念本质上就是抽象的(如‘无限’)”[19]。除了里希特、特瑞尔和莱柏，创造了引发精神反思的抽象作品的艺术家还包括詹姆斯・李・拜厄斯(James Lee Byars)、艾格尼斯・马丁(Agnes Martin)、安妮诗・卡普尔(Anish Kapoor)、施拉泽・赫什阿里(Shirazeh Houshiary)、罗恩・贾诺维奇(Ron Janowich)和克里斯汀・埃卡特(Christine Eckart)。并不是所有这些艺术家都从精神层面来探讨艺术。比如，艾格尼斯・马丁就否认她的非具象油画和素描与宗教存在任何特定的关联。然而，在海伦・托可夫(Helen Tworkov)看来，她提到了“自己曾从道教汲取‘日常养分’……(她的)作品引领我们进入一个冥想的空间，一个要求心灵放慢脚步、放弃评说，并采取一种接受一切的姿态——换句话说就是抱有一位僧侣的超然态度”[20]。

马丁的艺术是用来说明主题内容与形式密不可分的绝佳例子。通过在栅格上构图，马丁将观众带入了一个无限的领域：水平长方形的密集图案似乎无休止地重复着，这种无限空间感体现了一种时间的永恒。其他当代艺术家也运用高密度的图形来诱使观众进入全神贯注的精神状态。美国画家亚历克斯·格雷(Alex Gray)描绘了令人目眩神迷的复杂人体图，画中的人体内部被展示为错综复杂的静脉网络。弗雷德·托马塞利(Fred Tomaselli)[彩图 7]和美国著名民间艺术家霍华德·芬斯特(Howard Finster)也同样利用密集图形和对称性来让观众产生思想变化。这些图形具有放慢观赏过程、控制感官体验和开启梦幻般的朦胧意识的效果。他们的作品和宗教艺术关系密切，像佛教和印度教中错综复杂的密宗画(tantric painting)一样，这些宗教作品用高度精细、对称的图案在观众的头脑中制造出一种幻觉状态。对称图形的使用能够让观众进入冥想境界，可能是因为对称形式象征着稳定和永恒。

施拉泽·赫什阿里(Shirazeh Houshiary)生于伊朗，现居伦敦，她从对某一宗教传统的信仰的立场上出发，创作了以超验体验为目标的抽象艺术。赫什阿里笃信苏菲教派(Sufism)，后者源于 8 世纪的伊斯兰神秘主义宗派。根据建筑历史学家肯尼斯·弗兰普顿(Kenneth Frampton)的观点，赫什阿里的苏菲教“意味着她虽然坚持伊斯兰教的信条，但是同时又承担起额外的苦行式的活动和仪式，这些活动的目标就是通过沉思和狂迷来与神交融和沟通”。赫什阿里对鲁米(Rumi)的教义进行了研究，“根据这些教义，‘生成’(‘becoming’)的意义借助超越物质世界的宗教仪式、舞蹈和眩晕状态，最后通向神的启蒙”[21]。她制作的抽象雕塑、雕塑装置作品和素描作品深受苏菲教派的哲学、鲁米诗歌和几何符号的
286 启发。她的一件名为《绕着中心转》(*Turning Around the Center*)(1993)的作品由 4 个表面包着铅的立方体组成；每个立方体的顶部都嵌有一个呈锯齿状的方格，方格上布满了金箔。金色方格代表了超越尘世上的物质世界(由铅来象征)并达到开悟境界的舞者(跳着旋转舞的苏菲教托钵僧)。在分析自己的艺术目标时，赫什阿里说道：“寻找事物本质的征程将你带到不可思议的地方，因为这是探索你自己的存在本质并试图了解自身构成的过程。我并不是从自己与名称、文化等诸如此类的因素之间

的关系中去试图理解我是谁。我能去描述、理解这些因素，也可以与之一刀两断，但是我无法理解存在的魔力和奥秘。我能感觉到它。生命和存在的本质比任何我所知的事物都强大得多。”[22]

即便许多艺术家的作品并不带有宗教关联，他们也将艺术创作本身视为一种类似神秘体验的过程，或一种有意识的实践。艺术创作过程需要全身心的投入，并心甘情愿地摆脱各种单调平凡的世俗责任的牵绊，它将创造者带入另一个境界。同样对观众而言，欣赏艺术品也是让人心醉神迷的过程。艺术家和观众希望从艺术中找到沉思冥想、令人激动的启示性感受，这种感受和宗教带给我们的体会相类似。与此同时，其他人或是怀疑艺术是否有能力带来超验体验，或对追求这类审美超越的动机持批判态度。例如，将艺术本身看作更高层次的召唤会导致人们故意回避对眼前问题的处理。在多利特·勒维特·哈顿（Doreet LeVitte Harten）看来，“作为宗教的艺术是一无所有的弱势群体的节目”[23]。

追寻信仰和心存疑虑 287

针对这里的讨论，我们将信仰（*faith*）定义为一种对宗教教义的信念，或更泛泛地说，一种对神性宇宙的笃信。信仰无须推理或证明；信仰是一种接受。美国艺术家埃克斯诺比亚·贝利（Xenobia Bailey）的大型纤维艺术作品《天堂姐妹的火墙复活帐篷》（*Sistah Paradise's Great Walls of Fire Revival Tent*）（1993）是一个表现精神信仰的现代作品的例子。贝利用毛线编织出一个约 2.7 米高的结构物。这一形状源于约鲁巴人（Yoruban）的头饰，象征着约鲁巴人认为头部是身体的神圣中心的信仰。贝利在其作品中把非洲宗教观念同对女性作为魔术师和心灵治疗者的力量的个人信念结合起来；这种合成是对一种信仰的表达，即相信存在超越世俗世界的精神力量[24]。

当然，基于信仰之上的艺术是以精神为主题的艺术的一部分。那些不相信也不屑于对神造宇宙的观念作出评价的艺术家通常会创作其他内容的艺术。一些无宗教信仰者也通过作品探索了他们的无神论思想及其内涵。比如,布鲁斯·瑙曼(Bruce Nauman)的霓虹灯照明作品《100种生与死》(*One Hundred Live and Die*)(1984)由 100 个闪烁的电子信息组成,每个信息都含有"LIVE"或"DIE"这两个词。在温迪·多尼格(Wendy Doniger)看来,这件作品"是对在宗教信仰中没有任何定位的生命存在的评注,这一由两部分构成的评注用数码显示,能自动开合"。瑙曼的意思是,死亡是最终的归宿,在"我们漫无目的存在之旅中",我们都是孤立无援的[25]。

一方面是对灵性的深信不疑,另一方面是信仰的缺失,这两个极端都无法充分描述各种关于精神信仰的当代艺术。许多当代艺术家对神性的存在、定义和作用都抱有矛盾的态度。提出精神性问题的艺术家往往并不十分清楚自己的信仰,他们的艺术也表现出矛盾不定或想要寻找答案的迹象;艺术家的观点很少是充满虔诚和确信不疑的。根据 2000 年艺术展"信念"的主要组织者哈里·菲尔布里克(Harry Philbrick)的看法,宗教艺术可以"建立在怀疑的甲胄之上,而这种疑虑暗含在信仰缺失中"[26]。

罗伯特·戈贝尔(Robert Gober)并不信奉伴随其成长的宗教(天主教)。在其 1995 年至 1997 年展出的无题装置作品中,他试图去面对自己生活中宗教信仰缺失的问题。作品展示了一具真人大小的圣母玛利亚雕像,其躯干被一根涵管刺穿,雕塑两侧各有一个打开的手提箱。透过每个箱子里的栅板,观众看到地板下面的人造洞穴里有一个男人和孩子的腿似乎浸泡在潮池里,这涉及基督教的浸水洗礼(baptism)仪式。除了注意到与基督教的关联之外,策展人迪恩·索贝尔(Dean Sobel)还从心理分析角度提出了一种阐释,指出"这件双层装置还挖掘了意识领域(立即显现的事物)和潜意识(潜伏在表层之下的事物)之间的动态关系"[27]。

艺术家们虽然心存疑虑,但仍被宗教和精神性主题所吸引的原因之一,就是他们对道德和伦理兴趣甚浓。像其他人一样,艺术家对道德行为，或者说人应该如何对待别人、动物和星球有着自己的看法。宗教为我们提供了对善恶的解释和道德行为准则，以及表现道德和非道德行为的故事。教徒和非教徒都采用宗教意象来发表有关道德的言论或指涉另一文化。艺术家可能会援引一种宗教来批评其领导者所宣传的所有或部分道德准则。例如，活跃于 1988 年至 1994 年的纽约艺术家团体"复仇女神"(Gran Fury)制作了海报和公告牌来谴责天主教会关于同性恋、艾滋病 289
和节育的教义。他们的图像逼真而露骨：一幅广告牌大小的作品表现了一位大主教的形象，旁边是戴着避孕套的勃起的阳具。这件作品挑战的并不是整个天主教信仰，而只是其关于性行为这一重要领域的官方教义。

其他旨在鼓励道德行为的当代艺术作品并没有明显的宗教意象。大多数行动主义艺术属于这类。创作者希望说服观众去思考某一问题并付诸行动，有时甚至希望改变他们的日常行为。行动主义艺术家持有鲜明的道德立场，但是我们并不一定能从艺术作品中了解到精神性或宗教教义在引导他们的信仰方面起了什么作用。

宗教身份的表达

全球不同宗教团体之间的暴力冲突和武装对峙表明了宗教认同问题仍然十分重要。每当一个团体摧毁其敌对团体的宗教纪念物，试图清 290
除其艺术所表现的信仰和文化时，艺术在建立并保存宗教身份方面所起的作用便格外明显。例如 2001 年，当时作为阿富汗神权政府的阿富汗塔利班在颁布了一项摧毁国内所有前伊斯兰教的雕塑和圣殿的法令之后，紧接着就拆除了巴米扬省(Bamiyan)的两尊巨佛和壁画。

尽管人们在不同宗教之间不断筑起屏障，然而历史上各宗教信仰者或自发自愿，或出于偶然，抑或是迫于武力，仍会彼此互动、相互融合。宗教身份并非固定不变，而是被历史事件和历史遭遇不断地重新糅合和改造。例如自 17 世纪以来，欧洲殖民者的天主教与墨西哥、拉丁美洲及美国西南部殖民地人民的本地宗教之间就相互作用，彼此影响。这些地区的艺术也反映了不断变动的宗教身份的动态。从这种强制性交遇开始,反宗教改革运动的巴洛克风格就和本地形式合并为艺术混合体,这种混合体表现了各种宗教观念、信仰和习俗之间的交汇融合(syncretism)(一种跨文化互动)[28]。宗教融合一直体现在许多当代拉丁美洲艺术家的作品中。墨西哥艺术家内厄姆·泽尼尔(Nahum Zenil)在纸上创作的作品探索了自己身上合而为一的天主教和印度传统。泽尼
291 尔的《许愿(与瓜达卢佩圣母的自画像)》[*Ex Voto* (*Self-Portrait with the Virgin Guadalupe*)](1987)将一幅墨西哥守护神——瓜达卢佩圣母的虔诚画像(因此是宗教和民族身份的双重象征)同被刀刺穿而滴血的心脏放在一起,后者指涉的是古阿兹特克(Aztec)宗教信仰和天主教。

当代艺术对宗教历史和宗教身份认同,包括宗教宽容和宗教排他性的历史表现可能会充满矛盾。土生土长的菲律宾艺术家玛奴尔·欧坎坡(Manuel Ocampo)曾接受过临摹天主教宗教画的训练。他在作品《舌之伤痕》(*Heridas de la Lengua*)(1991)中探索了西班牙对其家乡进行殖民主义统治的暴力史,这幅描绘了圣母和圣婴形象的画作充满与天主教的关联。根据马戈·町田(Margo Machida)的描述,画面的核心意象是"一个人持刀把自己的头砍掉这样的血腥行径"。町田解释道,欧坎坡的概念是,如果"一个菲律宾人切断了他/她复杂身份的任何一部分,结果只能是使残缺不全的心灵受到痛苦的煎熬"[29]。

另外,不同宗教和精神性实践之间的碰撞也会产生积极的效应,使个人能以创造性的、有意义的方式去选择并结合各种信仰、仪式和形式[30]。贝泰·萨尔(Betye Saar)是一位应用混合媒介并在其集成艺术作品中融入各种象征符号的非裔美国艺术家。她说道:"我是个基督教徒,但我也对印度教、佛教、多神教(paganism)以及萨泰里阿教(Santería)和伏都教(Voodoo)这类非主流宗教很感兴趣。我真正想要的是各个正式宗教之间的某种全面结合,这样另一种精华、另一种品质才会产生。"[31]

当两个或多种宗教同多人奉行的集体仪式和信仰融合为一个新宗教时,这个混合体会被公认为一种独立的宗教。比如,萨泰里阿教是源

于约鲁巴教(Yoruba)和天主教的混杂体(*mestizaje*)(跨文化互动和融合)的合成教派。今天奉行萨泰阿里教的地区包括古巴和加勒比部分地区,以及美国和南美的多个地区,其信徒尤以具有非洲血统的拉丁美洲人居多[32]。在其作品中探讨萨泰里阿教美学思想的已故知名艺术家有古巴的林飞龙(Wilfredo Lam)(1902—1982)和安娜·门迪耶塔(Ana Mendieta)(1948—1986)。另一位1993年移民美国的当代古巴人乔斯·比德亚(José Bedia)(见档案部分),是一位深受非洲-古巴宗教萨泰里阿和帕洛·蒙特(Palo Monte)教以及美洲原住民宗教影响的当代艺术家。

表现集体宗教身份认同的艺术更多的是关于文化、伦理、民族身份和历史的艺术。比如,生于伊朗的谢琳·奈沙特(Shirin Neshat)就宗教激进主义的伊斯兰神权政治体制对伊朗文化的冲击制作了电影装置作品(参见第二章"身份"的档案部分)。除了探讨宗教内涵之外,她还对宗教激进主义革命对伊朗民族身份认同的影响进行了思考。

指涉犹太的艺术是说明涉及宗教团体的艺术是如何同民族身份以及精神信仰产生关联的最佳例子。纽约犹太博物馆于1996年组织的展览"太犹太了?挑战传统身份"(Too Jewish? Challenging Traditional Identities)提出了犹太艺术家在哪方面与犹太教保持一致的问题。此外,根据策展人欧里·索特斯(Ori Soltes)的说法,展览还提出了"与宗教问题相对的形形色色的文化问题,这些文化问题是关于犹太教同世俗的,但仍以基督教为主导的美国世界之间的相互影响"[33]。这次展览中,黛博拉·凯丝(Deborah Kass)、肯·阿普特卡尔(Ken Aptekar)、阿尔奇·兰德(Archie Rand)、卡里·莱柏维茨(Cary Leibowitz)、伊莱恩·雷切克(Elaine Reichek)和艾伦·维克斯勒(Allan Wexler)等艺术家的作品对犹太人的刻板印象、反犹主义(anti-Semitism)、对犹太种族身体的 292
态度、犹太女性主义和消费主义等问题进行了思考。一些参展作品展现了在当代支持精神性实践活动的新形式的仪式[34]。

最后,一些涉及宗教身份的当代艺术试图解构某一群体的精神信仰和实践中的定型化观念。这里举一个比较普遍的例子,主流媒体和艺术界都将北美印第安人浪漫化为天生具有超自然能力的人,仿佛一个人生为印第安人就必定具有萨满巫师或超自然的能力,对与动物讲话这类的魔力运用自如。现居西雅图、具有纳瓦霍(Navajo)和俄罗斯血统的美国艺术家约翰·菲奥德洛夫(John Feodorov)在其混合媒体作品中以幽默的方式探讨了这种神化现象,比如他的《图腾泰迪熊》(*Totem Teddies*)展示了被许多不值钱的小饰物装扮起来的玩具熊。在菲奥德洛夫2000—2001 年的装置作品《办公室的萨满巫师》(*The Office Shaman*)中,塑料人偶身穿覆盖着羽毛、珠串的西装,观众还能听到它们发出吟唱的声音,然而在林恩·赫伯特(Lynn M. Herbert)看来,歌声"听起来很传统——声调和音色都恰到好处——但是继续听下去你会发现,它们一直在重复着张贴在工作场所的激励性口号"[35]。

直面死亡、厄运和毁灭

综观历史,全世界的精神教义都涉及了包括罪恶、死亡和毁灭在内的生命的阴暗面。这些教义常对人死后发生的事情作出解释,或规定哪些现世行为能帮助人死后被不可见的亡灵世界所接受,以此来讨论生命的无常。精神性艺术用视觉形式表现了对生命的稍纵即逝的恐惧和对来生的笃信,并给悼念仪式提供了素材。艺术史学家理查德·伍德沃德(Richard B. Woodward)写道:"无论多么英勇的古希腊人,都会哀悼生命的脆弱。印度教和佛教教义提出现世的一切都是虚幻的,并对真理,即终极现实进行模糊化处理。非洲文化中的艺术聚焦于生命轮回,以及从生者世界向祖先所处之冥界的过渡。"[36]

劝世静物画(*vanitas*)指的是旨在提醒我们生命和世俗愉悦转瞬即逝的艺术。劝世静物画曾在 17 世纪的荷兰尤为流行,画中描绘的骷髅、腐烂的水果和装满流沙的沙漏等物体象征了死亡的在所难免。尽管这一词汇源于欧洲,然而世界各地的艺术作品中都能找到以此主题为基础的变体。2000 年弗吉尼亚艺术博物馆曾以此主题策划了一场当代艺术展。约翰·拉夫诺(John B. Ravenal)指出:"劝世主题关注的是在享受世俗愉悦和成就与意识到终将失去这一切之间的张力,这是生命最基本的张力关系之一。长久以来,这种苦乐参半的观念赋予了艺术家以灵感,创造出西方最深刻的文学和艺术作品。"[37]

劝世和其他包括表现丧失和哀悼等在内的与死亡和毁灭相关的主题在当代艺术中比较普遍。持续的核威胁、艾滋瘟疫、恐怖主义、战争和生态灾难都对充满末世内容和强烈挽歌基调的艺术创作产生了影响。在题为《大气》(*Atmosphere*)的系列画作中,美国艺术家罗丝·布莱克纳(Ross Bleckner)运用诸如骷髅、烛台和装满鲜花的骨灰瓮等表示死亡和哀悼的传统象征符号,"作为一种表达他对艾滋病、核威胁和死亡必然性的痛苦和愤怒情绪的直接手段"[38]。除了传统的劝世主题之外,今天的 293
艺术家还使用诸如装置和表演这些暂时性艺术形式,以及临时性易碎材料来唤起人们对疾病、必死命运、腐烂和死亡的联想。美国艺术家佐伊·莱昂纳德(Zoe Leonard)的《奇异的果实(献给戴维)》[*Strange Fruit (for David)*](1992—1997)由 295 块重新缝合起来的水果皮组成,这件装置作品是为了纪念 1992 年死于艾滋病的艺术家兼同性恋权益积极分子戴维·沃基纳罗维兹(David Wojnarowicz)。"奇异的果实"指代了沃基纳罗维兹的同性恋性向,而皱缩的、缝合起来的水果皮则让人想起宗教遗物,并象征着身体的腐烂。墨西哥艺术家加布里埃尔·奥罗佐柯(Gabriel Orozco)在《黑风筝》(*Black Kites*)(1997)中用实际的人类骷髅来直接唤起关于死亡的联想。奥罗佐柯还运用了间接的符号。例如他在骷髅上画的石墨黑白网格使人想起象棋棋盘,"想到这一游戏的传统符号体系象征着包括生与死在内的各种二元对立项之间的冲突"[39]。

当然,涉及死亡和毁灭的艺术并不一定要包含宗教和精神性的内容。美国艺术家法兰克·摩尔(Frank Moore)在《术士》(*Wizard*)(1994)中描绘的核战后景观没有任何来世的幻象;恐惧的情绪反映了精神信仰的缺失。美国艺术家露辛达·德芙林(Lucinda Devlin)拍摄了一系列全美国各个监狱的死刑室的照片。她以超然的、不带感情的纪录片手法拍下了电椅、毒气室和死刑注射器等装置,这一手法和作品题材形成了令人不寒而栗的对照。

神圣与世俗的融合

正如我们一直所见到的那样,当代生活中艺术与视觉和流行文化等其他领域不断相遇,彼此融合。以宗教为主题的艺术也毫不例外。当艺术家出于装饰性或琐碎浅薄的目的借用宗教意象时,宗教和世俗文化的混合就彰显出来。比如,杰夫·昆斯(Jeff Koons)就将民间广为流行的圣人和天使的小型宗教雕像进行了挪用和放大。例如他的《平庸领导人民》(*Ushering in Banality*)(1988)是一件长 1.5 米、经过雕刻和着色的雕塑品,作品中的猪两边各有一个小天使,后面是一个小男孩。虽然很多富有经验的观众会将作品解读为对商品化的反讽式批判,昆斯本人却声称他只是以媚俗的意象为乐。其他情况下,艺术家将流行文化中的世俗形式和肖像放入宗教背景中。加纳艺术家凯恩·科威(Kane Kwei)(1924—1991)制作了汽车、飞机和动物形状的棺材,这些异想天开、外形花哨的棺材表现了逝者的世俗趣味。科威令人感动的艺术证明,不是所有和死亡仪式相关的艺术都必须采用阴郁的基调。

宗教和非宗教,或曰神圣与世俗之间的界限并不总是泾渭分明。艺术家为了挑战宗教机构的合法性会故意越界。可以说,在天主教环境中长大的塞拉诺(Serrano)和奥菲利(Ofili)将宗教意象(十字架和圣母)同世俗元素(尿液和粪便)结合起来,在一定程度上是为了向当代天主教对何为神圣、何为亵渎神明或何为禁忌的观念发出挑战。从这一视角来看,塞拉诺和奥菲利是在宣扬一种极端的宗教立场,即基督教所信奉的化身——上帝道成肉身——也包含排泄物是上帝世界的一部分。埃莉诺·哈特尼(Eleanor Heartney)认为,天主教的视角很容易就人类身体到底是上帝的理想化身还是诱惑、污浊和罪恶的世俗载体这类问题产生相左的意见。在她看来,"人类最大限度的性表达,腐烂肉体和死亡的恐怖,以及对人类排泄和生理机能的直接描述,这些主题虽然不是天主教 295
徒的专属领域,但是也和天主教的想象十分匹配"[40]。

在这个次主题(subtheme)的范围内,许多艺术家借用礼拜式展示形式来表现世俗英雄、新闻人物和流行文化中的偶像。比如,来自密西西比州的伊莱恩·古德曼(Elayne Goodman)用数十个猫王埃尔维斯·普莱斯利(Elvis Presley)的图像和仿制遗物(剪毛器和指甲剪)创作了《献给埃尔维斯的祭坛》(*Altar to Elvis*)(1990)。(一位名人去世后人们自发地在公共场所用照片、鲜花和祭文堆成祭坛是这种艺术实践较为通俗的形式。)同样,生于加利福尼亚的艺术家杰夫里·瓦兰斯(Jeffrey Vallance)制作了普莱斯利在演唱会上仪式性地发给其歌迷的浸透汗水的围巾的复制作品。

挪用宗教形式和意象的动机会比较直截了当。例如,阿玛利亚·梅沙-贝恩斯(Amalia Mesa-Bains)发自内心地希望纪念她祭坛作品中的女性。相反,古德曼和瓦兰斯似乎是在以温和的方式嘲笑许多对猫王顶礼膜拜的忠实歌迷。他们也许是在提请观众去思考宗教崇拜和世俗的偶像崇拜之间的界限。从对神的崇拜过渡到对人类偶像的崇拜会产生怎样的后果?当一个社会的神和英雄都是存在于现实世界中的名人时,这意味着什么?

对神圣和世俗之间的融合进行探索的意象并不一定和流行文化相 297
关。巴西摄影师塞巴斯提奥·萨尔加多(Sebāstiao Salgado)与以色列录像艺术家米甲·鲁芙娜(Michal Rovner)都属于在最世俗的人类环境中传达出神秘感的当代艺术家。萨尔加多的照片表现了巴西金矿中劳作的人们,艺评家理查德·考克(Richard Cork)称其摄影作品具有一种"圣经式的暗流";工人们攀爬木梯的拥挤场面看似旧约中的事件。在我们看来,同样的描述也适用于鲁芙娜的作品,画面中模糊、匿名的人物幽灵般地沿着中东战时那遥远、荒芜的地平线排列成行。

评论家蒂埃里·德·迪弗(Thierry de Duve)认为,在当代世俗社会,"娱乐已经取代了宗教……但是宗教性(*religiousness*)仍然存在"[41]。如今人们在包括博物馆、摇滚乐演唱会、体育竞技场和大型购物中心在内的世俗公共领域中体验诸如奉献或敬畏这类的宗教感受。在这一趋势下,有人怀疑艺术是否能够继续有能力——和观众——来诉说人类内心深处的忧虑。当代艺术的未来走向将取决于使世界和艺术界交缠在一起的多种力量。在实验数据的支持下,认知科学的发展可能会产生关于意识、身体、审美经验和精神性之间的潜在关系的全新见解。谁知道呢?不管怎样,我们坚信未来,当代艺术家会像他们在过去的两万五千年里所做的那样,继续徜徉在不断展开的大千世界中,并创造出挑战我们去重新思考这个世界以及我们同宇宙之间的关系的作品。

298 艺术家档案:乔斯・比迪亚(José Bedia)

观众第一眼就会被乔斯・比迪亚在其混合媒介素描、油画和场域特定性装置作品中那具有生动表现力的图像吸引住。在他的很多作品中,线性元素将拉长的图形锁定在与蜘蛛网一样引人注目的图案中。比迪亚常常创作以黑色为主的大型墙画,并伴之以从流行文化或大自然中采集而来的物件,如玩具船或一对鹿角。然而观赏者会发现,要深刻感受其作品意象所包含的深层象征关联,或多或少地了解一下艺术家本人所受到过的影响是颇有助益的。比迪亚是古巴人;他的文化传承融合了包括西班牙、印第安、非洲、非洲-古巴和欧洲等在内的多种民族传统。在其职业生涯早期,他对人种学研究产生了兴趣,但当他作为一个艺术家日渐成熟之后,他的作品处处流露出其思想和观念的内化。这些思想和观念"从非裔和印度裔美国人的观点出发,关注的是人类和世界之间的关系"[42]。

比迪亚艺术的常见主题是对旅程的表现。一段旅程既可以用明显直白的方式表现出来(比如一艘船或一座桥),也可间接含蓄地加以表达

(用迷宫或一块似乎会发光的暖色颜料来表示内心的精神转变)。在比迪亚的意象里,获得知识的过程是一个神秘的旅程。获取知识为形而上的转变提供了契机,这类转变是南美和中美洲许多重要文艺作品的显著核心。

无论对比迪亚的艺术,还是对他的自身生活经历来说,精神旅程或重大转化的过程都是至关重要的。自 20 世纪 70 年代开始,还是一位哈瓦那少年的比迪亚就常跟随其母拜访一位信奉帕洛·蒙特教(Palo Monte)的牧师。帕洛·蒙特教是 18、19 世纪由黑奴从中非带到加勒比地区的宗教信仰;作为一种宗教,帕洛·蒙特教宣称人类世界和动物世界之间有着某种神圣的联系。"这一信仰的名称意为'神圣森林中的树',因为中非的典型刚果宗教强调以叫作辛比(*bisimbi*)的特殊精灵或圣人以及祖先巴库鲁(*bakulu*)为中心,人们相信精灵和祖先生活在城市之外的森林里。"[43] 自从 20 世纪 80 年代初被灌输了帕洛·蒙特教义之后,比迪亚的大部分艺术作品用来表现透过帕洛·蒙特信仰系统而观察到的现实。他频频在意象中融入语言,为的是突出一些具体问题(如生命的脆弱),这些问题是作品引导观众去加以思索的。以题目或说明文字的形式插入作品中的语言常是从帕洛教的歌曲和词句中摘录的片段——曼波舞曲(*mambos*)——一些语言具有深刻的精神内涵,另外一些则带有政治性和时事性;这些语言常常涉及源于殖民主义的各种挑战和不公。除了借用帕洛教的语言,比迪亚的艺术还利用仪式物品和祭坛装饰画的形式来效仿由奴隶带入新世界的刚果宗教活动。(在中非,祭坛象征着诸神的脸庞。)

作为一种非洲-古巴宗教,帕洛·蒙特教"和诸如纳瓦特(Nahuatl)、 299
拉科塔(Lakota)、苏族(Sioux)或纳瓦霍(Navajo)这些北美印第安文化和宗教具有相似之处"[44]。比迪亚凭借敏锐的直觉觉察到了这些密切的联系,然后他通过钻研人种学文献对其进行了证实。1985 年,艺术家到南达科他州的玫瑰花蕾苏族人保留地(Rosebud Sioux Reservation)旅游,和一位萨满教僧住在一起。比迪亚生活在苏族人中间,沉浸在一种北美平原上的印第安文化中。他满腔热情地对那里的艺术和手工艺品进行了研究,这些作品的“每个组成部分、每种色彩和图像都带有具体的象征意义”[45]。萨满僧人指导比迪亚如何进行诸如汗屋仪式(sweat lodge)这类的宗教仪式活动。在汗屋仪式中,精神的重生通过自我净化得以实现。此后,比迪亚自身的创作活动一直都融合了源自北美平原印第安人宇宙哲学的意象(如烟斗和同心圆的图案)。受这种影响的典型作品就是“*Mira*, *Mamita*, *Estoy Arriba*, *Arriba*”(1991);这件艺术作品画在
300 装饰着现成物的画布上,其形状和晒干的兽皮类似,这种坚韧的水牛皮(parfleche)曾被美洲印第安人用来绘制象形图。图像本身采用了圆锥形帐篷的三角形。整件作品描绘了一只停靠在用图标表示的森林中的神秘动物(萨满教神力的象征);一个人站在画面的最高点,这个人的剪影虽然较小,其位置却很醒目。

比迪亚沉浸于其他美洲印第安传统(包括墨西哥的阿兹克特人和玛雅人)中,并从中为其几近卡通式的简化图形找到灵感。这些文字出现之前的文化中,人类世界、动物界和自然界在形而下和形而上的层面都相互渗透,融通为一。在艺术家过去20年创作的不同作品中,人物常常表现出一种虚空的状态,他们的目光或炯炯有神,或凝视着空无一物的空间,这意味着在日常生存的表面之下隐藏着各种维度。

艺术家本人声称,他对符号体系的使用是真实有据的,他的作品基于自己对实际传统的第一手知识。他曾在发表于1999年的一次访谈中解释说:“我没有编造任何事情。比如,沙土具有象征意义。我是从蒙大拿州的一位巫医那里了解到每种事物都代表着什么。”[46] 1986年比迪亚应征加入古巴军队,并游历了非洲;在安哥拉时,他研究了曾为古巴的帕洛·蒙特教和萨泰里阿教(Santería)的原型的一些非洲宗教信仰。在艺术家看来,虽然他能在艺术品的创作过程中复制祭坛,但是最后的成品却不是神坛。艺术品无法发挥真正的灵性功能,因为艺术家永远不能将“其宗教信仰的神圣元素放置到世俗的艺术装置中去”[47]。这样的艺术品永远不能作为祭品而被神圣化。

比迪亚最有力度的作品是那些直接在画廊或博物馆的墙面上绘制而成的作品，他还在作品中添加了其他材料，使其成为完整的装置。这一富有创意的典型例子是《拖着我前进的东西》(*Las Cosas Que Me Arrastran*)(1996)。作品中的锁链将一个双头的人形和一些现成物件系在一起，这个人形被“拖着”前进，穿过展厅的空间。每个头都有一个凸出的下颌，这是比迪亚许多作品中的人物的典型特征。在这个巨型人物的胸部粘贴着两张铁锅和汗屋的照片，两者分别象征着非洲-古巴人和大草原印第安人的信仰。拖动人物前行的是由祭坛组成的“队伍”，每个祭坛都代表比迪亚对神圣仪式的理解的某些方面。最前面，一个小型公牛模型依靠着双拐慢慢前进；这只动物正在精神的旅途上。公牛象征着跨越边界，寻求知识的力量。这样的探索是艺术家的所有实践活动及其艺术表现的主要目标。整件作品还收藏了可能会将观众引向顿悟之路的具有辟邪和护身符作用的图像与物件。

比迪亚 1959 年生于哈瓦那，1990 年永远地离开了古巴。他在墨西哥度过 3 年时光后于 1993 年移居美国的迈阿密，选择这座城市是因为它与西班牙文化的密切关系。

艺术家档案：比尔·维奥拉(Bill Viola) 302

无论是面对比尔·维奥拉的录像作品或视频/声音装置，还是置身其作品之中，大多数观众会惊讶得目瞪口呆。我们在《千禧年五天使》(*Five Angels for the Millennium*)(2001)中看到在夜晚的池水中上升和下沉的人物形象；在《穿越》(*The Crossing*)(1996)中，我们在双面投影中看到一个孤单的人从远处阔步走来。走近后他停了下来，然后在悬挂式屏幕的一面，不断升起的火焰将他包围；同时在屏幕另一面，同一人物被迅速升高的水流吞噬。当他在屏幕两面被完全淹没时，倾泻而下的洪流和熊熊烈火也逐渐消失。这个人顿时无影无踪。而后这个场景循环往复。在描述这件作品时，艺术家写道：“火和水这两个传统的自然元素在这里不仅是以破坏的力量出现,而且还显示了它们具有的净化、涤罪、变形和再生的能力。这样看来,自毁(self-annihilation)是通向超越和自由的必要途径。”[48]

维奥拉这些典型作品的整体效果可能会让我们有些困惑。为什么?首先是他对具体图像选择的功能和意义的问题。我们可能不仅会假设艺术家是在象征性地使用自然意象:一潭池水(在《千禧年五天使》中)可能代表着进化,夜空或许象征着我们尚未掌握的广博知识。我们已经学会在诗歌、电影、小说和林中独自漫步中解读这样的自然象征符号;我们受文化的熏陶去对自然的象征系统中那丰富的内涵作出解释。

然而,在从自然中汲取其核心的意象语言时,维奥拉超越了象征化解读。维奥拉希望视频图像不仅是一种再现或象征,还是一种抽象概念的具体化(reification)。图像并不承载外在主体的意义;它自身变成了主体。它是在两个关键层面成为主体的。首先,“维奥拉作品中的时间、生命、死亡、空间和个体从来都不是可以转译成其他语言的概念或事件,它们本身就是语言,是不可言传的内在意义的寄居之处”[49]。其次,维奥拉的视频意象自身成为一个世界,这个世界体现了作品所关注的人类状况的那些方面,并与之相呼应。如果以具体的作品为例来说明的话,在作品《穿越》中,浸没于水中是——一种沉浸;沉浸创造了形变,不是在隐喻或象征的层面上,而是在现象学的层面上。视频事件本身就是事件。维奥拉的主要关注点并非图像中的人物(演员),而是我们(观众)和图像之间的关系。我们完全沉浸在整件艺术作品所创造的事件中。

维奥拉的许多作品都将我们的注意力集中在图像从优美到可畏的转变上。在《穿越》中,当降水从闪闪发光的涓涓细流变成恐怖的倾泻而下的洪流时,我们亲眼看见了这种转变的发生。这一循环往复的过程戏剧性地结束时——人物同水火的无穷力量融为一体——他(作品中的人)消失在宇宙中,而我们(画廊里的观众)则体验着崇高感。

303 何为崇高?正如我们在“精神性”中所讨论到的,崇高是一种结合了迥然不同的感觉的强有力体验。辛西娅·弗里兰(Cynthia Freeland)在详细分析比尔·维奥拉几个典型视频作品时用到了这个词。正如她所解释的那样,"崇高是压倒一切、势不可当的,是能以其庞大的规模或巨大的力量横扫一切、所向披靡的东西。美丽(the beautiful)是光滑柔软 304
的,而崇高则是粗糙不平的。狂暴的海面和崎岖的山脉都是崇高的典型例子"[50]。

放慢时间是维奥拉许多录像和装置作品中的标志性手法;为了让我们的思维同感官知觉保持一致,维奥拉将事件的持续时间延长。(除了 305
放慢时间之外,在维奥拉的系列作品中还有一些加快时间的例子,他对探索人类感知极限的兴趣是显而易见的。)[51]看到和听到被放慢的连续的图像和声音时——比如海浪——我们有时间去赞叹和思考此时此刻正在感受的事物。这种缓慢而集中的思考方式成为观赏者的一种精神操练。水把我们的注意力集中在我们和水的关系上,这种关系是现实的一个方面:在我们观看水的过程中,水和我们在时间的流逝中成为一体。对这种结合的感悟提供了理解我们和整个现实之间的统一的途径,我们的心智随着思维半径的不断扩大而得以拓展。至少,我们相信维奥拉作品的目标是实现观众与视频、声音、画廊、意义和现实之间的紧密(如果是短暂的)联系。

维奥拉提请我们去思考意义的超验层面,这让我们颇为困惑,因为在当代艺术界,对鲜明的精神关联的探索相对比较少见。在西方现代主义的鼎盛时期,对精神境界不加批判地信奉已经不再盛行。20 世纪晚期,当宏大叙事土崩瓦解之时,随之而来的是对精神境界的进一步脱离。艺术史学家詹姆斯·埃尔金斯(James Elkins)曾写道:如今不从任何讽刺或批判性立场出发去创造赞美、表现或探索宗教或精神性的严肃视觉艺术是多么困难和少见[52]。通过提供数据和观察模型,从科学、经济和政治方面来理解自然,这并不是维奥拉的创作目标。维奥拉诱使我们将世俗的思维模式放置一边,并接受冥想式精神境界的新范式。他的作品体现了宗教(包括佛教禅宗、苏菲教和基督教神秘主义)、文学、哲学和自然科学传统中的广泛知识,尽管这些知识是经过折中处理的。维奥拉还从个人生活经历中汲取素材,比如童年时险些溺亡的经历。他的创作目的并不在于推动完美社会的实现(比如像一位从生态视角出发、聚焦自然的艺术家可能做的那样),而是致力于个人的自我完善。维奥拉的作品让人尤为困惑的一个方面,就是他试图在较短时间内把观众引入一种冥想状态中——在对生命的永恒之谜凝神沉思时,我们既置于自身之内,同时又置于自身之外——这一冥想过程是在艺术博物馆拥挤的城市空间内完成的。

我们可以在很多作品中感受到以上所描述的效果。视频和声音装置作品《十字圣约翰之房间》(*Room for St. John of the Cross*)(1983)包括一间黑暗的画廊和投射在整面墙上的表现遥远山峰的影像视频。狂风怒吼的声音布满展廊内部;投射在墙上的群山不停晃动(故意采用摇晃式拍摄手法的结果);画廊中央有一个黑色的小隔间。隔间的高度略低于一个成年人:16世纪的基督教神秘主义者十字圣约翰在宗教审判之后被关押起来,而这个房间就是根据历史上记载的圣约翰囚禁室的尺寸建造的。画廊参观者必须弯腰才能透过窗户窥见隔间的内部。在被囚禁的9个月里,圣约翰只有接受酷刑折磨的时候才被放出来;他在单独关押期间创作了一行行令人心醉神迷的梦幻般的诗句。在维奥拉的这一装置中,观众在窗边听见诗歌选段被用西班牙语以细
306 若游丝的声音低声朗读出来,这些诗包含飞跃群山峻岭的幻象。狭窄的隔间内有一张写字台;写字台上,一座山的更小的影像被投射在小型显示器上。

在探讨《十字圣约翰之房间》时,观众会思考他或她在隐藏于作品中的戏剧性情节中扮演什么角色。目击者?甚至可能是施刑者?观众是否还有可能"成为"圣约翰?昏暗的画廊将我们彼此隔离,使我们每个人都成为独自冥想中的圣人。显示器上的小山是牢房中的一抹宁静,它的作用宛如禅宗公案(Zen koan),能让我们在沉思冥想时全神贯注。亚历山大·普赫林格(Alexander Puhringer)解释说:"维奥拉将其作品视为

一种个人修行。但是让作品超越私人领域是我们对待作品的方式。这里起决定性作用的是维奥拉——按照威廉·布莱克(William Blake)的角度来看——赋予了每个人幻想和接触神圣想象的能力。”[53]维奥拉对整个场面进行了精心设计,这样观众不仅仅被观赏体验本身所迷惑,还体会到了喜不自胜的情绪。透过这一精神性视角,我们看到了山。在墙上晃动的群山景色是山,隔间里显示器上面的静止山脉也是山,两者都不是彼此的象征物。山不是逃避或忍耐的象征,山就是山,实存(existence)即为存在(being)。

考虑到维奥拉作品的精神性内涵,另一个有趣的方面就是作品对录像这一和电视密切相关的媒介的依赖,录像可能是所有当代媒介中最商业化的。对维奥拉来说,时间是录像的基本元素。录像中的时间流逝和现实里发生的持续不断的动态变化相对应。这样形式和内容就天衣无缝地融为一体。维奥拉分析了媒介和主题的关系:“最重要的是,我们对自己终将一死的意识决定了人类的本质……作为表现时间的工具,录像材料……的部分特性就是其脆弱的暂时性存在。图像层出不穷,它们被创造出来,它们存在着,然后弹指一挥间,它们消失得无影无踪。”[54]现实总是在流变之中;转变和过渡频繁发生。在维奥拉的《渺小的死亡》(*Tiny Deaths*)(1993)中,图像由一群匿名的人物组成,他们的姿势模仿了博物馆观众的姿势。在视频图像中,每个人物都在一段时间内发出暖光,然后逐渐失去对比度,在最终消失之前又变成冷光。

到了 20 世纪 90 年代中期,维奥拉开始创作中世纪圣像画的视频版本[比如《问候》(*The Greeting*)就是根据 16 世纪意大利画家雅各布·蓬托尔莫(Jacopo Pontormo)绘制的《圣母往见》(*visitation*)图而创作的]。在维奥拉的版本中,静止的意象被呈现为变化极为缓慢的视频图像。维奥拉艺术中最神秘的似乎是时间本身。时间就是变化,万物都会随时间改变。维奥拉作品的最吸引人之处在于,它让观众面临一种非宗教的观点,迫使他们去思考一些无法在世俗或科学中找到答案的问题。我们为何而活？为何而死？时间的意义是什么？

比尔·维奥拉1951年生于纽约的法拉盛(Flushing)。他在锡拉丘兹大学(Syracuse University)获得艺术学士学位。维奥拉目前与妻子兼合作者基拉·派罗芙(Kira Perov)生活在加利福尼亚的长滩。

大事记

本年表覆盖了1980年至2008年共29年的时间。每年都涉及被大致分为三类的主要事件：国际事件、艺术和流行文化。任何一年的事件都没有按照严格的时间顺序列出来，因为许多事件（比如战争的持续时间或一部电影的放映期）相互重叠。我们鼓励读者去思考当今时代的一些典型历史动力之间的相互影响和作用。当然，这种影响力并不是单向的。国际大事和流行文化中的事件对视觉艺术家的作品产生强有力的影响，我们相信，艺术家的成果也以微妙或有时不那么微妙的方式影响着文化发展和历史进程。

和许多大事记一样，这个大事记也不是完全详尽的。读者应该可以从这个高度提炼的列表中略微体会到文化和自然的交汇。正如此时间表中所规划的那样，历史以至少三大类模式来记录事件和成就：具有高度的可预测性的模式（例如，不采取任何预防措施的话，全球变暖和世界人口增长肯定会持续下去）、只有在大型数据统计库中才能预测到的模式（比如，地震每年都会发生，但其准确位置却难以预测）、个人特有的模式（在个人层面注意到的事件——某一摇滚明星死于车祸）。这些模式共同创造了一个更大的总体模式，这一模式使时间的流逝具有一种质地或味道（通过某些可预测事件和某些偶然事件、某些悲剧和某些琐事等)。本大事记列出的独具特色的时事是经过精挑细选的,然而我们相信,这些特色恰好说明,任何人对现实的看法都是一种社会建构。

1980 年

艺术

安塞姆·基弗(Anselm Kiefer)和乔治·巴塞利茨(George Baselitz)代表德国参加威尼斯双年展 | 帕布罗·毕加索:回顾展(Pablo Picasso: A Retrospective),纽约现代艺术博物馆 | 女人的男性图像(Women's Images of Men),伦敦当代艺术学院 | 约翰·伯格(John Berger)出版《观看之道》(*About Looking*) | 凯斯·哈林(Keith Haring)开始在纽约地铁站的墙面上绘画 | 法国思想家罗兰·巴特(Roland Barthes)去世 | 奥地利表现主义艺术家奥斯卡·柯克施卡(Oscar Kokoschka)去世

流行文化

马丁·西科塞斯(Martin Scorsese)导演的《愤怒的公牛》(*Raging Bull*) | 乔治·卢卡斯(George Lucas)的《星球大战:第五集——帝国反击》(*Star Wars: Episode V—The Empire Strikes Back*) | 好莱坞悬疑大师阿尔弗莱德·希区柯克(Alfred Hitchcock)去世,享年 80 岁 | 泰德·特纳(Ted Turner)成立了有线电视新闻网(CNN) | 约翰·列侬(John Lennon)和小野洋子(Yoko Ono)出版专辑《双重幻想》(*Double Fantasy*) | 12 月 8 日约翰·列侬在纽约遭枪击身亡 | 南非作家库切(J. M. Coetzee)出版小说《等待野蛮人》(*Waiting for Barbarians*) | 法国存在主义思想家让-保罗·萨特(Jean-Paul Satre)去世 | 任天堂(Nintendo)的第一款电子游戏上市 | 索尼推出随身听(Walkman) | 帕克曼电子游戏(Pac-Man)上市

国际事件

第一台自动除纤颤器被植入人类心脏 | 美国航天探测器旅行者 1 号(*Voyager 1*)抵达土星 | 5 月 18 日圣海伦斯火山爆发 | 前好莱坞演

员罗纳德·里根(Ronald Reagan)击败在任者吉米·卡特(Jimmy Carter),在大选中获胜 | 绿党(The Green Party)在德国成立 | 船厂罢工导致团结工会运动(Solidarity trade union movement) | 南斯拉夫主席约瑟夫·铁托(Joseph Tito)去世 | 伊拉克武装势力入侵伊朗西部,两伊战争爆发 | 英迪拉·甘地(Indira Gandhi)领导的政党在印度大选中获胜 | 南非突袭安哥拉的游击队根据地

1981 年

艺术

在美国,后现代主义开始作为一个概念被应用到视觉艺术上去 | 托马斯·拉夫(Thomas Ruff)的第一个个人作品展在德国开展 | 重要的德国新表现主义艺术家在纽约的画廊开展 | 绘画中的新精神(A New Spirit in Painting),伦敦皇家艺术学院 | 国际风格的建筑师马塞尔·拉尤斯·布劳耶(Marcel Lajos Breuer)去世

流行文化

休·哈德逊(Hugh Hudson)导演的《烈火战车》(*Chariots of Fire*) | 史蒂文·斯皮尔伯格(Steven Spielberg)的《夺宝奇兵》(*Raiders of the Lost Ark*) | 第一个音乐电视的录像带发布 | 黄金时间的电视肥皂剧《达拉斯》(*Dallas*)的扣人心弦的一集"Who shot J. R. ?" | 信奉拉斯特法里教(Rastafarian)的雷盖乐(reggae)歌手鲍柏·马利(Bob Marley)去世 | 美国作曲家塞缪尔·巴柏(Samuel Barber)去世 | 作曲家霍依基·卡迈克尔(Hoagy Carmichael)去世 | 托妮·莫里森(Toni Morrison)的小说《柏油孩子》(*Tar Baby*) | 萨尔曼·拉什迪(Salman Rushdie)的《午夜的孩子们》(*Midnight Children*) | 查尔斯王子和黛安娜·斯宾塞(Diana Spencer)女士结婚 | IBM 推出第一台个人电脑 IBM PC

国际事件

美国发射第一架航天飞机哥伦比亚号(*Columbia*) | 艾滋病(获得

性免疫缺损综合征)被发现 | 3 月 30 日美国总统罗纳德·里根遇刺 | 桑德拉·戴·奥康纳(Sandra Day O'Connor)成为第一位美国最高法院的女法官 | 社会党成员弗朗索瓦·密特朗(François Mitterand)当选法国总统 | 教皇约翰·保罗二世遇刺 | 巴勒斯坦解放组织(PLO)和以色列的冲突在黎巴嫩开始 | 以色列空袭摧毁了伊拉克的核反应堆 | 10 月 6 日埃及总统安瓦尔·萨达特(Anwar Sadat)被自己的武装部队成员刺杀后身亡 | 中国实行计划生育政策 | 世界人口达 45 亿

1982 年

艺术

林璎(Maya Lin)设计的越战英雄纪念碑在华盛顿举行落成典礼 | 迈克尔·格雷夫斯(Michael Graves)设计了胡马纳大楼(Humana Building),肯塔基州路易斯维尔 | 珍妮·霍尔泽(Jenny Holzer)用发光二极管(LED)展出了她"常理"系列作品的第一部《发给公众的信息》(*Messages to the Public*),纽约时代广场 | 意大利/美国超前卫艺术(Transavantguardia Italia/America),莫德纳市立画廊 | 延长的感知:当代艺术中的同性恋(Extended Sensibilities: Homosexual Presence in Contemporary Art),纽约新当代艺术博物馆

流行文化

雷德利·斯科特(Ridley Scott)导演的《银翼杀手》(*Blade Runner*),改编自菲利普·迪克(Philip K. Dick)的《机器人会梦见电子羊吗?》(*Do Androids Dream of Electric Sheep?*) | 史蒂文·斯皮尔伯格的《E. T. 外星人》(*E. T., the Extra-Terrestrial*) | 理查德·阿滕伯勒(Richard Attenborough)的影片《甘地传》(*Gandhi*) | 喜剧明星约翰·贝鲁西(John Belushi)死于吸毒过量 | 室内情景喜剧《干杯酒吧》(*Cheers*)首播 | 由罗宾·利奇(Robin Leach)主持的《富人和名人的生活方式》(*Lifestyles of the Rich and Famous*)首播 | 爵士钢琴家瑟隆尼斯·蒙克(Thelonius Monk)去世 | 爱丽丝·沃克(Alice Walker)的

《紫色》(*The Color Purple*) | 盖布列·贾西亚·马奎斯(Gabriel Garcia Marquez)的《预知死亡纪事》(*Chronicle of a Death Foretold*) | 音频光盘系统上市 | 卫星电视被推出

国际事件

第一个永久人造心脏 Jarvik-7 被移植 | 用细菌制造的胰岛素成为第一个基因工程商品 | 2075 对统一教(Moonies)夫妇在纽约的麦迪逊广场花园举行大型集体婚礼 | 英国和阿根廷之间的马尔维纳斯群岛(Falklands)战争打响 | 以色列入侵黎巴嫩 | 西德总理赫尔穆特·科尔(Helmut Kohl)领导下的政府组阁 | 波兰团结工会"Solidarity"被宣布为非法组织 | 苏维埃主席列奥尼德·勃列日涅夫(Leonid Brezhnev)去世

1983 年

艺术

菲利普·约翰逊(Philip Johnson)设计的后现代主义风格的美国纽约电话与电报公司(AT&T)大楼 | 爱德华·拉华比·巴恩斯(Edward Larrabee Barnes)设计的纽约 IBM 大楼 | 惠特尼双年展上,46 位参展艺术家中有 14 位女性 | 暂时的当代性(*Temporary Contemporary*),洛杉矶当代艺术博物馆 | 美国工程师兼建筑家巴克敏斯特·富勒(Buckminster Fuller)去世 | 抽象主义和超现实主义画家胡安·米罗(Joan Miro)去世

流行文化

劳伦斯·卡斯丹(Lawrence Kasdan)的《大寒》(*The Big Chill*) | 阿德里安·林恩(Adrian Lyne)的《闪电舞》(*Flashdance*) | 乔治·卢卡斯的《星球大战:第六集——绝地归来》(*Star Wars: Episode Ⅵ—Return of the Jedi*) | 流行的电视节目包括《陆军野战医院》(*M*A*S*H*)和《私家侦探玛格侬》(*Magnum P. I.*) | 美国剧作家田纳西·威廉姆斯(Tennessee Williams)逝世 | 迈克尔·杰克逊的专辑《颤栗》

(*Thriller*) | 蓝调歌手和歌曲作者马迪·沃特斯(Muddy Waters)逝世 | 生于俄罗斯的美国舞蹈编导乔治·巴兰钦(George Blanchine)逝世 | 美国重量级拳击运动员杰克·邓普西(Jack Dempsey)逝世 |《时代》杂志将个人电脑评选为“年度风云人物”

国际事件

莎莉·莱德(Sally Ride)成为第一位进入太空的女性 | 发现 HIV 病毒 | 第一例活体人类胚胎移植成功 | 里根总统称苏联为“邪恶的帝国”,并提出战略性防御计划(Strategic Defense Initiative),“星球大战” | 英国首相玛格丽特·撒切尔(Margaret Thatcher)赢得第二次任期 | 美国入侵格拉纳达 | 苏联击落大韩航空的喷气式飞机 KAL 007,机上 269 人全部遇难 | 作家阿瑟·凯斯特勒(Arthur Koestler)自杀,他是自愿安乐死的支持者 | 油轮在南非的开普敦搁浅,造成严重污染 | 波斯湾 Nowruz 油田爆炸,漏油约 600000 吨

1984 年

艺术

20 世纪艺术中的原始主义:原始人和现代人之间的同源性(Primitivism in 20th Century Art: Affinities of the Tribal and the Modern),纽约现代艺术博物馆 | 艺术和意识形态(Art and Ideology),纽约新当代艺术博物馆 | 弗雷德里希·詹姆逊(Frederic Jameson)颇有影响力的文章《后现代主义,或晚期资本主义的文化逻辑》发表 | 法国哲学家米歇尔·福柯逝世 | 美国摄影家安赛尔·亚当斯(Ansel Adams)逝世

流行文化

詹姆斯·卡梅隆(James Cameron)拍摄的由阿诺德·施瓦辛格(Arnold Schwarzenegger)主演的《终结者》(*The Terminator*) | 罗伯·莱纳(Rob Reiner)的仿纪录片《摇滚万万岁》(*This is Spinal Tap*) | (艺术家原名为 Prince)Prince 发布专辑《紫雨》(*Purple Rain*) | 麦当娜发

布专辑《宛若处女》(*Like a Virgin*) | 爵士摇摆乐大师考特·贝茜(Count Basie)逝世 | 歌手马文·盖伊(Marvin Gaye)在一次激烈争吵中被父亲开枪打死 | 威廉·吉布森(William Gibson)在《神经漫游者》(*Neuromancer*)中第一次发明了赛博空间(*cyberspace*)这个词 | 捷克小说家米兰·昆德拉(Milan Kundera)出版《生命不能承受之轻》(*The Unbearable Lightness of Being*) | 作家杜鲁门·卡波特(Truman Capote)逝世

国际事件

基因指纹鉴别法得以发展 | 罗纳德·里根总统击败沃尔特·蒙代尔(Water Mondale)获得连任;杰拉尔丁·费拉罗(Geraldine Ferraro)获民主党提名竞选副总统 | 英国矿工罢工 | 英国首相玛格丽特·撒切尔同意1997年将香港归还中国 | 10月31日印度总理英迪拉·甘地(Indira Gandhi)遇刺身亡 | 12月3日印度博帕尔(Bhopal)的联合碳化物工厂的农药泄漏致使2500人丧生 | 主教德斯蒙德·图图(Desmond Tutu)被授予诺贝尔和平奖 | 埃塞俄比亚有300万人死于饥荒

1985年

艺术

记忆的艺术/历史的消逝(The Art of Memory/The Loss of History),纽约新当代艺术博物馆 | 萨特奇(Saatchi)画廊于伦敦开馆 | 卡塔琳娜·弗里奇(Katharina Fritsch)在德国科隆举办第一次个人展 | 彼得·哈雷(Peter Halley)、阿尔弗雷多·加尔(Alfredo Jaar)和斯塔恩兄弟(Starn Twins)都在纽约举办了他们的第一场个人展 | 罗莎琳·克劳斯(Rosalind Krauss)出版了《前卫艺术的原创性及其他现代主义神话》(*The Originality of the Avant-Garde and Other Modernist Myths*) | 俄罗斯裔艺术家马克·夏加尔(Marc Chagall)逝世 | 提出原生艺术(Art Brut)的法国艺术家让·杜布菲(Jean Dubuffet)去世

流行文化

罗伯特·泽米吉斯(Robert Zemeckis)的电影《回到未来》(*Back to the Future*) | 黑泽明(Akira Kurosawa)的电影《乱》(*Ran*) | 演员兼电影导演奥森·威尔斯(Orson Wells)逝世 | 演员洛克·哈德森(Rock Hudson)死于艾滋病 | 电影工业制定了新的建议性分级制 PG-13 | 合成器开始改变流行音乐的制作 | 援助非洲演唱会(Live Aid)在伦敦的温布利球场和费城举行 | 伊莎贝尔·艾兰德(Isabel Allende)的《精灵之屋》(*The House of Spirits*) | 任天堂娱乐系统(NES)进入美国 | 蜂窝电话系统在英国上市 | 微软 Windows 1.0发布

国际事件

人造皮肤的发明 | 双光隐形眼镜上市 | 英国科学家乔·法尔曼(Joe Farman)公布了在大西洋上发现臭氧层空洞 | 水下机器人发现了泰坦尼克号的残骸 | 以色列从黎巴嫩撤军 | 法国政府特工在新西兰的奥克兰港击沉了绿色和平船只彩虹勇士号(*Rainbow Warrior*);环保组织抗议法国在太平洋的核武器试验 | 米哈伊尔·戈尔巴乔夫(Mikhail Gorbachev)在苏联上台 | 南非废除了禁止异族通婚的法令

1986 年

艺术

艺术中的精神:抽象绘画,1890—1985 年(The Spiritual in Art: Abstract Painting, 1890—1985),洛杉矶艺术博物馆 | 阿瑟·丹托(Arthur Danto)发表了《哲学对艺术的剥夺》(*The Philosophical Disenfranchisement of Art*) | 安德里亚斯·胡伊森(Andreas Huyssen)出版了《在大分化之后:现代主义、大众文化、后现代主义》(*After the Great Divide: Modernism, Mass Culture, Postmodernism*) | 德国雕塑家兼表演艺术家约瑟夫·博伊斯(Joseph Beuys)逝世,享年 64 岁 | 英国雕塑家亨利·摩尔(Henry Moore)逝世 | 美国画家乔治娅·奥吉弗(Georgia O'Keefee)逝世

流行文化

奥利弗·斯通(Oliver Stone)的电影《野战排》(*Platoon*) | 大卫·林奇(David Lynch)的电影《蓝丝绒》(*Blue Velvet*) | 斯派克·李(Spike Lee)的《稳操胜券》(*She's Gotta Have It*) | 演员加里·格兰特(Cary Grant)逝世 | 《欧普拉·温弗瑞脱口秀》(*Oprah Winfrey Show*)节目在全球同步播出 | 玛格丽特·阿特伍得(Margaret Atwood)出版《使女的故事》(*The Handmaid's Tale*) | 亚特·史匹格曼(Art Spiegelman)发表《毛斯:一个劫后余生的故事》(*Maus: A Survivor's Tale*) | 法国作家西蒙·德·波伏娃(Simone de Beauvoir)逝世 | 剧作家让·热内(Jean Genet)逝世 | 苹果的麦金托什(Macintosh)将鼠标、窗口和屏幕图标引入个人电脑中

国际事件

1月28日挑战者号(*Challenger*)航天飞机在起飞时爆炸,机组人员全部遇难,其中包括教师克里斯塔·麦考利夫(Christa McAuliffe) | 米尔(*Mir*)国际空间站的核心部件被发射出去 | 600万人参加了携手美国(Hands Across America)活动,这是一个为无家可归者筹款的计划 | 美国轰炸利比亚 | 伊朗门丑闻(Iran-Contra Scandal)浮出水面;向伊朗出售非法武器后的所得利润被用来支持反对尼加拉瓜选举出的桑迪尼斯塔(Sandinista)政府的叛军 | 雅克·希拉克(Jacques Chirac)当选为法国总理;社会党在选举中被击败 | 4月26日核反应堆爆炸导致乌克兰切尔诺贝利(Chernobyl)核工厂泄漏事故 | 美国对实行种族隔离制度的南非实施制裁 | 德斯蒙德·图图(Desmond Tutu)被命名为南非圣公会大主教

1987年

艺术

女性艺术博物馆(The Museum of Women in the Arts)在华盛顿成立 | 《名册计划-艾滋病纪念挂被》(*NAMES Project AIDS Memorial*

Quilt）在华盛顿广场上展示 | 芭芭拉・克鲁格（Barbara Kruger）和谢丽・利文（Sherrie Levine）成为第一批加入玛丽・布恩画廊（Mary Boone Gallery）名册的女艺术家 | 颇有影响的摄影家彼得・胡加尔（Peter Hujar）逝世 | 波普艺术之王安迪・沃霍尔在例行手术之后死于心脏病，享年 59 岁

流行文化

阿德里安・林恩的电影《致命的诱惑》（*Fatal Attraction*） | 约翰・布尔曼（John Boorman）导演的《希望与荣耀》（*Hope and Glory*） | 贝纳尔多・贝托鲁奇（Bernardo Bertolucci）导演的《末代皇帝》（*The Last Emperor*） | 维姆・文德斯（Wim Wenders）导演的《欲望之翼》（*Wings of Desire*） | 喜剧演员杰基・格里森（Jackie Gleason）逝世 | 《辛普森一家》（*The Simpsons*）短剧第一集"晚安"（Good Night）开播 | 迈克尔・杰克逊发布专辑《真棒》（*Bad*） | 媚俗钢琴天才列勃拉斯（Liberace）去世 | 雷鬼乐音乐家彼得・陶许（Peter Tosh）在牙买加遇枪击身亡 | 托尼・莫里森（Toni Morrison）的《宠儿》（*Beloved*） | 汤姆・沃尔夫（Tom Wolfe）的《虚荣的篝火》（*The Bonfire of the Vanities*） | 即抛型隐形眼镜上市

国际事件

玻璃纤维光缆沿大西洋铺成 | 英法之间的海峡隧道建设开始动工 | 罗纳德・里根总统在公开演讲中使用了"艾滋病"一词 | 陆军中校奥利弗・诺斯（Oliver North）在华盛顿的伊朗军售案（Iran-Contra）国会听证会上作证 | 10 月 19 日伦敦和纽约的股票交易市场经历了行情大跌的黑色星期一 | 玛格丽特・撒切尔首相赢得第三次连任 | 美国和苏联签订了旨在缩减核武器的中程核力量条约（Intermediate Nuclear Forces Treaty）

1988 年

艺术

贝聿铭(I. M. Pei)为巴黎卢浮宫的扩建设计了玻璃金字塔 | 格丽泽尔达·波洛克(Griselda Pollock)发表了《视觉与差异:女性、女性主义与艺术史》(*Vision and Difference: Feminity, Feminism, and the Histories of Art*) | 27 岁的让·米歇尔·巴斯奎特(Jean-Michel Basquiat)死于海洛因摄入过量 | 罗马雷·毕尔登(Romare Bearden)去世 | 意大利汽车设计者恩佐·法拉利(Enzo Ferrari)去世 | 雕塑家路易斯·内维尔森(Louise Nevelson)去世 | 抽象派雕塑家野口勇(Isamu Noguchi)去世

流行文化

朱塞佩·托纳多雷(Giuseppe Tornatore)导演的电影《天堂影院》(*Cinema Paradiso*) | 约翰·沃特斯导演的《发胶》(*Hairspray*) | 巴瑞·莱文森(Barry Levinson)导演的电影《雨人》(*Rain Man*) | 罗伯特·泽米吉斯(Robert Zemeckis)导演的《谁陷害了兔子罗杰》(*Who Framed Roger Rabbit?*) | 乔治·迈克尔(George Michael)发布专辑《信仰》(*Faith*) | 歌手罗伊·奥比森(Roy Orbison)死于心脏病,享年 52 岁 | 史蒂芬·霍金(Stephen Hawking)发表《时间简史》(*A Brief History of Time*) | 加布利埃尔·加西亚·马尔克斯(Gabriel Garcia Marquez)发表《霍乱时期的爱情》(*Love in the Time of Cholera*) | 美国田径运动员弗洛伦斯·格里菲斯·乔伊娜(Florence Griffith Joyner)在韩国汉城奥运会上获得三枚金牌;加拿大人本·约翰逊(Ben Johnson)在百米短跑之后由于被查出使用类固醇而被取消金牌

国际事件

第一条横跨大西洋的纤维光缆能同时处理 40000 个电话呼叫 | DNA 指纹识别技术被用于法庭取证 | 对全球变暖的焦虑增加;一项联合国决议称气候是“人类共同的关注点” | 乔治·布什击败民主党竞选人迈克尔·杜卡基斯(Michael Dukakis),赢得美国总统大选 | 巴拿马

独裁者曼纽尔·诺瑞珈(Manuel Noriega)因毒品问题遭到起诉 | 两伊战争结束,伊朗经济垮台 | 戈尔巴乔夫成为改组后的苏联政府主席 | 苏联从阿富汗撤军 | 纳尔逊·曼德拉(Nelson Mandela)的 70 岁生日,世界各地对他在南非的囚禁提出抗议

1989 年

艺术

安德列斯·塞拉诺(Andres Serrano)的《尿溺中的耶稣》(*Piss Christ*)(1987)在美国参议院引发争论;美国通过一项法令,禁止国家艺术捐赠基金会资助淫秽艺术品 | 罗伯特·梅普尔索普:完美时刻(Robert Mapplethorpe: The Perfect Moment),华盛顿 | 在巴黎乔治·蓬皮杜(Georges Pompidou)艺术中心举行的艺术展大地魔术师(Magicians de la Terre)以“全球主义”为主题 | 理查德·塞拉(Richard Serra)的《倾斜的弧》(*Tilted Arc*)被从曼哈顿下城区的联邦广场上挪走 | 西班牙超现实主义艺术家萨尔瓦多·达利(Salvador Dali)逝世 | 摄影家罗伯特·梅普尔索普(Robert Mapplethorpe)去世,享年 42 岁

流行文化

斯派克·李导演的电影《为所应为》(*Do the Right Thing*) | 马丁·西科塞斯导演的电影《基督最后的诱惑》(*The Last Temptation of Christ*) | 迈克尔·摩尔(Michael Moore)拍摄了《罗杰和我》(*Roger and Me*) | 史蒂文·索德伯格(Steven Soderbergh)的《性、谎言和录像带》(*sex, lies and videotapes*) | 流行电视节目包括《罗珊娜》(*Roseanne*)和《两小无猜》(*The Wonder Years*) | 喜剧演员露西尔·鲍尔(Lucille Ball)去世 | 萨尔曼·拉什迪出版小说《撒旦诗篇》(*The Satanic Verses*);伊朗政府指控他亵渎了伊斯兰教并判处其死刑 | 爱尔兰剧作家和作家塞缪尔·贝克特(Samuel Beckett)逝世 | 任天堂推出掌上游戏机 Game-Boy

国际事件

商务电子邮件和因特网之间的第一个通信系统 | 美国发射麦哲伦号(*Magellan*)和伽利略号(*Galileo*)探测器以探索金星和木星;旅行者2号(*Voyager 2*)到达海王星 | 3月24日埃克森·瓦尔迪兹号(Exxon Valdez)油轮在阿拉斯加的威廉王子海湾触礁,造成110万加仑的原油泄漏 | 10月17日旧金山海湾地区发生地震,一座两层的高速公路大桥倒塌 | 巴拿马向美国宣战 | 11月9日柏林墙倒塌 | 伊朗领袖阿亚图拉·霍梅尼(Ayatollah Khomeini)逝世 | 日本裕仁天皇(Hirohito)驾崩 | 德克勒克(F. W. de Klerk)成为南非总统

1990年

艺术

"高级与低级:现代艺术与流行文化"展("High and Low: Modern Art and Popular Culture"),纽约现代艺术博物馆 | 十年展:20世纪80年代的身份框架(The Decade Show: Frameworks of Identity in 1980s)在当代西班牙艺术博物馆、新当代艺术博物馆和哈雷姆的工作室博物馆展出 | 珍妮·霍尔泽成为第一个代表美国参加威尼斯双年展的女艺术家,并赢得大奖 | 31岁的凯斯·哈林(Keith Haring)死于艾滋病

流行文化

凯文·科斯特纳(Kevin Costner)的影片《与狼共舞》(*Dances with Wolves*) | 弗朗西斯·福特·科波拉(Francis Ford Coppola)的电影《教父Ⅲ》(*The Godfather Part-Ⅲ*) | 马丁·西科塞斯的《好家伙》(*Goodfellas*) | 《飞跃贝弗利》(*Beverly Hills 90210*)首播 | 歌手兼艺人小萨米·戴维斯(Sammy Davis-Jr.)去世 | 美国蓝调吉他手史蒂夫·雷·沃恩(Stevie Ray Vaughan)在直升机事故中丧生,时年35岁 | 诗人安东尼·赫克特(Anthony E. Hecht)出版《透明人》(*The Transparent Man*) | 娜奥米·沃尔夫(Naomi Wolf)出版《美貌的神话》(*The Beauty Myth*) | 棒球传奇人物彼特·罗斯(Pete Rose)因参与职

业赌球而被禁赛 | 蒂姆·伯纳斯·李(Tim Berners-Lee)编写了第一个万维网程序

国际事件

哈勃(Hubble)太空望远镜被发送入轨道 | 由于担心牛海绵状脑病(BSE)即疯牛病的传播,牛肉产品在英国被禁 | 玛格丽特·撒切尔卸任英国首相一职;约翰·梅杰(John Major)上任 | 德国统一为德意志联邦共和国,由总理海尔默特·克勒领导 | 共产党人斯洛博丹·米洛舍维奇(Slobodan Milosevic)当选为塞尔维亚总统 | 塞尔维亚人和阿尔巴尼亚人之间的冲突在南斯拉夫的科索沃爆发 | 伊拉克入侵科威特 | 鲍里斯·叶利钦(Boris Yeltsin)被选为俄罗斯总统 | 苏联解体 | 戈尔巴乔夫由于在推动冷战结束方面所发挥的作用而被授予诺贝尔和平奖 | 2月11日纳尔逊·曼德拉在入狱27年后被释放

1991 年

艺术

《家庭舒适生活的快乐与恐惧》(*Pleasure and Terrors of Domestic Comfort*)在纽约现代艺术博物馆展出 |《错位》(*Dislocations*)在纽约现代艺术博物馆展出 |《颓废艺术:纳粹德国时期先锋艺术的命运》(*Degenerate Art: The Fate of the Avant-Garde in Nazi Germany*)在洛杉矶开展 | 雕塑家安妮诗·卡普尔(Anish Kapoor)荣获特纳奖 | 画家卡洛斯·阿方索(Carlos Alfonzo)死于艾滋病,时年41岁 | 美国画家罗伯特·马瑟韦尔(Robert Motherwell)去世 | 瑞士艺术家让·丁格利(Jean Tinguely)去世

流行文化

张艺谋导演的影片《大红灯笼高高挂》(*Raise the Red Lantern*) | 乔纳森·戴米(Jonathan Demme)的影片《沉默的羔羊》(*Silence of the Lambs*) | 雷德利·斯科特(Ridley Scott)的影片《末路狂花》(*Thelma and Louise*) | 涅槃乐队(Nirvana)的专辑《别介意》(*Nevermind*) | 皇

后乐队成员佛莱迪·摩克瑞(Freddie Mercury)死于艾滋病 | 爵士乐音乐家迈尔斯·戴维斯(Miles Davis)逝世 | 道格拉斯·库普兰德(Douglas Coupland)的《X世代:速成文化的故事》(*Generation X: Tales for an Accelerated Culture*) | "苏斯"博士(Dr. Seuss)的创造者西奥多·盖泽尔(Theodor Geisel)去世 | "魔术师"埃文·约翰逊(Earvin Johnson)在HIV检验结果呈阳性后宣布退出NBA | 诺普兰皮下埋植避孕剂在美国推出

国际事件

被称为"精灵炸弹"的精确制导武器在波斯湾战争中被使用 | 乔治·布什总统在莫斯科签署《战略武器削减条约》| 安妮塔·希尔(Anita Hill)指控美国最高法院提名者克莱伦斯·托马斯(Clarence Thomas)对其性骚扰 | 3月3日驾车的黑人罗德尼·金(Rodney King)遭到4名洛杉矶白人警察的殴打;一位目击者提供的整个事件的录像带引发了种族和警察暴行问题的全国性争论 | 霍乱在秘鲁暴发,并蔓延至巴西 | 华沙条约解散 | 斯洛文尼亚和克罗地亚宣布脱离南斯拉夫独立 | 南非政府宣布废除种族隔离制度 | 索马里内战 | 世界人口达55亿

1992年

艺术

《手忙脚乱:20世纪90年代的洛杉矶艺术》(*Helter Skelter: LA Art in the 1990s*)在洛杉矶当代艺术博物馆的艺术临时展场展出 | 艺术家弗雷德·威尔逊(Fred Wilson)的装置作品《开采博物馆》(*Mining The Museum*)在马里兰州历史学会展出 |《后人类》(*Post Human*), FAE当代艺术博物馆,皮伊/洛桑 | 英国画家弗朗西斯·培根(Francis Bacon)逝世 | 艺术家兼作曲家约翰·凯奇(John Cage)去世 | 美国画家胡安·米歇尔(Joan Mitchell)去世 | 戴维·沃基纳罗维兹(David Wojnarowicz)死于艾滋病,时年37岁

流行文化

尼尔·乔丹(Neil Jordan)导演的《哭泣游戏》(*The Crying Game*) | 雷吉斯·瓦格涅(Régis Wargnier)的电影《印度支那》(*Indochine*) | 阿方索·阿雷奥(Alfonso Arau)导演的《情迷巧克力》(*Like Water for Chocolate*) | 斯派克·李导演的影片《马尔科姆·X》(*Malcom X*) | 喜剧演员约翰尼·卡森(Johnny Carson)从《今夜秀》(*The Tonight Show*)节目主持人的位置上卸任,接替他的是杰·雷诺(Jay Leno) | 弗朗西斯·福山(Francis Fukuyama)出版《历史的终结》(*The End of History*) | 科幻作家艾萨克·阿西莫夫(Isaac Asimov)去世 | 杰伦·拉尼尔(Jaron Lanier)发明了虚拟实境(*virtual reality*)一词 | 美国国家航空航天博物馆举办了一场星际迷航(Star Trek)纪念物展览,其中包括史波克先生(Mr. Spock)的《耳朵》

国际事件

民主党人比尔·克林顿(Bill Clinton)击败共和党在任者和独立候选人亿万富翁罗斯·佩罗(H. Ross Perot),获得总统大选的胜利 | 4月29日4位因涉嫌罗德尼·金殴打案并遭起诉的警察被无罪释放后,洛杉矶掀起了暴乱 | 欧共体签署了欧洲联盟条约 | 布特罗斯·布特罗斯-加利(Boutros Boutros-Ghali)被任命为联合国秘书长 | 南斯拉夫解体为独立共和国;波斯尼亚和克罗地亚的大屠杀 | 联合国对塞尔维亚实施制裁 | 美国军队为分发食物供给而介入索马里

1993年

艺术

詹姆斯·英格·弗瑞德(James Ingo Freed)设计的美国大屠杀纪念馆在华盛顿开馆 | 1993年在惠特尼美国艺术博物馆举办的双年展探索了种族、阶级和性身份等问题 | 罗伊·利希滕斯坦(Roy Lichtenstein),所罗门·R.古根海姆博物馆 | 精致尸体的回归(The Return of the Cadavre Exquis),素描中心,纽约 | 雕塑家雷切尔·怀特里德(Rachel

Whiteread)获得特纳奖 | 美国画家理查德·狄班孔(Richard Diebenkorn)去世

流行文化

陈凯歌导演的《霸王别姬》(*Farewell My Concubine*) | 简·坎皮恩(Jane Campion)的《钢琴课》(*The Piano*) | 陈英雄(Tran Anh Hung)的《青木瓜之味》(*The Scent of Green Papaya*) | 史蒂文·斯皮尔伯格的《辛德勒的名单》(*Schindler's List*) | 《X档案》(*X-Files*)首映 | 因角色"Perry Mason"而闻名的演员雷蒙德·伯尔(Raymond Burr)去世 | 托尼·库什那(Tony Kushner)的《天使在美国:讨论国家主题的同性恋幻想曲》(*Angels in America: A Gay Fantasia on National Themes*)在百老汇公演 | 爵士小号演奏家和波普爵士乐先锋迪兹·吉莱斯皮(Dizzy Gillespie)去世 | 艾伦·莱特曼(Alan Lightman)出版了《爱因斯坦的梦》(*Einstein's Dreams*) | 诗人阿曼斯(A. R. Ammons)发表了《垃圾》(*Garbage*)

国际事件

2月26日纽约世贸中心被炸,6人丧生,1000多人受伤 | 墨西哥、美国和加拿大签订北美自由贸易协定(NAFTA) | 美国通过轻微枪械管制的《布莱迪法案》 | 联邦警员围攻大卫邪教在德克萨斯州的维柯(Waco)总部;一场大火中82人丧生 | 克林顿总统下令军队撤销对同性恋军人的禁令 | 同性恋在爱尔兰合法化 | 以色列和巴勒斯坦解放组织签订了《奥斯陆和平协议》 | 美国军队从索马里撤军 | 联合国就前南斯拉夫的大屠杀问题组成了战争犯罪法庭 | 捷克斯洛伐克分为捷克共和国和斯洛伐克

1994年

艺术

安迪·沃霍尔博物馆在匹茨堡开馆 | 经过修复的米开朗琪罗的西斯廷教堂壁画在梵蒂冈揭幕 | 雕塑家安东尼·葛姆雷(Antony

Gormley)获得特纳奖 | 黑人男性:当代美国艺术中的男性化表征(Black Male: Representations of Masculinity in Contemporary American Art),惠特尼美国艺术博物馆,纽约 | 安德里斯·塞拉诺,作品,1983—1993年(Andres Serrano, Works, 1983—1993),费城当代艺术学院 | 评论家克莱门特·格林伯格(Clement Greenberg)逝世,享年85岁 | 美国雕塑家唐纳德·贾德(Donald Judd)去世

流行文化

罗伯特·泽米吉斯(Robert Zemeckis)的电影《阿甘正传》(*Forrest Gump*) | 昆汀·塔伦提诺(Quentin Tarantino)导演的《低俗小说》(*Pulp Fiction*) | 流行天王迈克尔·杰克逊和丽莎·玛丽·普莱斯利(Lisa Marie Presley)结婚 | 涅槃乐队主唱科特·柯本(Kurt Cobain)用猎枪自杀 | 美国爵士乐歌手和乐队主唱卡伯·卡罗维(Cab Calloway)去世 | 伍德斯托克25周年纪念音乐会,索哲提斯,纽约 | 舍温·努兰(Sherwin Nuland)发表《死亡的脸》(*How We Die*) | 47岁的乔治·福尔曼(George Foreman)击败27岁的迈克尔·穆勒(Michael Moorer),重夺世界重量级拳王头衔 | 杰奎琳·肯尼迪·奥纳西斯(Jacqueline Kennedy Onassis)去世

国际事件

克林顿总统因与阿肯色州白水开发公司的关系而接受调查 | 美国前总统理查德·尼克松(Richard Nixon)去世 | 欧·杰·辛普森(O. J. Simpson)因涉嫌谋杀尼克尔·布朗·辛普森(Nicole Brown Simpson)和罗纳德·戈德曼(Ronald Goldman)而遭到起诉 | 古巴政府解除离境限制后2万多古巴人离开古巴前往美国 | 海峡隧道将英法相连 | 英国将同性恋合法的年龄降低到18岁 | 英国和爱尔兰签署和平宣言 | 俄罗斯武装力量入侵车臣 | 纳尔逊·曼德拉在第一次完全民主的选举中当选南非总统 | 卢旺达内战中的大屠杀

1995 年

艺术

一个不同的角度：视觉文化、性身份、酷儿实践（In a Different Light：Visual Culture，Sexual Identity，Queer Practice），加州大学伯克利分校艺术馆 ｜ 男性化伪装（The Masculine Masquerade），麻省理工学院 LIST 视觉艺术中心 ｜ Africus 95 成为第一次约翰内斯堡双年展 ｜ 理智与情感：（20 世纪）90 年代的女艺术家与极简主义（Sense and Sensibility：Women Artists and Minimalism in the Nineties），纽约现代艺术博物馆 ｜ 在圣达菲 SITE 展览馆展出的渴望与归属：来自毗邻的遥远之地（Longing and Belonging：From the Faraway Nearby）探索了全球文化中的身份问题

流行文化

伊德里萨·奥德拉奥戈（Idrissa Quedraogo）拍摄的《非洲，我的非洲》（*Africa，My Africa*） ｜ 科恩兄弟（Joel and Ethan Coen）的《冰风暴》（*Fargo*） ｜ 丹尼·鲍尔（Danny Boyle）的《猜火车》（*Trainspotting*） ｜ 扮演超人的影星克里斯托夫·里夫（Christopher Reeve）坠马后瘫痪 ｜ "感恩而死"乐队主唱杰瑞·加西亚（Jerry Garcia）去世 ｜ 棒球巨星米奇·曼托（Mickey Mantle）去世 ｜ 哈罗德·柯恩（Harold Cohen）开发的电脑程序 Aaron 创作的第一幅"原创"作品在波士顿电脑博物馆展出 ｜日本推出 Tamagotchi 电子宠物

国际事件

全球超过 100 万人感染艾滋病 ｜ 美国发现号（*Discovery*）航天飞机与俄罗斯国际空间站"米尔"对接 ｜ 4 月 19 日俄克拉荷马城的艾尔弗雷德· P. 默拉（Alfred P. Murrah）联邦大楼被炸 ｜ 10 月 16 日穆斯林领袖路易斯·法拉肯（Louis Farakhan）领导的"百万人大游行"活动召集了 40 万非裔美国人聚集到华盛顿商业街 ｜ 魁北克省举行全民公投，同意魁北克仍为加拿大一部分的意见勉强通过 ｜ 以色列总理伊扎克·拉宾（Yitzhak Rabin）遭暗杀 ｜ 奥姆真理教派（Aum Shinrikyo）成员在东京

地铁的车厢里释放神经毒气,致使12人死亡、5000多人受伤 | 在卢旺达,上千个胡图族难民被图西族武装力量杀害 | 扎伊尔暴发伊波拉病毒

1996年

艺术

斯迪拉克(Stelarc)在澳洲悉尼的Art Space表演了砰之躯体:一个"因特网驱动的表演"(Ping Body, an"Internet Activated Performance");参加表演的观众通过因特网控制艺术家身体的动作 | 艾滋病纪念挂被在华盛顿商业街展示 | 失态:20世纪90年代艺术中的不和谐主题(Distemper: Dissonant Themes in the Art of the 1990s),赫什霍恩博物馆及雕塑公园,华盛顿 | 雕塑家丹·弗拉文(Dan Flavin)去世 | 菲利克斯·冈萨雷斯-托雷斯(Felix Gonzalez-Torres)死于艾滋病,终年38岁

流行文化

大卫·柯南伯格(David Cronenberg)导演的影片《撞车》(*Crash*) | 安东尼·明格拉(Anthony Minghella)的电影《英国病人》(*English Patient*) | 罗兰·埃默里赫(Roland Emmerich)的影片《独立日》(*Independence Day*) | 流行的电视剧包括《急诊室》(*ER*)和《老友记》(*Friends*) | 美国国会要求电视制造商给新的电视机安装频道锁码(v-chip),一种能让家长封锁暴力节目的硬件 | 查尔斯王子和戴安娜王妃离婚 | 喜剧演员乔治·伯恩斯(George Burns)去世 | 爵士乐歌手艾拉·菲茨杰拉德(Ella Fitzgerald)去世 | 诗人兼评论家约瑟夫·布罗茨基(Joseph Brodsky)去世

国际事件

美国发射开拓者号(*Pathfinder*)探测器探索火星 | 克林顿总统击败对手鲍勃·多尔(Bob Dole)获得第二届任期 | "大学炸弹客"西奥多·卡克辛斯基(Theodore Kaczynski)被捕 | 反文化宣传者蒂莫西·

利里(Timothy Leary)去世 | 近20万中小学生在林肯纪念堂集会,抗议国会削减社会和教育项目 | 亚西尔·阿拉法特(Yasser Arafat)当选为巴勒斯坦总统 | 本杰明·内塔尼亚胡(Benjamin Netanyahu)当选为以色列总理

1997年

艺术

在"体内"艺术品中,爱德瓦尔多·卡茨(Eduardo Kac)在其腿上植入了具有识别功能的微芯片 | 意大利的阿西西圣方济各圣殿(The Basilica of Saint Francis of Assisi)在一次地震中受损 | 罗斯就是罗斯就是罗斯:摄影中的性别表演(Rrose is a Rrose is a Rrose: Gender Performance in Photography),纽约所罗门·古根海姆博物馆 | 感官(Sensation),英国皇家博物馆 | 维莱姆·德·库宁(Willem de Kooning)去世 | 罗伊·利希滕斯坦(Roy Lichtenstein)去世 | 意大利时装设计师詹尼·范思哲(Gianni Versace)被枪杀

流行文化

保罗·托马斯·安德森(Paul Thomas Anderson)的电影《不羁夜》(*Boogie Nights*) | 詹姆斯·卡梅隆的电影《泰坦尼克号》(*Titanic*) | 演员吉米·斯图尔德(Jimmy Steward)去世 | 《南方公园》(*South Park*)在有线电视上首播 | 在室内情景喜剧《艾伦》(*Ellen*)的一集中,演员艾伦·德詹尼斯(Ellen DeGeneres)成为第一位在黄金系列剧中公开自己同性恋身份的明星 | 9月6日戴安娜王妃的葬礼成为历史上观看人数最多的电视转播节目 | 垮掉一代的代表诗人艾伦·金斯堡(Allen Ginsberg)去世 | 法国海洋学家雅克·库斯托(Jacques Cousteau)去世 | 大众公司重新设计了甲壳虫汽车 | 英特尔推出奔腾二代芯片

国际事件

苏格兰遗传学家伊恩·维尔穆特(Ian Wilmut)宣布他成功克隆了

绵羊;这只克隆羊名为多利 | 蒂莫西·麦克维(Timothy McVeigh)被控参与俄克拉荷马城的爆炸事件,并被判处死刑 | 英国把香港移交给中国 | 托尼·布莱尔(Tony Blair)当选为英国首相 | 英国的疯牛病危机;牛肉被禁 | 塔利班武装夺取了阿富汗政权 | 邓小平逝世 | 欧盟禁止播出烟草广告 | 加尔各答的特丽莎修女(Mother Theresa)逝世 | 世界贸易组织成立

1998 年

艺术

弗兰克·盖里(Frank Gehry)设计的古根海姆博物馆在西班牙的毕尔巴鄂开馆 | 机车艺术(The Art of Motorcycle),纽约所罗门·古根海姆博物馆 | 马克·罗斯科(Mark Rothko),华盛顿国家艺术馆 | 杰克逊·波拉克(Jackson Pollock),纽约现代艺术博物馆 | 画家克里斯·奥菲利(Chris Ofili)荣获特纳奖 | 设计师费迪南·保时捷(Ferdinand Porsche)去世

流行文化

科恩兄弟的影片《谋杀绿脚趾》(*The Big Lebowski*) | 彼得·威尔(Peter Weir)导演的《楚门的世界》(*The Truman Show*) | CBS 播放了辅助性自杀倡导者杰克·科沃基恩(Jack Kevorkian)向一位临终病人注射致命性药物的片段 |《周六夜现场》(*Saturday Night Live*)中的老演员菲尔·哈特曼(Phil Hartman)被其妻子枪杀 | 流行歌手乔治·迈克尔公开承认其同性恋身份 | 歌手弗兰克·辛纳屈(Frank Sinatra)去世 | 田径传奇弗洛伦斯·格里菲斯·乔伊娜(Florence Griffith Joyner)逝世,享年 38 岁 | 美国食物及药品管理局(FDA)同意使用伟哥(Viagra)来治疗男性阳痿

国际事件

国际空间站的第一部分被发射 | 美国国家航空航天局(NASA)宣布月球上有维持建立殖民地的足够的冻水 | "大学炸弹客"西奥多·卡

克辛斯基被判处终身监禁，不得假释；17 年间，他制作的邮件炸弹使 3 人丧生，29 人受伤 ｜ 美国国会投票弹劾克林顿总统，原因是他在对他与白宫实习生莫妮卡·莱温斯基（Monica Lewinsky）不正当关系的调查中作伪证和妨碍司法 ｜ 欧盟推出货币欧元 ｜ 北爱尔兰的和平协议 ｜ 印度和巴基斯坦分别进行核武器试验 ｜ 世界上最长的悬索桥在日本投入使用

1999 年

艺术

蜕变突破：华人新艺术（Inside Out：New Chinese Art），旧金山现代博物馆和旧金山亚洲艺术博物馆 ｜ 关于美：观察 20 世纪晚期艺术（Regarding Beauty：A View of the Late Twentieth Century），华盛顿赫什霍恩博物馆及雕塑公园 ｜ 威廉姆·肯特里奇（William Kentridge）在 1999/2000 年的卡耐基国际展中获得卡耐基奖 ｜ 纽约市长鲁道夫·朱利安尼（Rudolph Giuliani）威胁要制裁布鲁克林艺术馆，因其举办了展览“感官：萨特奇收藏中的英国青年艺术家”（Sensation：Young British Artists from the Saatchi Collection）

流行文化

山姆·门德斯（Sam Mendes）的电影《美国美人》（*American Beauty*）｜ 斯派克·琼斯（Spike Jonze）的电影《傀儡人生》（*Being John Malkovich*）｜ 丹尼尔·麦里克（Daniel Myrick）和艾德亚多·桑奇兹（Eduardo Sanchez）的影片《布莱尔女巫》（*Blair Witch Project*）｜ 大卫·芬奇（David Fincher）导演的影片《搏击俱乐部》（*Fight Club*）｜ 沃卓斯基兄弟（Andy and Larry Wachowski）的影片《黑客帝国》（*The Matrix*）｜ 芭比娃娃在大片《玩具总动员 2》（*Toy Story 2*）中初登银幕 ｜电影导演斯坦利·库布里克（Stanley Kubrick）去世 ｜ 棒球传奇乔·迪马吉奥（Joe Dimaggio）去世 ｜ 日本的口袋怪兽卡片和视频游戏统领了玩具市场

国际事件

千年虫危机:电脑技术人员预测到两位数码日期系统的瘫痪 | 美国参议院宣布对牵涉莱温斯基丑闻中的克林顿的指控不成立 | 4月21日两位少年埃里克·哈里斯(Eric Harris)和迪伦·克莱伯德(Dylan Klebold)携带自动武器进入科罗拉多州科特尔顿的科伦拜恩中学,枪杀了13名学生和老师 | 11月20日在世界贸易组织会议期间,华盛顿和西雅图爆发了骚乱 | 美国将巴拿马海峡的管制权移交给巴拿马 | 弗拉基米尔·普京(Vladimir Putin)在总统鲍里斯·叶利钦辞职后成为俄罗斯总统 | 纳尔逊·曼德拉从南非总统职位上卸任,由塔博·姆贝基(Thabo Mbeki)接替

2000年

艺术

泰特现代艺术馆在伦敦开馆 | 黛博拉·威利斯(Deborah Willis)出版了《黑色的反思:黑人摄影师的历史,1940年至今》(*Reflections in Black: A History of Black Photographers, 1940 to the Present*) | 美国世纪:艺术和文化,1950—2000年(The American Century: Art and Culture, 1950—2000),纽约惠特尼美国艺术馆 | 雕塑家乔治·西格尔(George Segal)去世

流行文化

卡梅隆·克罗威(Cameron Crowe)拍摄的《成名在望》(*Almost Famous*) | 李安导演的电影《卧虎藏龙》(*Crouching Tiger, Hidden Dragon*) | 拉斯·冯·提尔(Lars von Trier)的《黑暗中的舞者》(*Dancer in the Dark*) | 王家卫的电影《花样年华》(*In the Mood for Love*) | 史蒂文·索德伯格(Steven Soderbergh)的影片《毒品网络》(*Traffic*) | 纳普斯特(Nasper),数码媒体共享业的领军企业,面临一场围绕着在线版权问题而展开的法律战争 | "I Love You"电脑病毒是数码历史上最具破坏性的病毒,影响了世界各地的电脑网络,包括英国

议会、美国中央情报局和五角大楼

国际事件

人类DNA序列被组建起来 | 美国州地方法院发现微软公司侵犯了反垄断法 | 比尔·克林顿总统离任;在其8年任期中,他通过数项措施,保护了23.2万平方千米的国家森林,并留出3.2万平方千米土地,将其作为新的国家纪念物 | 爱尔兰共和军解除武装;英国恢复北爱尔兰议会 | 协和飞机第一次在巴黎附近坠毁,113人遇难 | 沃伊斯拉夫·科什图尼察(Vojislav Kostunica)击败斯洛博丹·米洛舍维奇(Slobodan Milosevic),当选南斯拉夫总统 | 俄罗斯核潜艇库尔斯克号(Kursk)在巴伦支海沉没,113名船员遇难 | 第13届国际艾滋病大会在南非的德班召开,研究控制艾滋病在发展中国家呈蔓延趋势的对策 | 世界人口超过60亿

2001年

艺术

壮观的身体(Spectacular Bodies),海沃德(Hayward)画廊,伦敦 | 阿尔贝托·贾科梅蒂(Alberto Giacometti),纽约现代艺术馆

流行文化

让-皮埃尔·热内(Jean-Pierre Jeunet)导演的影片《天使爱美丽》(*Amelie*) | 朗·霍华德(Ron Howard)的影片《美丽心灵》(*A Beautiful Mind*) | 彼得·杰克逊(Peter Jackson)将托尔金(J. R. R. Tolkien)的《指环王:魔戒现身》(*The Lord of the Rings: The Fellowship of the Ring*)进行了改编并搬上银幕 | 大卫·林奇导演的《穆赫兰道》(*Mulholland Drive*) | 卡通画画家比尔·汉纳(Bill Hanna)去世 | 披头士乐队成员乔治·哈里森(George Harrison)去世 | 布鲁斯音乐家和演奏家朗·泰勒(Ron Taylor)去世 | 《银河系漫游指南》(*Hitch-hiker's Guide to the Galaxy*)的作者道格拉斯·亚当斯(Douglas Adams)去世

国际事件

9月11日恐怖分子击毁了纽约的世界贸易中心大楼,并在同样的劫持攻击中破坏了五角大楼;约3000人遇难 | 华盛顿、纽约和佛罗里达州的政府官员收到了带有致命的炭疽芽孢的信件;这一事件掀起新一轮的生化恐怖主义恐慌 | 安然公司(Eron)申请破产 | 前南斯拉夫总统洛博丹·米洛舍维奇向塞尔维亚当局自首;他在海牙的联合国战争犯罪法庭上接受审判,因在克罗地亚和科索沃的反人道犯罪行为以及波斯尼亚大屠杀而受到起诉 | 美国轰炸阿富汗 | 巴米扬(Bamiyan)佛像被塔利班摧毁 | 疯牛病在欧洲蔓延 | 11月18日狮子座流星雨 | 乔治·W. 布什在一场引起争议的竞选后击败民主党人阿尔·戈尔(Al Gore)和绿党竞选人拉尔夫·纳达尔(Ralph Nader)后宣誓就职

2002年

艺术

纽约现代艺术馆展出格哈德·里希特(Gerhard Ritcher)的作品 | 纽约现代艺术馆展出爱娃·黑塞(Eva Hesse)的作品 | 名人摄影师赫柏·瑞茨(Herb Ritts)去世 | 画家拉里·里弗斯(Larry Rivers)去世

流行文化

彼得·杰克逊的电影《指环王:双塔奇兵》(*The Lord of Rings: The Two Towers*) | 乔治·卢卡斯的电影《星球大战:第二集——克隆人的进攻》(*Star Wars: Episode Ⅱ—Attack of the Clones*) | 亚历山大·索科洛夫(Alexander Sokurov)的《俄罗斯方舟》(*Russian Ark*) | 宫崎骏(Hayao Miyazaki)的《千与千寻》(*Spirited Away*) | 折扣连锁超市凯马特(Kmart)申请第11章破产保护 | 英国王太后伊丽莎白逝世,终年101岁 | 绘制了兔宝宝和猪小弟的动画大师查克·琼斯(Chuck Jones)去世

国际事件

太空探测器奥德赛号(*Odyssey*)采用热辐射成像绘制出了火星表

面;探测器还发现了火星上的积冰 | 全世界约有4200万艾滋病例 | 欧元成为12个欧盟国的通用货币 | 美国前总统吉米·卡特(Jimmy Cartert)获诺贝尔和平奖 | 布什总统成立了国土安全部 | 阿拉巴马州伯明翰的一个陪审团宣判前3K党成员鲍比·弗兰克·柴瑞(Bobby Frank Cherry)有罪,因其1963年在第16街浸信会教堂爆炸中杀害4名女孩 | 内华达州的尤卡山(Yucca Mountain)被批准作为核废料储藏中心 | 朝鲜承认一直在开发核武器,这违反了1994年的国际条约

2003年

艺术

扎哈·哈迪德(Zaha Hadid)设计的洛伊丝和理查德·罗森塔尔当代艺术中心(The Lois and Richard Rosenthal Center for Contemporary Art)在辛辛那提市开馆 | 旧金山现代艺术馆展出菲利普·古斯顿(Philip Guston)的作品

流行文化

彼得·杰克逊的《指环王:国王归来》(*The Lord of the Rings: The Return of the King*) | 索菲亚·科波拉(Sophia Coppola)的影片《迷失东京》(*Lost in Translation*) | 雅克·贝汉(Jacques Perrin)的影片《迁徙的鸟》(*Winged Migration*) | 流行的电视"真人"秀有《美国偶像》(*American Idol*)和《幸存者》(*Survivor*) | PBS(美公共广播公司)儿童节目《罗杰斯先生的街坊四邻》(*Mister Rogers' Neighborhood*)的创立者兼主持人弗雷德·罗杰斯(Fred Rogers)去世 | 演员John Ritter去世,他因在室内喜剧《三人行》(*Three's Company*)中扮演杰克·特里柏(Jack Tripper)而闻名

国际事件

伊利诺伊大学的科学家研制出带有从老鼠身上取出的干细胞的人类下颌骨样本 | 2月1日航天飞机哥伦比亚号(*Columbia*)在重新进入地球大气层时发生解体,7名机组人员全部遇难,包括空军上校伊兰·拉

蒙(ILan Ramon),以色列的第一位宇航员 | 中国发射了第一艘载人宇宙飞船,神舟五号(Divine Vessel) | 美国参议院宣布晚期堕胎为非法行为 | 最高法院在劳伦斯 VS 得克萨斯(Lawrence v. Texas)一案中的判决推翻了 13 个州的“反鸡奸法”,为同性恋确立了平等权利 | 3月 19 日美国带头发起了对伊拉克的大规模空袭;国际反战者发起游行 | 8 月 14 日安大略省和 8 个东北和中西部州的电网的电力中断;这是席卷北美的最严重的一次断电 | 阿诺德·施瓦辛格当选加利福尼亚州州长 | 伊拉克领导人萨达姆·侯赛因(Saddam Hussein)被美国军队捕获 | 致命的呼吸疾病,严重急性呼吸综合征(SARS)席卷亚洲

2004 年

艺术

迪亚(Dia)艺术基金会提议在大盐湖地区恢复罗伯特·史密森(Robert Smithson)的《螺旋形防波堤》(*Spiral Jetty*)(1970),此提议引起争议 | 具有影响力的理论家雅克·德里达逝世,他因“解构理论”而闻名于世 | 画家艾格尼斯·马丁(Agnes Martin)去世

流行文化

生活品位专家玛莎·史都华(Martha Steward)被控在接受对其 2001 年出售近 4000 股英克隆公司(ImClone)的股票的调查期间犯有妨碍司法罪,英克隆公司是史都华的朋友山姆·瓦克索(Sam Waksal)创立的生物科技公司 | 演员克里斯托夫·里夫(Christopher Reeve)去世,瘫痪后他成为干细胞研究的倡导者

国际事件

精神号(*Spirit*)探测器传送了火星表面的图像 | 一个新安全系统,美国来访者和移民身份鉴别技术(US VISIT)要求外国游客必须拍照和采集指纹 | 美国中央情报局武器核查官大卫·凯(David Kay)在面临围绕着美国领导的对伊战争之前的情报报告而展开的调查时辞去职务;情报局在伊拉克未发现化学、生物或核武器 | 海地爆发暴力示威游行,

要求免除让·贝尔特朗·阿里斯蒂德(Jean Bertrand Aristide)的总统职位 | 阿富汗通过一项新宪法,建立了总统选举制和国民大会,并赋予妇女平等权利 | 3月11日恐怖分子轰炸了马德里的三个火车站,190人丧生,600余人受伤 | 禽流感在亚洲传播 | 9月1—3日,车臣分离主义分子包围了俄罗斯别斯兰的一所学校,至少320人被杀,其中很多是儿童

2005年

艺术

土耳其在伊斯坦布尔开设第一个现代艺术博物馆 | 建筑大师菲利普·约翰逊(Philip Johnson)去世,他曾担任纽约现代艺术博物馆建筑部主任 | 英国波普艺术家帕特里克·考尔费尔德(Patrick Caulfield)去世 | 艺术史学家琳达·诺克琳(Linda Nochlin)获得美国大学艺术学会(College Art Association)颁发的终身成就奖 | 西尔玛·戈登(Thelma Golden)成为哈雷姆工作室博物馆馆长 | 罗伯特·戈贝尔(Robert Gober)创作于1991年的《无题(腿)》[*Untitled*(*Leg*)]以高于90万美元的价格在拍卖会上售出

流行文化

“现场八方”(Live 8)音乐会提高了人们对于全球贫困问题的意识 | 英国剧作家哈罗德·品特(Harold Pinter)获诺贝尔文学奖 | 创造票房最高纪录的电影是《星球大战:第三集——西斯的复仇》(*Star Wars*:*Episode Ⅲ—Revenge of the Sith*),票房3.8亿 | 《断背山》(*Brokeback Mountain*)成为卖座影片 | 美国当年出版的畅销书有史蒂芬·列维特(Steven Levitt)的《魔鬼经济学》(*Freakonomics*)和琼·迪迪恩(Joan Didion)的《奇想之年》(*The Year of Magical Thinking*)

国际事件

世界人口达64亿 | 美国人口达2.96亿 | 人们展开救灾活动,帮助2004年下半年遭到大规模海啸破坏的东南亚国家 | 教皇保罗二世

去世;本笃十六世(Benedict XVI)成为新教皇 | 恐怖分子在伦敦引爆一颗炸弹,52 人遇难 | 爱尔兰共和军宣称它只会通过和平手段来谋求爱尔兰的统一 | 安吉拉·默克尔(Angela Merkel)当选,成为德国第一位女总理 | 乔治·布什连任 | 美国历史上造成最大损失的、最致命的自然灾害之一,飓风卡特里娜袭击了海湾滨海地区,紧急救援行动遭到严重干扰

2006 年

艺术

"展览遗产:当代艺术家对奴隶制的反思"(Exhibition Legacies: Contemporary Artist's Reflect on Slavery)在纽约历史学会开展 | 多个博物馆都以特别展览来纪念著名荷兰画家伦勃朗诞辰 400 周年 | 帕布罗·毕加索为朵拉·玛尔(Dora Maar)绘制的肖像以 9502 万美元的价格被拍出

流行文化

前副总统艾尔·戈尔(Al Gore)发布了他关于全球变暖的纪录片《难以忽视的真相》(*An Inconvenient Truth*) | 赛马巴尔巴罗(Barbaro)在肯塔基赛马大会中获胜 | 年度最佳专辑是 U2 乐队的《如何拆除原子弹》(*How to Dismantle an Atomic Bomb*) | 被称为灵乐教父的美国流行歌手詹姆斯·布朗(James Brown)去世 | 意大利获得足球世界杯冠军

国际事件

世界人口达 65 亿 | 美国人口达 3 亿 | 根据联合国调查,2006 年全球 40%的人每天的生活费用低于 2 美元 | 萨达姆·侯赛因在被伊拉克法庭判处犯有大屠杀罪名后在巴格达处以绞刑 | 布什总统签署了重新修订爱国者法案的法律 | 布什总统否决了关于扩大干细胞研究的法案 | 研究冥王星的新视野号飞船(New Horizons)发射 | 冥王星被重新归类为"矮行星"(dwarf planet) | 南非同性婚姻合法化 | 女权主义

先驱贝蒂·弗莱顿(Betty Friedan)去世 | 科学家报告发现了一条长着原肢、具有 3.75 亿年历史的鱼化石,进一步证明了进化论

2007 年

艺术

在美国艺术馆举办了澳大利亚艺术家派翠西亚·佩契妮妮(Patricia Piccinini)的第一场作品概述展 | 纽约惠特尼博物馆举办了劳伦斯·维纳(Lawrence Weiner)的作品展,包括其融入了语言的典型作品 | 经《新闻周刊》(*Newsweek*)的投票,毕加索的名作《亚维农的少女》(*Les Demoiselles d'Avignon*)被选为过去 100 年最有影响力的艺术作品 | 据报道,达米恩·赫斯特(Damien Hirst)的水晶头骨以一亿美元的价格被拍出

流行文化

作家诺曼·梅勒(Norman Mailer)去世 | 报纸专栏作家阿特·布什瓦尔德(Art Buchwald)去世 | 赛马巴尔巴罗死去 | 瑞典导演英格玛·伯格曼(Ingmar Bergman)去世 | 巴里·邦斯(Barry Bonds)超过汉克·亚伦(Hank Aaron),创造了棒球史上打出最多全垒打的纪录;这个纪录饱受争议,因为他曾被指控服用了类固醇 | 对棒球运动员类固醇丑闻进行了分析的米切尔报告(Mitchell Report)发布 | 电视剧《黑道家族》(*Sopranos*)的最后一季在 HBO 电视台播放

国际事件

世界人口超过 66 亿 | 比尔·盖茨(Bill Gates)以 590 亿美元的资产成为美国首富 | 欧盟成员国吸纳了罗马尼亚和保加利亚,扩展至 27 个 | 南希·佩洛西(Nancy Pelosi)成为美国众议院第一位女议长 | 科学家发现五颗行星围绕着一颗距离地球 41 光年的星球运转 | 托尼·布莱尔卸任英国首相职位 | 俄罗斯前总统鲍里斯·叶利钦去世 | 根据科学家的报告,他们已成功用人类皮肤细胞创造了胚胎干细胞 | 温室气体持续在地球大气中增加,大气中的二氧化碳浓度已达到 380 ppm |

伊朗总统宣告说，伊朗有能力以工业规模生产浓缩铀 | 弗吉尼亚理工大学的枪击事件导致 30 余人遇害

2008 年

艺术

“慢慢来：奥拉夫·埃利亚松”(Take Your Time: Olafur Eliasson)在旧金山现代艺术博物馆开展，这是斯堪的纳维亚艺术家埃利亚松的一次作品概述展，包括大型装置和雕塑作品 | 中国作家张洹(Zhang Huan)的作品概述展“变化的状态”(Altered States)在纽约亚洲协会展出 | 罗伯特·劳森伯格(Robert Rauschenberg)去世 | 一次当代艺术的慈善义卖筹集到 4000 万美元来帮助对抗非洲的艾滋病 | 意大利表演艺术家 Giuseppina Pasqualino di Marineo(Pippa Bacca)在参与一项意在推进中东和平的艺术项目时去世

流行文化

英国流行歌手艾米·怀恩豪斯(Amy Winehouse)赢得五项格莱美大奖 | 中国举办夏季奥运会 | 喜剧演员乔治·卡林(George Carlin)去世 | 苹果公司推出超轻薄笔记本电脑 Macbook Air，是世界上最薄的笔记本 | 泰格·伍兹(Tiger Woods)第十四次赢得高尔夫球赛大满贯

国际事件

参议员巴拉克·奥巴马(Barack Obama)在和参议员希拉里·克林顿(Hillary Clinton)进行了一场势均力敌的角逐之后巩固了民主党总统候选人提名的地位 | 西班牙议会通过投票，同意赋予类人猿动物一些基本的“人”权 | 参议员约翰·麦凯恩(John McCain)成为参加总统大选的共和党候选人 | 随着对美国经济衰退的恐慌，全世界股市大跌 | 菲德尔·卡斯特罗(Fidel Castro)辞去古巴总统的职务 | 中国的一场大地震夺取了超过 6.8 万人的生命 | 美国最高法院规定第二修正案确保公民出于自卫目的有权利在家备有上了子弹的枪支 | 苏丹达尔富尔地

区的冲突仍在继续，据统计过去 5 年中已有超过 30 万人丧生 ｜ 美国国会批准动用 7000 亿美元的紧急援助资金来挽救在全球金融危机中走向衰弱的金融机构和企业 ｜ 参议员巴拉克·奥巴马当选为美国总统，成为第一位非裔美国人总统

参考文献

第一章　拓展中的艺术世界

Benezra, Neal, and Olga M. Viso. *Distemper: Dissonant Themes in the Art of the 1990s*. Washington, D. C.: Hirshhorn Museum and Sculpture Garden, Smithsonian Institution, 1996. An exhibition catalog.

Bonami, Francesco, ed. *Universal Experience: Art, Life, and the Tourist's Eye*. Chicago: Museum of Contemporary Art; New York: Distributed Art Publishers, 2005. An exhibition catalog.

Davies, Hugh. *Lateral Thinking: Art of the 1990s*. San Diego, Calif.: San Diego Museum of Contemporary Art, 2002. An exhibition catalog.

Harris, Jonathan. *The New Art History: A Critical Introduction*. London and New York: Routledge, 2001.

Harrison, Charles, and Paul Wood. *Art in Theory 1900 - 2000: An Anthology of Changing Ideas*. New eds. Malden, Mass.: Blackwell, 2003.

How Latitudes Become Forms: Art in a Global Age. Minneapolis, Minn.: Walker Art Center, 2003. An exhibition catalog.

King, Elaine, and Gail Levin, eds. *Ethics and the Visual Arts*. New York: Allworth Press, 2006.

Kocur, Zoya, and Simon Leung. *Theory in Contemporary Art Since 1985*. Malden, Mass.: Blackwell, 2005.

Lovejoy, Margot. *Postmodern Currents: Art and Artists in the Age of Electronic Media*. 2nd ed. Upper Saddle River, N. J.: Prentice Hall, 1997.

Neill, Alex, and Aaron Ridley, eds. *Arguing About Art: Contemporary Philosophical Debates*. Second Edition. London and New York: Routledge, 2002.

"The 1980s, Part One." Special issue, *Artforum*, March 2003.

"The 1980s, Part Two." Special issue, *Artforum*, April 2003.

Senie, Harriet, and Sally Webster, eds. *Critical Issues in Public Art: Content, Context, and Controversy*. New York: HarperCollins, 1992.

Stiles, Kristine, and Peter Selz, eds. *Theories and Documents of Contemporary Art: A Sourcebook of Artists' Writings*. Berkeley and Los Angeles: University of California Press, 1996.

Tawadros, Gilane, ed. *Changing States: Contemporary Art and Ideas in an Era of Globalisation*. London: Institute of International Visual Arts, 2004.

Tribe, Mark, and Reena Jana. *New Media Art*. Köln, Germany: Taschen, 2006.

Vitamin P: New Perspectives in Painting. London and New York: Phaidon, 2002.

第二章 身份

Anderson, Walter Truett. *The Truth About the Truth: De-confusing and Re-constructing the Postmodern World*. New York: Putnam, 1995.

Asia/America: Identities in Contemporary Asian American Art. New York: Asia Society Galleries and New Press, 1994. An exhibition catalog.

Berger. Maurice, ed. *White: Whiteness and Race in Contemporary Art*. Baltimore, Md.: Center for Art and Visual Culture; New York: Distributed Art Publishers, 2004. An exhibition catalog.

Butler, Judith. *Gender Trouble: Feminism and the Subversion of Identity*. London and New York: Routledge, 1993.

Carson, Fiona, and Claire Pajaczkowska, eds. *Feminist Visual Culture*. New York: Routledge, 2001.

Chiu, Melissa, Karin Higa, and Susette S. Min *One Way or Another: Asian American Art Now*. New York: Asia Society; New Haven, Conn.: Yale University Press, 2006. An exhibition catalog.

Comic Release: Negotiating Identity for a New Generation. New York: Distributed Art Publishers, 2002. An exhibition catalog.

Freestyle. New York: Studio Museum in Harlem, 2001. An exhibition catalog.

Hassan, Salah M., ed. *Gendered Visions: the Art of Contemporary Africana Women Artists*. Trenton, N. J. and Asmara, Eritrea: Africa World Press, 1997. An exhibition catalog.

ID: An International Survey on the Notion of Identity in Contemporary Art. Eindhoven, the Netherlands: Stedelijk Van Abbemuseum, 1996. An exhibition catalog.

Lippard, Lucy R. *Mixed Blessings: New Art in a Multicultural America*. New York: Pantheon Books, 1990.

Malik, Rohini, and Gavin Jantjes, *A Fruitful Incoherence: Dialogues with Artists on Internationalism*. London: Institute of International Visual Arts, 1998.

Nottage, James H., ed. *Diversity and Dialogue: The Eiteljorg Fellowship for Native American Fine Art*. Indianapolis, Ind.: Eiteljorg Museum of American Indians and Native American Art, 2007. An exhibition catalog.

Reckitt, Helena, ed. *Art and Feminism*. London and New York: Phaidon Press, 2001.

Shiner, Eric C., and Reiko Tomii, eds. *Making a Home: Japanese Contemporary Artists in New York*. New York: Japan Society; New Haven, Conn.: Yale University Press, 2007. An exhibition catalog.

Shohat, Ella, ed. *Talking Visions: Multicultural Feminism in a Transnational Age*. New York: New Museum of Contemporary Art; Cambridge, Mass.: MIT Press, 1998.

艺术家档案:南希·柏森

Atkins, Robert. "Nancy Burson: Making Faces." *Contemporanea* 24 (January 1991): pp. 54 - 59.

Burson, Nancy, and Michael L. Sand. *Seeing and Believing: The Art of Nancy Burson*. Santa Fe, N. Mex.: Twin Palms Publishers, 2002. An exhibition catalog.

Busselle, Rebecca. "A Defining Reality: The Photographs of Nancy Burson." *Aperture* 136 (Summer 1994): pp. 73 - 75.

Friis-Hansen, Dana. *Nancy Burson: The Age Machine and Composite Portraits*. Cambridge, Mass.: MIT Press, 1990. An exhibition catalog.

Herbert, Lynn. *Faces: Nancy Burson*. Houston: Contemporary Arts Museum, 1992. An exhibition catalog.

Robertson, Jean, and Craig McDaniel. "Facing Up to Nancy Burson." *New Art Examiner* 25, no. 4 (January 1998): pp. 36 - 41.

艺术家档案:谢琳·奈沙特

Bailey, David A. and Gilane Tawadros, eds. *Veil: Veiling, Representation and Contemporary Art*. Cambridge, Mass.: MIT Press, 2003.

Kontova, Helena. "Marina Abramovic, Vanessa Beecroft, Shirin Neshat: Modern Nomads." *Flash Art* 40 (July-September 2007): pp. 102 - 107.

Neshat, Shirin. "Shirin Neshat: Interview." By Arthur C. Danto. *Bomb* 73 (Fall 2000): pp. 60 - 67.

Shaw, Wendy Meryem K. "Ambiguity and Audience in the Films of Shirin Neshat." *Third Text* 57 (Winter 2001 - 02): pp. 43 - 52.

Van Hoof, Marine. "Shirin Neshat: Veils in the Wind." *Art Press* 279 (May 2002): pp. 34 - 39.

Wallach, Amei. "Shirin Neshat: Islamic Counterpoints." *Art in America* 89 (October 2001): pp. 136 - 143, 189.

Zabel, Igor. "Women in Black." *Art Journal* 60, no. 4 (Winter 2001): pp. 16 - 25.

第三章 身体

Body. Melbourne and New South Wales, Australia: Bookman Schwartz and Art Gallery of New South Wales, 1997. An exhibition catalog.

Brand, Peg Zeglin. *Beauty Matters*. Bloomington: Indiana University Press, 2000.

Brettle, Jane, and Sally Rice, eds. *Public Bodies-Private States: New Views on Photography, Representation and Gender*. Manchester, United Kingdom, and New York: Manchester University Press, 1994.

Broude, Norma, and Mary D. Garrard, eds. *The Expanding Discourse: Feminism and Art History*. New York: HarperCollins, 1992.

Deitch, Jeffrey. *Post Human*. Pully and Lausanne, Switzerland: FAE Musée d'Art Contemporain; New York: Distributed Art Publishers, 1992. An exhibition catalog.

Ebony, David. *Curve: The Female Nude Now*. New York: Universe, 2003.

Hall, Donald. *Corporal Politics*. Cambridge, Mass.: MIT List Visual Arts Center; Boston: Beacon Press, 1992. An exhibition catalog.

Jones, Caroline, ed. *Sensorium: Embodied Experience, Technology, and Contemporary Art*. Cambridge, Mass.: MIT List Visual Arts Center and MIT Press, 2006. An exhibition catalog.

Kristeva, Julia. *Powers of Horror: An Essay on Abjection*. New York: Columbia University Press, 1982.

McDonald, Helen, *Erotic Ambiguities: The Female Nude in Art*. London and New York: Routledge, 2001.

McEvilley, Thomas. *Sculpture in the Age of Doubt*. New York: Allworth Press, 1999.

Miglietti, Francesca Alfano. *Extreme Bodies: The Use and Abuse of the Body in Art*. Milan: Skira, 2003.

Mulvey, Laura. "Visual Pleasure and Narrative Cinema." *Screen*, Autumn 1975, and reprinted in Mulvey, *Visual and Other Pleasures*. Basingstoke, United Kingdom: Macmillan, 1989.

Rogers, Sarah J. *Body Mécanique: Artistic Explorations of Digital Realms*. Columbus: Wexner Center for the Arts, The Ohio State University, 1998. An exhibition catalog.

Stirratt, Betsy, and Catherine Johnson, eds. *Feminine Persuasion: Art and Essays on Sexuality*. Bloomington: Indiana University Press, 2003. An exhibition catalog.

Thompson, Barbara, ed. *Black Womanhood: Images, Icons, and Ideologies of the African Body*. Hanover, N. H.: Hood Museum of Art, Dartmouth College, in association with University of Washington Press, Seattle, 2008. An exhibition catalog.

Warr, Tracey, ed. *The Artist's Body*. London: Phaidon Press, 2000.

艺术家档案:瑞妮·考克斯

Cox, Renée. *Renée Cox: American Family*. New York: Robert Miller Gallery, 2001. An exhibition catalog.

Hobson, Janell. *Venus in the Dark: Blackness and Beauty in Popular Culture*. New York: Routledge, 2005.

Liss, Andrea. "Black Bodies in Evidence: Maternal Visibility in Renée Cox's Family Portraits." In Marianne Hirsch, ed., *The Familial Gaze*. Hanover, N. H.: University Press of New England, 1993, pp. 276 – 290.

Myers, B. E. "What Is My Legacy? Transient Consciousness and the 'Fixed' Subject in the Photography of Renée Cox." In Salah M. Hassan, ed., *Gendered Visions: The Art of Contemporary Africana Women Artists*. Trenton, N. J., and Asmara, Eritrea: Africa World Press, 1997, p. 32.

艺术家档案:张洹

Chiu, Melissa, ed. *Zhang Huan: Altered States*. New York: Asia Society, 2007. An exhibition catalog.

Dziewior, Yilmaz, ed. *Zhang Huan*. Hamburg, Germany: Hatje Cantz, 2003. An exhibition catalog.

Erickson, Britta. *On the Edge: Contemporary Chinese Artists Encounter the West*. Stanford, Calif.: Iris & B. Gerald Cantor Center for Visual Arts, 2005. An exhibition catalog.

Minglu, Gao, ed. *Inside Out: New Chinese Art*. Berkeley and Los Angeles: University of California Press, 1998. An exhibition catalog.

第四章　时间

Appel, Dora. *Memory Effects: The Holocaust and the Art of Secondary Witnessing*.

New Brunswick, N. J.: Rutgers University Press, 2002.

Doubletake: Collective Memory and Current Art. London: South Bank Centre and Parkett Publishers, 1992. An exhibition catalog.

Friedel, Helmut, ed. *Moments in Time: On Narration and Slowness*. Stuttgart, Germany: Hatje Cantz; New York: Distributed Art Publishers, 1999.

Gangitano, Lia, and Steven Nelson, eds. *New Histories*. Boston: Institute of Contemporary Art, 1996. An exhibition catalog.

Herkenhoff, Paulo, Roxana Marcoci, and Miriam Basilio. *Tempo*. New York: Museum of Modern Art, 2002. An exhibition catalog.

Hughes, Alex, and Andrea Noble. *Phototextualities: Intersections of Photography and Narrative*. Albuquerque: University of New Mexico Press, 2003.

Huyssen, Andreas. *Twilight Memories: Marking Time in a Culture of Amnesia*. New York: Routledge, 1995.

Kleeblatt, Norman L., ed. *Mirroring Evil: Nazi Imagery/Recent Art*. New York: Jewish Museum; New Brunswick, N. J.: Rutgers University Press, 2002. An exhibition catalog.

Making Time: Considering Time as a Material in Contemporary Video and Film. Lake Worth, Fla.: Palm Beach Institute of Contemporary Art, 2000. An exhibition catalog.

Rush, Michael. *New Media in Late Twentieth-Century Art*. New York: Thames & Hudson, 1999.

Saltzman, Lisa. *Making Memory Matter: Strategies of Remembrance in Contemporary Art*. Chicago: University of Chicago Press, 2006.

Thomspon, Nato, ed. *Ahistoric Occasion: Artists Making History*. North Adams: Mass MoCA Publications, 2007. An exhibition catalog.

Toll, Nelly. *When Memory Speaks: The Holocaust in Art*. Westport, Conn.: Praeger Publishers, 1998.

艺术家档案:布莱恩·托利

Blackwell, Josh. "Brian Tolle at Shoshana Wayne," *Art Issues* 63 (Summer 2000): p. 49.

Kaizen, William. "Brian Tolle," *Bomb* 77 (Summer 2001): pp. 56 - 63.

Owens, Craig. "The Allegorical Impulse: Towards a Theory of Postmodernism." In Charles Harrison and Paul Wood, eds., *Art in Theory: 1900 - 2000*, pp. 1025 - 1032. Malden, Mass.: Blackwell, 2003.

Richardson, Lynda. "Like Potato Fields, His Memorial Lies Fallow." *New York Times*, May 14, 2003, p. B2.

Servetar, Stuart. "Ouverture: Brian Tolle." *Flash Art* 189 (Summer 1996): p. 124.

Weaver, Thomas. "Brian Tolle: Overmounted Interior." *Sculpture* 15, no. 7 (September 1996): pp. 64 - 65.

艺术家档案:科妮莉亚·帕克

Button, Virginia. *The Turner Prize 1997*. London: Tate Gallery, 1997. An exhibition catalog.

Cornelia Parker: A Meteorite Lands. Manchester, United Kingdom: Ikon Gallery, 2002. An exhibition catalog.

Corrin, Lisa G. *Cornelia Parker*. London: Serpentine Gallery, 1998. An exhibition catalog.

Ferguson, Bruce, and Jessica Morgan. *Cornelia Parker*. Boston: Institute of Contemporary Art, 2000. An exhibition catalog.

Jahn, Andrea, ed. *Cornelia Parker—Perpetual Canon*. Stuttgart, Germany: Württembergischer Kunstverein, 2005. An exhibition catalog.

第五章 场所

Bachelard, Gaston. *The Poetics of Space*. Boston: Beacon Press, 1969.

Bender, Susan and Ian Berry. *The World According to the Newest and Most Exact Observations: Mapping Art and Science*. Saratoga Springs, N. Y.: Tang Teaching Museum and Art Gallery, Skidmore College, 2001. An exhibition catalog.

Davies, Hugh. *Blurring the Boundaries: Installation Art, 1969 - 1996*. San Diego, Calif.: Museum of Contemporary Art, 1996. An exhibition catalog.

Deitch, Jeffrey, and Dan Friedman, eds. *Artificial Nature*. Athens, Greece: Deste Foundation for Contemporary Art, 1990. An exhibition catalog.

De Oliveira, Nicolas, Nicola Oxley, and Michael Petry. *Installation Art*. London: Thames and Hudson, 1994.

Doherty, Claire, ed. *Claustrophobia*. Birmingham, United Kingdom: Ikon Gallery, 1998. An exhibition catalog.

Dunning, William V. *Changing Images of Pictorial Space: A History of Spatial Illusion in Painting*. Syracuse, N. Y.: Syracuse University Press, 1991.

Enwezor, Okwui, "A Question of Place: Revisions, Reassessments, Diaspora," in *Transforming the Crown: African, Asian & Caribbean Artists in Britain 1966 - 1996*. New York: African Diaspora Institute, 1997, pp. 80 - 88.

Grynsztejn, Madeleine, *About Place: Recent Art of the Americas*. Chicago: Art Institute of Chicago, 1995.

Kastner, Jeffrey, ed., *Land and Environmental Art*. London: Phaidon, 1998.

Kwon, Miwon, *One Place After Another*. Cambridge, Mass.: MIT Press, 2002.

Lippard, Lucy, *The Lure of the Local: Senses of Place in a Multicentered Society*. New York: The New Press, 1997.

Martin, Richard, ed., *The New Urban Landscape*. New York: Olympia & York Companies, 1989.

McMaster, Gerald, ed. *Reservation X: The Power of Place in Aboriginal Contemporary Art*. Quebec: Canadian Museum of Civilization; Seattle: University of Washington Press, 1998.

No Place (Like Home). Minneapolis, Minn.: Walker Art Center; New York: Distributed Art Publishers, 1997. An exhibition catalog.

O'Doherty, Brian. *Inside the White Cube: The Ideology of the Gallery Space*. San Francisco: Lapis Press, 1986.

Out of Site: Fictional Architectural Spaces. New York: New Museum of Contemporary Art, 2002. An exhibition catalog.

Reiss, Julie H. *From Margin to Center: The Spaces of Installation Art*. Cambridge, Mass.: MIT Press, 1999.

Rogoff, Irit. *Terra Infirma: Geography's Visual Culture*. London and New York: Routledge, 2000.

Rybczynski, Witold. *Home: A Short History of an Idea*. New York: Penguin Books, 1987.

Small World: Dioramas in Contemporary Art. San Diego, Calif.: Museum of Contemporary Art, 2000. An exhibition catalog.

Storr, Robert, *Mapping*. New York: Museum of Modern Art, 1994. An exhibition catalog.

Suderburg, Erika, ed. *Space, Site, Intervention: Situating Installation Art*. Minneapolis: University of Minnesota Press, 2000.

Vidler, Anthony. "Interpreting the Void: Architecture and Spatial Anxiety." In Mark A. Cheetham, Michael Ann Holly, and Keith Moxey, eds., *The Subjects of Art History: Historical Objects in Contemporary Perspective*, pp. 288 - 307. Cambridge, United Kingdom: Cambridge University Press, 1998.

艺术家档案:珍妮特・卡迪夫

Betsky, Aaron. "Janet Cardiff." In *010101: Art in Technological Times*. San Francisco: San Francisco Museum of Modern Art, 2001, pp. 052 - 053. An exhibition catalog.

Cardiff, Janet. "Inexplicable Symbiosis: A Conversation with Janet Cardiff." By Carolee Thea. *Sculpture* 22, no. 1 (January-February 2003): pp. 52 - 57.

D'Souza, Aruna. "A World of Sound." *Art in America* 90, no. 4 (April 2002): pp. 110 - 115,161.

Kimmelman, Michael. "Janet Cardiff" in "Art in Review." *New York Times*, November 30,2001, p. E36.

Lerner, Adam. "Janet Cardiff and George Bures Miller." In Jonathan P. Binstock, *The 47th Corcoran Biennial: Fantasy Underfoot*. Washington, D. C.: Corcoran Gallery of Art, 2002, pp. 42 - 45.

艺术家档案:泰特现代美术馆的联合利华系列展

Blazwick, Iwona, and Simon Wilson, eds. *Tate Modern: The Handbook*. London: Tate Publishing, 2000.

De Salvo, Donna. *Anish Kapoor: Marysas*. London: Tate Publishing, 2002. An exhibition catalog.

Grynsztejn, Madeleine. *Take Your Time: Olafur Eliasson*. San Francisco: San Francisco Museum of Modern Art; New York: Thames and Hudson, 2007. An exhibition catalog.

May, Susan. *Olafur Eliasson: The Weather Project*. London: Tate Publishing, 2004. An exhibition catalog.

Morgan, Jessica. *Test Site: Carsten Höller*. London: Tate Publishing, 2006. An exhibition catalog.

Salcedo, Doris. *Doris Salcedo Shibboleth*. London: Tate Publishing, 2007. An exhibition catalog.

第六章　语言

Bee, Susan, and Mira Schor, eds. *M/E/A/N/I/N/G: An Anthology of Artists' Writings, Theory, and Criticism*. Durham, N. C.: Duke University Press, 2000.

Bowman, Russell. "Words and Images: A Persistent Paradox." *Art Journal* 45 (Winter 1985): pp. 335 - 343.

Colpitt, Frances, and Phyllis Plous. *Knowledge: Aspects of Conceptual Art*. Santa Barbara: University Art Museum, University of California, 1992. An exhibition catalog.

Drucker, Johanna. *The Century of Artists' Books*. New York: Granary Books, 1995.

A Forest of Signs: Art in the Crisis of Representation. Los Angeles: Museum of Contemporary Art; Cambridge, Mass.: MIT Press, 1989. An exhibition catalog.

Hapkemeyer, Andreas, and Peter Weiermair, eds. *photo text text photo: The Synthesis of Photography and Text in Contemporary Art*. Bozen, Italy: Museum für Moderne Kunst; Frankfurt am Main, Germany: Frankfurter Kunstverein, 1996. An exhibition catalog.

Hughes, Alex, and Andrea Noble, eds. *Phototextualities: Intersections of Photography and Narrative*. Albuquerque: University of New Mexico Press, 2003.

Lauf, Cornelia, and Clive Phillpot. *Artist/Author: Contemporary Artists' Books*. New York: American Federation of Arts and Distributed Art Publishers, 1998.

Lyons, Joan, ed. *Artists' Books: A Critical Anthology and Sourcebook*. Rochester, N. Y.: Visual Studies Workshop Press, 1987.

McDaniel, Craig, Matthew Brennan, and Renée Ramsey, eds. *Is Poetry a Visual Art?* Terre Haute: Indiana State University, Turman Art Gallery, 1993. An exhibition catalog.

Perverted by Language. Greenvale, N. Y.: Hillwood Art Gallery, Long Island University/C. W. Post Campus, 1987. An exhibition catalog.

Spector, Buzz, ed. *Verbally Charged Images*. Chicago: *WhiteWalls: A Magazine of Writings by Artists* 10/11, (Spring-Summer 1984).

Stiles, Kristine. "Language and Concepts." In Kristine Stiles and Peter Selz, eds., *Theories and Documents of Contemporary Art: A Sourcebook of Artists' Writings*, pp. 804 - 816. Berkeley and Los Angeles: University of California Press, 1996.

Vesna, Victoria. *Database Aesthetics: Art in the Age of Information Flow*. Minneapolis: University of Minnesota Press, 2007.

Word and Meaning: Six Contemporary Chinese Artists. Buffalo, N. Y.: University at Buffalo Art Gallery, 2000. An exhibition catalog.

Words and # s. Dayton, Ohio: Museum of Contemporary Art, Wright State University, 1991. An exhibition catalog.

Wye, Deborah. *Thinking Print: Books to Billboards, 1980 - 95*. New York: Museum of Modern Art, 1996. An exhibition catalog.

艺术家档案:妮娜·卡查杜里安

Berry, Ian. *Nina Katchadourian: All Forms of Attraction*. Saratoga Springs, N. Y.: Frances Young Tang Teaching Museum and Art Gallery at Skidmore College, 2006. An exhibition catalog.

Richard, Frances, Daniel Rosenberg, and Lytle Shaw. *Talking Popcorn, Paranormal Postcards, and Indecision on the Moon*. New York: Debs and Co., 2001. An exhibition catalog.

Rosenberg, Daniel. "One Small Step (for Nina Katchadourian)." *Art Journal* 61, no. 3 (Fall 2002): pp. 32 - 39.

Volk, Gregory. "Nina Katchadourian at Sara Meltzer." *Art in America* 94, no. 1 (January 2006): p. 114.

艺术家档案:肯·阿普特卡尔

Bryson, Norman. "The Viewer Speaks." *Art in America 87*, no. 2 (February 1999): pp. 98 - 101.

Kaplan, Janet. "Ken Aptekar." In "Give & Take Conversations." *Art, Journal* 61, no. 2 (Summer 2002): pp. 71 - 74.

Sangster, Gary. "Ken Aptekar." In *43rd Biennial of Contemporary American Painting*. Washington, D. C.: Corcoran Gallery of Art, 1993, pp. 34 - 35. An exhibition catalog.

第七章　科学

Anker, Suzanne, and Dorothy Nelkin. *The Molecular Gaze: Art in the Genetic Age*. Cold Spring, N. Y.: Harbor Laboratory Press, 2004.

Ede, Siân, ed. *Strange and Charmed: Science and the Contemporary Visual Arts*. London; Calouste Gulbenkian Foundation, 2000.

Heiferman, Marvin, and Carole Kismaric, eds. *Paradise Now: Picturing the Genetic Revolution*. Saratoga Springs, N. Y.: Tang Teaching Museum and Art Gallery, Skidmore College; New York: Distributed Art Publishers, 2001.

Heon, Laura Steward. *Unnatural Science: An Exhibition*. North Adams: Mass MoCA Publications, 2000. An exhibition catalog.

Hoffman, Irene. *Weird Science: A Conflation of Art and Science*. Bloomfield Hills, Mich.: Cranbrook Art Museum, 1999. An exhibition catalog.

Levy, Ellen K. "Art Enters the Biotechnology Debate; Questions of Ethics," In Elaine A. King, and Gail Levin, eds., *Ethics and the Visual Arts*, pp. 199 - 216. New York: Allworth Press, 2006.

Obrist, Hans Ulrich, and Barbara Vanderlindnen, eds. *Laboratorium*. Antwerp: Antwerpen Open and Roomade; New York: Distributed Art Publishers, 2001. An exhibition catalog.

Smith, Marquard, and Joanne Morra, eds. *The Prosthetic Impulse: From a Posthuman Present to a Biocultural Future*. Cambridge, Mass.: MIT Press, 2006.

Stirratt, Betsy, ed. *Human Nature*. Bloomington: School of Fine Arts Gallery, Indiana University. 2007. An exhibition catalog.

Thompson, Nato, ed. *Becoming Animal: Contemporary Art in the Animal Kingdom*. North Adams: Mass MoCA Publications; Cambridge, Mass.: MIT Press, 2005.

Wilson, Stephen. *Information Arts: Intersections of Art, Science, and Technology*. Cambridge, Mass: MIT Press, 2002.

艺术家档案:派翠西亚·佩契妮妮

Patricia Piccinini: Nature's Little Helpers. New York: Robert Miller Gallery, 2005. An exhibition catalog.

Thompson, Nato. "Patricia Piccinini." In Nato Thompson, ed., *Becoming Animal: Contemporary Art in the Animal Kingdom*, pp. 98 - 105. North Adams, Mass: MASS MoCA; New York: Distributed Art Publishers, 2005. An exhibition catalog.

Toffoletti, Kim. "Origins and Identity in a Biotech World." In *Cyborgs and Barbie Dolls: Feminism, Popular Culture and the Posthuman Body*, pp. 133 - 159. London and New York: I. B. Tauris, 2007.

艺术家档案:爱德瓦尔多·卡茨

Britton, Sheilah, and Dan Collins, eds. *The Eighth Day: The Transgenic Art of Eduardo Kac*. Tempe: Institute for Studies in the Arts, Herberger College of Fine Arts, Arizona State University, 2003.

Kac, Eduardo, ed. *Signs of Life: Bio Art and Beyond*. Cambridge, Mass.: MIT Press, 2006.

Kac, Eduardo. *Telepresence and Bio Art: Networking Humans, Rabbits, and Robots*. Ann Arbor: University of Michigan Press, 2005.

第八章　精神性

Apocalypse: Beauty and Horror in Contemporary Art. London: Royal Academy of Arts, 2000. An exhibition catalog.

Baldessari, John, and Meg Cranston. *100 Artists See God*. New York: Independent Curators International, 2004. An exhibition catalog.

Baas, Jacquelynn, and Mary Jane Jacob, eds. *Buddha Mind in Contemporary Art*. Berkeley and Los Angeles: University of California Press, 2004.

Elkins, James. *On the Strange Place of Religion in Contemporary Art*. New York and London: Routledge, 2004.

Faith: The Impact of Judeo-Christian Religion on Art at the Millennium. Ridgefield, Conn.: Aldrich Museum of Contemporary Art, 2000. An exhibition catalog.

Francis, Richard, ed. *Negotiating Rapture: The Power of Art to Transform Lives*. Chicago: Museum of Contemporary Art, 1996. An exhibition catalog.

Gablik, Suzi. *The Reenchantment of Art*. New York: Thames and Hudson, 1991.

Heartney, Eleanor. *Postmodern Heretics: Catholic Imagination in Contemporary Art*. New York: Midmarch Press, 2004.

Herbert, Lynn M. "Regarding Spirituality." In *Art: 21: Art in the Twenty-First Century*. New York: Harry N. Abrams, 2001.

Kleeblatt, Norman L., ed. *Too Jewish? Challenging Traditional Identities*. New York: Tewish Museum; Brunswick, N. J.: Rutgers University Press, 1996. An exhibition catalog.

Lipsey, Roger. *An Art of Our Own: The Spiritual in Twentieth-Century Art*. Boston: Shambhala, 1988.

Morgan, Anne. "Beyond Post Modernism: The Spiritual in Contemporary Art." *Art Papers* 26. no. 1 (January-February 2002): pp. 30-36.

Ravenal, John B. *Vanitas: Meditations on Life and Death in Contemporary Art* (Richmond: Virginia Museum of Fine Arts, 2000). An exhibition catalog.

Tuchman, Maurice, ed. *The Spiritual in Art: Abstract Painting 1890-1985*. Los Angeles: Los Angeles County Museum of Art; New York: Abbeville Press, 1986. An exhibition catalog.

艺术家档案:乔斯·比迪亚

Bettelheim, Judith. "Palo Monte Mayombe and Its Influence on Cuban Contemporary Art." *African Arts* 34, no. 2 (Summer 2001): pp. 36-49, 94-95.

Gaché, Sherry. "José Bedia: Only the Most Valuable Things." *Sculpture* 18, no. 5 (June 1999): pp. 42-49.

José Bedia: La Isla—el Cazadcory la Presa (The Island — the Hunter and the Prey).

Santa Fe, N. Mex. : SITE Santa Fe, 1997. An exhibition catalog.

Lindsay, Arturo, ed. *Santería Aesthetics in Contemporary Latin American Art*. Washington, D. C. : Smithsonian Institution Press, 1996.

Mosquera, Gerardo. "Juan Francisco Elso: Sacralisation and the 'Other' Postmodernity in New Cuban Art." *Third Text* 41 (Winter 1997 - 98): pp. 74 - 84.

Sullivan, Edward. "Fantastic Voyage: the Latin American Explosion." *ARTnews* 92, no. 6 (Summer 1993): pp. 134 - 37.

Thompson, Robert Farris. "Sacred Silhouettes." *Art in America* 85 (July 1997): pp. 64 - 71.

艺术家档案:比尔・维奥拉

Bill Viola. Klagenfurt, Austria: Ritter, 1994. An exhibition catalog.

Bill Viola: Slowly Turning Narrative. Philadelphia: Institute of Contemporary Art; Richmond: Virginia Museum of Fine Arts, 1992.

Ross, David A., and Peter Sellars. *Bill Viola*. New York: Whitney Museum of American Art, 1998. An exhibition catalog.

Townsend, Chris, ed. *The Art of Bill Viola*. London: Thames and Hudson, 2004.

注　释

导言

1. 虽然当代艺术话语中广为流行的主题不胜枚举，奇怪的是，当代知名艺术家以及聚焦于当代艺术的评论者和史学家对其他如体育和婚姻这类对公众来说很重要的主题的研究却很少。

第一章　拓展中的艺术世界

1. 我们在第七章“科学”后面关于档案部分讨论了爱德瓦尔多·卡茨（Eduardo Kac）的这一装置作品。要了解更多信息，可访问卡茨的网站www.ekac.org，或已发表的关于此项目的专著：《第八日：爱德瓦尔多·卡茨的转基因艺术》（*The Eighth Day: The Transgenic Art of Eduardo Kac*, Temple: Institute for Studies in the Arts, Arizona State University, 2003）。
2. 展览的合作策展人是 Massimiliano Gioni 和艺术家 Maurizio Cattelan。
3. 艾里卡·道斯：《20 世纪美国艺术》（Erika Doss, *Twentieth-Century American Art*, Oxford: Oxford University Press, 2002），第 203 页。
4. 我们将在第五章“场所”后面的档案部分讨论在泰特现代美术馆的旋涡大厅持续展出的系列大型装置作品。
5. 史蒂芬·科克：《安迪·沃霍尔，1928—1987》（Stephen Koch, “Andy Warhol, 1928—1987”），载《艺术论坛》（*Artforum*），2003 年 4 月，第 94 页。
6. 哈伊姆·施泰纳巴赫：《哈伊姆·施泰纳巴赫和蒂姆·格里芬对话录》（Haim Steinbach, “Haim Steinbach Talks to Tim Griffin,”），采访人蒂姆·格里芬（Tim

Griffin),载《艺术论坛》(*Artforum*),2003 年 4 月,第 230 页。

7. 尼尔·贝内兹拉和奥尔加·维索:《失态:20 世纪 90 年代艺术中的不和谐主题》(Neal Benezra and Olga M. Viso, *Distemper: Dissonant Themes in the Art of the 1990s*, Washinton D. C.: Hirshhorn Museum and Sculpture Garden, Smithsonian Institution),第 10 页。参展图录。
8. 道斯:《20 世纪美国艺术》(Doss, *Twentieth Century American Art*),第 217 页。
9. 20 世纪 80 年代及之后采用挪用手法创作的艺术家包括德国的西格马尔·波尔克(Sigmar Polke),美国的杰夫·昆斯(Jeff Koons)、迈克·比德罗(Mike Bidlo)和路易斯·劳勒(Louise Lawler);意大利的卡洛·玛丽亚·马里亚尼(Carlo Maria Mariani);中国的王广义(Wang Guangyi)。
10. 新媒介不断扩展的领域内的一些积极实践者包括丽贝卡·霍恩(Rebecca Horn)、(Jon Kessler)、艾伦·罗斯(Alan Rath)、劳里·安德森(Laurie Anderson)、马戈特·拉夫卓伊(Margot Lovejoy)、皮皮洛蒂·瑞斯特(Pipilotti Rist)、森万里子(Mariko Mori)、杰弗里·肖(Jeffrey Shaw)和米甲·鲁芙娜(Michal Rovner)。
11. 引自丽兹·威尔斯:《摄影学批判导读》(Liz Wells, *Photography: A Critical Introduction*, London and New York: Routledge, 1997),第 257 页。
12. 尼古拉斯·米尔佐夫:《视觉文化导读》(Nicholas Mirzoeff, *An Introduction to Visual Culture*, London and New York: Routledge, 1999),第 91 页。
13. 在机械复制时代,影印石板术(photolithography)这类过程使报纸和杂志能复制和传播图像。如今,由于图像能以光速在全球传播,因此电子时代在程度和种类上都与以前的时代大不相同。
14. 要了解伯恩作品的描述,参见大卫·伯恩:《想象情感认识论的信息》(David Byrne, *Envisioning Emotional Epistemological Information*, New York: Steidl and Pace-McGill Gallery, 2003)。
15. 引自斯图尔特·霍尔和迈克尔·哈尔特:《变化的态势:在帝国的阴影下》(Stuart Hall and Michael Hardt, "Changing States: In the Shadow of Empire"),选自吉莲·塔瓦多斯编辑的《变化的态势:全球化时代的当代艺术和思想》(Gilane Tawadros, ed., *Changing States: Contemporary Art and Ideas in an Era of Globalisation*, London, Institute of International Visual Arts, 2004),第 133 页。之前的大部分讨论内容都得益于霍尔的论点。
16. 参见示意图,《全球当代艺术的双年展和三年展》("Biennial and Triennial International Contemporary Art Surveys Worldwide"),选自《普遍经验:艺术、生活和游人的目光》(*Universal Experience: Art, Life, and the Tourist's Eye*, Chicago: Museum of Contemporary Art; New York: Distributed Art Publishers, 2005),第 204—205 页。

17. 朱莉娅·芬顿:《世界的骚乱:全球主义和本土的回归》(Julia A. Fenton,"World Churning: Globalism and the Return of the Local"),载《艺术论文》(*Art Papers*),2001 年 5 月25 日至6 月,第 11 页。
18. 参见弗雷德里克·詹姆逊:《作为哲学问题的全球化》(Fredric Jameson,"Globalization as a Philosophical Issue"),选自弗雷德里克·詹姆逊和三好正男编辑的《全球化的文化》(Fredric Jameson and Masao Miyohsi,eds,*The Cultures of Globalization*,Durham,N. C. :Duke University Press,1998),第 75—76 页。
19. 吉莲·塔瓦多斯:《国家》(Gilane Tawadros,"Nation"),选自塔瓦多斯编辑的《变化的态势》(Tawadros,ed. ,*Changing States*),第 71 页。
20. 本内特·辛普森:《推开敞开的大门:作为文化经纪人的艺术家》(Bennett Simpson,"Pushing an Open Door: The Artist as Culture Broker"),选自《美国人:新艺术》(*The Americans*: New Art,London:Booth-Clibborn Editions,2001),第 296 页。参展图录。
21. 在后现代主义之前,包括达达主义者和很多超现实主义者在内的不同艺术家也曾对媚俗作品很感兴趣。
22. 约翰·拉齐曼:《不愉快的回归》(John Rajchman,"Unhappy Returns"),载《艺术论坛》(*Artforum*),2003 年 4 月,第 61 页。"波堡"是乔治·蓬皮杜中心的昵称,后者是 1977 年在巴黎开放的一个文化中心。
23. 比较有影响的后现代主义理论家包括法国知识分子米歇尔·福柯(Michel Foucault)、雅克·德里达(Jacques Derrida)、罗兰·巴特(Roland Barthes)和雅克·拉康(Jacques Lacan)。
24. 关于后结构主义的进一步讨论,参见第六章"语言"。
25. 对视觉艺术产生影响的诸多女性主义思想家包括朱莉娅·克里斯蒂娃(Julia Kristeva)、露丝·伊利格瑞(Luce Irigaray)、埃莱娜·西苏(Hélène Cixous)、盖亚特里·查克拉沃蒂·斯皮瓦克(Gayatri Chakravorty Spivak)、克雷格·欧文斯(Craig Owens)、劳拉·穆尔维(Laura Mulvey)、露西·利帕德(Lucy Lippard)和格里塞尔达·波洛克(Griselda Pollock)。和后殖民主义相关的思想家有霍米·巴巴(Homi K. Bhabha)、爱德华·萨义德(Edward Said)、拉什得·阿瑞恩(Rasheed Araeen)、保罗·吉尔罗(Paul Gilroy)和欧卢·欧桂比(Olu Oguibe)。对女性主义和后殖民主义均有所涉足的知识分子包括贝尔·胡克斯(Bell Hooks)、全敏合(Trinh T. Minh-ha)和艾拉·哈比巴·肖哈特(Ella Habiba Shohat)。
26. 关于女性主义和后殖民主义的进一步讨论,参见第二章"身份"和第三章"身体"的内容。
27. 托比·坎普斯:《水平思考:20 世纪 90 年代的艺术》(Toby Kamps,"Lateral Thinking: Art for the 1990s"),选自《水平思考:(20 世纪)90 年代的艺术》

(*Lateral Thinking : Art for the 1990s*, La Jolla, Calif: Museum of Contemporary Art San Diego, 2002),第 15 页。展览图录。

28. 理查德·考克:《20 世纪的终结》(Richard Cork, "The End of the Twentieth Century"),选自理查德·考克:《打破疆界:20 世纪 90 年代的艺术》(Richard Cork, *Breaking Down the Barriers : Art in the 1990s*, New Haven, Conn: Yale University Press, 2003),第 628 页。
29. 霍米·巴巴:《生产差异》(Homi K. Bhabha, "Making Difference"),载《艺术论坛》(*Artforum*),2003 年 4 月,第 76 页。
30. 劳瑞·芬德里奇:《为何绘画仍然重要》(Laurie Fendrich, *Why Painting Still Matters*, Bloomington, Ind: Phi Delta Kappa Educational Foundation, 2000),第 16 页。
31. 本杰明·维尔:《氛围艺术和我们同艺术观念间的关系的变化》(Benjamin Weil, "Ambient Art and Our Changing Relationship to the Art Idea"),选自《010101:科技时代中的艺术》(*010101 : Art in Technological Times*, San Francisco: San Francisco Museum of Modern Art, 2001),第 58—59 页。展览图录。
32. 杰夫·沃尔:《杰夫·沃尔和鲍勃·尼卡斯对话录》(Jeff Wall, "Jeff Wall Talks to Bob Nickas"),采访人鲍勃·尼卡斯(Bob Nickas),载《艺术论坛》(*Artforum*),2003 年 3 月,第87 页。
33. 吉尔·德勒兹和费利克斯·瓜塔里:《千高原:资本主义和精神分裂》(Gilles Deleuze and Felix Guattari, *A Thousand Plateaus : Capitalism and Schizophrenia*, translated by Brian Massumi, Minneapolis: University of Minnesota Press, 1987)。
34. 泰森作品的名称,《大面积列阵》(*Large Field Array*),指涉的是超大天线阵列(Very Large Array)(VLA),一个坐落于新墨西哥州一片荒芜之地上的天文观测站。VLA 作为一个科学研究设施的能量——观测宇宙——源于从 27 个排列成巨大的 Y 字形的大型独立收音机天线(每个的长度为 20.9 千米)上全面收集而来的信息。
35. Keith Tyson,引自在线访谈,"Keith Tyson—Large Field Array, Part 2,"http://www. tabblo. com/studio/stories/view/255949/? nextnav = favs&navuser = 233142(2008 年 6 月 27 日访问)。

第二章 身份

1. 克莱尔·帕加茨诺斯卡:《女性视觉文化中的问题》(Claire Pajaczkowska, "Issues in Feminist Visual Culture"),选自菲奥娜·卡尔森和克莱尔·帕加茨诺斯卡编辑:《女性视觉文化》(Fiona Carson and Claire Pajaczkowska, eds., *Feminist Visual Culture*, New York: Routledge, 2000),第 8 页。

2. 琳达·温特劳布:《边缘和边缘以外的艺术:寻找艺术在当代社会中的意义 20 世纪 70 年代至 90 年代》(Linda Weintraub,*Art on the Edge and Over: Searching for Art's Meaning in Contemporary Society 1970s - 1990s*,Litchfield,Conn:Art Insights,1996),第 99 页。
3. 露西·利帕德:《喜忧参半:多文化美国中的新艺术》(Lucy R. Lippard, *Mixed Blessings: New Art in a Multicultural America*,New York:Pantheon Books,1990),第 21 页。
4. 仅以一个城市为例——纽约——其他 20 世纪 90 年代较有影响的(饱受争议的)、围绕身份主题举办的艺展还包括以下这些:1990 年于纽约在哈莱姆区的工作室博物馆、新当代艺术博物馆和当代西班牙艺术博物馆同时举办的“十年展:20 世纪 80 年代的身份体系”;亚洲艺术馆的“亚洲/美国:当代亚裔美国艺术中的身份”(1994);惠特尼博物馆的“黑人男性:当代美国艺术中的男性表征”(1994);新当代美国艺术馆的“坏女孩”(1994);犹太博物馆的“太犹太了? 挑战传统身份”(1996)。
5. 要了解有关这两次以及过去 15 年围绕着身份主题的其他展览的更为细致的思考,可参见根据策展人诺曼·克里布拉特(Norman L. Kleeblatt)2004 年组织的美国大学艺术学会小组讨论内容整理出来的,题为《身份过山车》(“Identity Roller Coaster”)的系列论文,载于《美术学报》(*Art Journal*),64 期(2005 年春季号):第 61—94 页。
6. 参见罗兰·巴特:《作者之死》(Roland Barthes,“The Death of the Author”),选自史蒂芬·西斯翻译和编辑:《图像、音乐、文本》(Stephen Heath trans. and ed., *Image, Music, Text*),New York:Noonday Press,1977),第 142—148 页。
7. 要全面了解关于始于 20 世纪 70 年代、艺术方面的女性主义激进运动的讨论,参见诺玛·布罗德和玛丽·葛拉尔德编辑:《女性主义艺术的力量:20 世纪 70 年代的美国运动,历史和影响》(Norma Broude and Mary D. Garrard, eds., *The Power of Feminist Art: The American Movement of the 1970s, History and Impact*,New York:Harry N. Abrams,1994)。
8. 靳卫红:《关于我的主题——女人》(Jin Weihong,“A Theme of Me—Woman”),选自《靳卫红》(*Jin Weihong*,Shanghai:ShanghART,1998),第 3 页。展览图录。
9. 华特·安德森编辑:《关于真相的真相:澄清和重构后现代世界》(Walter Truett Anderson, ed., *The Truth about the Truth: De-confusing and Re-constructing the Postmodern World*,New York:Putnam,1995),第 128 页。
10. 贝尔·胡克斯:《后现代黑人性》(Bell Hooks,“Postmodern Blackness”),选自《关于真相的真相》(*The Truth about the Truth*),第 122 页。
11. 霍米·巴巴(Homi K. Bhabha)、爱德华·萨义德(Edward Said)、奥鲁·欧奎博(Olu Oguibe)、全敏合(Trin T. Minh-ha)和萨拉·马哈拉吉(Sarat Maharaj)等

理论家都探讨过驳杂性和交融性问题。

12. 罗希尼·马利克和加文·詹蒂尔斯:《硕果累累的支离破碎:与艺术家们的关于国际主义的对话》(Rohini Malik and Gavin Jantjes, *A Fruitful Incoherence: Dialogues with Artists on Internationalism*, London: Institute of International Visual Arts, 1998),首页,"驳杂性"部分(术语表中)。
13. 加文·詹蒂尔斯:《硕果累累的支离破碎》(Gavin Jantjes, *A Fruitful Incoherence*)引言,第16 页。
14. 玛戈·町田:《远离亚洲:协商美国亚裔身份》(Margo Machida, "Out of Asia: Negotiating Asian Identities in America"),选自《亚洲/美洲:当代亚裔美国艺术中的身份》(*Asia/America: Identities in Contemporary Asian American Art*, New York: Asian Society Galleries and New Press, 1994),第 107 页。展览图录。
15. 引自詹妮弗·维吉尔:《威尔·威尔逊》(Jennifer Vigil, "Will Wilson"),选自詹姆斯·霍塔奇编辑:《多样性和对话:北美印第安美术的 Eiteljotg 基金》(James H. Nottage, ed., *Diversity and Dialogue: The Eiteljorg Fellowship for Native American Fine Art*, Indianapolis: Eiteljorg Museum of American Indians and Native American Art, 2007),第 98 页。展览图录。
16. 维吉尔:《威尔·威尔逊》(Vigil, "Will Wilson"),选自《多样性和对话》(*Diversity and Dialogue*),第 104 页。
17. 要了解研究 *Rasquachismo* 的两位重要学者的简介,以及关于这个术语如何在美国被误解的讨论,可参考霍利·巴尼特·桑切斯:《托马斯·巴哈-佛罗斯托和阿玛利亚·梅沙-贝恩斯:来自内部的批评话语》(Holly Barnet-Sanchez, "Tomás Ybarra-Frausto and Amalia Mesa-Bains: A Critical Discourse from Within"),载《艺术学报》(*Art Journal*)64 期(2005 年冬季号),第 91—93 页。
18. 朱迪斯·巴特勒:《性别麻烦:女性主义与身份的颠覆》(Judith Butler, *Gender Trouble: Feminism and the Subversion of Identity*, London and New York: Routledge, 1993)。
19. 这些观念的一部分将在接下来的第三章"身体"里关于瑞尼·考克斯(Renée Cox)的艺术家简介中加以讨论。
20. 选自艾拉·肖哈特编辑:《述说意象:多民族时代的多文化女性主义》的引言(Ella Shohat, ed, *Talking Visions: Multicultural Feminism in a Transnational Age*, New York: New Museum of Contemporary Art; Camebridge: MIT Press, 1998),第 12 页。
21. 加文·詹蒂尔斯(Gavin Jantjes)告诉艺术家马琳·杜马斯(Marlene Dumas),相对于多元文化主义(*multiculturalism*),他更喜欢用新国际主义(*new internationalism*)这个词。他解释道:"我一直将国际主义当作一个开放的术语来使用。我不用多元文化主义,因为我认为某些历史和文化联系使这个词成为过去的话语。我之所以提到国际主义,是因为它使我以多元文化主义的历史观念为背景来理解世界局势。”加文·詹蒂尔斯:《马琳·杜马斯》(Gavin Jantjes,“Marlene Dumas”),选自《硕果累累的支离破碎》(*A Fruitful Incoherence*),第55页。

22. 西尔玛·戈登:《自由风尚》引言(Thelma Golden, Introduction to *Freestyle*, New York: Studio Museum in Harlem, 2001),第15页。展览图录。
23. 苏泽特·敏:《全世界最后一次亚裔美国人的艺术展》(Susette S. Min, “The Last Asian American Exhibition in the Whole Entire World”),梅丽莎·赵、卡琳·比嘉和苏泽特·敏编辑:《无论如何:当今的亚裔美国艺术》(Melissa Chiu, Karin Higa and Susette S. Min, eds., *One Way or Another: Asian American Art Now*, New York: Asia Society; New Haven, Conn: Yale University Press, 2006),第34—41页。
24. 马戈·町田:《重塑亚裔美国人》(Margo Machida, “Reframing Asian American”),选自《无论如何》(*One Way or Another*),第17、16页。Machida 提出一个令人颇为信服的观点,即当今亚裔美国艺术的复杂流向与其说是20世纪八九十年代的身份艺术的断裂,不如说是其连续统一体;后者比那些回顾过去艺术的人所认为的更为混杂多样。
25. 苏珊·索林斯:《艺术21:21世纪的艺术2》(Susan Sollins, *Art 21: Art in the Twenty-First Century 2*, New York: Harry N. Abrams, 2003),第213页。
26. 摄影史上,合成照片的生产在计算机时代到来之前,早在暗室冲洗模拟底板的过程中就实现了。
27. 克莉丝·布鲁斯:《在镜厅中航行》(Chris Bruce, “Navigating in the Hall of Mirrors”),选自克莉丝·布鲁斯和安迪·格伦伯格:《艺术之后:摄影150年之反思》(Chris Bruce and Andy Grundberg, *After Art: Rethinking 150 Years of Photography*, Seattle: Henry Art Gallery and University of Washington Press, 1994),第23页。展览图录。
28. 尽管用了不同的题目,布鲁斯指的是图2-2所示的照片。
29. 迈克尔·森德:《南希·柏森和观看的艺术》(Michael L. Sand, “Nancy Burson and the Art of Seeing”),选自克里斯托弗·弗兰奇编辑:《观看和相信:南希·柏森的艺术》(Christopher French, ed., *Seeing and Believing: The Art of Nancy Burson*, Santa Fe: Twin Palms Publishers, 2002),第19页。展览图录。
30. 莫里斯·伯格:《白色的纯粹:南希·柏森》(Maurice Berger, “White Purity: Nancy Burson”),选自莫里斯·伯格编辑:《白色:当代艺术中的白色和种族》(Maurice Berger, ed., *White: White and Race in Contemporary Art*, Baltimore: Center for Art and Visual Culture, University of Maryland Baltimore County; New York: Distributed Art Publishers, 2004),第52页。

31. 南希·柏森:《观看和相信:南希·柏森的艺术:采访林恩·甘蓬特和特瑞·苏丹》(Nancy Burson,"Seeing and Believing: The Art of Nancy Burson: Interview with Lynn Gumpert and Terrie Sultan"),选自《观看和相信》(*Seeing and Believing*),第153页。
32. 蒂娜·舍威尔:《表征中的身体:当代阿拉伯女艺术家》(Tina Sherwell,"Bodies in Representation: Contemporary Arab Women Artists"),选自弗兰·洛依德编辑:《当代阿拉伯女性的艺术》(Fran Lloyd, ed., *Contemporary Arab Women's Art*, London: Women's Art Library, 1999),第65页。
33. 引自马林·凡·胡夫:《谢琳·奈沙特:风中的面纱》(Marine Van Hoof,"Shirin Neshat: Veils in the Wind"),载《艺术新闻》(*Art Press*)279期(2002年5月):第38页。
34. 引自海伦娜·孔塔瓦:《玛丽娜·阿布拉莫维奇、瓦内萨·比克罗夫特和谢琳·奈沙特:现代游牧者》(Helena Kontova,"Marina Abramovic, Vanessa Beefcroft and Shirin Neshat: Modern Nomads"),载《艺术快讯》(*Flash Art*)40期(2007年7—9月),第103页。

第三章 身体

1. 托马斯·麦克艾维利《怀疑时代中的雕塑》(Thomas McEvilley, *Sculpture in the Age of Doubt*, New York: Allworth Press, 1999),第384页。
2. 托马斯·麦克艾维利《怀疑时代中的雕塑》(Thomas McEvilley, *Sculpture in the Age of Doubt*, New York: Allworth Press, 1999),第386页。
3. 从这里开始,本章的若干部分曾以不同的形式出现在让·罗伯森:《人类女性中的艺术行为》(Jean Robertson,"Artistic Behavior in the Human Female")中,选自贝西·斯蒂瑞特和凯瑟琳·约翰逊编辑:《女性信仰:关于性的艺术和杂文》(Betsy Stirratt and Catherine Johnson, eds., *Feminine Persuasion: Art and Essays on Sexuality*, Bloomington: Indinana University Press, 2003),第23—38页。经印第安纳大学出版社许可,先前那篇文章的段落得以重新修订并插入到本章提示语中的适当位置。
4. 要了解主要由参与者撰写的关于女性主义艺术项目的历史,参见费丝·威尔丁:《弗雷斯诺和加州艺术学院的女性艺术项目,1970—1975》(Faith Wilding,"The Feminist Art Programs at Fresno and CalArts, 1970—1975"),选自诺玛·布罗德和玛丽·葛拉尔德编辑:《女性主义艺术的力量:20世纪70年代的美国运动,历史和影响》(Norma Broude and Mary D. Garrard, eds., *The Power of Feminist Art: The American Movement of the 1970s, History and Impact*, NewYork: Harry N. Abrams, 1994),第32—47页。要了解有关女人屋(Womanhouse)的具体讨论,参见选自上书中的阿林·瑞文:《女人屋》(Arlene Raven,"Womanhouse")。

5. 过去几十年致力于身体问题的行为艺术家包括鲍勃·弗拉纳根(Bob Flanagan)、玛丽娜·阿布拉莫维奇(Marina Abramovic)、琳达·蒙塔娜(Linda Montano)、凯伦·芬利(Karin Finley)、蒂姆·米勒(Tim Miller)和弗朗哥·B(Franco B),不胜枚举。除了现场事件(live events)之外,1980年后由相机或录像机记录下来的关于身体问题的行为表演日渐盛行,可参见汉娜·威尔克(Hannah Wilke)、保罗·麦卡锡(Paul McCarthy)、马修·巴尼(Matthew Barney)和奥兰(Orlan)的作品。
6. 托马斯·拉科尔:《克里奥看身体政治学》(Thomas Laqueur,"Clio Looks at Corporal Politics"),选自唐纳德·霍尔:《身体政治学》(Donald Hall, *Corporal Politics*, Camebridge: MIT List Visual Arts Center; Boston: Beacon Press, 1992),第14页。展览图录。
7. 密歇根州立大学的研究被南希·海尔米克(Nanci Hellmich)在其为《今日美国》(*USA Today*)所撰文章《肥胖人物的定型化》("Obese Characters Are Stereotyped")中进行了报道,此文后来被《印第安纳波利斯之星,电视周刊》(*Indianapolis Star, TV Week*)转载,刊登日期为2002年1月6日周日版,第11页。
8. 埃里森·费里斯:《散乱的服饰》(Alison Ferris,"Discursive Dress"),选自《散乱的服饰》(*Discursive Dress*, Sheboygan, Wis.: John Michael Kohler Arts Center, 1994),第11页。展览图录。
9. 断臂的"米洛的维纳斯"于1821年被发现于希腊的一片海滩上。对这件作品的意义的阐释,以及围绕着它对观赏者的吸引力的解释不尽相同。彼得·富勒(Peter Fuller)在1980年发表的文章中认为,米洛的维纳斯之所以吸引着现代观众,是因为其残缺的形式。对Fuller观点的简要分析可参见乔纳森·哈里斯:《新艺术史:批判导论》(Jonathan Harris, *The New Art History: A Critical Introduction*, London: Routledge, 2001),第140—142页。
10. 《给予与索取》(*Give & Take*, London: Serpentine Gallery and Victoria and Albert Museum, 2001),第33页。塑像的雕刻是由意大利的石匠完成的。展览图录。
11. 埃莱纳·波斯纳:《分立焦虑症》(Helaine Posner,"Separation Anxiety"),选自霍尔:《身体政治学》(Hall, *Corporal Politics*),第30页。
12. 苏珊·莱西:《游戏之名》(Suzanne Lacy,"The Name of the Game"),载《艺术学刊》(*Art Journal*)第50期,no. 2(1991年夏季号),转载自克里斯汀·斯泰尔斯和彼得·塞尔兹编辑:《当代艺术理论与文献:艺术家著作原典》(Kristine Stiles and Peter Selz, eds., *Theories and Documents of Contemporary Art: A Sourcebook of Artists' Writings*, Berkeley: University of California Press, 1996),第784页。
13. 琳达·蒙塔娜和谢德庆:《一年的艺术/生活表演:亚历克斯和艾利森·格雷就绳

子计划的提问》(Linda Montano and Tehching Hsieh,"One Year Art/Life Performance: Alex and Allyson Grey Ask Questions About the Year of the Rope"),载《高效能》(*High Performance*)27 期(1984),转载于斯泰尔斯和塞尔兹编辑:《当代艺术理论与文献》(Stiles and Selz, eds., *Theories and Documents of Contemporary Art*),第 780 页。

14. 内斯特拉·金:《另一个身体:反思差异、残障和身份政治》(Ynestra King,"The Other Body: Reflections on Difference, Disability, and Identity Politics"),载《女士》(*Ms.*),1993 年 3—4 月,第 74 页。
15. 艾米莉亚·琼斯编辑:《性政治:朱迪·芝加哥的"节日晚宴"在女性艺术史中》(Amelia Jones, ed., *Sexual Politics: Judy Chicago's "Dinner Party" in Feminist Art History*, Los Angeles: UCLA/Armand Hammer Museum of Art and Cultural Center, in association with University of California Press, 1996),第 257 页。展览图录。
16. 杰西卡·埃文斯:《摄影术》(Jessica Evans,"Photography"),选自菲奥娜·卡尔森和克莱尔·帕加茨诺斯卡编辑:《女性视觉文化》(Fiona Carson and Claire Pajaczkowska, eds., *Feminist Visual Culture*, New York: Routledge, 2001),第 114 页。
17. 引自劳伦·帕克:《膨胀的欲望》(Lauren Parker,"Inflated Desire"),载《罩衫》(*Smock*)第 2 期,no. 1(2002 年冬季号),第 75 页。
18. 露西·利帕德:《喜忧参半:多文化美国中的新艺术》(Lucy R. Lippard, *Mixed Blessings: New Art in a Multicultural America*, New York: Pantheon Books, 1990),插图 38 的侧栏。
19. 菲奥娜·卡尔森:《雕塑与装置》(Fiona Carson,"Sculpture and Installation"),选自《女性主义视觉文化》(*Feminist Visual Culture*),第 62 页。
20. 格哈达·阿曼《格哈达·阿默专访》(Ghada Amer,"Interview with Ghada Amer"),作者:马瑞鲁·科诺德(Marilu Knode),载《新艺术调查者》(*New Art Examiner*)27 期,no. 4(12 月—1 月 1999/2000),第 38 页。
21. 穆尔维在其产生了重要影响的论文《视觉快感和叙事电影》("Visual Pleasure and Narrative Cinema")中提出了她的观点,凝视是性别化的,且显然是男性的,载《银屏》(*Screen*)第 16 期,no. 3(1975 年秋季号):第 6—18 页,转载于穆尔维:《视觉和其他快感》(Mulvey, *Visual and Other Pleasures*, Basingstoke, United Kingdom: Macmillan, 1989)。
22. 海伦·麦克唐纳:《色情含混:艺术中的女性裸体》(Helen McDonald, *Erotic Ambiguities: The Female Nude in Art*, London and New York: Routledge, 2001),第 94 页。
23. 艾米莉亚·琼斯:《概述》(Amelia Jones,"Survey"),选自特蕾西·沃尔编辑:《艺术家的身体》(Tracey Warr, ed., *The Artist's Body*, London: Phaidon Press, 2000),第 43 页。

24. 阿比盖尔·所罗门-戈多(Abigail Solomon-Godeau)在其文章《入乡随俗:保罗高更和原始现代主义的发明》("Going Native: Paul Gauguin and the Invention of Primitivist Modernism")中开创性地分析了高更对原住民身体的定型化视角,载《美国艺术》(*Art in America*)77 期(1989 年 7 月),第 118—129 页,转载于诺玛·布罗德和玛丽·葛拉尔德编辑:《扩展的话语:女性主义和艺术史》(Norma Broude and Mary D. Garrard, eds., *The Expanding Discourse: Feminism and Art History*, New York: HarperCollins, 1992),第 313—329 页。
25. 引自马图施卡:《我要一吐为快》(Matuschka, "Got to Get This Off My Chest"),载《追踪热点问题》(*On the Issues*)25 期(1992 年冬季号),第 33 页。
26. 萨利·贝恩斯:《"一种新的美":从古典主义到卡罗尔·阿尔米塔吉的早期芭蕾》(Sally Banes, "'A New Kind of Beauty': From Classicism to Karole Armitage's Early Ballets"),选自派格·翟格林·布兰德编辑:《美的事情》(Peg Zeglin Brand, ed., *Beauty Matters*, Bloomington: Indiana University Press, 2000),第 271 页。
27. 朱莉娅·克里斯蒂娃:《恐怖的力量:论卑污感》(Julia Kristeva, *Powers of Horror: An Essay on Abjection*, New York: Columbia University Press, 1982)。
28. 弗朗西斯卡·阿尔法诺·米格里艾提:《极端的身体:身体在艺术中的使用和滥用》(Francesca Alfano Miglietti, *Extreme Bodies: The Use and Abuse of the Body in Art*, Milan: Skira, 2003),第 35 页。
29. 戴奇以这个主题策划了一场具有突破意义的展览。参见展览图录,杰弗里·戴奇:《后人类》(Jeffrey Deitch, *Post Human*, Pully and Lausanne: FAE Musée d'art Contemporain; New York: Distributed Art Publishers, 1992)。展览图录。
30. 这个事件由 CNN. com 报道,并在万维网上直播,网址 http://cnn. netscape. cnn. com/news/March 22, 2002。
31. 参见戏仿了在线商品购物网的 Cloaca 网站:http://www. cloaca. be/。
32. 参见第三章"身体"对凝视的讨论。
33. 米格里艾提:《极端的身体》(Miglietti, *Extreme Bodies*),第 194 页。
34. 詹尼尔·霍布森:《黑暗中的维纳斯:流行文化中的黑人性和美》(Janell Hobson, *Venus in the Dark: Blackness and Beauty in Popular Culture*, New York: Routledge, 2005),一部关于黑人女性美的文化历史的书中,探索了萨尔蒂耶·巴特曼的历史和经久不衰的传奇。
35. 《维纳斯·霍屯都 2000》(1995)(*Venus Hottentot 2000*)是这个图像的第二个版本,在此作中考克斯为彩照摆出巴特曼的姿势,摄影师为莱尔·阿什顿·哈里斯(Lyle Ashton Harris)。

36. 詹尼尔·霍布森(Janell Hobson)对非洲及根植于非洲的文化作了颇为有趣的讨论,这些文化包括牙买加(考克斯的原籍)文化,后者对女性臀部作为一种身体美进行赞美,参见《黑暗中的维纳斯》(*Venus in the Dark*)中的《"古怪"的政治:走向黑人女性身体美学》("The 'Batty' Politic: Toward an Aesthetic of the Black Female Body")这一章,第 87—112 页。
37. 这些历史表征的例子,以及对其进行考察的学术文章都由芭芭拉·汤普森(Barbara Thompson)在其编辑的《黑人女性:非洲身体的意象、图像和意识形态》(*Black Womanhood: Images, Icons, and Ideologies of the African Body*, Hanover, New Hampshire: Hood Museum of Art, Dartmouth College; Seattle: In association with University of Washington Press, 2008)中给出。展览图录。
38. 丽莎·法林顿:《重塑自身:黑人女性裸体》(Lisa E. Farrington, "Reinventing Herself: The Black Female Nude"),载《女性艺术学刊》(*Women's Art Journal*)24 期(2003 年秋季至 2004 年冬季号),第 17 页。
39. 凯伦·克罗夫特:《使用她的身体》(Karen Croft, "Using Her Body"),2001 年 2 月 22 日,第 2 页,http://archive.salon.com/sex/feature/2001/02/22/renee_cox/index.html(2008 年 6 月 8 日访问)。
40. B. E. 梅耶斯:《我的遗产是什么? 瑞尼·考克斯摄影中的瞬间意识和"稳固"主体》(B. E. Meyers, "What is My Legacy? Transient Consciousness and the 'Fixed' Subject in the Photography of Renée Cox"),选自沙拉·哈山编辑:《性别化的幻象:当代非洲女艺术家的艺术》(Salah M. Hassan, ed., *Gendered Visions: The Art of Contemporary African Women Artists*, Trenton, N. J. and Asmara, Eritrea: Africa World Press, 1997),第32 页。
41. 高名潞:《从精英到无名小卒:过渡期的中国大陆的先锋艺术面面观》(Gao Minglu, "From Elite to Small Man: The Many Faces of a Transitional Avant-Garde in Mainland China"),选自高名潞编辑:《蜕变突破:华人新艺术》(Gao Minglu, ed., *Inside Out: New Chinese Art*, Berkeley and Los Angeles: University of California Press, 1998),第 164 页。展览图录。
42. 钱志坚:《表演身体:张洹、马六明和中国的行为艺术》(Qian Zhijian, "Performing Bodies: Zhang Huan, Ma Liuming, and Performance Art in China"),载《艺术学报》(*Art Journal*)58 期(1999 年夏季号),第 68 页。
43. 埃莉诺·哈特妮:《张洹:成为身体》(Eleanor Heartney, "Zhang Huan: Becoming the Body"),选自梅丽莎·赵编辑:《张洹:变动的状态》(Melissa Chiu, ed., *Zhang Huan: Altered States*, New York: Asia Society, 2007),第 43 页。展览图录。
44. 引自布里塔·埃里克森:《身处边缘:当代中国艺术家与西方的相遇》(Britta Erickson, *On the Edge: Contemporary Chinese Artists Encounter the West*,

Stanford, Calif. : Iris & B. Gerald Cantor Center for Visual Arts, 2005)，第 69 页。展览图录。

第四章 时间

1. 艾米·卡佩拉佐:《费茨利/维斯》(Amy Cappellazzo,"Fischi/Weiss,")，选自《制造时间:当代视频和电影中对时间的物质化思考》(*Making Time : Considering Time as a Material in Contemporary Video and Film*, Lake Worth, Fla. , : Palm Beach Institute of Contemporary Art, 2000)，第 41 页。展览图录。
2. 南希·普森索:《海德·法斯纳科特:爆破景观》(Nancy Princenthal,"Heide Fasnacht: Exploded View")，载《美国艺术》(*Art in America*)，2001 年 2 月，第 125 页。
3. 艾琳·内塔:《简·维米尔和比尔·维奥拉作品中的时间》(Irene Netta,"Time in the Work of Jan Vermeer and Bill Viola")，选自赫尔姆特·弗莱多编辑:《时间的片刻:论叙事和延迟》(Helmut Friedel, ed. , *Moments in Time : On Narration and Slowness*, Stuttgart, Germany: Hatje Cantz; New York: Distributed Art Publishers, 1999)，第 157 页。
4. 致力于表现幻觉式的空间和时间中某一凝滞时刻的戏剧性效果的艺术家们包括画家保拉·雷戈(Paula Rego)、奥德·纳德卢姆(Odd Nerdrum)和文森特·德赛德里奥(Vincent Desiderio)，以及摄影师杰夫·沃尔(Jeff Wall)、蒂娜·巴尼(Tina Barney)和菲利普-洛尔卡·迪考西亚(Philip-Lorca Dicorcia)。
5. 多米尼克·纳哈斯:《燃烧的回忆:维特菲尔德·洛弗尔的艺术》(Dominique Nahas,"Enkindled Memories: The Art of Whitfield Lovell")，选自《维特菲尔德·洛弗尔:余烬》(*Whitfield Lovell : Embers*, New York: DC Moore Gallery, 2002)，未标页码。展览图录。
6. 内塔:《时间》(Netta,"Time")，第 160—161 页。
7. 薇姬·戈德堡:《艺术家再次成为讲故事的人》(Vicki Goldberg,"The Artist Becomes a Storyteller Again")，载《纽约时报》(*New York Times*)，1997 年 11 月 9 日，第 25 页。
8. 《水平思考:20 世纪 90 年代的艺术》(*Lateral Thinking : Art of 1990 s*, La Jolla: Museum of Contemporary Art San Diego, 2002 年)，第 70 页。展览图录。
9. 罗萨琳德·克劳斯《索引注释，第一部分》(Rosalind Krauss,"Notes on the Index, Part 1")，转载于查理斯·哈里森和保罗·伍德编辑:《理论中的艺术:1900—2000:变动观念的选集》(第二版)(Charles Harrison and Paul Wood, eds. , *Art in Theory : 1900 —2000: An Anthology of Changing Ideas*, second ed. , Malden, Mass. : Blackwell Publishing, 2003)，第 996 页。
10. 林肯·巴内特:《宇宙和爱因斯坦博士》(修订版)(Lincoln Barnett, *The Universe*

and Dr. Einstein, rev. ed., New York: Bantam Books, 1957),第53页。

11. 维克多·伯金:《情境美学》(Victor Burgin, "Situational Aesthetics"),转载于哈里森和伍德编辑:《理论中的艺术》(Harrison and Wood. eds., *Art in Theory*),第896页。
12. 道格拉斯·弗格尔:《挥发的记忆》(Douglas Fogle, "Volatile Memories"),《没有地方(像家一样)》(*No Place [Like Home]*, Minneapolis: Walker Art Center, 1997),第116页。展览图录。
13. 林恩·库克,比奇·库莱格和格雷·希尔提:《艺术家及生平注释》(Lynne Cook, Bice Curiger and Grey Hilty, "Notes on the Artists and Biographies"),选自《双镜头:集体记忆和当前艺术》(*Doubletake: Collective Memory and Current Art*, London: South Bank Centre and Parkett Publishers, 1992),第221页。展览图录。
14. 艾米·卡佩拉佐:《制造时间:当代视频和电影中对时间的物质化思考》(Amy Cappellazzo, "Making Time: Considering Time as a Material in Contemporary Video and Film"),《制造时间:当代视频和电影中对时间的物质化思考》(*Making Time: Considering Time as a Material in Contemporary Video and Film*, Lake Worth, Fla.: Palm Beach Institute of Contemporary Art, 2000),第16页。展览图录。
15. 大卫·霍克尼:《摄影技法》(David Hockney, *Cameraworks*, New York: Alfred A. Knopf, 1984),第33页。
16. 昆德拉和本雅明的观点在赫尔姆特·弗莱多(Helmut Friedel)的文章《为什么缓慢带来的乐趣烟消云散了呢?》(*why has pleasure in slowness disappeared*)中有所描述,选自《时间的片刻》(*Moments in Time*),第11页。
17. 赛斯·麦考米克:《艺术家生平》(Seth McCormick, "*Artists' Biographies*"),选自弗莱多编辑:《制造时间》(Friedel, *Making Time*),第90页。
18. 弗格尔:《挥发的记忆》(Fogle, "Volatile Memories"),第117页。
19. 引自芭芭拉·泰纳鲍姆:《传播人民福音的墙画绵延数英里》(Barbara Tannenbaum的"*Where Miles of Murals Preach a People's Gospel*"),载《纽约时报》(*New York Times*),2002年5月26日,第29页。
20. 莱娜·卡瓦哈尔:《旅游记事:阿德里阿娜·瓦勒亚的作品》(Rina Carvajal, "*Travel Chronicles: The Work of Adriana Varejão*"),选自里亚·甘基塔诺和史蒂文·内尔森编辑:《新历史》(Lia Gangitano and Steven Nelson, eds., *New Histories*, Boston: Institute of Contemporary Art, 1996),第171页。展览图录。
21. 约翰·布鲁奈蒂:《天外来客及其他》(John Brunetti, "*E. T. and Others*"),载《对话》(*Dialogue*),2003年1—2月,第44页。
22. 弗格尔:《挥发的记忆》(Fogle, "Volatile Memories"),第117页。

23. 2004 年艾敏的帐篷在一场仓库大火中焚毁,因此作品本身也变成了一种历史记忆。
24. 尼尔·贝内兹拉和奥尔加·维索:《失态:20 世纪 90 年代艺术中的不和谐主题》(Neal Benezra and Olga M. Viso,*Distemper: Dissonant and Themes in the Art of the 1990s*, Washington D. C.: Hiroshima Museum and Sculpture Garden, Smithsonian Institution,1996),第 12 页。展览图录。
25. 第一个美国阵亡士兵(1959)的名字被列在两面墙体交汇处的中间点,自此名单开始向右墙延伸。这个名单从另一面墙的最左端继续扩展,直到最后一位死者的名字又回到中间点(1975)。
26. 林璎:《林璎,在艺术和建筑之间》(Maya Lin, *Maya Lin, Between Art and Architecture*, New York:Cooper Union,2000),第 15 页。配有幻灯片放映的演讲稿。
27. 查尔斯·格里斯沃:《越战纪念碑和华盛顿广场:政治图像的哲学思考》(Charles L. Griswold,"The Vietnam Veterans Memorial and the Washington Mall: Philosophical Thoughts on Political Iconography"),选自哈里特·西奈和莎莉·韦伯斯特编辑:《公共艺术评论焦点:内容、背景和争议》(Harriet F. Senie and Sally Webster, eds., *Critical Issues in Public Art: Content, Context, and Controversy*, New York: HarperCollins Publishers,1992),第 91 页。
28. 查尔斯·格里斯沃:《越战纪念碑和华盛顿广场:政治图像的哲学思考》(Charles L. Griswold,"The Vietnam Veterans Memorial and the Washington Mall: Philosophical Thoughts on Political Iconography"),选自哈里特·西奈和莎莉·韦伯斯特编辑:《公共艺术评论焦点:内容、背景和争议》(Harriet F. Senie and Sally Webster, eds., *Critical Issues in Public Art: Content, Context, and Controversy*, New York: HarperCollins Publishers,1992),第 71—73 页。
29. 贝内兹拉和维索:《失态》(Benezra and Viso,*Distemper*),第 12 页。
30. 让·鲍德里亚:《拟像的超写实主义》(Jean Baudrillard,"The Hyper-realism of Simulation"),转载于查理斯·哈里森和保罗·伍德编辑:《理论中的艺术:1900—2000:变动观念的选集》(第二版)(Charles Harrison and Paul Wood, eds., *Art in Theory: 1900 -2000: An Anthology of Changing Ideas*, second ed., Malden, Mass.: Blackwell Publishing,2003),第 1018 页。
31. 威廉姆·卡伊赞:《布莱恩·托利》(William Kaizen,"Brian Tolle"),载《炸弹》(*Bomb*)77 期(2001 年夏季号),第 60 页。
32. 引自琳达·理查森:《他的纪念碑如马铃薯地般休耕》(Lynda Richardson,"Like Potato Fields, His Memorial Lies Fallow,")载《纽约时报》(*New York Times*), 2003 年 5 月 14 日,B2 页。
33. 乔什·布莱克威尔:《布莱恩·托利在秀沙纳·韦恩画廊》(Josh Blackwell,

"Brian Tolle at Shoshana Wayne"),载《艺术问题》(*Art Issues*)63 期(2000 年夏季号),第 49 页。

34. 参见克雷格·欧文斯:《讽喻的冲动:迈向后现代主义理论》(Craig Owens,"The Allegorical Impulse: Towards a Theory of Postmodernism"),节选转载于哈里森和伍德编辑:《理论中的艺术》(Harrison and Wood, eds. , *Art in Theory*),第 1026 页。
35. 杰弗里·巴钦:《肉欲知识》(Geoffrey Batchen,"Carnal Knowledge"),载《艺术学刊》(*Art Journal*)60 期(2001 年春季号),第 21 页。
36. 引自乔纳森·古德曼:《科妮莉亚·帕克》(Jonathan Goodman,"Cornelia Parker"),载《降落伞》(*Parachute*)92 期(1998 年 10—12 月),第 62 页。

第五章 场所

1. "心理构成空间"(psychically constituted space)这一概念主要在伊雷特·罗戈夫(Irit Rogoff)和亨利·列斐伏尔(Henri Lefevre)的著作中有详尽阐述。比如可以参见伊雷特·罗戈夫:《贫弱的土地:地理学的视觉文化》(Irit Rogoff, *Terra Infirma: Geography's Visual Culture*, London and New York: Routledge, 2000),特别是第 20—44 页。
2. 对描绘场景始终保持着兴趣的著名现代主义艺术家包括欧洲的亨利·马蒂斯(Henri Matisse)、乔治·布拉克(Georges Braque)、保罗·克利(Paul Klee)、费尔南德·莱热(Fernand Léger)、胡安·米罗(Joan Miró)和伊夫·唐吉(Yves Tanguy);美国的马斯登·哈特利(Marsden Hartley)、约翰·马林(John Marin)和乔治亚·奥基弗(Georgia O'Keeffe);加拿大的七人画派(Group of Seven)。
3. 肯尼斯·克拉克(Kenneth Clark)的《进入艺术的风景》(*Landscape into Art*, Boston: Beacon Press, 1961)是有关风景艺术的经典研究成果,至今仍很有价值。要查看中国艺术中的风景主题,可参阅罗伯特·索普和理查德·艾利斯·维诺格莱德:《中国艺术和文化》(Robert L. Thorp and Richard Ellis Vinograd, *Chinese Art and Culture*, New York: Harry N. Abrams, 2001)中的《建构风景》"Constructing Landscapes"这部分。威廉姆·邓宁:《绘画空间的意象变化:绘画中的空间错觉史》(William V. Dunning, *Changing Images of Pictorial Space: A History of Spatial Illusions in Painting*, Syracuse, N. Y.: Syracuse University Press, 1991)出色地分析了绘画空间范围内实体空间的表征手法的各种变体。从现象学的视角分析场所的心理维度并将其应用于文学和艺术的经典著作是加斯东·巴什拉:《空间诗学》(Gaston Bachelard, *The Poetics of Space*, Boston: Beacon Press, 1969)。
4. 关于空间的表征,特别是在建筑领域中不断变化的空间概念化的历史追溯可参见安东尼·维德勒:《解读虚空:建筑与空间焦虑》(Anthony Vidler,"Interpreting

the Void: Architecture and Spatial Anxiety"),选自马克·奇塔姆、迈克尔·安·霍利和凯斯·莫克西编辑:《艺术史论题:当代视野下的历史对象》(Mark Cheetham, Michael Ann Holly and Keith Moxey, eds., *The Subjects of Art History: Historical Objects in Contemporary Perspective*, Camebridge, England:Cambridge University Press,1998),第 288—307 页。

5. 当代视觉艺术家对地图的利用和一些将地图吸纳到艺术创作中的早期创作范例密切相关,从 17 世纪约翰内斯·维米尔(Johannes Vermeer)的绘画到 20 世纪 60 年代罗伯特·史密森(Robert Smithson)的大地艺术(earth art)项目计划。

6. 梅尔·沃特金:《未知之地:当代艺术家的地图和其他视觉组织体系》(Mel Watkin, *Terra Incognita: Contemporary Artists' Maps and Other Visual Organizing Systems*, Saint Louis: Contemporary Art Museum, 2001), n. p. 展览手册。

7. 关于对现代主义艺术家的展览空间的分析,参见布莱恩·奥多尔蒂:《白色立方之内:画廊空间的意识形态》(Brian O'Doherty, *Inside the White Cube: The Ideology of the Gallery Space*, San Francisco: Lapis Press, 1986)。

8. 有时为特定场地创作的作品可以完好无损地转移到另一场地。一些艺术家用场域敏感性(*site sensitive*)这个词,而不是场域特定性(*site-specific*)来指代这类作品。

9. 尼古拉斯·德·奥里维拉、尼古拉·奥克斯利和迈克尔·皮特里:《装置艺术》(Nicolas de Oliveira, Nicola Oxley and Michael Petry, *Installation Art*, London: Thames and Hudson, 1994),第 35 页。

10. 一些视觉艺术家的作品涉及场地特定性及相关问题,关于对这类作品的理论性分析,可参见罗莎琳·克劳斯:《拓展领域中的雕塑》(Rosalind Krauss, "Sculpture in the Expanded Field"),再版于哈尔·福斯特编辑:《反美学:后现代文化论集》(Hal Foster, ed., *The Anti-aesthetic: Essays on Postmodern Culture*, Seattle: Bay Press, 1983),第 31—42 页。

11. 引自迈克尔·科里斯:《平行城市与范式》(Michael Corris, "Para-Cities and Paradigms"),载《艺术月刊》(*Art Monthly*),2001 年 3 月,第 11 页。

12. 丽兹·威尔斯:《摄影学批判导读》(Liz Wells, *Photography: A Critical Introduction*, London: Routledge, 1997),第 236 页。

13. 艾米·杜克:《展望:观念性冥想》(Aimee Le Duc, "Zhan Wang: Conceptual Contemplation"),载《雕塑》(*Sculpture*)27 期,7—8 月,2008,第 60 页。

14. 凯西·拉布:《Casey Ruble》(Casey Ruble, "Andreas Gursky"),选自凯蒂·西格尔编辑:《众人皆在:当代艺术中的人群》(Katy Siegel, ed., *Everybody Now: The Crowd in Contemporary Art*, New York: Hunter College, 2001),第 16 页。展览图册。

15. 肯·约翰逊:《西向伊甸园》(Ken Johnson,"West to Eden"),载《美国艺术》(*Art in America*),1991 年 12 月,第 88 页。约翰逊的这篇文章关注的是 19 世纪美国风景画艺术家阿尔伯特·比尔兹塔特(Albert Bierstadt)的作品展。
16. 法耶·赫希:《弗兰克·摩尔的迷失生态学》(Faye Hirsch,"Frank Moore's Ecology of Loss"),载《美国艺术》(*Art in America*),2003 年 5 月,第 129 页。
17. 埃莉诺·哈特尼(Eleanor Heartney),展评,载《美国艺术》(*Art in America*),1991 年 12 月,第 121 页。
18. 理查德·马丁编辑:《城市新景观》(Richard Martin, *The New Urban Landscape*, New York:Olympia and York Companies,1989),第 116 页。
19. 杰弗里·戴奇和丹·弗里德曼编辑:《人工自然》(Jeffrey Deitch and Dan Friedman, eds., *Artificial Nature*, Athens, Greece: Deste Foundation for Contemporary Art,1990),n. p. 展览图册。
20. 托比·坎普斯:《小世界:当代艺术中的立体布景》(Toby Kamps,"Small World: Dioramas in Contemporary Art"),选自《小世界:当代艺术中的立体布景》(*Small World: Dioramas in Contemporary Art*, San Diego, Calif.: Museum of Contemporary Art,2000),第 7 页。展览图录。
21. 拉尔夫·拉戈夫:《气泡世界》(Ralph Rugoff,"Bubble Worlds"),《小世界》(*Small World*),第 16 页。
22. 安妮·艾拉古德:《场域之外:虚构建筑空间》(Anne Ellegood,"Out of Site: Fictional Architectural Spaces"),选自《场域之外:虚构建筑空间》(*Out of Site: Fictional Architectural Spaces*,New York:New Museum of Contemporary Art, 2002),第 30 页。展览图录。
23. 安妮·艾拉古德:《场域之外:虚构建筑空间》(Anne Ellegood,"Out of Site: Fictional Architectural Spaces"),选自《场域之外:虚构建筑空间》(*Out of Site: Fictional Architectural Spaces*,New York:New Museum of Contemporary Art, 2002),第 7、11 页。
24. 大卫·托普:《一个小事件》(David Toop,"A Least Event"),选自《*010101*:技术时代的艺术》(*010101: Art in Technological Times*,San Francisco:San Francisco Museum of Modern Art,2001),第 108 页。展览图录。
25. 同上,第 94 页。
26. 乔纳森·宾斯托克:《第 47 届科科伦双年展:幻想在脚下》(Jonathan P. Binstock, *The 47th Corcoran Biennial: Fantasy Underfoot*,Washington, D. C.: Corcoran Gallery of Art,2002),第 74 页。展览图录。
27. 参见威托德·黎辛斯基:《人类营造舒适家居生活简史》(Witold Rybczynski, *Home: A Short History of an Idea*,New York:Penguin Books,1987)。
28. 引自马丁·李斯特:《电子成像时代的摄影术》(Martin Lister,"Photography in

the Age of Electronic Imaging”),选自威尔斯:《摄影学批判导读》(Wells, *Photography: A Critical Introduction*),第 275 页。

29. 关于坎贝尔这件以及其他互动性作品的深入讨论,可参见玛丽塔·史特肯:《电子时代的空间:吉姆·坎贝尔的回忆机器》(Marita Sturken ,“The Space of Electronic Time: The Memory Machines of Jim Campbell”),选自艾利卡·萨德伯格编辑:《空间,场地,介入:定位装置艺术》(Erika Suderburg, ed. , *Space, Site, Intervention: Situating Installation Art*, Minneapolis: University of Minnesota Press, 2000),第 287—296 页。
30. 迪帕里·德万:《移动的场所》(Deepali Dewan,“Place of Movement”),选自《没有地方(像家一样)》(*No Place [Like Home]*, Minneapolis, Minn. : Walker Art Center, 1997),第 122 页。展览图录。
31. 尤塔·巴斯:《非场所的空间》(Uta Barth,“The Space of Non-place”),克莱尔·多尔蒂编辑:《幽闭恐怖症》(Claire Doherty, ed. , *Claustrophobia*, Birmingham, England: Ikon Gallery, 1998),第 28—29 页。展览图录。
32. 艾拉·肖哈特编辑:《述说意象》的引言部分(Ella Shohat, ed. , introduction to *Talking Visions*, Camebridge, Mass. : MIT Press, 1998),第 46 页。
33. 罗希尼·马利克和加文·詹蒂尔斯:《硕果累累的支离破碎:与艺术家们的关于国际主义的对话》(Rohini Malik and Gavin Jantjes, *A Fruitful Incoherence: Dialogues with Artists on Internationalism*, London: Institute of International Visual Arts, 1998),首页,“离散” (“diaspora”)部分(术语表中)。
34. 阿鲁纳·苏萨:《声音世界》(Aruna D'souza,“A World of Sound”),载《美国艺术》(*Art in America*)(2002 年 4 月),第 110 页。
35. 摩根·法康诺:《空间的奥德赛之旅》(Morgan Falconer,“A Space Odyssey,”),载《艺术评论》(*Art Review*)(2005 年 10—11 月),第 11 页。
36. 时间主题也被列入整个联合利华系列。时光的流逝和对曾在同一布景下展出的艺术品的记忆影响着回访者对涡轮大厅委托系列作品的体验。
37. 亚历山德拉·格兰仕:《安妮诗·卡普尔》(Alexandra Glanz,“Anish Kapoor”),载《雕塑》(*Sculpture*)22 期(2003 年 11 月),第 79 页。
38. 本书的作者之一勇敢地踏入滑梯,在向未知领域下落时,沿途那惊人的下降速度和身体关键部位(膝盖,肘部)飞掠过一些坚硬的结构部件时的危险感,让人哑然失色。
39. 夏洛特·希金斯:《卡斯滕·霍勒的滑梯秀》(Charlotte Higgins,“Carsten Höller's Slide Show”),载《卫报》(*Guardian*),2006 年 10 月 10 日,第 9 页。
40. 引自泰特现代艺术馆画廊介绍《暗语》(*Shibboleth*)的宣传册(2007)。
41. 罗莎琳·克劳斯:《拓展领域中的雕塑》(Rosalind Krauss,“Sculpture in the Expanded Field”),转载于保罗·法波兹编辑:《艺术家、评论家、语境:1945 年以

后的美国艺术读本》(Paul F. Fabozzi, ed., *Artists, Critics, Context: Readings In and Around American Art Since 1945*, Upper Saddle River, N. J.: Prentice Hall, 2002),第285页。克劳斯以被置于坎比多利奥(Campidoglio)中心的马可·奥里利乌斯(Marcus Aurelius)骑马塑像为例,"通过其象征性存在来表现古罗马帝国和文艺复兴时期的现代罗马政府所在地之间的关系"。

第六章　语言

1. 约翰·伯格(John Berger)是几个例外的著名作品之一的作者:这是一部批评著作,书中没有相应的文本内容,一系列视觉图像传达了"讯息"。参见伯格:《观看之道》(Berger, *Ways of Seeing*, London and New York: British Broadcasting Corporation and Penguin Books, 1972),第36—43页,第66—81页,第114—127页。
2. 加文·詹蒂尔斯:《硕果累累的支离破碎:与艺术家们的关于国际主义的对话》引言部分(Gavin Jantjes, introduction to *A Fruitful Incoherence: Dialogues with Artists on Internationalism*, London: Institute of International Visual Arts, 1998),第16页。
3. 张颂仁:《图形字符》(Chang Tsong-zung, "The Character of the Figure"),选自《词语和意义:六位中国当代艺术家》(*Word and Meaning: Six Contemporary Chinese Artists*, Buffalo: University at Buffalo Art Gallery, 2000),第13页。参展图录。
4. 约翰·霍兰德:《形状的分类》(John Hollander, *Types of Shape*, New Haven, Conn.: Yale University Press, 1991)。
5. 引自瑞迪卡·琼斯:《无创意的写作》(Radhika Jones, "Uncreative Writing"),载《读书论坛》(*Bookforum*)(2008年夏季),第7页。
6. 除了强调语言的视觉特性的作家之外,大批当代文学艺术家也以视觉艺术作为创作题材。例如,有专门探讨关于绘画的诗歌选集和评论研究。比如,可参见霍华德·奈莫洛夫:《论诗歌和绘画》(Howard Nemerov, "On Poetry and Painting"),选自J. D. 麦克莱齐编辑:《诗人谈画家》(J. D. McClatchy, ed., *Poets on Painters*, Berkeley: University of California Press, 1988)。
7. 艺术作品中将视觉和语言融合的做法由来已久,然而我们注意到,视觉和语言的表征模式有时也会被严格地区分开来。比如,在一篇颇有影响的论文《拉奥孔:论画与诗的界限》("Laocoön, or On the Limits of Painting and Poetry")中,18世纪的德国美学家戈特霍尔德·莱辛(Gotthold Lessing)提出这两种艺术领域是如此截然不同——绘画是以同时的空间构图为基础,而诗歌则是建立在词语的连续意义上——以至于对每个艺术形式的批评也必须建立在截然分开的原则上。在略早于当代的时期里,具有影响力的现代主义批评家,尤其是那些支持形式主义的人倾向于强调每种艺术形式的内在属性。以视觉艺术为例,这种强调的结果是作品回避文字资料和文学叙事,并避免融入语言。

8. 克里斯汀·斯蒂尔斯:《语言与观念》(Kristine Stiles, "Language and Concepts"),选自克里斯汀·斯蒂尔斯和彼得·塞尔兹编辑:《当代艺术理论与文献》(Kristine Stiles and Peter Selz, eds., *Theories and Documents of Contemporary Art: A Sourcebook of Artists' Writings*, Berkeley: University of California Press, 1996),第 804 页。

9. 引自威廉姆·因内斯·荷马:《阐明当代批评语言》(William Innes Homer, *The Language of Contemporary Criticism Clarified*, Madison, Conn.: Sound View Press, 1999),第 30 页。我们注意到这里对一段复杂历史的概括比较简单化,省略了对其他一些理论家的讨论,如美国哲学家查尔斯·桑德斯·皮尔士(Charles Sanders Peirce)和法国结构主义人类学家克劳德·列维-施特劳斯(Claude Lévi-Strauss),这些理论家发展的思想和我们正在讨论的内容有着重要关系。

10. 布莱恩·沃利斯:《艺术家之书和后现代主义》(Brian Wallis, "The Artist's Book and Postmodernism"),选自柯妮丽娅·劳夫和克莱夫·菲尔波特编辑:《艺术家/作者:当代艺术家之书》(Cornelia Lauf and Clive Phillpot, eds., *Artist/Author: Contemporary Artists' Books*, New York: American Federation of Arts and Distributed Art Publishers, 1998),第 95 页。

11. 霍华德·辛格曼:《文本之中》(Howard Singerman, "In the Text"),选自《符号的森林:表征危机中的艺术》(*A Forest of Signs: Art in the Crisis of Representation*, Los Angeles: Museum of Contemporary Art; Camebridge: MIT Press, 1989),第 165 页。

12. 要简要了解符号学家和"传统的"艺术史学家彼此矛盾的范式如何引发了争论,参见米克·巴尔:《绘画中的符号》(Mieke Bal, "Signs in Painting"),载《艺术通报》(*The Art Bulletin*)78 期(1996 年 3 月号),第 6—9 页。

13. 史蒂文·平克:《语言本能:精神如何创造语言》(Steven Pinker, *The Language Instinct: How the Mind Creates Language*, New York: HarperPerennial, 2007),第 14 页。

14. 艺术家的陈述引自安德里亚斯·海普克梅尔和彼得·威尔梅尔编辑:《照片文本文本照片:当代艺术中摄影与文本的融合》(Andreas Hapkemeyer and Peter Weiermair, eds., *photo text text photo: The Synthesis of Photography and Text in Contemporary Art*, Bozen, Italy: Museum für Moderne Kunst; and Frankfurt am Main: Frankfurter Kunstverein: 1996),第 139 页。展览图录。

15. 拉塞尔·鲍曼(Russell Bowman)是一位策展人兼艺术史学家,他识别出了我们列举的艺术中文字使用的前六个类型。参见拉塞尔·鲍曼:《文字和图像:永远的悖论》(Russell Bowman, "Words and Images: A Persistent Paradox"),载《艺术学刊》(*Art Journal*)45 期,(1985 年冬季号),第 336 页。

16. 丽玛·葛洛文娜和瓦列里·葛洛文:《前进》(Rimma Gerlovina and Valeriy Gerlovin,"Forward"),选自《照片集》(*Photographs*,New Orleans:New Orleans Museum of Art,1993)。展览图录。
17. 克莱尔·欧布谢:《王·弗奥法妮特》(Claire Oboussier,"Vong Phaophanit"),选自《超越未来:第三届亚太地区当代艺术三年展》(*Beyond the Future: The Third Asia-Pacific Triennial of Contemporary Art*,Brisbane:Queensland Art Gallery,1999),第 216 页。展览图录。
18. 维托·阿肯锡:《语言笔记》(Vito Acconci,"Notes on Language"),选自《语言的歪曲》(*Perverted by Language*,Greenvale,N. Y.:Hillwood Art Gallery,Long Island University/C. W. Post Campus,1987),第 6 页。展览图录。
19. 20 世纪 60 年代来自加利福尼亚的艺术家埃德·拉斯查(Ed Ruscha)创作的广受赞誉的书版印刷作品使这一创作实践在美国获得明显的增长。在其最早的书刊印刷中,拉斯查用连续几页的篇幅展示了某条路上沿线的 26 个加油站。
20. 参见哈姆扎·沃克 Hamza Walker 深具洞见的文章《不要全面否定萨满教巫师》("Don't Throw Out the Shaman with the Bathwater"),选自安·泰普金和哈姆扎·沃克编辑:《雷蒙德·佩蒂伯恩:选集》(Ann Temkin and Hamza Walkar, eds. ,*Raymond Pettibon: A Reader*,Philadelphia,Philadelphia Museum of Art,1998),第 217—224 页。
21. 黛博拉·维耶:《印刷业的思考:从书籍到广告牌,1980—1995》(Deborah Wye, *Thinking Print: Books to Billboards, 1980—1995*, New York:Museum of Modern Art,1996),第 87 页。参展图录。
22. 引自《硕果累累的支离破碎》(*A Fruitful Incoherence*)中的一段艺术家访谈,第 70 页。
23. 关于命名如何在社会身份的构成中发挥作用的讨论,可参见露西·利帕德:《命名》(Lucy Lippard,"Naming"),选自利帕德:《喜忧参半:多文化美国中的新艺术》(Lippard, *Mixed Blessings: New Art in a Multicultural America*, New York:Pantheon Books,1990),第 19—55 页。
24. 尼古拉斯·托马斯:《身体之名:高登·班尼特的"巴斯奎特笔记"》(Nicholas Thomas,"The Body's Names: Gordon Bennett's 'Notes to Basquiat'"),选自《超越未来》(*Beyond the Future*),第 174 页。班尼特为纽约的一个展览创作了这些作品,他决定通过将画作中的意象和观念同让-米歇尔·巴斯奎特(Jean-Michel Basquiat)的作品结合起来,目的是在作品和展出场地之间建立某种联系。
25. 《岩井成昭》(佐藤大阪,"Shigeaki Iwai"),选自《超越未来》(*Beyond the Future*),第 72 页。
26. 同上。

27. 乔纳森·古德曼:《徐冰》(Jonathan Goodman,"Xu Bing"),载《雕塑》(*Sculpture*)20期,no. 10(2001年12月):70—71页。
28. 马格利特(René Magritte)在画作《词语的使用》(*L'usage de la parole* Ⅰ)(*The Use of Words* Ⅰ)(1928—29)中简单地画了一只烟斗,烟斗下面写有一行文字,"这不是一支烟斗"("*Ceci n'est pas une pipe*")(This is not a pipe)。苏茜·盖伯利克(Suzi Gablik)评论道:"我们通常按照'树'和'鞋'这样的词语,以及再现它们的图像来将物体加以分类。这些标签它们的用法越是根深蒂固,被再现的事物就越容易和再现本身相混淆。"参见 Suzi Gablik 的 *Magritte*(波士顿:New York Graphic Society,1976),第137页。
29. 引自简·艾斯戴普:《文字和音乐:克里斯汀·马克里访谈》(Jan Estep,"Words and Music: Interview with Christian Marclay"),载《新艺术调查者》(*New Art Examiner*)29期,no. 1(2001年9月—10月):第79页。
30. 约瑟夫·格里高利(Joseph Grigely)引自迈克尔·基莫尔曼:《来自失聪世界和听觉世界交汇处的点点滴滴》(Michael Kimmelman,"Bit and Pieces From the Intersection Where a Deaf Man Meets the Hearing"),载《纽约时报》(*New York Times*),2001年8月31号,B28页。
31. 大众广告的重要性,以及借助理论分析工具对大众广告的效应进行的考察,以获得各个学者的高度重视。在保罗·约伯林(Paul Jobling)和大卫·克劳利(David Crowley)看来,朱迪思·威廉姆森(Judith Williamson)的《解读广告》(*Decoding Advertisement*)(1978)"可能是这类考察的核心性文本,在本书中她借助于符号学分析,将广告置于马克思主义-女性主义的理论框架中。"参见保罗·约伯林和大卫·克劳利:《图形设计:再现和表现》(Paul Jobling and David Crowley, *Graphic Design: Reproduction and Representation*, Manchester, England: Manchester University Press,1996),第245—246页。
32. 奥利弗·塞弗特:《杰弗里·肖》(Oliver Seifert,"Jeffrey Shaw"),选自《媒体景观》(*Mediascape*,New York:Guggenheim Museum,1996),第48页。展览图录。
33. 查尔斯·伯恩斯坦:《我不接受语言信箱》(Charles Bernstein,"I Don't Take Voice Mail"),选自苏珊·比和米拉·肖尔编辑:《M/E/A/N/I/N/G:艺术家著作、理论和批评选集》(Susan Bee and Mira Schor, eds., *M/E/A/N/I/N/G: An Anthology of Artists' Writings, Theory and Criticism*, Durham, N. C.: Duke University Press,2000),第181页。
34. 要了解有关数据库的方方面面的简介,可主要参考维多利亚·威斯纳:《导论》(Victoria Vesna,"Introduction")部分和列夫·马诺维奇:《作为符号形式的数据库》(Lev Manovich,"Database as Symbolic Form"),均选自维多利亚·威斯纳编辑:《数据库美学:信息过剩时代的艺术》(Victoria Vesna, ed., *Database Aesthetics: Art in the Age of Information Overflow*, Minneapolis: University of

Minnesota Press,2007),ix—xx 页,第 39—60 页。

35. 约翰·韦伯:《超越饱和点:机器的时代精神》(John S. Weber,“Beyond the Saturation Point: The Zeitgeist in the Machine”),选自《010101:技术时代中的艺术》(*010101 : Art in Technological Times*,San Francisco:San Francesco Museum of Modern Art,2001),第 23 页。展览图录。

36. 关于对知识的根茎结构的讨论,可参见第一章,拓展中的艺术世界。

37. 妮娜·卡查杜里安:《集中注意力:妮娜·卡查杜里安对话录》(Nina Katchadourian,“Paying Attention: A Dialogue with Nina Katchadourian”),采访人伊恩·贝瑞(Ian Berry),参见伊恩·贝瑞:《妮娜·卡查杜里安:多种多样的吸引力》(Ian Berry, *Nina Katchadourian : All Forms of Attraction*, Saratago Springs, N. Y. : Frances Young Tang Teaching Museum and Art Gallery at Skidmore College,2006),第 15 页。展览图录。

38. 格雷戈里·沃克:《妮娜·卡查杜里安在萨拉·梅尔策画廊》(Gregory Volk,“Nina Katchadourian at Sara Meltzer”),载《美国艺术》(*Art in America*)94 期(2006 年 1 月),第 114 页。

39. 妮娜·卡查杜里安:《分类的书籍计划》(Nina Katchadourian,“*Sorted Books* Project”, 2008),参见妮娜·卡查杜里安的网站,http: //www. ninakatchadourian. com/languagetranslation/sortedbooks. php(2008 年 5 月 27 日访问)。自 2008 年春季起,《分类的书籍》这个项目已经包含了 130 多个书目组。

40. 加里·桑斯特:《肯·阿普特卡尔》(Gary Sangster,“Ken Aptekar”),选自《第 43 届当代美国绘画双年展》(*43rd Biennial Exhibition of Contemporary American Painting*,Washington,D. C. :Corcoran Gallery of Art,1993),第 34 页。展览图录。

41. 参见罗兰·巴特:《作者之死》(Roland Barthes,“The Death of the Author”),选自史蒂芬·希斯编辑并翻译:《图像、音乐、文本》(Stephen Heath, ed. and trans. ,*Image, Music, Text*,New York:Noonday Press,1977),第 142—148 页。

第七章 科学

1. 史蒂芬·威尔逊:《信息艺术:艺术、科学和技术和交汇》(Stephen Wilson, *Information Arts : Intersections of Art, Science, and Technology*, Cambridge, Mass. : MIT Press, 2002),第 55 页。

2. 要了解关于遗传学的发现和发展的大事,参见里奇·刘易斯和伯纳德·波希邓特:《遗传学和基因组学简史》(Ricki Lewis and Bernard Possidente, “A Short History of Genetics and Genomics”),选自马文·海夫曼和卡罗尔·奇斯马里克:《天堂的此刻:想象基因革命》(Marvin Heiferman and Carole Kismaric, *Paradise Now : Picturing the Genetic Revolution*, Saratoga, NY: Tang Museum

at Skidmore College, 2001),第 110—115 页。展览图录。

3. 引言摘自伊斯特森于 2007 年 6 月 24 日在印第安纳波利斯艺术博物馆的个人展览《自然吸引了我的相机》(*Nature Holds My Camera*)开幕式上讲话。
4. 可以登录项目网站:website: http://www. stellaraxis. com 了解关于《天体坐标》(*Stellar Axis*)的大量信息。
5. 在阐述科学的定义和相关章节时,本书作者受惠于艾伦·琼斯(Alan Jones)教授(工程与技术学院,印第安纳大学-普渡大学,印第安纳波利斯)的建议,以及詹姆斯·罗伯森(James D. Robertson)博士(得克萨斯州沃斯堡市的地球物理学者)富有洞见的编辑和补充。
6. 在实际的科学项目中,这些步骤构成一个极为繁复的循环往复的过程,这里的论述仅是一种简化。
7. 关于按国别进行的投票过程和结果在乔安·维皮丘斯基编辑:《数字作画:科马尔和梅拉米德艺术指南》(JoAnn Wypijewski, ed., *Painting by Numbers: Komar and Melamid's Guide to Art*, New York: Farrar, Straus, and Giroux, 1997)艺术中有详细解释。可登录迪亚(Dia)艺术中心的网站 http://www. diacenter. org/km/usa/usa. html 在线了解关于《人民的选择》(*People's Choice*)项目的网络版的信息。
8. 史蒂芬·夏平:《还有什么是新的? 何以是应用,而不是创新推动着人类技术的前进》(Steven Shapin, "What Else is New? How Uses, Not Innovations, Drive Human Technology"),载《纽约客》,2007 年 5 月 14 日,第 148 页。
9. 可登录项目网站 http://www. theiff. org 了解更多的关于双曲线针织珊瑚礁计划的信息。
10. 引自海夫曼和奇斯马里克:《天堂的此刻》(Heiferman and Kismaric, *Paradise Now*),第 70 页。
11. 乔纳森·莫雷诺:《科学进步,短语和标题:所有我们想要的》Jonathan Moreno, "Science Progress, the Phrase and the Title: What We're All About," 2007,《科学进步》Science Progress, http://www. scienceprogress. org/2007/10science-progress-the-phrase-and-the-title(2008 年 4 月 5 日访问)
12. 第 7 章,科学的后面内容的某些部分曾出现在让·罗伯森:《科学边缘的艺术》(Jean Robertson, "Art on the Edge of Science"),选自贝西·斯迪拉特编辑:《人性》(Betsy Stirratt, ed., *Human Nature*, Bloomington: School of Fine Arts Gallery, Indiana University, 2007),第 7—25 页。展览图录。为本书之用,这部分材料被做了修改并获得艺术学院画廊的使用许可。
13. 托马斯·库恩:《科学革命的结构》(Thomas Kuhn, *The Structure of Scientific Revolutions*, Chicago: University of Chicago Press, 1962)。
14. 劳拉·斯图尔德·宏:《非自然的科学》(Laura Steward Heon, *Unnatural*

Science, North Adams, Mass. : MASS MoCA, 2000),第 12 页。展览图录。

15. 引自克莱尔 · 戴德雷:《在融冰中寻找灵感》(Claire Dederer, "Looking for Inspiration in the Melting Ice"),载《纽约时报》(*New York Times*),2007 年 9 月 23 日,《艺术和休闲版块》(Arts and Leisure section)。露西 · 利帕德(Lucy Lippard)在其担任评论家和策展人的数十年间为许多事业提供了支持。除了支持涉及生态问题的艺术之外,利帕德一直以来都很赏识为妇女和少数族裔发出呼吁的艺术。
16. 可在线登录 http://www.caedefensefund.org,了解对史蒂文 · 库尔茨(Steven Kurtz)来说如噩梦般的长时间的生化恐怖主义调查。罗伯特 · 法瑞尔(Robert Ferrell),一位和库尔茨合作的人类遗传学教授,也成为调查对象。身患重病的法瑞尔为了避免漫长的审判于 2007 年秋季对几项较轻的指控承认有罪。
17. 玛丽塔 · 史特肯和丽莎 · 卡莱特:《观看的实践:视觉文化导论》(Marita Sturken and Lisa Cartwright, *Practices of Looking : An Introduction to Visual Culture*, Oxford and New York: Oxford University Press, 2001),第 298 页。
18. 引自海夫曼和奇斯马里克:《天堂的此刻》(Heiferman and Kismaric, *Paradise Now*),第 66 页。
19. 苏珊娜 · 安科尔和多萝西 · 内尔金:《分子的凝视:基因时代的艺术》(Suzanne Anker and Dorothy Nelkin, *The Molecular Gaze : Art in the Genetic Age*, Cold Spring Harbor, N. Y. : Cold Spring Harbor Laboratory Press, 2004),第 187 页。
20. 要了解范努斯的《隐藏数字协议》(*Latent Figure Protocol*)的更多信息,可登录艺术家本人的网站 http://www.contrib.andrew.cmu.edu/~pv28/electart.html。
21. 史特肯和卡莱特:《观看的实践》(Sturken and Cartwright, *Practices of Looking*),第 293 页。
22. 对博物馆实践作出回应的艺术家们在本书第 5 章《场所》中也有所讨论。
23. 艾琳 · 霍夫曼:《神奇的科学:艺术和科学的融合》(Irene Hofmann, *Weird Science : A Conflation of Art and Science*, Bloomfield Hills, MI: Cranbrook Art Museum, 1999),第 16 页。展览图录。
24. 克里斯托夫 · 考克斯:《关于人类、动物和怪物》(Christoph Cox, "Of Humans, Animals and Monsters"),选自纳托 · 汤普森:《成为动物》(Nato Thompson, *Becoming Animal*, North Adams: MASS MoCA, 2005),第 20 页。参展图录。
25. 同上,第 23 页。
26. 贝蒂安 · 霍尔兹曼 · 凯维勒斯和玛丽莲 · 尼珊森:《构想 DNA:苏珊娜 · 安科尔专访》(Bettyann Holtzmann Kevles and Marilyn Nissenson, "Picturing DNA: An Interview with Suzanne Anker,"),载《基因组艺术》(*Genomic Art*),2006 年 7 月 23 日,JGS, Inc., http://www.genomicart.org/genome~Anker.htm(2008

年 4 月 7 日访问)。

27. 艺术家的话选自海夫曼和奇斯马里克:《天堂的此刻》(Heiferman and Kismaric, *Paradise Now*),第 56 页。

28. 大卫·克雷默斯:《奇迹/争议:实验之书》(David Kramers, 2003, *Wonder/Controversy: An Experimental Book*, Pasadena: Biological Imaging Center, California Institute of Technology),第 3 页,http://quad.bic.caltech.edu/~kremersd/wonder/start.html(2008 年 4 月 7 日访问)。

29. 宏:《非自然科学》(Heon, *Unnatural Science*),第 21 页。

30. 艺术家的话选自海夫曼和奇斯马里克:《天堂的此刻》(Heiferman and Kismaric, *Paradise Now*),第 64 页。

31. 在第 3 章"身体"中,我们曾探讨了日益增多的表现杂交身体的新艺术,包括电子人(cyborg)和突变体(mutants)。

32. 雕塑家山姆·金克斯(Sam Jinks)通常负责佩契妮妮雕塑的设计工作,协助艺术家实现了高度的写实主义。

33. 金姆·托夫莱提:《电子人和芭比娃娃:女性主义、流行文化和后人类身体》(Kim Toffoletti, *Cyborgs and Barbie Dolls: Feminism, Popular Culture and the Posthuman Body*, London and New York: I. B. Tauris, 2007),第 134 页。托夫莱提(Toffoletti)对性别差异和"这种差异在一个充满全新的生物科技和繁殖活动的世界里行将消解的可能性"尤其感兴趣。

34. 科学家访谈,选自《成为动物:动物界中的当代艺术》(*Becoming Animal: Contemporary Art in the Animal Kingdom*, North Adams, Mass.: MASS MoCA, 2005),第 104 页。展览图录。

35. 艺术家的话选自《派翠西亚·佩契妮妮:自然的小帮手》(*Patricia Piccinini: Nature's Little Helpers*, New York: Robert Miller Gallery, 2005),未标页码。展览图录。

36. 爱德瓦尔多·卡茨:《转基因艺术》(Eduardo Kac, 2008, Trangenic Art). http://www.ekac.org/transgenic.html(2008 年 5 月 11 日访问)。最初发表在《列奥纳多电子年鉴》(*Leonardo Electronic Almanac*)第 6 期(1998 年 12 月)。

37. 本书合著作者曾两次观赏《创世纪》(*Genesis*)——一次是 2002 年在西雅图的亨利艺术馆(Henry Art Gallery),另一次是 2007 年在位于布卢明顿的印第安纳大学的艺术学院画廊(School of Fine Arts Gallery)。

38. 丹·柯林斯:《追踪喀迈拉:〈第八天〉》(Dan Collins, "Tracking Chimeras: *The Eighth Day*"),谢拉·布里顿和丹·柯林斯编辑:《第八天:爱德瓦尔多·卡茨的转基因艺术》(Sheilah Britton and Dan Collins, eds., *The Eighth Day: The Transgenic Art of Eduardo Kac*, Tempe: Institute for Studies in the Arts, Arizona State University, 2003),第 100—101 页。

第八章　精神性

1. 第二章至第七章深入探讨的主题含有引起激烈争议的话题。然而,任何受过教育的读者都不会否认处于前一主题核心地位的议题的重要性。时间和场所是涉及我们共有现实的基本层面的两个概念,谁会对这一点提出质疑?没有任何受过良好教育的读者——或艺术欣赏者——会怀疑人类拥有身体和语言的事实。虽然许多人强烈批评科学研究的影响和走向,并对身份议题采取赞成或反对的道德立场,没人会振振有词地否认科学和身份涉及的对象——自然和社会行为的模式——是真实存在的(尽管我们无法宣称我们已经了解,或者将来会有关于这两个主题的终极真理)。
2. 格雷戈里·沃克:《弗雷德·托马塞利杂交作品的崇高性》(Gregory Volk, "Fred Tomaselli's Hybrid Sublime"),选自《弗雷德·托马塞利》(*Fred Tomaselli*, New York: James Cohan Gallery, 2000),第 5 页。展览图录。
3. 林恩·赫伯特:《沙兹亚·西获达》(Lynn M. Herbert, "Shahzia Sikander"),选自《艺术:21:21 世纪的艺术》(*Art: 21: Art in the Twenty-First Century*, New York: Harry N. Abrams, 2001),第 93—99 页。
4. 要了解对这些议题和相关问题的有趣讨论,参见亚历克斯·尼尔和亚纶·瑞德里编辑:《艺术论争:当代哲学辩论》(第二版)(Alex Neill and Aaron Ridley, eds., *Arguing About Art: Contemporary Philosophical Debates*, second edition, London: Routledge, 2002),第 233—371 页。
5. 皮尤宗教和公共生活论坛,美国宗教概况调查(The U. S. Religious Landscape Survey),调查结果于 2008 年 2 月公布。参见"Survey: My Way Isn't the Only Way to Earn Salvation," *Indianapolis Star*, 2008 年 6 月 24 日,A1 和 A6 页。
6. 苏珊·索林斯:《扩展视域》(Susan Sollins, "Extending Vision"),选自《艺术:21》(*Art: 21*),第 9 页。
7. 埃德蒙德·柏克:《崇高和美的概念之起源的哲学考察》(Edmund Burke, *A Philosophical Inquiry into the Origin of Our Ideas of the Sublime and Beautiful*, London: Oxford University Press, 1990)。
8. 例如,安迪·沃霍尔的《金色的玛丽莲·梦露》(*Gold Marilyn Monroe*)(1962)中,玛丽莲·梦露的头像散布在金色背景之上,这件作品被解读为艺术家的被编成代码的宗教狂热。
9. 参见莫里斯·塔克曼编辑:《艺术中的精神:抽象绘画,1890—1985》(Maurice Tuchman, ed., *The Spiritual in Art: Abstract Painting, 1890—1985*, New York: Abbeville Press, 1986)。参展图录。
10. 要了解关于围绕着塞拉诺的《尿溺中的耶稣》(*Piss Christ*)而展开的争议的分析,参见琳达·温特劳布:《边缘和边缘以外的艺术:寻找艺术在当代社会中的意义20世纪70—90年代》(Linda Weintraub, *Art on the Edge and Over: Searching for Art's Meaning in Contemporary Society 1970s—1990s*, Litchfield, Conn.: Arts Insights, 1996),第159—164页。要了解布鲁克林博物馆的"感官"展览,可参见大卫·哈雷:《关于布鲁克林博物馆的"感官"展的争议》(David Halle, "The Controversy over the Show Sensation at the Brooklyn Museum, 1999 - 2000"),选自阿尔伯特·亚瑟斯和葛兰·华力克编辑:《十字路口:美国生活中的艺术和宗教》(Alberta Arthurs and Glenn Wallach, eds., *Crossroads: Art and Religion in American Life*, New York: New Press, 2001),第139—187页。

11. 埃莉诺·哈特尼:《天地之间的艺术》(Eleanor Heartney, "Art Between Heaven and Earth"),选自《信仰:千年之际犹太-基督宗教对艺术的影响》(*Faith: The Impact of Judeo-Christian Religion on Art at the Millennium*, Ridgedield, Conn.: Aldrich Museum of Contemporary Art, 2000),第57页。展览图录。
12. 苏茜·盖伯力克:《艺术魅力的重生》(Suzi Gablik, *The Reenchantment of Art*, New York: Thames and Hudson, 1991),第12页。
13. 安塞姆·基弗(Anselm Kiefer),引自阿克塞尔·赫克特:《神话的力量》(Axel Hecht, "Macht der Mythen"),载《Art:艺术杂志,威斯巴登》(*Art: Das Kunstmagazin, Wiesbaden*),1984年3月,第33页;引自马克·罗森塔尔:《安塞姆·基弗》(Mark Rosenthal, *Anselm Kiefer*, Philadelphia: Philadelphia Museum of Art; Chicago: Art Institute of Chicago; Munich: Prestel Verlag, 1987),第27页。参展图录。
14. 大卫·鲁宾:《当代三联画》(David S. Rubin, *Contemporary Triptychs*, Claremont, Calif.: Pomona College, 1982)。参展图录。
15. 克莱尔·法罗:《沃尔夫冈·莱柏:超出自我》(Clare Farrow, "Wolfgang Laib: More Than Myself"),载《帕克特》(*Parkett*)39期(1994年3月),第78页。这一期 *Parkett* 有几篇文章是关于莱柏的作品的。
16. 安妮·摩根:《超越后现代主义:当代艺术中的精神》(Anne Morgan, "Beyond Post Modernism: The Spiritual in Contemporary Art"),载《艺术论文》(*Art Papers*)第26期,no. 1(2002年1—2月),第32页。摩根具体谈到了安·汉米尔顿(Ann Hamilton)的场域特定性装置作品。
17. 对范·盖内普(van Gennep)关于阈值状态的定义的简要概括,可参见斯图尔特·摩根和弗朗西斯·莫里斯:《过渡仪式:世纪末的艺术》(Stuart Morgan and Frances Morris, *Rites of Passage: Art for the End of the Century*, London: Tate Gallery, 1995),第12页。参展图录。
18. 美国艺术院校协会(CAA)的 *Art Journal* 的1998年春季号整刊以《基督教祷告艺术的接受》"The Reception of Christian Devotional Art"为题;这期杂志包括一系列吸纳了基督教的象征性或隐喻性指涉的当代艺术范例。比如,在德瑞克·

贾曼(Derek Jarman)的《花园……》(*The Garden ...*)中的意象里,一对男性恋人共同代表了基督。参见《艺术学刊》(*Art Journal*)57期,no. 1(1998年春季号),第73页,以及德瑞克·贾曼的艺术家宣言,第76页。

19. 摩根:《超越后现代主义》(Morgan,"Beyond Post Modernism"),第32页。
20. 托可夫(Tworkov),引自上一作品。
21. 肯尼斯·弗兰普顿:《施拉泽·赫什阿里》(Kenneth Frampton, "Shirazeh Houshiary"),选自理查德·弗朗西斯编辑:《交流的狂喜》(Richard Francis, ed., *Negotiating Rapture*, Chicago: Museum of Contemporary Art, 1996),第176页。参展图录。
22. 施拉泽·赫什阿里:《从形式到无形:与施拉泽·赫什阿里的对话》(Shirazeh Houshiary, "From Form to Formlessness: A Conversation with Shirazeh Houshiary"),作者安妮·巴克莱·摩根(Anne Barclay Morgan),载《雕塑》(*Sculpture*)19期,no. 6(2000年7—8月),第29页。
23. 多利特·勒维特·哈顿:《创造天堂》(Doreet LeVitte Harten, "Creating Heaven"),选自《天堂》(*Heaven*, Stuttgart, Germany: Hatje Cantz; New York: Distributed Art Publishers, 1999),第11页。参展图录。
24. 关于贝利作品的详细分析,参见多萝西·黛西尔-戴维斯:《埃克斯诺比亚·贝利:建造中的乐园》(Dorothy Desir-Davis, "Xenobia Bailey: Paradise Under Construction"),选自萨拉·哈山编辑:《当代非洲女艺术家的艺术》(Salah M. Hassan, *The Art of Contemporary Africana Women Artists*, Trenton, N. J.: Africa World Press, 1997),第19—26页。
25. 温迪·多尼格:《布鲁斯·瑙曼》(Wendy Doniger, "Bruce Nauman"),选自弗朗西斯编辑《交流的狂喜》(Francis, *Negotiating Rapture*),第156页。
26. 哈里·菲尔布里克:《创建信仰》(Harry Philbrick, "Creating *Faith*"),选自《信仰》(*Faith*),第15页。
27. 迪恩·索贝尔:《介入:非传统空间中的新艺术》(Dean Sobel, *Interventions: New Art in Unconventional Spaces*, Milwaukee, Wisc.: Milwaukee Art Museum, 2000),第13页。参展图录。这件装置作品现在已经被拆掉;其中一个栅板成为密尔沃基艺术博物馆的收藏。
28. 关于这种融合如何在一个南美洲国家走向完结的例子,参见爱德华·苏利文编辑:《巴西:身体与灵魂》(Edward J. Sullivan, ed., *Brazil: Body & Soul*, New York: Guggenheim Museum, 2001)。展览图录。
29. 玛戈·町田:《远离亚洲:协商美国亚裔身份》(Margo Machida, "Out of Asia: Negotiating Asian Identities in America"),选自《亚洲/美洲:当代亚裔美国艺术中的身份》(*Asia/America: Identities in Contemporary Asian American Art*, New York: Asia Society Galleries and New Press, 1994),第76页。展览图录。

30. 从各种宗教中汲取素材，并在艺术中表达精神性观念的当代艺术家包括埃克斯诺比亚·贝利(Xenobia Bailey)、沙兹亚·西荻达(Shahzia Sikander)、贝泰·萨尔(Betye Saar)、艾利森·萨尔(Alison Saar)、比尔·维奥拉(Bill Viola)、佩彭·欧梭里欧(Pepón Osorio)、桑亚·克拉克(Sonya Y. S. Clark)、埃内斯托·普乔尔(Ernesto Pujol)和蔡国强(Cai Guo-Qiang)。
31. 引自艾美·华力克:《艺术、宗教和精神:与艺术家的对话》(Amei Wallach, "Art, Religion, and Spirituality: A Conversation with Artists")，亚瑟斯和华力克合编:《十字路口》(Arthurs and Wallach, eds., *Crossroads*)，第239页。
32. 要了解关于萨泰里阿教(Santería)及其对视觉艺术的影响的讨论，参见阿图罗·林赛编辑:《当代拉丁美洲艺术中的萨泰里阿美学》(Arturo Lindsay, ed., *Santería Aesthetics in Contemporary Latin American Art*, Washington, D.C.: Smithsonian Institution Press, 1996)。
33. 欧里·索特斯:《背景:千年之末的犹太教和艺术》(Ori Soltes, "Contexts: Jews and Art at the End of the Millennium")，《信仰》(*Faith*)，第111页。
34. 参见诺曼·克里布拉特编辑:《太犹太了？挑战传统身份》(Norman L. Kleeblatt, ed., *Too Jewish? Challenging Traditional Identities*, New York and New Brunswick, N. J.: Jewish Museum and Rutgers University Press, 1996)。参展图录。
35. 林恩·赫伯特:《关于精神性》(Lynn M. Herbert, "Regarding Spirituality")，载《艺术:21》(*Art: 21*)，第88页。
36. 理查德·伍德沃德:《劝世静物画:当代艺术中关于生与死的冥想》(作者约翰·瑞付诺)的前言(Richard B. Woodward, foreword to *Vanitas: Meditations on Life and Death in Contemporary Art*, by John B. Ravenal, Richmond: Virginia Museum of Fine Arts, 2000)，第7页。展览图录。
37. 拉夫诺:《劝世静物画》(Ravenal, *Vanitas*)，第13页。
38. 布克哈德·雷姆施耐德和尤塔·格罗斯尼克编辑:《千禧年之交的艺术》(Burkhard Riemschneider and Uta Grosenick, eds., *Art at the Turn of the Millennium*, Köln, Germany: Taschen, 1999)，第74页。
39. 拉夫诺:《劝世静物画》(Ravenal, *Vanitas*)，第15页。
40. 埃莉诺·哈特尼:《后现代异端》(Eleanor Heartney, "Postmodern Heretics")，载《美国艺术》(*Art in America*)85期，No. 2(1997年2月)，第37页。
41. 蒂埃里·德·迪夫:《来吧，人类，为了成为后基督徒再试一次!》(Thierry de Duve, "Come on, Humans, One More Stab at Becoming Post-Christians!")，载《天堂》(*Heaven*)，第74页。
42. 阿图罗·林赛:《出现在古巴视觉艺术中的非洲》(Arturo Lindsay, "The Presence of Africa in the Visual Art of Cuba")，选自阿图罗·林赛编辑:《当代拉

丁美洲艺术中的萨泰里阿美学》(Arturo Lindsay, ed., *Santería Aesthetics in Contemporary Latin American Art*, Washington, D. C.: Smithsonian Institution Press, 1996),第 247 页。

43. 罗伯特・法里斯・汤普森:《神圣的轮廓》,(Robert Farris Thompson, "Sacred Silhouttes"),载《美国艺术》(*Art in America*)85 期(1997 年 7 月),第 66 页。

44. 塞西莉亚・法哈多:《乔斯・比迪亚:美国编年史》(Cecilia Fajardo, "José Bedia: American Chronicles"),载《艺术连接》(*Art Nexus*)第 26 期(1997 年 10—12 月),第 105 页。

45. 路易斯・格罗索:《乔斯・比迪亚:小岛——猎手与猎物》导言部分(Louis Grachos, introduction to *José Bedia: La Isla—el Cazador y la Presa* [*The Island—the Hunter and the Prey*], Santa Fe, N. Mex: Site Santa Fe, 1997),第 2 页。展览图录。

46. 引自雪利・加什:《乔斯・比迪亚:唯有最珍贵之物》(Sherry Gaché, "José Bedia: Only the Most Valuable Things"),载《雕塑》(*Sculpture*)18 期,no. 5(1999 年 6 月),第 48 页。

47. 林赛:《非洲的存在》(Lindsay, "The Presence of Africa"),第 216 页。

48. 比尔・维奥拉:《穿越》(Bill Viola, "The Crossing"),选自《比尔・维奥拉》(*Bill Viola*, New York: Whitney Museum of American Art, 1998),第 65 页。参展图录。

49. 西里欧・蒙托里奥:《身体之未言说的语言》(Celio Montolio, "The Unspoken Language of the Body,"),选自《比尔・维奥拉》(*Bill Viola*, Klagenfurt, Austria: Ritter, 1994),第 183 页。展览图录。

50. 参见辛西娅・弗里兰:《洞察我们最不可及的隐秘之处》(Cynthia Freeland, "Piercing to Our Inaccessible, Inmost Parts"),选自克里斯・汤森编辑:《比尔・维奥拉的艺术》(Chris Townsend, ed., *The Art of Bill Viola*, London: Thames & Hudson, 2004),第 35 页。在这篇文章中,弗里兰对崇高这一概念的历史进行了颇有助益的分析,过去几个世纪里,从柏克、康德的哲学著作到利奥塔、阿瑟・丹托(Arthur Danto)和伊莱恩・斯卡丽(Elaine Scarry)的当代构想,崇高定义中的复杂性、微妙差异和重点都经历了重大变化。参见第 25—45 页。

51. 维奥拉的录像装置《间隔》(*Interval*)(1995)是将图像连续投射在两面相对的墙上。在配有电脑程控的切换开关的操控下,两组图像流的投影节奏越来越快,最后我们无法跟上交替投影的速度。

52. 詹姆斯・埃尔金斯:《论当代艺术中奇特的宗教场所》(James Elkins, *On the Strange Place of Religion in Contemporary Art*, New York and London: Routledge, 2004)。

53. 亚历山大・普赫林格:《比尔・维奥拉》前言部分(Alexander Puhringer,

foreword to *Bill Viola*, Klagenfurt, Austria: Ritter, 1994),第 11 页。

54. 比尔·维奥拉:《将世界恢复原状:比尔·维奥拉与奥托·纽迈尔及亚历山大·普赫林格的对话》(Bill Viola, "Putting the Whole World Back Together: Bill Viola in Conversation with Otto Neumaier and Alexander Puhringer"),选自上一著作,第 152 页。

索　引

（下列数字指英文原版页码，即本书边码。斜体数字为插图所在页码。）

凤凰文库 | 本社已出版书目

一、凤凰文库·艺术理论研究系列

1.《弗莱艺术批评文选》 [英]罗杰·弗莱 著　沈语冰 译
2.《另类准则:直面20世纪艺术》 [美]列奥·施坦伯格 著　沈语冰 刘凡 谷光曙 译
3.《当代艺术的主题:1980年以后的视觉艺术》 [美]简·罗伯森 克雷格·迈克丹尼尔 著　匡骁 译
4.《艺术与物性:论文与评论集》 [美]迈克尔·弗雷德 著　张晓剑 沈语冰 译
5.《现代生活的画像:马奈及其追随者艺术中的巴黎》 [英]T. J. 克拉克 著　沈语冰 诸葛沂 译
6.《自我与图像》 [英]艾美利亚·琼斯 著　刘凡 谷光曙 译
7.《博物馆怀疑论:公共美术馆中的艺术展览史》 [美]大卫·卡里尔著　丁宁 译
8.《艺术社会学》 [英]维多利亚·D. 亚历山大 著　章浩 沈杨 译
9.《云的理论:为了建立一种新的绘画史》 [法]于贝尔·达米施 著　董强 译
10.《杜尚之后的康德》 [比]蒂埃利·德·迪弗 著　沈语冰 张晓剑 陶铮 译
11.《蒂耶波洛的图画智力》 [美]斯维特拉娜·阿尔珀斯 [英]迈克尔·巴克森德尔 著　王玉冬 译
12.《伦勃朗的企业:工作室与艺术市场》 [美]斯维特拉娜·阿尔珀斯 著　冯白帆 译
13.《新前卫与文化工业》 [美]本雅明·布赫洛 著　何卫华 史岩林 桂宏军 钱纪芳 译
14.《现代艺术:19与20世纪》 [美]迈耶·夏皮罗 著　沈语冰 何海 译
15.《前卫的原创性及其他现代主义神话》 [美]罗莎琳·克劳斯 著　周文姬 路珏 译
16.《德国文艺复兴时期的椴木雕刻家》 [英]麦克尔·巴克桑德尔 著　殷树喜 译
17.《神经元艺术史》 [英]约翰·奥尼恩斯 著　梅娜芳 译
18.《实在的回归:世纪末的前卫艺术》 [美]哈尔·福斯特 著　杨娟娟 译
19.《大众文化中的现代艺术》 [美]托马斯·克洛 著　吴毅强 陶铮 译
20.《重构抽象表现主义:20世纪40年代的主体性与绘画》 [美]迈克尔·莱杰 著　毛秋月 译
21.《艺术的理论与哲学:风格、艺术家和社会》 [美]迈耶·夏皮罗 著　沈语冰 王玉冬 译
22.《分殊正典:女性主义欲望与艺术史写作》 [英]格丽塞尔达·波洛克 著　胡桥 金影村 译
23.《女性制作艺术:历史、主体、审美》 [英]玛莎·麦斯基蒙 著　李苏杭 译
24.《知觉的悬置:注意力、景观与现代文化》 [美]乔纳森·克拉里 著　沈语冰 贺玉高 译
25.《神龙:美学论文集》 [美]戴夫·希基 著　诸葛沂 译
26.《告别观念:现代主义历史中的若干片段》 [英]T. J. 克拉克 著　徐建 等译
27.《专注性与剧场性:狄德罗时代的绘画与观众》 [美]迈克尔·弗雷德 著　张晓剑 译
28.《在博物馆的废墟上》 [美]道格拉斯·克林普 著　汤益明 译
29.《六十年代的兴起》 [美]托马斯·克洛 著　蒋苇　邓天媛 译
30.《短暂的博物馆:经典大师绘画与艺术展览的兴起》 [英]弗朗西斯·哈斯克尔 著　翟晶 译
31.《作为模型的绘画》 [美]伊夫-阿兰·博瓦 著　诸葛沂 译
32.《西方绘画中的视觉、反射与欲望》 [美]大卫·萨默斯 著　殷树喜 译
33.《18世纪巴黎的画家与公共生活》 [美]托马斯·克洛 著　刘超 毛秋月 译
34.《共鸣:图像的认知功能》 [美]芭芭拉·玛丽亚·斯塔福德 著　梅娜芳 陈潇玉 译
35.《毕加索艺术的统一性》 [美]迈耶·夏皮罗 著　王艺臻 译

二、凤凰文库·设计理论研究系列

1.《设计教育·教育设计》 [德]克劳斯·雷曼 著　赵璐 杜海滨 译　柳冠中 审校
2.《对抗性设计》 [美]卡尔·迪赛欧 著　张黎 译

3.《设计史:理解理论与方法》［挪威］谢尔提·法兰 著 张黎 译
4.《设计史与设计的历史》［英］约翰·A.沃克 朱迪·阿特菲尔德 著 周丹丹 易菲 译
5.《思辨一切:设计、虚构与社会梦想》［英］安东尼·邓恩 菲奥娜·雷比 著 张黎 译
6.《公民设计师:论设计的责任》［美］史蒂芬·海勒 薇若妮卡·魏纳 编 滕晓铂 张明 译
7.《宜家的设计:一部文化史》［瑞典］莎拉·克里斯托弗森 著 张黎 龚元 译
8.《设计的观念》［美］维克多·马格林［美］理查德·布坎南 编 张黎 译
9.《设计与价值创造》［英］约翰·赫斯科特 著 尹航 张黎 译
10.《约翰·赫斯科特读本》［英］克莱夫·迪诺特 编 吴中浩 译
11.《唯有粉红》［英］彭妮·斯帕克 著 滕晓铂 刘翕然 译
12.《设计研究》［美］布伦达·劳雷尔 编著 陈红玉 译
13.《批判性设计及其语境:历史、理论和实践》［英］马特·马尔帕斯 著 张黎 译
14.《设计与历史的质疑》［澳］托尼·弗赖 等著 赵泉泉 张黎 译
15.《恋物:情感、设计与物质文化》［英］安娜·莫兰 等著 赵成清 鲁凯 译
16.《世界设计史 1》［美］维克多·马格林 著 王树良 等译
17.《世界设计史 2》［美］维克多·马格林 著 王树良 等译
18.《设计的政治》［荷兰］鲁本·佩特 编 朱怡芳 译
19.《数字设计理论》［美］海伦·阿姆斯特朗 编 吴中浩 译
20.《平面设计理论》［美］海伦·阿姆斯特朗 编 刘翕然 译
21.《泡沫之中:复杂世界的设计》［英］约翰·萨卡拉 著 曾乙文 译
22.《设计、历史与时间》［英］佐伊·亨顿［英］安妮·梅西 著 梁海育 译
23.《为多元世界的设计》［哥伦比亚］阿图罗·埃斯科瓦尔 著 张磊 武塑杰 译

三、凤凰文库:视觉文化理论研究系列

1.《图像的领域》［美］詹姆斯·埃尔金斯 著［美］蒋奇谷 译
2.《视觉文化:从艺术史到当代艺术的符号学研究》［加］段炼 著